数智化时代会计专业

融合创新系列教材

用友ERP业财一体化应用

新道U8+V15.0版

毛华扬　张砾　田甜◎编著

人民邮电出版社

北京

图书在版编目（CIP）数据

用友ERP业财一体化应用 ： 新道U8+ V15.0版 / 毛华扬，张砾，田甜编著. -- 北京 ： 人民邮电出版社，2022.7
数智化时代会计专业融合创新系列教材
ISBN 978-7-115-58752-7

Ⅰ. ①用… Ⅱ. ①毛… ②张… ③田… Ⅲ. ①企业管理－财务管理－计算机管理系统－高等学校－教材 Ⅳ. ①F232

中国版本图书馆CIP数据核字(2022)第034654号

内 容 提 要

本书严格依据税收相关法律法规和企业会计准则的要求，以认识会计信息系统、系统管理与基础设置、系统初始化、总账业务、固定资产业务、薪资业务、采购与应付业务、销售与应收业务、库存管理与存货核算业务、期末业务与报表编制为主线，用一个典型案例贯穿始终，详细介绍了会计信息系统的基础知识和新道 U8+V15.0 版的具体应用。

本书以业财融合思想为基础，以职业能力培养为目标，按照业务类型设计实训内容，并且每笔业务都有详细的操作过程，适合作为高等职业院校和应用型本科院校会计信息系统应用、业财一体化应用课程的教材，还可供在职会计人员培训使用。

◆ 编　　著　毛华扬　张　砾　田　甜
　责任编辑　崔　伟
　责任印制　王　郁　彭志环
◆ 人民邮电出版社出版发行　　北京市丰台区成寿寺路 11 号
　邮编　100164　　电子邮件　315@ptpress.com.cn
　网址　https://www.ptpress.com.cn
　北京七彩京通数码快印有限公司印刷
◆ 开本：787×1092　1/16
　印张：17.5　　2022 年 7 月第 1 版
　字数：493 千字　　2025 年 1 月北京第 5 次印刷

定价：59.80 元

读者服务热线：(010) 81055256　印装质量热线：(010) 81055316
反盗版热线：(010) 81055315
广告经营许可证：京东市监广登字 20170147 号

前言

我国的会计信息化建设从1979年开始起步，1989年在政府的强力推动下进入快速发展期，1999年开始市场化发展。国产会计软件具备完全自主知识产权，在国内市场占有绝对优势，开创了中国管理信息系统软件的先河，并参与国际竞争。目前，在我国企业进行数字化转型的背景下，社会急需一大批能适应信息技术发展需要、具有较高专业水平和较强实践能力、面向基层的高素质会计信息技术技能型人才。

本教材重点讲述在Windows 10专业版环境下新道U8+V15.0版的应用方法，主要涉及认识会计信息系统、系统管理与基础设置、系统初始化、总账业务、固定资产业务、薪资业务、采购与应付业务、销售与应收业务、库存管理与存货核算业务、期末业务与报表编制等。通过学习本教材，读者可以了解会计信息系统的一般原理，掌握业财一体化模式下新道U8+V15.0版各个子系统的操作流程和具体操作方法，为工作实践和进一步的学习打下良好基础。

本教材具有以下特色。

（1）参照"业财一体信息化应用"1+X证书考试的大纲，结合企业实际岗位的具体工作内容编写，既是一本书证融通的教材，又是企业岗前培训的指导书。

（2）按照企业财务和业务一体化的思路，设计一个完整的案例，分模块详细介绍各项业务的实施过程，并在关键环节提供结果以方便读者进行检查对照，帮助读者快速掌握业务处理方法。教师在课堂教学时，主要对流程、各类业务的处理方法、模块之间的联系等进行详细讲解，以加深学生对会计信息系统架构、数据流、业务处理方法的理解。

（3）提供每个阶段的实验账套，并且配备操作视频，方便学生在课后巩固提高。为方便教学，本书还为教师提供了PPT课件、教学大纲、教案、实训案例等参考资料。教师可以登录人邮教育社区（www.ryjiaoyu.com）获取教学资源。

本教材由毛华扬、张砾、田甜编著，操作视频由田甜录制。在编写过程中，编者还参考了一些文献资料，在此对所有文献资料的作者表示感谢。此外，编者参考了用友U8+的相关技术资料，并得到了新道科技股份有限公司的大力支持，在此深表谢意。

由于编者水平有限，书中难免存在不足之处，欢迎各位读者指正。

编者

2022年2月

目 录

项目四 总账业务……92

项目五 固定资产业务……109

项目六 薪资业务……120

项目七 采购与应付业务……133

项目八 销售与应收业务……168

项目一

认识会计信息系统

学习目标

知识目标： 了解会计信息系统的基础知识；熟悉会计信息系统的构成；了解会计信息化工作的要求；熟悉会计信息化工作的组织及岗位责任。

技能目标： 掌握会计信息系统的基础知识，为职业技能培养奠定基础；培养会计信息化业务处理思维。

素质目标： 懂得会计信息系统对提升企业管理水平的作用，从而能够主动学习和掌握，成为推动新技术应用的合格人才。

任务一　会计信息系统的基础知识

一、会计信息系统的概念

会计信息系统（Accounting Information System）是企业信息系统中的一个重要子系统，它是以提供会计信息为目的，采用现代信息处理技术，对会计信息进行采集、存储、处理及传送，完成会计反映、控制职能的系统。

在整个会计信息系统中，会计信息处于核心地位。从会计信息的收集、处理到会计信息的输出，最终传递给决策者和使用者，是一个信息流动的过程，其中伴随着对会计活动的管理与控制。

1. 会计信息的收集

会计数据是指在会计工作中，从不同来源和渠道获得，并记录在“单、证、账、表”上的各种原始会计资料。会计数据的来源，既包括企业内部生产经营活动产生的资料，也包括企业外部与企业相关的各种经济活动产生的诸多资料。会计工作过程中涉及的数据量大，不仅是因为每个会计期间需要处理的数据量大，更重要的是会计数据会随着企业生产经营活动的持续进行而源源不断地产生。

会计信息是指会计数据经过加工处理后产生的经济信息。它包括：反映过去所发生的资金运动的财务信息，即有关资金的取得、分配与使用的信息，如各种账簿、资产负债表、利润表等；管理所需要的定向信息，如各种财务分析报表；对未来具有预测作用的决策信息，如规划、年度计划、资金预算等。会计通过信息的提供与使用来反映过去的经济活动，控制目前的经济活动，预测未来的经济活动。

会计信息的收集，实际上是根据会计工作的目的汇集原始会计数据的过程。随着信息技术的发展，现代的会计信息收集已成为管理信息系统的一部分，会计信息收集不再局限于会计核算方面，而更多趋向于企业管理、决策等多个方面。会计已经越来越与具体的业务紧密联系，数据收集实现多元化。

2. 会计信息的处理

会计信息处理从手工处理发展到利用计算机、网络等信息技术进行处理，这是一次重大变革。这种变革对会计理论和会计实务提出了一系列新课题，在推动会计自身发展和变革的同时，也促进了会计信息化的进一步完善和发展。

现代会计信息处理是指应用信息技术对会计数据进行输入、处理和输出的过程，主要表现为用计算机代替人工记账、算账和报账，以及替代部分在人工环境下由人完成的对会计数据的分析、判断。现代会计数据处理不仅引起了会计系统内在的变化，增强了系统的能力，同时也提高了会计工作和会计信息输出的质量。

现代会计信息处理的特点如下：以计算机为工具，数据处理自动化，速度快、精度高；人机结合，系统内部控制程序化、复杂化；账务和业务处理一体化；数据处理规范化，会计档案存储电子化；系统的预测和辅助决策功能增强。

3. 会计信息的输出

完整的会计信息系统，不仅需要有灵活、方便、正确的输入方式和功能齐全的数据处理功能，还必须有完善的输出系统。

会计信息系统的主要输出方式包括显示输出、打印输出和数据文件输出。显示输出的特点是速度快、成本低，但会计信息的应用者局限在会计信息系统内部，不利于交流。打印输出的特点是速度慢、成本高，适用于必须打印输出会计信息的情况。数据文件输出的特点是速度快、成本较低；输出的会计信息易于转换，但不直观；存储介质易受损坏，安全性较差。

随着声音、图像等多媒体技术的应用，会计数据的表现形式越来越丰富。同时，随着会计信息系统数据接口的标准化，数据文件输出将越来越重要。如记账凭证、会计账簿等，可以数据文件的形式存储在存储介质中，需要时可调用会计软件的显示输出功能进行查询或打印。

二、会计信息系统的基本目标

会计信息系统的基本目标，就是通过信息化手段，提高会计人员的工作效率，提供更加全面、准确的会计信息，为管理决策服务，从而促进企业提高管理水平，最终获取更高的经济效益。其基本目标主要有以下几个方面。

1. 减轻会计人员的工作负担，提高其工作效率

利用计算机技术，把繁杂的记账、算账、结账工作交给高效的计算机处理，从而减轻会计人员的工作负担。同时，会计软件具有很高的精确性和较强的逻辑判断能力，可以避免手工操作产生的误差，通过高速的数据处理达到提高会计人员工作效率的目的。

2. 促进会计职能的转变

在手工操作环境下，会计人员长期忙于处理繁重的核算工作，没有时间和精力来更好地参与管理、决策。实现会计信息化后，会计人员可以从繁重的手工操作中解放出来，有时间和精力参与企业管理与决策，为提高企业现代化管理水平和提高经济效益服务。

3. 准确、及时地提供会计信息

手工操作环境下，大量会计数据需要记录、加工、整理，因此会计信息的提供速度较慢。会计人员难以全面地获取需要的信息，这在一定程度上也影响了企业经营决策工作。实施会计信息系统后，会计人员可以快速对大量的信息记录、汇总、分析，甚至实现实时跨地域传送信息，及时向企业管理者、股东等有关方面提供准确的会计信息。

4. 提高人员素质，提升会计管理水平

会计工作的信息化，给会计工作增添了新内容，从而要求会计人员提高自身素质，更新知识结构，提升参与管理的能力。第一，会计人员必须掌握会计信息系统的有关知识；第二，为了参与企业管理，会计人员要更多地学习经营管理知识；第三，实现会计信息化后，会计工作由会计软件系统和会计人员共同完成，这样就规范了会计工作，从而提升了会计工作的管理水平。

5. 实现企业管理信息化，提高企业经济效益

会计是价值管理的主要手段。实施会计信息系统的根本目的是通过核算手段和会计管理决策手段的现代化，提高会计数据搜集、整理、传输、反馈的及时性和准确度，提升会计人员的分析决策能力，更好地满足管理需要。

会计信息系统是企业管理信息化的重要组成部分。企业管理信息化的目标和任务，就是要用现代化的方法管理企业，以提高经济效益。因而，实施会计信息系统不仅要使会计工作本身现代化，最终目标是要实现企业管理信息化，达到提高企业经济效益的目的。

三、开展会计信息化工作的基本内容

开展会计信息化是一项系统工程，应按下述步骤进行：实施可行性研究、规划、编制实施计划、建立会计信息系统、建立会计信息化的组织与管理体系。

1. 实施可行性研究

可行性研究是指分析开展信息化工作的可行性和经济性，可行性主要包括组织、技术、经济三方面。组织可行性是指单位内外环境是否为建立会计信息系统创造了必要的条件；技术可行性是指单位所能组织和拥有的技术力量能否保证会计信息系统工作的正常开展；经济可行性是指开展信息化工作所带来的有形效益与无形效益，与耗用成本的对比情况。

可行性研究一般按下述步骤进行：①进行初步调查；②确定目标和所要解决的问题；③确定约束因素，包括组织上、技术上、经济上的约束因素；④确定各种可选方案；⑤对各种可选方案进行可行性评价，主要是研究各种方案在组织上、技术上、经济上的可行性；⑥确定方案，明确实施计划。

2. 规划

会计信息系统规划（或是升级规划）是对近几年单位会计信息化工作所要达到的目标，以及如何有效、分步骤地实现这个目标而做的计划。它实质上是单位开展会计信息化工作的中长期规划，是对单位开展会计信息化工作所做的一个总体设计。规划期一般以 5 年为宜，第一年的计划应该具有可实施性，第二年的计划应具有可靠性，第三年及以后的计划可以粗略一些。计划至少要根据每年的情况变化调整一次，以使其符合企业实际情况。

规划一般按下述步骤进行：①研究确定单位的总体目标和会计部门的局部目标；②综合考察建立会计信息系统的制约条件，包括组织、技术、经济等单位内部制约与上级主管部门、国家的有关政策法规等外部制约；③确定会计信息系统的总体目标，明确近几年内要建立一个什么样的会计信息系统；④分析确定单位的会计信息需求，即确定输入、输出什么信息，对外提供哪些数据接口；⑤确定所要建立系统的总体结构、功能需求；⑥确定所要建立系统的资源需求，包括硬件、软件、人力和其他日常支出等；⑦根据会计信息系统总体目标分步骤进行规划，即结合总体目标和单位现有的条件，确定分步实施计划；⑧选择实现的途径；⑨确定具体实施方案。

3. 编制实施计划

编制实施计划是根据目标和规划，确定人力、财力、物力的具体安排和工作时间表。

4. 建立会计信息系统

建立或升级会计信息系统主要是通过组织人力、财力、物力来实现的，这是会计信息化规划与实施计划的具体落实过程。

5. 建立会计信息化的组织与管理体系

会计信息系统的建立仅仅是整个会计信息化工程的其中一步，更重要的是有效地对会计部门的人、财、物等各要素进行计划、组织、协调和控制，有效地运行会计信息系统，使会计工作水平得到根本性的提高，让会计部门参与分析、参与控制、参与管理、参与决策的职能和作用得以充分发挥。

这就要求构建会计信息化的组织与管理体系。实施会计信息化后，会计部门的组织主要是指单位组织架构的调整，以及各项职能、职责的重新划分。会计工作的管理包括两方面：一方面是指怎样更好地运行已建立的会计信息系统和为保证会计信息系统安全、正常地运行应实施何种制度和控制措施；另一方面是指会计部门如何积极参与单位的预测、决策、控制等管理活动，当好领导的参谋。

任务二　会计信息系统的构成

一、会计信息系统的分类

按照单位类型划分，会计信息系统可以分为工业企业会计信息系统、商业企业会计信息系统，以及其他会计信息系统。

1. 工业企业会计信息系统

工业企业的特点是要对购进的商品（原材料）进行加工，使之成为产成品，然后进行销售。工业企业的特点决定了其会计信息系统主要对供、产、销过程进行核算、反映和控制。因此，工业企业必然需要建立与生产过程有关的会计信息系统。尽管工业企业不同的生产特点要求采用不同的核算方法，但核算的内容却大同小异。因此，其子系统划分的方法基本一致，工业企业会计信息系统的结构如图 1-1 所示。

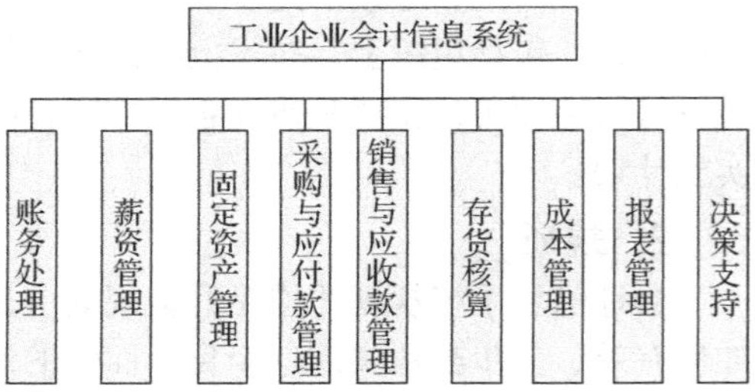

图 1-1　工业企业会计信息系统的结构

这种子系统的划分方法也有一些差异，如有的软件将账务处理系统中有关现金、银行存款的功能独立出来，专门设立现金、银行存款或出纳管理子系统，以加强对现金和银行存款的管理。报表子系统是为适应软件通用化和商品化的要求而设计的，报表的主要数据一般来自账务处理、成本管理和产成品及销售管理等子系统。

2. 商业企业会计信息系统

商业企业主要从事商品的购销活动，因此有关材料、原料方面的核算很少，甚至没有；固定资产管理要求比较简单，成本计算方法单一，工作量少，但商品采购业务、存货管理、销售业务等方面的工作量较大。

3. 其他会计信息系统

对不同定位的会计信息系统来说，它们之间有一定的差别，但基本模块大体是一致的，不同之处主要体现在管理的要求、模块的复杂度上。一般来说，账务处理、薪资管理、固定资产、报表管理等模块是可以通用的，差异不是很大。专用性最强的是成本管理模块和其他一些根据管理业务设计的专用业务模块。

二、会计信息系统中各子系统的功能

一个典型的会计信息系统主要包括账务处理、薪资管理、固定资产管理、存货核算、成本管理、销售管理、应收及应付款管理、报表管理、财务分析等子系统。根据行业的特点，也可以将一些模块深入扩展或简化合并，形成不同定位的会计信息系统。这些模块之间的关系及流程如图 1-2 所示。

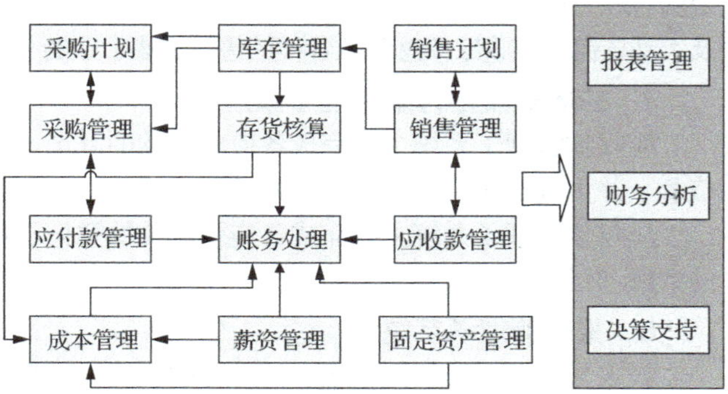

图 1-2　各模块之间的关系及流程

1. 账务处理子系统

账务处理子系统的主要功能有初始建账（包括凭证类别及格式设置、会计科目编码的设置、期初科目余额设置等各种初始化数据输入），凭证的输入、修改、审核、记账、查询及汇总，日记账、总账及明细账的生成、查询及打印，期末结账、出纳管理、银行对账、往来账（应收应付）管理、部门核算、项目核算等。

账务处理子系统在会计软件中也叫作总账管理系统。

2. 薪资管理子系统

薪资管理子系统主要完成工资数据的修改、计算、发放，费用的汇总和分摊，生成工资结算单、职员工资发放条、工资结算汇总表、工资费用分配汇总表等，并自动编制工资转账凭证传递给账务处理子系统。部分工资核算子系统还有人事基本信息、考勤信息、工资历史信息等基本信息管理、工资代储、个人所得税计算、养老保险及个人收入台账等处理功能。

某些管理软件也将工资核算子系统作为人力资源子系统中的一个模块，相关工作在人力资源子系统中完成，财务部门直接根据人力资源子系统提供的数据发放工资和制作相关凭证。

3. 固定资产管理子系统

固定资产管理子系统主要完成固定资产卡片管理、固定资产增减变动核算、折旧的计提与分配等工作，生成固定资产卡片、固定资产统计信息表、固定资产登记簿、固定资产增减变动表、固定资产折旧计提表，自动生成折旧等转账凭证并传送到账务处理子系统。

4. 存货核算子系统

存货核算子系统的功能主要包括存货核算、存货库存管理、物料采购管理等，具有介绍如下。

（1）及时、准确地反映采购业务的发生、货款的支付及存货的入库情况。在按计划成本计价核算的情况下，自动计算和分配存货成本差异，生成采购明细账、成本差异明细账、在途材料明细账和暂估材料明细账。

（2）正确反映存货的收发结存数据，提供存货的库存动态状况，及时反馈各种积压和短缺存货的信息，生成存货明细账、存货库存信息账表等。

（3）根据各部门、各产品的物料领用情况，自动进行物料费用的分配，生成物料费用分配表。对于供销售的存货要计算销售成本。

（4）自动编制转账凭证，并传递给账务处理子系统和成本管理子系统。

5. 成本管理子系统

成本管理子系统的主要功能有产品目录结构设置，在产品的初始成本、产品产量等统计数据输入，与成本有关的费用归集，产品成本汇总表、成本转账凭证生成等。

6. 销售管理子系统

销售管理子系统的主要功能有合同录入、查询、修改，往来单位编码管理，商品代码管理，人员编码管理，未核销业务初始录入，发票录入、修改及记账，收款单录入、修改及记账，应收账款自动及手动核销，应收账款总账及各种销售明细账、账龄分析表的查询，销售转账凭证的定义、生成等。

7. 应收款及应付款管理子系统

应收款管理子系统主要完成各应收账款的登记、冲销工作，动态反映各客户信息及应收账款信息，并可进行账龄分析和坏账估计。

应付款管理子系统主要完成各应付账款的登记、冲销及分析预测工作，及时反映各流动负债的数额和偿还流动负债所需的资金。

8. 报表管理子系统

报表管理子系统按国家统一的会计制度规定，根据会计资料编制会计报表，向公司管理者和相关部门提供财务报告。会计报表子系统实现各种会计报表的定义和编制，并可进行报表分析和报表汇总。该系统生成的会计报表包括对外会计报表（资产负债表、利润表、现金流量表等）和管理需要的其他报表。

9. 财务分析子系统

财务分析是在核算的基础上对财务数据进行综合分析。不同的会计软件，其分析的内容也有所不同。财务分析子系统的一般功能有预算分析、前后期对比分析、图形分析等。例如，使用切片旋转功能，用户可从多角度、多层次审视和分析数据；利用数据钻取，可以方便地对数据进行逐级汇总和展开，得到不同粒度的数据；通过图形分析器，对数据进行直观的图形分析，等等。

10. 决策支持子系统

决策支持子系统是以数据仓库技术为基础，利用多维分析技术开发出的企业级决策分析系统。它能够支持对企业财务及各种业务数据的深入分析，对企业的生产经营活动及财务状况进行及时跟踪和监控，协助企业管理决策层及时准确地对企业资源进行配置和调整，并作出科学、快速、准确的决策和战略规划。决策支持子系统通过应用大数据、深度学习及人工智能等新技术，不断提供新的模型和方法，实现辅助决策支持。

任务三　会计信息化工作的要求

一、企业开展会计信息化工作的各项要求

企业开展会计信息化工作，需要关注以下几个方面的要求。

1. 会计信息化工作的组织和管理

企业应当充分重视会计信息化工作，加强组织领导和人才培养，不断推进会计软件在本企业的应用。企业开展会计信息化工作，应当根据发展目标和实际需要，合理确定建设内容，避免投资浪费；应当注重整体规划，统一技术标准、编码规则和系统参数，实现各系统的有机整合，消除信息孤岛。

企业应当指定专门机构或者人员负责会计信息化工作。未设置会计机构和配备会计人员的企业，由其委托的代理记账机构开展会计信息化工作。

企业开展会计信息化工作，应当注重信息系统与经营环境的契合，通过信息化推动管理模式、组织架构、业务流程的优化与革新，建立健全适应会计信息化工作环境的制度体系。

2. 会计信息化的实现方式

企业配备会计软件，应当根据自身技术及业务需求，考虑软件的功能、安全性、稳定性、响应速度、可扩展性等要求，合理选择购买、定制开发、购买与开发相结合等方式。定制开发包括企业自行开发、委托外部单位开发、企业与外部单位联合开发。

企业通过委托外部单位开发、购买等方式配备会计软件，应当在有关合同中约定操作培训、软件升级、故障解决等服务事项，以及软件供应商对企业信息安全的责任。

3. 会计信息系统应用

企业应当促进会计信息系统与业务信息系统的一体化，通过业务的处理直接驱动会计记账，减少人工操作，保证业务数据与会计数据的一致性，实现企业内部信息资源共享。

企业应当根据实际情况，开展本企业信息系统与银行、供应商、客户等外部单位信息系统的互联，实现外部交易信息的集中自动处理。在进行前端系统的建设和改造时，应当安排负责会计信息化工作的专门机构或者人员参与，充分考虑会计信息系统的数据需求。

企业应当遵循企业内部控制规范体系要求，加强对会计信息系统规划、设计、开发、运行、维护全过程的控制，将控制过程和控制规则融入会计信息系统，实现对违反控制规则情况的自动防范和监控，提高内部控制水平。

对于信息系统自动生成且具有明晰审核规则的会计凭证，可以将审核规则嵌入会计软件，由计算机自动审核。未经自动审核的会计凭证，应当先经人工审核，再进行后续处理。

处于会计核算信息化阶段的企业，应当结合自身情况，逐步实现资金管理、资产管理、预算控制、成本管理等财务管理信息化，并逐步实现财务分析、全面预算管理、风险控制、绩效考核等决策支持信息化。

分公司或子公司数量多、分布广的大型企业集团，应当积极探索利用信息技术促进会计工作集中的方法，逐步建立财务共享服务中心。实行会计工作集中的企业及企业分支机构，应当为外部会计监督机构及时查询和调阅异地储存的会计资料提供必要条件。

企业会计信息系统数据服务器的部署应当符合国家有关规定。数据服务器部署在境外的，应当在境内保存会计资料备份，备份频率不得低于每月一次。境内备份的会计资料应当能够在境外服务器不能正常工作时，独立满足企业开展会计工作的需要及外部会计监督的需要。

企业会计资料中对经济业务事项的描述应当使用中文，可以同时使用外国或者少数民族文字对照。

4. 会计信息的使用与管理

（1）内部资料。会计软件应当具有会计资料归档功能，提供导出会计档案的接口，在会计档案存储格式、元数据采集、真实性与完整性保障方面，符合国家有关电子文件归档与电子档案管理的要求。

无纸化管理下，企业内部生成的会计资料有会计凭证、账簿和辅助性会计资料。这里的会计凭证，包括原始凭证和记账凭证，会计账簿包括总账、明细账和日记账，而辅助性会计资料的范围则更宽泛，包括固定资产卡片、项目辅助账、银行存款余额调节表等各种会计资料。

- 企业应当建立电子会计资料备份管理制度，确保会计资料的安全、完整和会计信息系统的持续、稳定运行。
- 企业不得在非涉密信息系统中存储、处理和传输涉及国家机密，以及关系国家经济信息安全的电子会计资料；未经有关主管部门批准，不得将会计资料携带、寄运或者传输至境外。

- 企业内部生成的会计凭证、账簿和辅助性会计资料，同时满足下列条件的，可以不输出纸面资料：所记载的事项属于本企业重复发生的日常业务；由企业信息系统自动生成；可及时在企业信息系统中以可读形式查询和输出；企业会计信息系统具有防止相关数据被篡改的有效机制；企业对相关数据建立了电子会计资料备份管理制度，能有效防范自然灾害、意外事故和人为破坏的影响；企业对电子和纸面会计资料建立了完善的索引体系。

（2）外部资料。外部获取会计资料是指所记载内容需要企业外部人员或者机构认可的会计资料。这类资料的范围比较广，主要是原始凭证，如发票、银行回单、银行对账单、购销合同等。需要注意的是，外部获取的会计资料不等于外部制作的资料，一份会计资料由本企业制作，但经过了外部认可，也属于这里所说的外部获取会计资料。

企业获得的需要外部单位或者个人证明的原始凭证和其他会计资料，同时满足下列条件的，可以不输出纸面资料：会计资料附有外部单位或者个人的、符合《中华人民共和国电子签名法》的可靠的电子签名；电子签名经符合《中华人民共和国电子签名法》的第三方认证；实施企业会计准则通用分类标准的企业，应当按照有关要求向中华人民共和国财政部（以下简称“财政部”）报送 XBRL 财务报告。

二、会计信息化工作的监督

企业使用会计软件具体由财政部监督。财政部采取组织同行评议，向用户企业征求意见等方式对软件供应商提供的会计软件情况进行检查。软件供应商提供的会计软件不符合要求的，财政部可以约谈该供应商主要负责人，责令限期改正。限期内未改正的，由财政部予以公示，并将有关情况通报相关部门。

任务四　会计信息化工作的组织及岗位设置

一、会计信息化工作组织的要求

由于会计数据处理工作由计算机完成，会计人员的主要工作是收集会计数据，参与企业经营与决策，因此，企业应根据会计信息化工作的特点和本单位的实际情况，建立专门的机构或岗位，合理组织会计信息化工作。这对完成会计任务、发挥会计在管理中的作用，具有重要意义。

基层单位除了要按国家对会计工作的统一要求来组织会计工作外，还应注意以下要求。

（1）既要考虑会计信息化工作的特点，又要按单位经营管理的特点来组织会计工作。对会计信息化人员、会计业务人员的配备，必须结合本单位业务的特点和经营规模的大小等情况做合理的安排。

（2）对会计机构的设置、会计业务人员和会计信息化人员的配备，应力求精简、合理，节约人力，减少费用。

二、会计信息化部门的组织形式

会计信息化部门如何组织，应根据各单位的实际情况来设置。大中型企事业单位，一般都有信息中心或计算机中心，因此，在进行会计信息化工作的组织时要统一考虑。组织过程中要注意两个问题：一是怎样处理与信息中心的关系，二是怎样处理会计部门内部的关系。

会计信息化工作的组织，对每一个单位来说都有自己的特殊性，还与会计信息化的发展程度有关。所以，企业应根据每一个阶段的需要来建立或调整相应的机构，做到既满足会计信息化工作需要，又节省人力物力。

三、会计信息化人员管理

1. 会计信息化人员构成

会计信息化人员主要由系统管理员、系统维护员、业务操作员、数据审核员、档案管理员、财务分析员、电算审查员等构成。这几类人员统称为系统应用人员。在整个会计系统中，不同的人员有不同的分工与职责，在不同的岗位上发挥不同的作用。

自行开发会计软件的单位有系统分析员、系统设计员，以及系统编程、调试人员，这几类人员统称为开发人员。

对会计信息化人员进行管理的基本方法是：按照“责、权、利相结合”的基本管理原则，明确系统内各类人员的职责、权限，并尽量将其与各类人员的利益挂钩，即建立、健全岗位责任制。这样一方面可以加强内部控制，保护资金、财产的安全；另一方面可以提高会计人员的工作效率，充分发挥系统的作用。

2. 会计信息化工作岗位职责

根据单位规模的大小和实际情况，企业可以设置不同的会计信息化工作岗位。

（1）系统管理员。系统管理员主要负责协调会计信息系统的运行工作，通常由会计主管兼任。系统管理员的权限很大，一般可调用系统所有的功能，但不能调用系统的源程序及详细的技术资料。系统管理员不能由会计软件的开发人员担任，但可根据实际情况，将部分职能分配给其他人员负责。

（2）业务操作员。业务操作员也称软件操作员，主要负责输入记账凭证和原始凭证等会计数据，输出记账凭证、会计账簿、报表和进行部分会计数据处理工作。一般由基本会计岗位（原手工会计业务岗位）的会计人员兼任业务操作员。业务操作员不能由系统开发人员担任，亦不能调用非自己权限内的功能。

（3）数据审核员。数据审核员主要负责对输入计算机的会计数据（记账凭证和原始凭证等）进行审核，操作会计软件登记机内账簿，对打印输出的账簿、报表进行确认。数据审核员可由会计主管兼任。

（4）系统维护员。系统维护员主要负责保证计算机硬件、软件的正常运行，管理会计数据。系统维护员在大中型企业中应由专职人员担任。系统维护员不能兼任业务操作员。

（5）电算审查员。电算审查员主要负责监督会计软件系统的运行，防止相关人员利用计算机舞弊，可由会计稽核人员或内部审计人员兼任。

（6）财务分析员。财务分析员负责对计算机内的会计数据进行分析，提交有关分析报告，可由会计主管兼任。

课后习题

项目二

系统管理与基础设置

学习目标

知识目标： 了解应用会计信息系统前的准备工作；了解用友 U8+的系统构成和主要功能；掌握系统管理和基础设置的方法。

技能目标： 能够根据企业实际情况建立账套，并会对其进行备份、恢复等操作；能够根据企业实际情况完成系统的基础设置。

素质目标： 理解基础的重要性，知晓打好基础是获得成功的关键。

任务一　应用会计信息系统前的准备工作

一、准备基础数据

企业应用会计信息系统前，需要将岗位分工、部门信息、会计科目、期初余额、物料信息、往来单位信息、人员信息、固定资产卡片、仓库信息等数据录入系统。在录入前，需要准备好这些数据，并对其进行规范处理，涉及代码的还要制定编码规范，然后进行统一编码。

二、准备软件应用环境

任何一个应用软件都必须在一定的环境下才能使用，本书主要基于 Windows 10 应用环境来介绍。企业在准备软件应用环境时，必须与软件供应商联系，明确软件的运行环境，特别要明确软件在什么样的环境下运行更为稳定，稳定对会计信息系统至关重要。软件应用环境的主要准备工作包括以下方面。

（1）网络服务器及网络操作系统的安装及配置。

（2）服务器端网络数据库系统软件的安装及配置。

（3）应用端数据库软件的安装及配置。

如果使用单用户版本会计软件，可以不安装网络服务器部分软件。不同品牌会计软件的支撑环境要求不同，具体应用时应参考其使用说明。

三、用友 U8+介绍

用友 U8+是一个面向中型企业的管理软件，可以提供财务会计、供应链、生产制造、人力资源、商业智能等功能，帮助企业实现人、财、物，供、产、销的管理，其业务处理流程如图 2-1 所示。新道 U8+V15.0 版是以用友 U8+V15.0 版为基础，结合我国现行的税收法律法规和企业会计准则，专门打造的教学版软件。为方便教学，本书后面的介绍均以新道 U8+V15.0 版（以下简称“新道 U8+”）为基础。

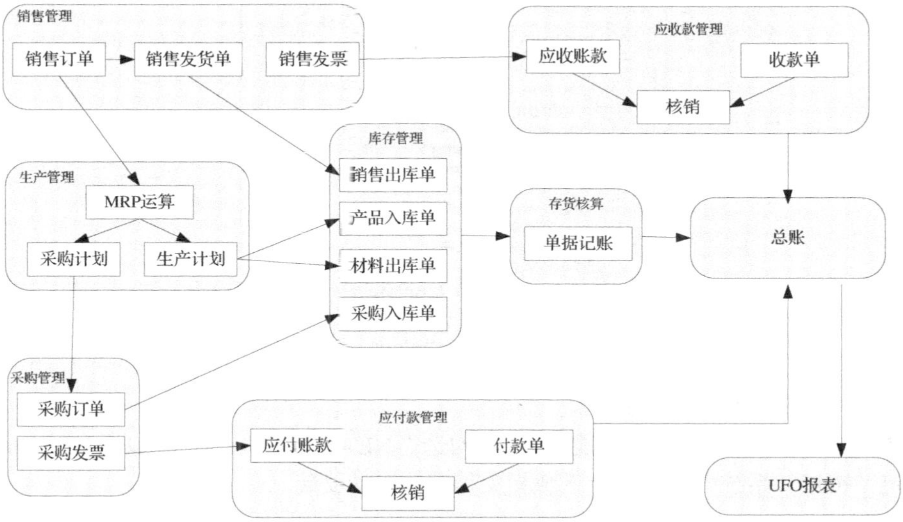

图 2–1　用友 U8+业务处理流程

任务二　安装软件

本任务在 Windows 10 专业版（64 位，20H2 版）系统下进行新道 U8+V15.0 的安装。在安装过程中需要特别注意以下事项。

（1）根据操作系统的版本，选用对应的数据库版本。

（2）在安装过程中，各种安全卫士和杀毒软件必须停止运行。最好先卸载各类安全管理软件，待新道 U8+V15.0 安装成功后再安装。

（3）不能在同一环境中安装其他管理软件，如金蝶 K3 等。

一、配置 Windows 系统

1. 安装 IIS

互联网信息服务（Internet Information Services，IIS）是由微软公司提供的基于 Windows 运行的互联网基本服务。安装 IIS 的具体方法如下。

（1）执行“开始”|“Windows 系统”|“控制面板”|“程序”|“程序和功能”命令，打开“程序和功能”窗口。

（2）单击左侧“启用或关闭 Windows 功能”超链接，在打开的“Windows 功能”窗口中选择“Internet Information Services”选项，系统即自动安装有关程序。

（3）安装完成后，系统会提示“Windows 已完成请求的更改”，并自动返回“程序和功能”窗口。

（4）用同样的方法，再次打开“Windows 功能”窗口。选择“Internet Information Services”选项，展开所有加号下的内容（选取可选的所有项目），并勾选“Internet Information Services 可承载的 Web 核心”，单击“确定”按钮，如图 2-2 所示，系统自动完成 IIS 的安装（需要连接互联网）并重新启动。

图 2–2　安装 IIS

2. 安装.NET Framework 3.5

用前述方法，打开“Windows 功能”窗口，勾选“.NET Framework 3.5（包括.NET2.0 和 3.0）”，单击“确定”按钮，系统会从网络上下载相关程序并自动安装。

二、准备安装环境

1. 更改用户帐户控制设置

Windows 10 对用户的权限进行了控制，以防止系统被安装非法软件。但在安装一些软件的时候，安装人员需要具备最高权限，否则即使软件安装顺利完成，后期在修改有关系统参数时也会失败，从而导致软件安装后无法使用。这种问题是在软件安装过程中发生的，系统不一定提示，出现错误的时候很难寻找具体原因和解决办法。

更改用户帐户控制设置的方法是：执行“控制面板”|“用户帐户”|“用户帐户”|“更改用户帐户控制设置”命令，在“用户帐户控制设置”对话框中将左侧滑块拉至最低，即“从不通知”。

2. 更改计算机名称

在新道 U8+系统中，计算机名称不能使用“-”（英文减号）等特殊字符。执行“控制面板”|“系统和安全”|“系统”命令，单击“重命名这台电脑”按钮可更改计算机名称。这里将计算机名称改为“DATAPC”（改为字母组合的名称就可以），更改后需要重新启动计算机。

3. 设置日期分隔符

在新道 U8+系统中，要求日期分隔符设置为“-”，设置方法为：打开 Windows10 控制面板，执行“时钟和区域”|“更改日期、时间或数字格式”命令，设置短日期的格式为“yyyy-MM-dd”，单击“应用”按钮，然后单击“确定”按钮完成。

三、安装数据库

1. 下载 SQL Server 2016 SP2 Express

新道 U8+使用微软公司的 SQL Server 数据库，这里使用 SQL Server 2016 SP2 Express 版本（微软公司提供的免费版，可供教学使用）。用户可以从微软官方网站选择 SQLEXPR_x64_CHS.EXE 下载。

2. 安装 SQL Server 2016 SP2 Express

（1）选择 SQLEXPR_x64_CHS.EXE，单击鼠标右键，在弹出的快捷菜单中选择“以管理员身份运行”，系统自动解压后进入 SQL Server 安装中心。

（2）选择“全新 SQL Server 独立安装或向现有安装添加功能”，然后可以看到“许可条款”，选择“我接受许可条款”。

（3）系统自动打开“Microsoft 更新”界面，选择“使用 Microsoft Update 检查更新”。

（4）在联网情况下，系统会自动完成更新。然后选择“下一步”按钮，在“功能选择”界面，单击“全选”按钮，如图 2-3 所示。

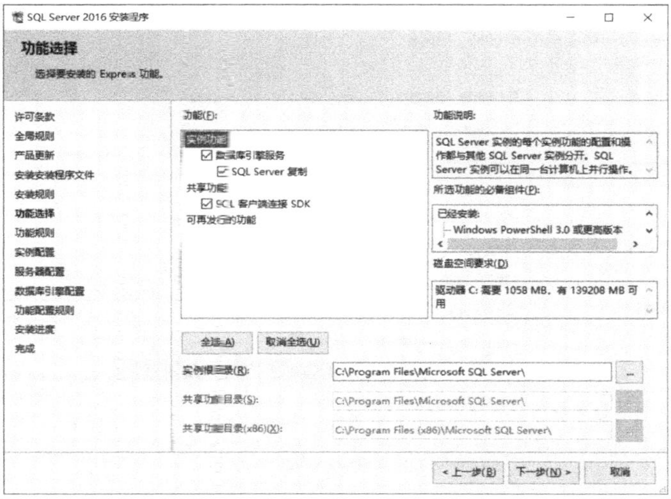

图 2-3　“功能选择”界面

（5）单击“下一步”按钮，在“实例配置”界面选择“默认实例”。

（6）单击“下一步”按钮，在“服务器配置”界面，把 SQL Server 数据库引擎的账户名设为“NETWORK SERVICE”，密码为空（不输入），勾选“授予 SQL Server 数据库引擎服务‘执行卷维护任务’特权”复选框，如图 2-4 所示。

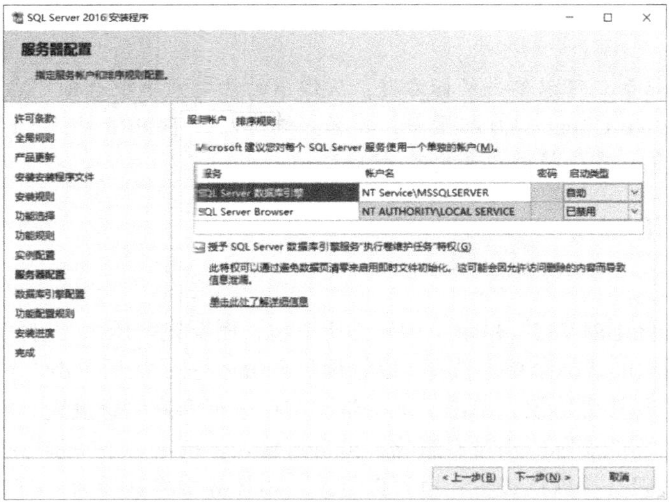

图 2-4　服务器配置

> **操作提示**
>
> 如果没有显示“NETWORK SERVICE”，则执行“浏览”|“高级”|“立即查找”命令，找到相应选项后，单击“确定”按钮。

（7）系统打开“数据库引擎配置”界面，身份验证模式选择“混合模式”，密码设置为“bigdata”，指定 SQL Server 管理员，单击“添加当前用户”按钮，如图 2-5 所示（显示结果与计算机自身的设置有关）。

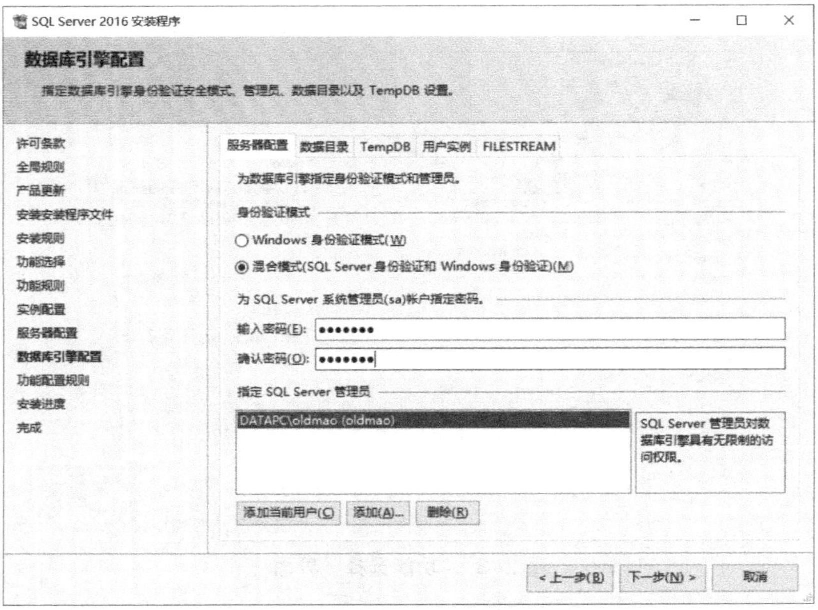

图 2-5　数据库引擎配置

（8）继续后面的安装步骤，直至安装完成，然后重新启动系统。

（9）重新启动系统后，在 Windows 应用中执行“Microsoft SQL Server 2016”|“SQL Server 配置管理器”命令，选择“SQL Server 服务”，可以看到该服务是否已运行。

> **操作提示**
>
> 如果服务没有启动，可以单击鼠标右键，从弹出的快捷菜单中选择“启动”就会启动 SQL Server。在 SQL Native Client 11.0 配置中，其客户端协议的 TCP/IP 协议 Default Port 端口号为 1433。如果与此不符，需要将端口号更改为 1433。

四、安装新道 U8+

1. 环境检测

（1）打开“SeentaoU8+V15”目录（如果是压缩包，需要先解压），选择 Setup.exe 安装程序，单击鼠标右键，在弹出的快捷菜单中选择“以管理员身份运行”，然后单击“下一步”按钮。在“许可证协议”窗口中选择接受协议，单击“下一步”按钮进行客户信息设置。输入公司名称，这里输入的公司名称对后面的实际应用没有影响，可自行输入。单击“下一步”按钮，打开“选择目的地位置”界面，一般选择默认设置，也可以更改。本任务中将其设为“C:\U8SOFT”。

（2）单击“下一步”按钮，在“安装类型”窗口中选择“经典应用模式”，在下一步中选择安装类型。这里选择“全产品”，即全部组件在同一台机器中安装。

（3）打开“系统环境检查”窗口，单击“检测”按钮，结果如图 2-6 所示。

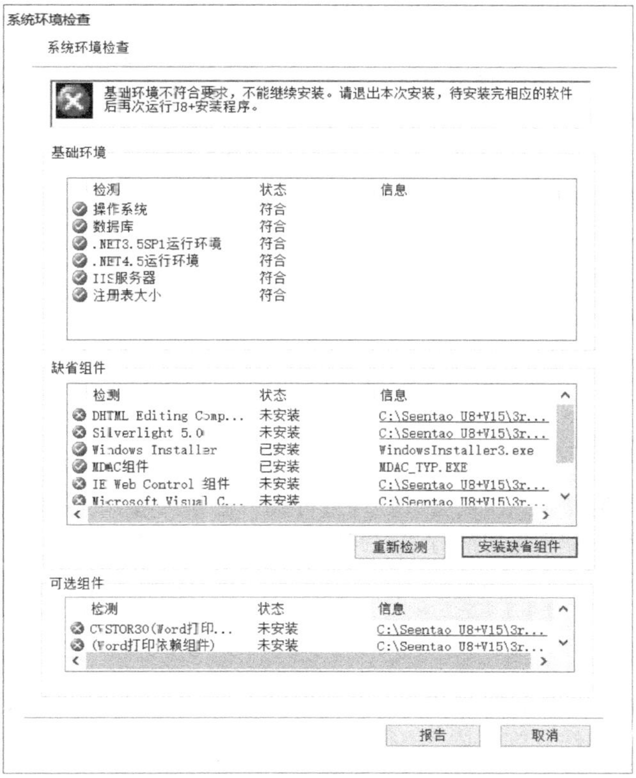

图 2–6　系统环境检查

（4）在图 2-6 所示界面中单击“安装缺省组件”按钮，完成相关缺省组件的自动安装。如果 Silverlight 安装不成功（提示有更新的版本不能安装），则会中断新道 U8+的安装。解决的方法是：先卸载已经安装的 Silverlight，卸载成功后再安装 Silverlight。

注意

① 安装 Silverlight 后，如果系统提示有新的版本，不要更新。

② 根据环境的不同，系统还会安装其他相关组件，选择接受应用许可就会自动安装相关组件。一般不用安装可选组件。

2. 安装

基础环境和缺省组件环境检测完成后，单击“确定”按钮，选择“安装”按钮进行安装即可。

如果在安装过程中程序兼容性助手提示“可能未正确安装此程序”，选择“使用兼容性设置安装”后继续执行安装过程。安装完毕，需要重新启动计算机。

重新启动后系统提示进行数据源配置，在数据库处输入“DATAPC”（与本机的计算机名相同），在 SA 口令处输入“bigdata”。数据库名就是本机机器名，SA 的密码就是安装数据库时设置的密码。单击“测试连接”按钮，应显示“测试成功”，否则说明数据库没有连接上，注意检查数据库名和密码，如图2-7所示。

之后系统还会提示是否初始化数据库，这里不选择初始化，留在新道 U8+系统中的系统管理中完成。还有一种测试方法，就是在应用中执行“新道U8+”|“诊断工具”命令，选择数据库服务器进行连接测试。

3. 新道U8+功能调用

软件安装后，Windows 开始菜单中会增加“新道U8+”项目，根据需要可以选择相关功能应用。

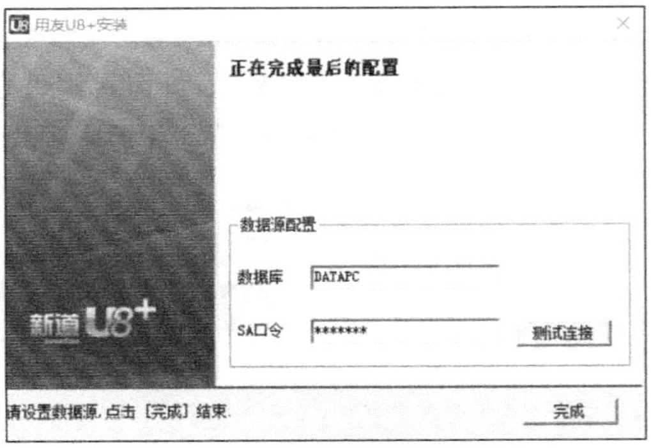

图2-7　测试连接

任务三　系统管理

一、系统管理功能概述

系统管理的功能是对整个系统的公共任务进行统一管理，包括账套管理、操作员及其权限的设置等。一般是以系统管理员注册的方式打开新道U8+的“系统管理”窗口，建立账套，添加新的操作员并设置新操作员权限、指定账套的账套主管，然后以账套主管的身份重新登录系统，进行账套启用的设置。

1. 新建账套

新道U8+属于通用型商品化管理软件，系统中并没有任何与使用单位相关的信息，因此要使用计算机进行业务处理工作。首先必须进行账套文件设置，以存放企业开展会计工作的信息。账套中存放的内容包括会计科目、记账凭证、账簿、会计报表等。建立账套是在建账向导指引下进行的，主要确定账套号、账套名称、企业所属行业、记账本位币、会计科目体系结构、会计期间的划分和设置账套启用期间等。

2. 年度账管理

在新道U8+系统中，每个账套中都存放着企业不同年度的财务数据，称为年度账。在一个新的会计年度开始时，应在系统中设置新的年度账套，并将上年度账套的期末余额结转到新的年度账套中，开始新一年的业务核算工作。

3. 备份和恢复

备份账套功能是指将所选的账套数据进行备份。恢复账套功能是指将以前备份的账套数据引入本系统。该功能不仅方便企业恢复备份数据，在非实时运行模式下，集团公司可以将子公司的账套数据定期地引入母公司系统，方便账套数据的分析和合并工作。

注意

① 对于整个账套的备份和恢复，只能由系统管理员进行操作。

② 年度账的备份和恢复方法与一般账套的操作方法相同。不同的是，年度账的备份与恢复是针对账套中的某一年度数据，而不是整个账套的数据，并且年度账的备份与恢复只能由账套主管进行操作。

二、创建账套

业务描述

重庆两江科技有限公司生产的主产品是创智 X 号收银称重一体机及配合使用的手持扫描器、桌面扫描器，应用于各种类型的超市，同时公司代理与创智 X 号相关的配套用品（如服务器、专用数据备份器等）。一车间主要生产创智 X 号产品，二车间主要生产手持扫描器、桌面扫描器。

（1）账套信息。

账套号：999（在具体实验中可用学号、学员号代替）。账套名称：重庆两江科技有限公司。采用系统默认账套路径。启用会计期：2020 年 4 月。会计期间：默认。

（2）单位信息。

单位名称：重庆两江科技有限公司。单位简称：两江科技。单位地址：重庆市两江新区新光大道 9999 号。法人代表：孙正。邮政编码：401147。联系电话及传真：0231234567。税号：110119120130999。

企业类型：工业。行业性质：2007 年新会计准则科目。有外币核算。

（3）分类编码方案。

科目编码级次：4222。客户和供应商分类编码级次：2。存货分类编码级次：122。部门编码级次：12。地区分类编码级次：2。结算方式编码级次：2。收发类别编码级次：12。其余使用默认参数。

（4）数据精度。

存货数量和单价的小数位设为 2。

操作指导

注意

在建账前，务必停止运行 360 安全卫士等安全杀毒软件，否则它将拦截建账过程，导致建账失败。

1. 登录

（1）执行“新道 U8+”|“系统管理”命令，启动新道 U8+系统。

（2）执行“系统”|“初始化数据库”命令，按照前面安装 SQL Server 2016 时的设置操作，数据库实例为 DATAPC，SA 口令为 bigdata，如图 2-8 所示。

图 2–8　初始化数据库实例

（3）单击“确认”按钮后系统询问“确定初始化数据库实例吗”，单击“是”按钮。等待一段时间，直到出现图 2-9 所示的登录界面。输入系统预置的系统管理员“admin”，选择默认账套“(default)”，然后单击“登录”按钮。

图 2–9　登录界面

📖操作提示

如果在登录过程中，账套中不显示“(default)”，可能是数据源配置有误，可以执行“新道 U8+”｜“应用服务器配置”命令对数据源进行修改。

2. 建账

（1）以系统管理员 admin 的身份登录系统，单击“新建空白账套”按钮，打开“创建账套”对话框，依次输入新建账套的账套号、账套名称等信息，如图 2-10 所示。

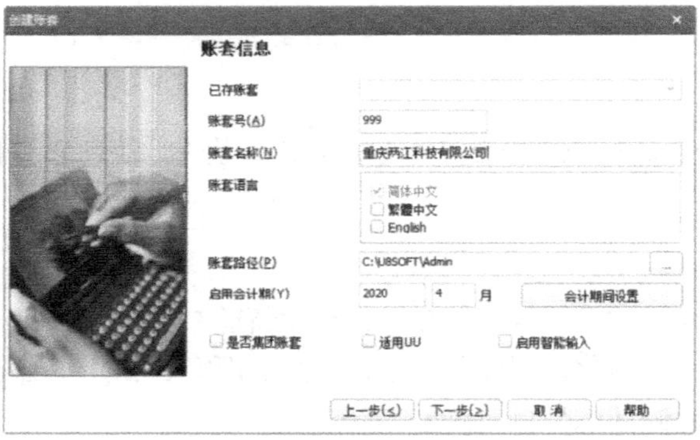

图 2–10　设置账套信息

📖操作提示

①“已存账套”是系统已经建立并使用的账套，在这里不能更改。

②“账套号”一般是 000～999 的三位数字，账套号唯一，不能重复。

③“账套名称”是能够标识该账套的信息，根据企业情况输入。

④“账套路径”是存放账套数据的位置，一般用系统默认的路径，也可以自行设置。

⑤“启用会计期”用来设置新建账套的启用时间，具体到“月”。用户可根据实际情况，单击“会计期间设置”按钮进行设置。

（2）单击“下一步”按钮，输入有关单位信息，如图 2-11 所示。

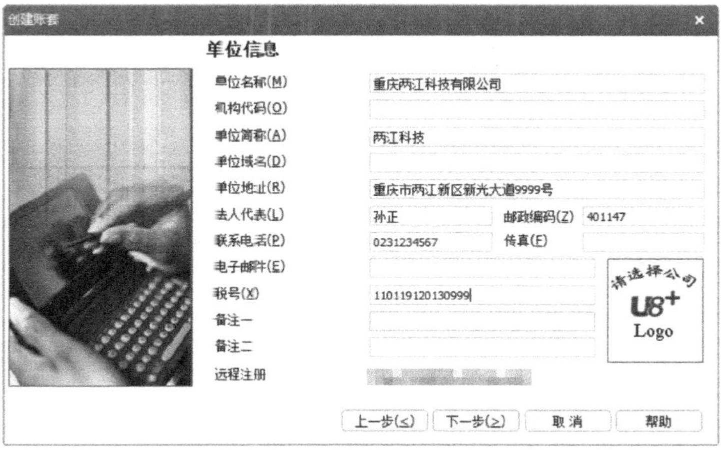

图 2-11　单位信息输入

（3）单击“下一步”按钮，进行核算类型设置，如图 2-12 所示。

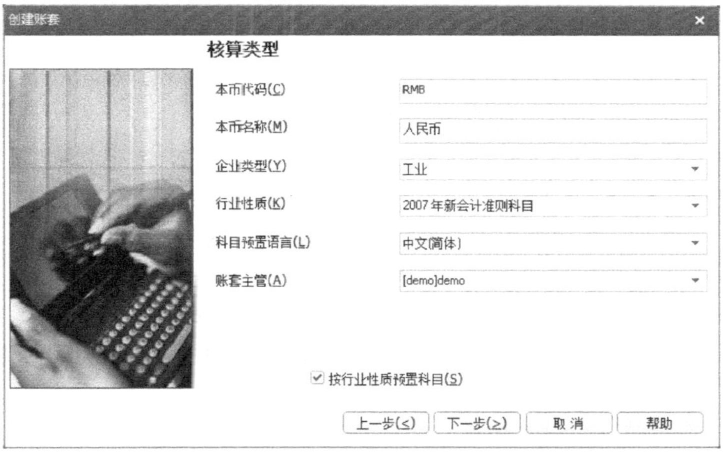

图 2-12　核算类型设置

（4）单击“下一步”按钮，进行基础信息设置，勾选所有参数。

（5）单击“下一步”按钮，然后再单击“完成”按钮，系统询问“可以创建账套了么？”。单击“是”按钮，系统开始创建账套。等待片刻，系统将打开“编码方案”对话框，如图 2-13 所示。

（6）先单击“确定”按钮，然后关闭对话框（若不关闭对话框，会一直停留在此处）。设置数据精度，各项目均设置为 2，然后再单击“确定”按钮，直至建账完成。

（7）打开“系统启用设置”界面，这里不设置，留待后续进行。

（8）系统提示“进入企业应用平台进行业务操作”，单击“确定”按钮后退出创建账套过程，返回“系统管理”窗口，进行其他设置。

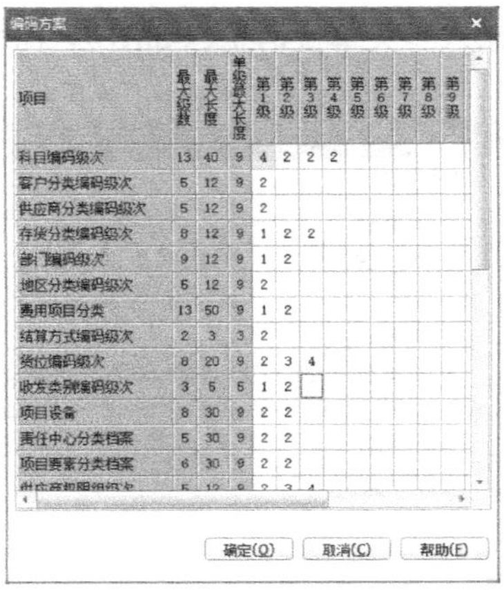

图 2–13　设置编码方案

三、备份账套

业务描述

输出此前创建的账套。

操作指导

（1）打开“系统管理”窗口，以系统管理员 admin 的身份执行“系统管理”|“系统”|“注册”命令。

备份与恢复账套

（2）在打开的窗口中执行“账套”|“输出”命令，在“账套输出”对话框中选择需要备份的账套号，系统会提示选择账套备份路径，这时根据个人需要选择具体的目录来保存备份的账套即可。本例中选择“C:\temp\”作为备份账套的保存目录。如果备份后原账套需要删除，则勾选“删除当前输出的账套”，备份完成后，系统中将不存在当前账套数据（此功能应谨慎使用）。备份信息如图 2-14 所示。

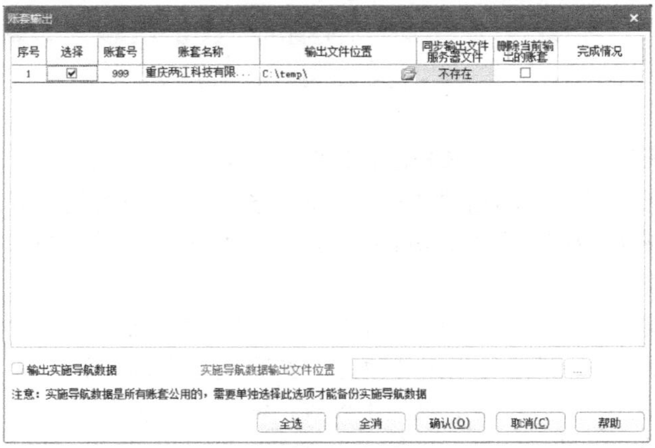

图 2–14　备份信息

（3）单击“确认”按钮，稍等片刻，系统会提示输出成功。系统会在之前选择的目录下建立一个新的目录，如账套号是“999”，则备份账套保存的目录就是“ZT999”。备份的文件为：UFDATA.BAK 和 UfErpAct.Lst 两个文件，文件的大小在 2.2GB 左右。

四、恢复账套

业务描述

恢复账套（也可以恢复自己备份的账套）。

操作指导

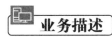

在正式引入账套之前，如果账套文件名称被更改过，需要将准备恢复的账套文件名称分别改为 UFDATA.BAK 和 UfErpAct.Lst。

（1）在“系统管理”窗口，执行“账套”|“引入”|“选择备份文件”命令，选择要恢复的账套文件 UfErpAct.Lst，单击“确定”按钮，如图 2-15 所示。系统会提示选择引入账套的目录，这里选择系统的默认路径。

图 2-15　账套引入

（2）单击“确认”按钮，稍等片刻，系统会提示账套引入成功。

五、财务分工、账套信息修改

业务描述

（1）角色权限如表 2-1 所示。

表 2-1　角色权限

角色编码	角色名称	角色权限	
		模块	功能
DATA-MANAGER	账套主管	全部模块	
91	出纳业务	财务会计	总账-凭证-出纳签字；总账-出纳；网上银行；出纳管理

续表

角色编码	角色名称	角色权限	
		模块	功能
92	日常业务	财务会计	总账；应收款管理；应付款管理；固定资产；网上银行；出纳管理；UFO 报表
92	日常业务	供应链	销售管理；采购管理；库存管理；存货核算；合同管理；售后服务
		人力资源	薪资管理；计件工资管理
93	采购业务	基本信息	公共单据；公共目录
		财务会计	总账-账表-供应商往来辅助账；应付款管理
		供应链	采购管理；库存管理；存货核算
94	仓库业务	供应链	库存管理
95	销售业务	基本信息	公共单据；公共目录
		财务会计	总账-账表-客户往来辅助账；应收款管理
		供应链	售前分析；销售管理；库存管理；存货核算

（2）财务分工如表 2-2 所示。各操作人员的初始密码均设置为“123”。

表 2–2　　财务分工

用户编码	姓名	角色名称	主要业务权限	所属部门
01	何沙	账套主管	负责日常管理和业务处理工作	财务部
02	赵小兵	出纳业务	负责现金、银行账的管理工作	
03	孙胜业	日常业务	负责日常业务处理工作	
04	李天华	采购业务	主要负责采购业务处理工作	采购部
05	刘一江	销售业务	主要负责销售业务处理工作	销售部
06	陈瓜瓜	仓库业务	主要负责仓库管理工作	仓储部

说明

本操作中，主要由何沙（学生实验时，可换为自己的姓名）完成各项业务处理工作，需要出纳签字的工作由赵小兵完成，审核、记账的工作主要由孙胜业完成。实际工作中，请按照具体岗位设置完成相关业务处理工作。

操作指导

1. 角色管理

角色是指在管理中拥有某一类职能的组织。这个角色组织可以是实际的部门，也可以是由拥有同一类职能的人构成的虚拟组织。

财务分工及账套信息修改

（1）执行“新道 U8+”|“系统管理”|“系统”|“注册”命令，以系统管理员 admin 的身份登录系统，密码为空。

（2）在“系统管理”窗口，执行“权限”|“角色”命令，打开“角色管理”窗口，如图 2-16 所示。

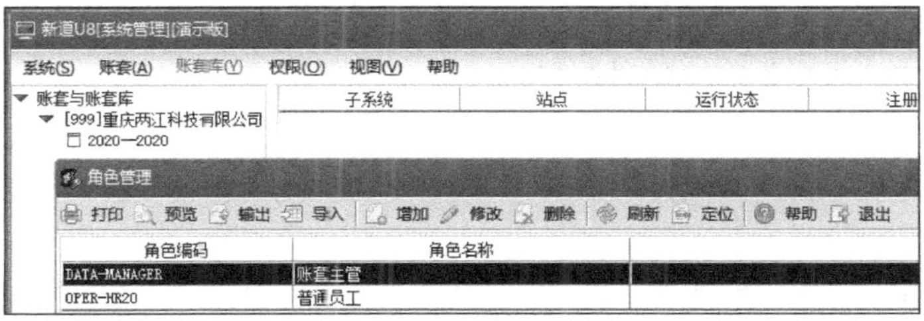

图 2–16　角色管理

（3）单击“增加”按钮，在打开的“角色详细情况”对话框中可以根据表 2-1 的信息增加“出纳业务”角色，如图 2-17 所示。

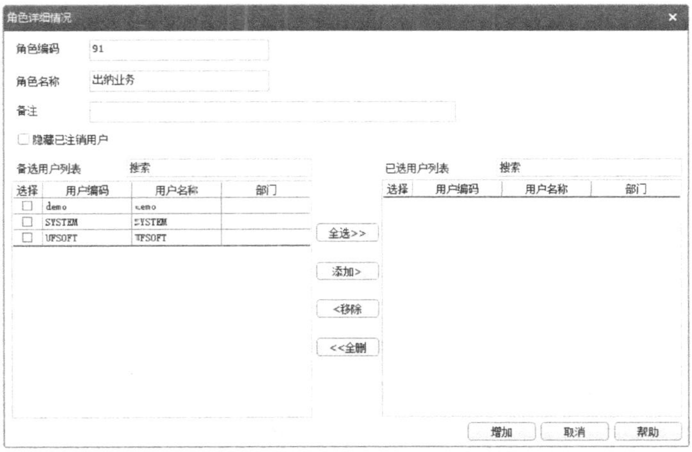

图 2–17　增加角色

（4）单击“增加”按钮，完成出纳业务的角色设置。然后根据表 2-1 的信息依次完成其他角色的设置，最终结果如图 2-18 所示。

（5）在“系统管理”窗口，执行“权限”|“权限”命令，打开“操作员权限”窗口，选择某个角色（如出纳业务），单击“修改”按钮，然后参照表 2-1 的信息对该角色的功能权限进行设置，如图 2-19 所示。

图 2–18　角色管理

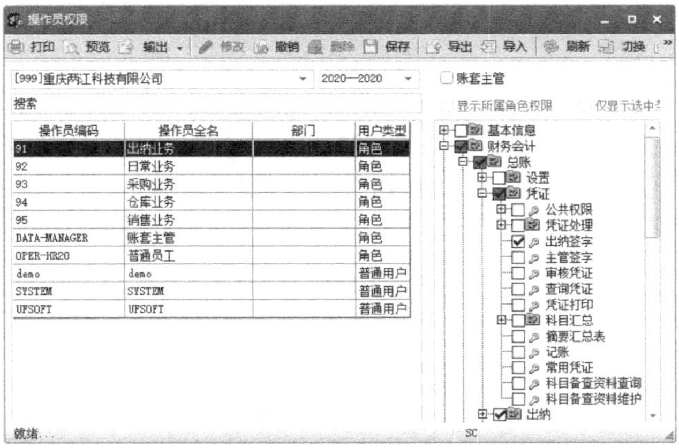

图 2–19　出纳业务角色权限设置

（6）单击“保存”按钮，完成角色的权限设置。按照同样的方法依次设置其他角色的权限。在实际的业务操作中，可根据需要随时调整。

2. 用户管理

（1）在“系统管理”窗口，执行“权限”|“用户”命令，打开“用户管理”窗口，如图 2-20 所示。

（2）单击“增加”按钮，根据表 2-2 的信息输入何沙的详细情况（编号即为用户编码），口令设置为“123”，所属角色设为“账套主管”，如图 2-21 所示。

图 2-20 用户管理

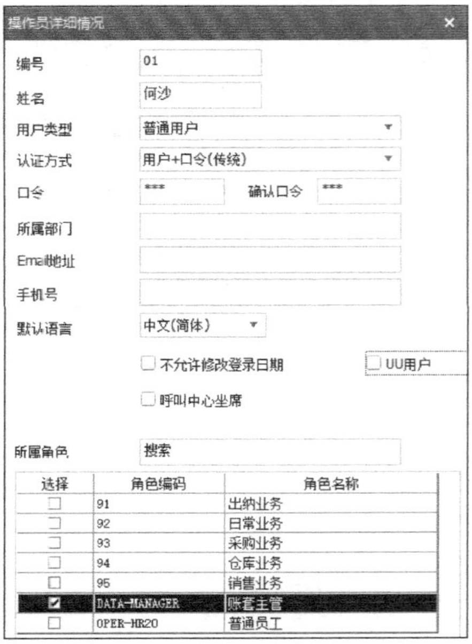

图 2-21 操作员详细情况

（3）单击“增加”按钮，继续设置其他操作员的详细情况。全部用户信息设置完毕后，可以看到图 2-22 所示的“用户管理”窗口。

图 2-22 “用户管理”窗口

3. 设置操作员权限

（1）在“系统管理”窗口，执行“权限”|“权限”命令，打开“操作员权限”窗口，选择要设置操作员权限的人员（如赵小兵），如图 2-23 所示。

图 2–23　操作员权限

（2）勾选“显示所属角色权限”和“仅显示选中条目”，系统即显示该角色已经分配的权限，如图 2-24 所示。

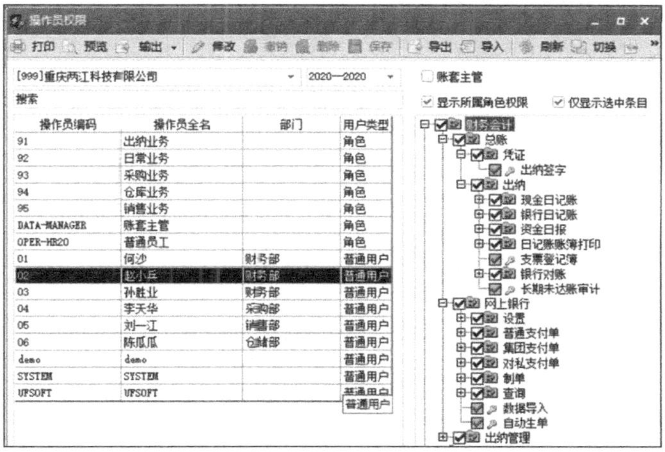

图 2–24　显示所属角色权限

这时还可以根据需要，在所分配角色权限的基础上，再增加其他权限。方法是先单击“修改”按钮，然后再选择需要增加的权限，最后单击“保存”按钮完成设置。

说明

角色和用户的关系是：用户属于哪个角色，那么这个角色所拥有的功能权限他就同样拥有。但这个用户除了可以拥有该角色的功能权限外，还可以获得新的功能权限。一个用户也可以属于多个角色，当然也就能拥有多个角色的功能权限。通俗地讲，就是一个人可以属于多个组织，那么这些组织的权限他就都可以拥有；除了这些权限之外，他还可以获得其他权限。

4．修改账套信息

（1）在“系统管理”窗口，以账套主管何沙（用户编码 01）的身份重新登录系统，日期选择“2020-04-01”，账套选择“重庆两江科技有限公司”，然后单击“登录”按钮。

（2）执行“账套”|“修改”命令，打开“账套信息修改”窗口。修改账套信息的方式与建账时输入信息的方式是相同的，若信息有变化，在此完成修改（有些部分已经锁定，不能修改）。

任务四　基础设置

一、基础设置概述

1. 准备工作

在正式应用新道 U8+软件前，还须做一些准备工作，主要包括确定会计核算规则、准备所需的初始基础数据，这些工作将影响后续的使用效果。

2. 基础信息设置操作方法

新道 U8+软件的基础信息设置包括三部分：一是与总账有关的基础信息，如设置会计科目、设置凭证类别等；二是与供应链业务有关的信息，如设置采购类型和销售类型、设置收发类别、设置仓库档案等；三是总账与供应链业务都共同需要的基础信息，如部门职员的设置、外币种类设置、存货分类设置等。业务系统的部分基础数据，也可以在使用该业务系统时设置。

基础信息设置在账套初始化工作中处于非常重要的地位，其数据档案的分类是否合理、准确，将直接关系到整个新道 U8+软件系统能否协调一致，功能能否充分利用。而要进行基础信息设置，其信息编码必须满足编码方案与数据精度的定义。

基础设置中的信息可以集中设置，也可以分散设置。集中设置就是将基础信息全部设置完成后再使用业务系统。分散设置是先设置部门、人员、客户、供应商等基础信息，其他信息在使用相关业务模块时设置。

二、系统启用

业务描述

根据重庆两江科技有限公司的实际情况，需要启用的模块信息如表 2-3 所示。

表 2-3　　需要启用的模块信息

系统编码	系统名称	启用会计期间	启用自然日期
GL	总账	2020 年 04 月	2020-04-01
AR	应收款管理	2020 年 04 月	2020-04-01
AP	应付款管理	2020 年 04 月	2020-04-01
FA	固定资产	2020 年 04 月	2020-04-01
NB	网上银行	2020 年 04 月	2020-04-01
SC	出纳管理	2020 年 04 月	2020-04-01
CC	系统配置	2020 年 04 月	2020-04-01
SR	售后服务	2020 年 04 月	2020-04-01
CM	合同管理	2020 年 04 月	2020-04-01
PA	售前分析	2020 年 04 月	2020-04-01
SA	销售管理	2020 年 04 月	2020-04-01
PU	采购管理	2020 年 04 月	2020-04-01
ST	库存管理	2020 年 04 月	2020-04-01
IA	存货核算	2020 年 04 月	2020-04-01
WA	薪资管理	2020 年 04 月	2020-04-01
PR	计件工资管理	2020 年 04 月	2020-04-01

操作指导

系统启用即设定新道 U8+中各个子系统开始使用的日期，只有被启用的子系统才能正常进行业务处理。

系统启用主要有两种方法：创建账套时启用和在企业应用平台中启用。

系统启用及系统出错处理方法

（1）执行“新道 U8+”|“企业应用平台”命令，以账套主管身份登录系统，登录后的界面如图 2-25 所示。

图 2-25　登录后的界面

业务导航中有多种模式：经典树形、全景式菜单、企业流程图、业务场景。后面主要以全景式菜单为主进行讲解（该模式下的操作方法与经典树形模式下的操作方法一样）。

（2）执行“业务导航”|“基础设置”|“基本信息”|“系统启用”命令，然后逐一设定启用的模块，如图 2-26 所示。还可以选择基本信息下的编码方案、数据精度功能，根据需要进行相关参数的修改。

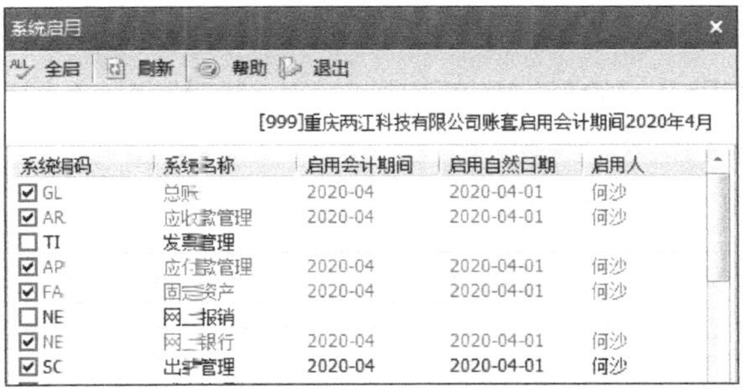

图 2-26　系统启用

三、系统出错时的处理方法

在应用新道 U8+的过程中，有时候因为非正常关机或非正常退出等会引起系统出错，处理方法如下。

（1）以系统管理员admin的身份登录系统，执行“视图”|“清除异常任务”命令。

（2）执行“视图”|“清除所有任务”命令，如图2-27所示，清除系统的出错问题，具体可根据出错情况选择。

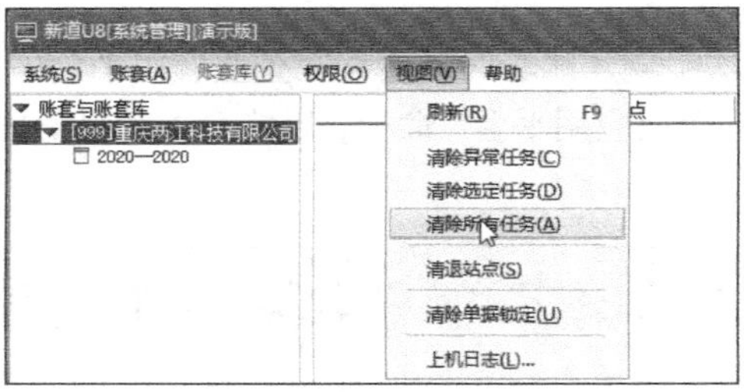

图2-27 清除异常任务

对于单据类操作锁定的问题，如提示“科目（100201）正在被机器**上的用户**操作锁定，请稍后再试”的信息，可以执行“视图”|“清除单据锁定”命令，然后再执行“视图”|“清除所有任务”命令，完成对错误的清除。

还有一种处理方法是执行“财务会计”|“总账”|“期末”|“对账”命令，在“对账”窗口中按“Ctrl+F6”组合键，当系统询问“是否清除所有站点的锁定记录”时，单击“是”按钮，即可完成对错误的清除。

操作提示

① 功能锁定和单据锁定等异常多数情况下是在新道U8+系统运行过程中，突然关闭计算机或强制关闭Windows产生的，这样就保留了当时的运行标志。只要先退出新道U8+系统，然后关闭计算机，一般就不会出现这种情况。特别是在数据运算中，关闭计算机有可能导致数据混乱。尽管现在的数据库有些预防措施，但也有例外。

② 经常备份账套是一个有效防止异常发生的方法，这样可以通过恢复上一阶段的账套进行补救，不至于从头再来。

四、设置部门和人员档案

业务描述

根据重庆两江科技有限公司的分类档案资料，完成部门档案、人员类别、人员档案的设置。

（1）部门档案如表2-4所示。

表2-4 部门档案

部门编码	部门名称	部门属性	部门编码	部门名称	部门属性
1	管理中心	日常管理	3	制造中心	制造管理
101	行政部	综合管理	301	一车间	生产管理
102	财务部	财务管理	302	二车间	生产管理
2	供应中心	供应管理	4	营销中心	营销管理
201	仓储部	库存管理	401	销售部	销售管理
202	采购部	采购管理	402	服务部	服务管理

（2）人员类别设置如下。

101：管理。102：经营。103：车间管理。104：车间工人。

（3）人员档案如表 2-5 所示。

表 2-5 人员档案

人员编码	姓名	性别	人员类别	行政部门	业务员	操作员	对应操作员编码	银行账号
101	孙正	男	管理	行政部	是			1111
102	宋嘉	女	管理	行政部	是			1112
201	何沙	男	管理	财务部	是	是	01	1113
202	赵小兵	女	管理	财务部	是	是	02	1114
203	孙胜业	女	管理	财务部	是	是	03	1115
301	李天华	女	管理	采购部	是	是	04	1116
302	杨真	男	管理	采购部	是			1117
401	陈瓜瓜	男	管理	仓储部	是	是	06	1118
501	刘一江	男	经营	销售部	是	是	05	1119
502	朱小明	女	经营	销售部	是			1120
601	罗忠	男	经营	服务部	是			1121
701	向璐宇	男	车间管理	一车间				1180
702	秦地久	女	车间管理	一车间				1181
703	天河飞	男	车间工人	一车间				1190
704	秦半岛	女	车间工人	一车间				1191
801	万思维	男	车间管理	二车间				1182
802	东方魂	男	车间管理	二车间				1183
803	叶海甸	男	车间工人	二车间				1192
804	万银大	女	车间工人	二车间				1193
805	朱海风	男	车间工人	二车间				1194
806	温琼海	女	车间工人	二车间				1195

注：① 业务员的费用归属为所在部门，生效日期从 2020 年 4 月 1 日起计算。

② 业务员在会计科目辅助核算和业务单据中可以被选到，而操作员不能被选到。

③ 业务员是在业务单据中会使用的人员，如领料人等签字的人员；操作员一般只是录入、查看数据的人员。

操作指导

1. 修改单位信息

登录新道 U8+企业应用平台后，在全景式菜单模式下，执行“基础设置”|“基础档案”|“机构人员”|“本单位信息”命令，如果需要可以修改本单位信息。

设置部门和人员档案

2. 设置部门档案

（1）执行“基础设置”|“基础档案”|“机构人员”|“部门档案”命令，打开“部门档案”窗口，单击“增加”按钮，然后在窗口右边“部门档案”栏中录入部门编码、部门名称等信息，如图 2-28 所示。

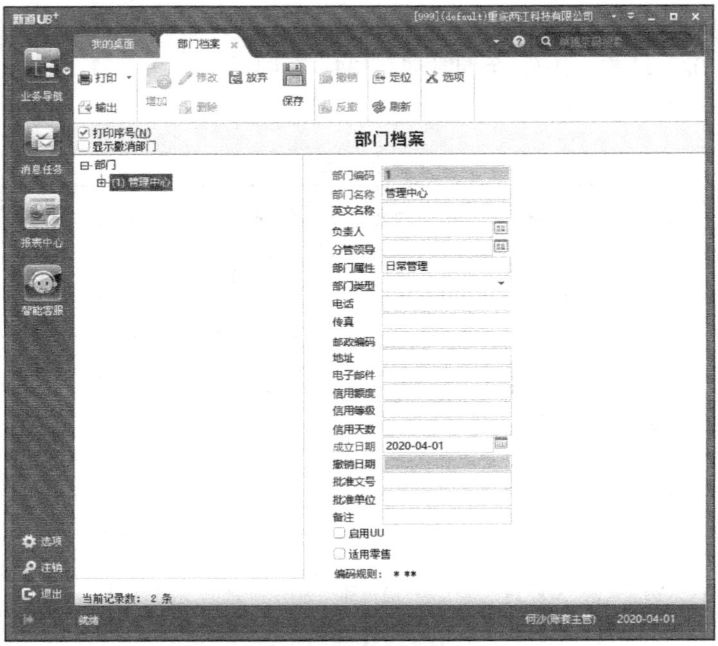

图 2–28　增加部门档案

（2）录入一个部门的信息后，单击“保存”按钮，然后再次单击“增加”按钮，继续输入其他部门的信息，如图 2-29 所示。

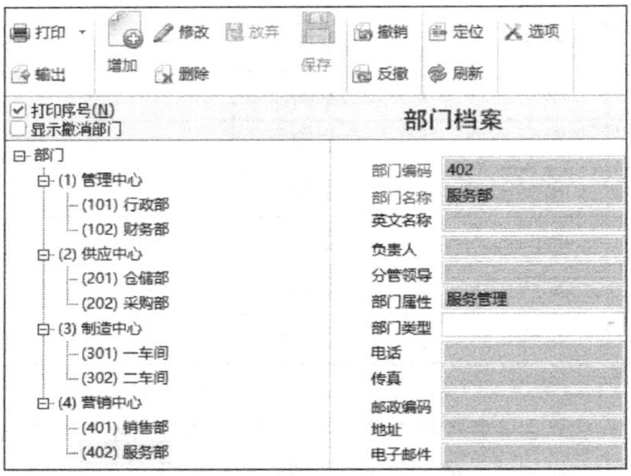

图 2–29　增加所有部门档案

操作提示

① 若部门档案信息录入错误，应先选中需要修改的部门，然后单击“修改”按钮，改正后再单击“保存”按钮。

② 部门编码不能修改，只能删除该部门后重新添加。

③ 在部门信息录入栏的下面，若编码原则显示为“*　**”，表示部门编码级次为 2 级，其中第一级 1 位，第二级 2 位。在其他档案信息的设置窗口中也有编码规则提示。并且必须先录入上一级部门档案，然后才能录入下一级部门档案。

④ 如果实际编码与系统编码规则不符，可以执行“基础设置”|“基本信息”|“编码方案”命令，对编码规则重新进行设置。

3. 设置人员类别

执行“基础设置”|“基础档案”|“机构人员”|“人员类别”命令，打开“人员类别”窗口，先删除系统预置的人员类别，然后单击“增加”按钮，录入档案编码、档案名称等信息，设置完成后的效果如图 2-30 所示。

序号	档案编码	档案名称	档案简称	档案简拼
1	101	管理	管理	GL
2	102	经营	经营	JY
3	103	车间管理	车间管理	CJGL
4	104	车间工人	车间工人	CJGR

图 2-30　人员类别

4. 设置人员档案

（1）执行“基础设置”|“基础档案”|“机构人员”|“人员档案”命令，在打开的界面中单击“增加”按钮，录入人员档案信息，如图 2-31 所示。

对于前面设置为操作员的人员，要先勾选“操作员”，然后单击对应操作员名称后的▦按钮重新选择，这样对应的操作员编码才正确。

（2）单击“保存”按钮，然后按照同样的方法录入其他人员的档案信息，结果如图 2-32 所示。

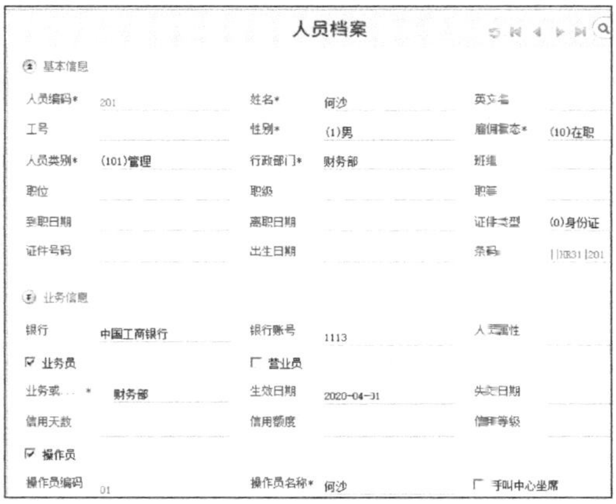

图 2-31　设置人员档案

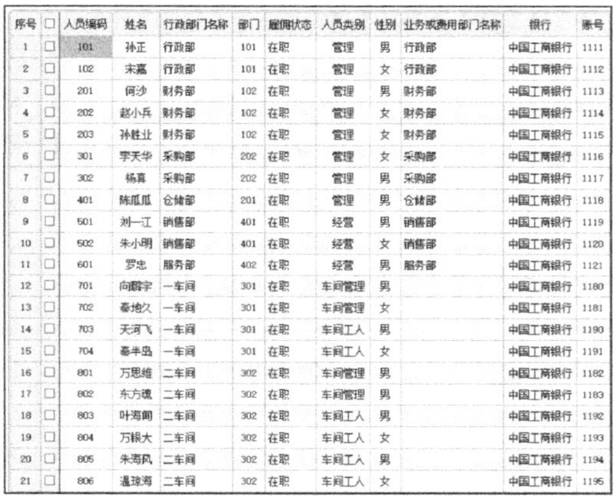

序号	☐	人员编码	姓名	行政部门名称	部门	雇佣状态	人员类别	性别	业务或费用部门名称	银行	账号
1	☐	101	孙正	行政部	101	在职	管理	男	行政部	中国工商银行	1111
2	☐	102	宋嘉	行政部	101	在职	管理	女	行政部	中国工商银行	1112
3	☐	201	何沙	财务部	102	在职	管理	男	财务部	中国工商银行	1113
4	☐	202	赵小兵	财务部	102	在职	管理	女	财务部	中国工商银行	1114
5	☐	203	孙胜业	财务部	102	在职	管理	女	财务部	中国工商银行	1115
6	☐	301	李天华	采购部	202	在职	管理	女	采购部	中国工商银行	1116
7	☐	302	杨真	采购部	202	在职	管理	男	采购部	中国工商银行	1117
8	☐	401	陈瓜瓜	仓储部	201	在职	管理	男	仓储部	中国工商银行	1118
9	☐	501	刘一江	销售部	401	在职	经营	男	销售部	中国工商银行	1119
10	☐	502	朱小明	销售部	401	在职	经营	女	销售部	中国工商银行	1120
11	☐	601	罗忠	服务部	402	在职	经营	男	服务部	中国工商银行	1121
12	☐	701	向璐宇	一车间	301	在职	车间管理	男		中国工商银行	1180
13	☐	702	秦地久	一车间	301	在职	车间管理	女		中国工商银行	1181
14	☐	703	天河飞	一车间	301	在职	车间工人	男		中国工商银行	1190
15	☐	704	秦半岛	一车间	301	在职	车间工人	女		中国工商银行	1191
16	☐	801	万思维	二车间	302	在职	车间管理	男		中国工商银行	1182
17	☐	802	东方魂	二车间	302	在职	车间管理	男		中国工商银行	1183
18	☐	803	叶海甸	二车间	302	在职	车间工人	男		中国工商银行	1192
19	☐	804	万银大	二车间	302	在职	车间工人	女		中国工商银行	1193
20	☐	805	朱海风	二车间	302	在职	车间工人	男		中国工商银行	1194
21	☐	806	温琼海	二车间	302	在职	车间工人	女		中国工商银行	1195

图 2-32　人员档案

操作提示

单击列标题“人员编码”，就可以按照人员编码进行排序，也可以单击其他列的列标题，按相应字段进行排序。单击工具栏的“栏目”按钮，可以根据需要调整显示的具体内容，如图 2-33 所示。

行号	显示	固定列	栏目显示名称	列宽	对齐方式	排序	合计	栏目系统名称
1	Y	Y	序号	800	中间对齐			序号
2	Y		选择	500	中间对齐			选择
3			工号	1000				工号
4	Y		人员编码	885				人员编码
5	Y		姓名	795				姓名
6	Y		行政部门名称	1275	左对齐			行政部门名称
7	Y		部门	645				部门
8	Y		雇佣状态	855	左对齐			雇佣状态
9	Y		人员类别	900				人员类别
10	Y		性别	525				性别
11			出生日期	1000				出生日期
12			业务或费用部门...	2250	左对齐			业务或费用部门...
13			业务或费用部门...	1710	左对齐			业务或费用部门...
14			证件号码	1000				证件号码
15			信用额度	1000	左对齐			信用额度
16			信用天数	1000	左对齐			信用天数
17			信用等级	1000	左对齐			信用等级
18			生效日期	1000	左对齐			生效日期

图 2-33　显示栏目调整

五、设置客户和供应商档案

业务描述

根据下面的信息完成重庆两江科技有限公司客户和供应商档案的设置。

（1）地区分类编码如下。

01：东北。02：华北。03：华东。04：华南。05：西北。06：西南。07：华中。

（2）供应商分类编码如下。

01：原料。02：成品。03：服务。

（3）客户分类编码如下。

01：批发。02：零售。03：代销。04：专柜。

（4）供应商档案如表 2-6 所示。

表 2-6 供应商档案

供应商编码	供应商名称	所属分类	所属地区	税号	开户银行	银行账号	分管部门	分管业务员	邮政编码	地址
01	重庆大江公司（简称：大江）	01	西南	98462	中行	3367	采购部	李天华	410001	重庆市巴南区大江路 1 号
02	成都大成公司（简称：大成）	01	西南	67583	中行	3293	采购部	李天华	610001	成都市青羊区大成路 1 号
03	南京天华商行（简称：天华）	02	华东	72657	工行	1278	采购部	杨真	230187	南京市重庆路 22 号
04	上海大坤公司（简称：大坤）	02	华东	31012	工行	5076	采购部	杨真	200232	上海市浦东新区广州路 6 号
05	重庆大方咨询公司（简称：大方）	03	西南	83411	工行	8217	采购部	李天华	401100	重庆市两江新区黄山大道 886 号

注：① 中行即中国银行，工行即中国工商银行。

② 供应商 01～04 的属性为“采购”，05 为“服务”。

（5）客户档案如表 2-7 所示。

表 2-7 客户档案

客户编号	客户名称	所属地区	所属分类	税号	开户银行（默认值）	银行账号	分管部门	分管业务员	邮政编码	地址
01	重庆嘉陵公司（简称：嘉陵）	西南	01	32788	工行双碑支行	3654	销售部	刘一江	400077	重庆市沙坪坝区双碑路 9 号
02	天津大华公司（简称：大华）	华北	01	32310	工行东风支行	5581	销售部	刘一江	300010	天津市滨海区东风路 8 号
03	上海长江公司（简称：长江）	华东	04	65432	工行海东支行	2234	销售部	朱小明	200032	上海市徐汇区海东路 1 号
04	辽宁飞鸽公司（简称：飞鸽）	东北	03	03251	中行三好支行	0548	销售部	朱小明	110008	沈阳市和平区三好路 88 号
05	湖北朝华公司（简称：朝华）	华中	02	01121	中行宜昌支行	1717	销售部	朱小明	443000	宜昌市大坝路 77 号
99	零散客户	西南	02							

（6）通过引入供应商和客户信息，建立交易单位信息，也可以根据需要实时补充。

操作指导

设置客户和供应商档案

1. 设置地区分类

执行“基础设置”|“基础档案”|“客商信息”|“地区分类”命令，然后在打开的界面中单击工具栏中的“增加”按钮，输入地区的相关信息，如图 2-34 所示。

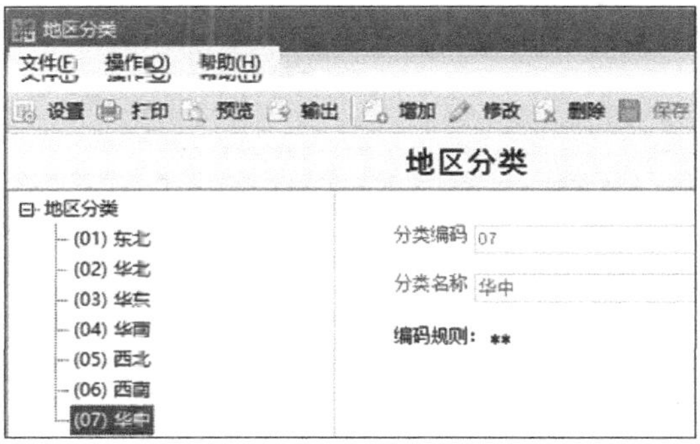

图 2-34　地区分类

2. 设置供应商分类

执行“基础设置”|“基础档案”|“客商信息”|“供应商分类”命令，然后在打开的界面中单击“增加”按钮，输入供应商分类的相关信息，如图 2-35 所示。

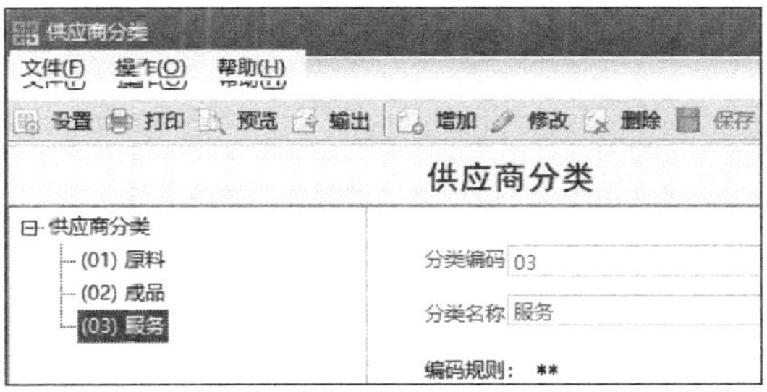

图 2-35　供应商分类

3. 设置客户分类

执行“基础设置”|“基础档案”|“客商信息”|“客户分类”命令，然后在打开的界面中单击“增加”按钮，输入客户分类的相关信息，如图 2-36 所示。

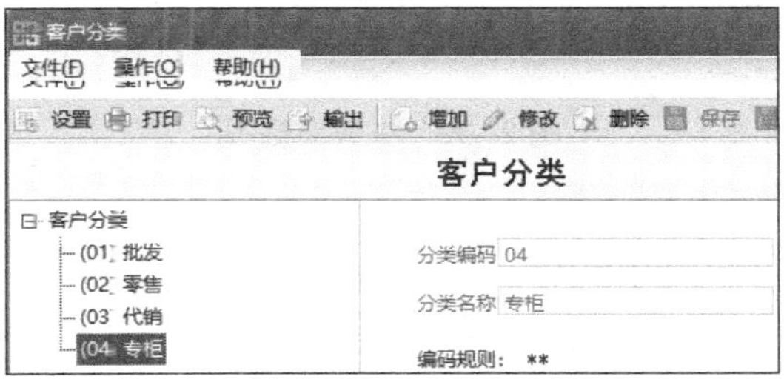

图 2-36　客户分类

4. 设置供应商档案

（1）执行“基础设置”|“基础档案”|“客商信息”|“供应商档案”命令，然后在打开的界面中单击“增加”按钮，输入供应商的相关信息，如图 2-37 所示。

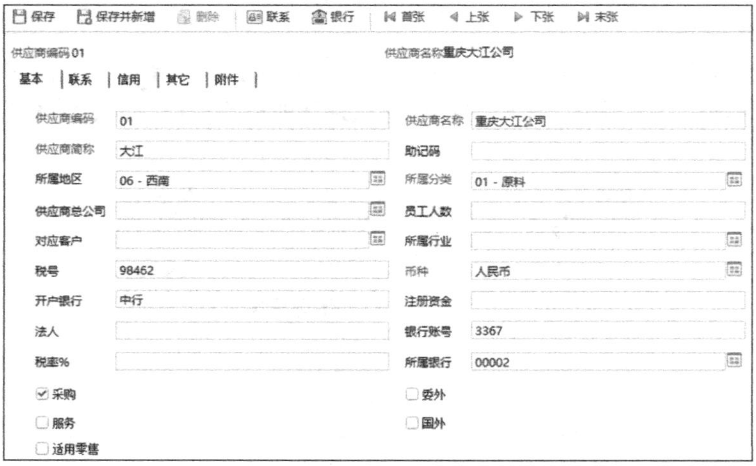

图 2-37 供应商档案（基本）

（2）打开“联系”选项卡，输入信息，如图 2-38 所示。

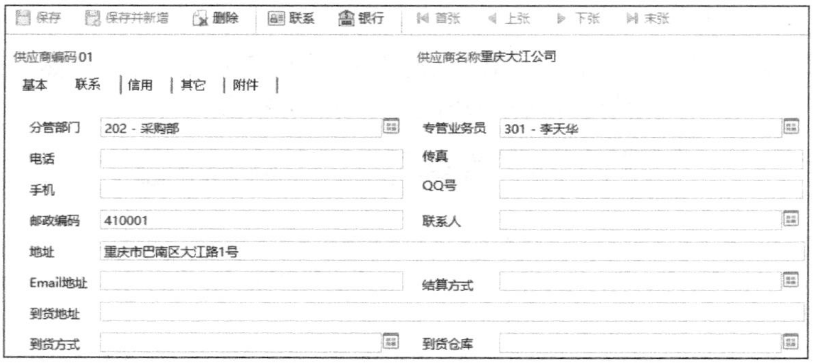

图 2-38 供应商档案（联系）

（3）一个单位的信息输入完成后，单击“保存”按钮，然后输入其他单位的信息。设置完成的供应商档案如图 2-39 所示。

供应商编码	供应商名称	供应商简称	供应商分类编码	地区名称	纳税人登记号	开户银行	银行账号	专营业务员名称
01	重庆大江公司	大江	01	西南	98462	中行	3367	李天华
02	成都大成公司	大成	01	西南	67583	中行	3293	李天华
03	南京天华商行	天华	02	华东	72567	工行	1278	杨真
04	上海大坤公司	大坤	02	华东	31012	工行	5076	杨真
05	重庆大方咨询公司	大方	03	西南	83411	工行	8217	李天华

图 2-39 供应商档案

5. 设置客户档案

（1）执行“基础设置”|“基础档案”|“客商信息”|“客户档案”命令，然后在打开的界面中单击“增加”按钮，在“基本”选项卡中输入客户的相关信息，如图 2-40 所示，单击“保存”按钮完成。

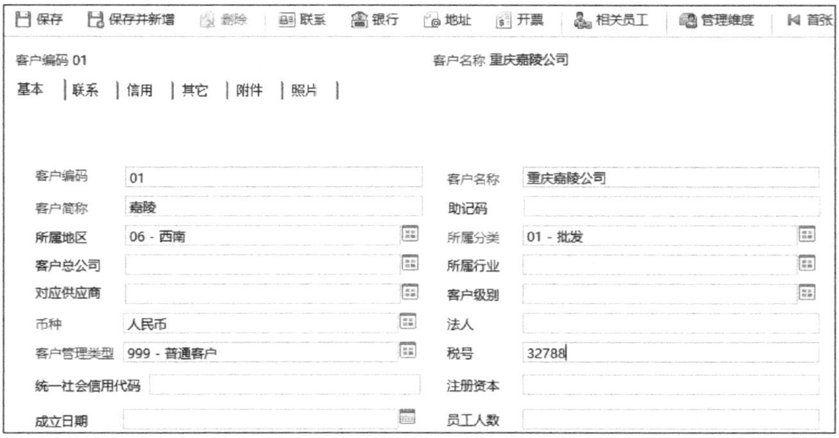

图 2-40　客户档案（基本）

（2）单击工具栏的“银行”按钮，输入客户银行信息，如图 2-41 所示，然后单击“保存”和“退出”按钮。

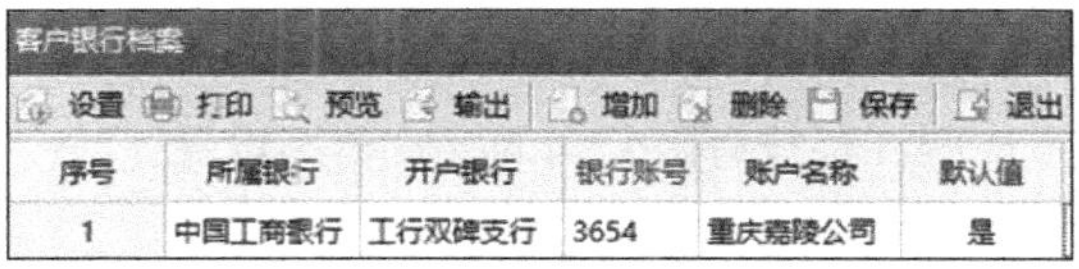

序号	所属银行	开户银行	银行账号	账户名称	默认值
1	中国工商银行	工行双碑支行	3654	重庆嘉陵公司	是

图 2-41　客户银行档案

（3）打开“联系”选项卡，输入客户联系信息，如图 2-42 所示，单击“保存并新增”按钮，继续添加其他客户的信息。

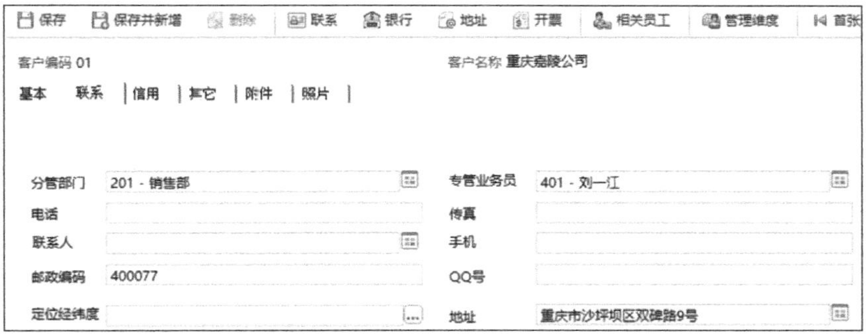

图 2-42　客户档案（联系）

（4）执行“基础设置”|“基础档案”|“客商信息”|“客户档案”命令，可以查看客户信息，如图 2-43 所示。

客户编码	客户名称	客户简称	客户分类名称	地区名称	纳税人登记号	开户银行	银行账号
01	重庆嘉陵公司	嘉陵	批发	西南	32788	工行双碑支行	3654
02	天津大华公司	大华	批发	华北	32310	工行东风支行	5581
03	上海长江公司	长江	专柜	华东	65432	工行海东支行	2234
04	辽宁飞鸽公司	飞鸽	代销	东北	03251	中行三好支行	0548
05	湖北朝华公司	朝华	零售	华中	01121	中行宜昌支行	1717
99	零散客户	零散客户	零售				

图 2-43　客户档案

6. 设置交易单位信息

（1）执行"基础设置"|"基础档案"|"客商信息"|"交易单位分类"命令，可以设置交易单位的分类。系统预置了客户、供应商、个人三类，本任务采用此设置。

（2）执行"基础设置"|"基础档案"|"客商信息"|"交易单位"命令，在打开的界面中单击"引入"按钮，可导入已经设置的供应商、客户等相关信息。

（3）导入交易单位信息后可以删除不需要的单位，也可以补充信息不完整的单位信息，如图2-44所示。

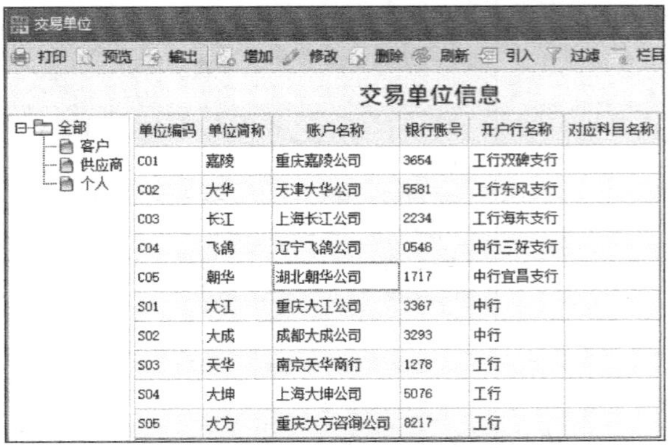

图2-44　交易单位信息

六、设置存货档案

业务描述

根据下面的资料完成重庆两江科技有限公司的存货档案设置。

（1）计量单位的有关信息如表2-8所示。

表2-8　　计量单位

计量单位组名称	计量单位编码	计量单位名称	换算方式	换算率	主计量单位标志
01：自然单位组，无换算率	0100	其他	无换算率		
	0101	吨	无换算率		
	0102	台	无换算率		
	0103	块	无换算率		
	0104	箱	无换算率		
	0105	盒	无换算率		
	0106	个	无换算率		
	0107	套	无换算率		
	0108	千米	无换算率		
02：鼠标组，固定换算率	0200	只	固定换算率	1	是
	0201	箱	固定换算率	12	
03：硬盘组，固定换算率	0300	盒	固定换算率	1	是
	0301	箱	固定换算率	10	

（2）存货分类如表2-9所示。

表2-9　　存货分类

类别编码	类别名称	类别编码	类别名称
1	原材料	2	产成品
101	主机	201	创智一体机
10101	处理器	202	扫描器
10102	硬盘	3	配套用品

续表

类别编码	类别名称	类别编码	类别名称
10103	三板	301	配套硬件
102	显示屏	30101	打印机
103	电子秤	30102	服务器
104	机箱	302	配套软件
105	键盘		
106	鼠标		

（3）存货档案如表 2-10 所示。

表 2-10　　　　存货档案

存货编码	存货名称	存货大类编码	存货大类名称	计量单位组	计量单位	存货属性
		1	原材料			
001	CN 处理器	10101	处理器	自然单位组	盒	内销/采购/生产耗用
002	INT 处理器	10101	处理器	自然单位组	盒	内销/采购/生产耗用
003	2TSSD 硬盘	10102	硬盘	硬盘组	盒	内销/采购/生产耗用
004	1TSSD 硬盘	10102	硬盘	硬盘组	盒	内销/采购/生产耗用
005	LED 触摸屏	102	显示屏	自然单位组	块	内销/采购/生产耗用
006	LED 显示屏	102	显示屏	自然单位组	块	内销/采购/生产耗用
007	普通电子秤	103	电子秤	自然单位组	块	内销/采购/生产耗用
008	防水电子秤	103	电子秤	自然单位组	块	内销/采购/生产耗用
009	A 型机箱	104	机箱	自然单位组	个	内销/采购/生产耗用
010	B 型机箱	104	机箱	自然单位组	个	内销/采购/生产耗用
011	有线键盘	105	键盘	自然单位组	个	内销/采购/生产耗用
012	无线键盘	105	键盘	自然单位组	个	内销/采购/生产耗用
013	有线鼠标	106	鼠标	鼠标组	只	内销/采购/生产耗用
014	无线鼠标	106	鼠标	鼠标组	只	内销/采购/生产耗用
		2	产成品			
015	创智 X 号	201	创智一体机	自然单位组	台	内销/自制/计件/服务产品
016	创智 N 号	201	创智一体机	自然单位组	台	内销/自制/计件/服务产品
017	手持扫描器	202	扫描器	自然单位组	个	内销/自制/生产耗用/计件/服务产品
018	桌面扫描器	202	扫描器	自然单位组	个	内销/自制/生产耗用/计件/服务产品
		3	配套用品			
019	发票打印机	30101	打印机	自然单位组	台	内销/采购
020	HP 打印机	30101	打印机	自然单位组	台	内销/采购
021	联想服务器	30102	服务器	自然单位组	台	内销/采购
022	HP 服务器	30102	服务器	自然单位组	台	内销/采购
023	操作系统	302	配套软件	自然单位组	套	内销/采购/生产耗用
024	发票系统	302	配套软件	自然单位组	套	内销/采购/生产耗用
800	运费	8	应税劳务	自然单位组	千米	内销/采购/应税劳务
801	维修费	8	应税劳务	自然单位组	其他	服务项目

注：运费的计价方法为个别计价法。除运输服务费、维修费的增值税税率为 6%外，其他均为 13%。

操作指导

1. 设置计量单位组和计量单位

设置存货档案

（1）设置计量单位组。以账套主管的身份登录新道 U8+，执行“基础设置”|“基础档案”|“存货”|“计量单位”命令，在打开的“计量单位”窗口中单击“分组”按钮（即增加分组）。在“计量单位组”对话框中单击“增加”按钮，输入计量单位组的信息，单击“保存”按钮，计量单位组便建成。可继续增加其他计量单位组，设置完成后单击“退出”按钮，如图 2-45 所示。

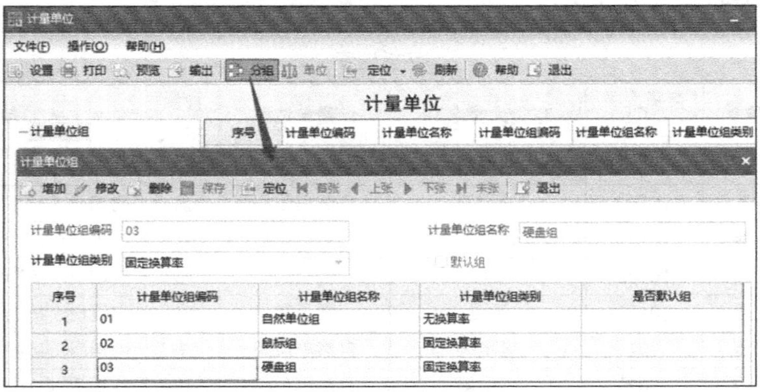

图 2-45　计量单位组

计量单位组有三个类别，具体介绍如下。

- 无换算率：在该组下的所有计量单位都以单独形式存在，在各计量单位之间不需要输入换算率，系统默认为主计量单位。
- 固定换算率：包括多个计量单位，其中有一个主计量单位、多个辅计量单位。
- 浮动换算率：只能包括两个计量单位，即一个主计量单位、一个辅计量单位。

（2）设置计量单位。执行“基础设置”|“基础档案”|“存货”|“计量单位”命令，在打开的界面左边选择“计量单位组”，然后单击工具栏中的“单位”按钮，打开“计量单位”对话框。单击“增加”按钮，输入计量单位的信息，如图 2-46 所示。

图 2-46　计量单位（无换算率）

用同样的方法继续设置其他计量单位组的计量单位。对于固定换算率的计量单位，其设置如图 2-47 所示。

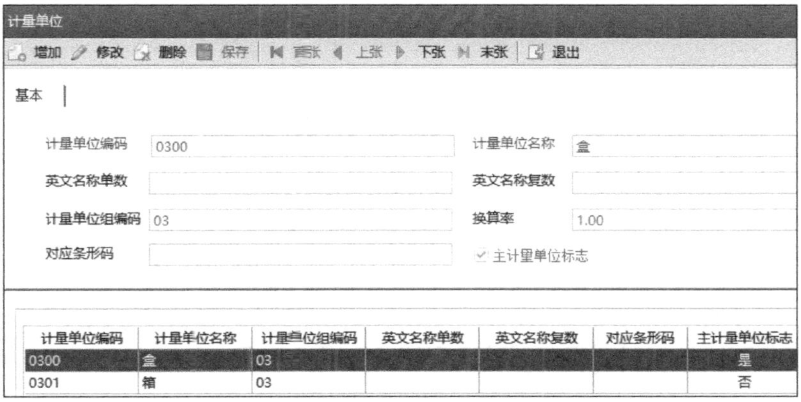

图 2-47 计量单位（固定换算率）

最终设置完成后，计量单位信息如图 2-48 所示。

图 2-48 计量单位

操作提示

① 主计量单位标志：勾选该复选框表示不可修改。

② 无换算率计量单位组下的计量单位全部默认为主计量单位，不可修改。

③ 对于固定、浮动换算率的计量单位组，每个计量单位组只能设置一个主计量单位，默认值为该组下增加的第一个计量单位。

④ 每个辅计量单位都是和主计量单位进行换算得到的。

2. 设置存货分类

执行“基础设置”|“基础档案”|“存货”|“存货分类”命令，在打开的界面中单击“增加”按钮，在“存货分类”窗口中输入分类编码与分类名称，设置完成后如图 2-49 所示。

3. 设置存货档案

（1）执行“基础设置”|“基础档案”|“存货”|“存货档案”命令，单击工具栏中的“增加”按钮，输入存货档案，如图 2-50 所示。

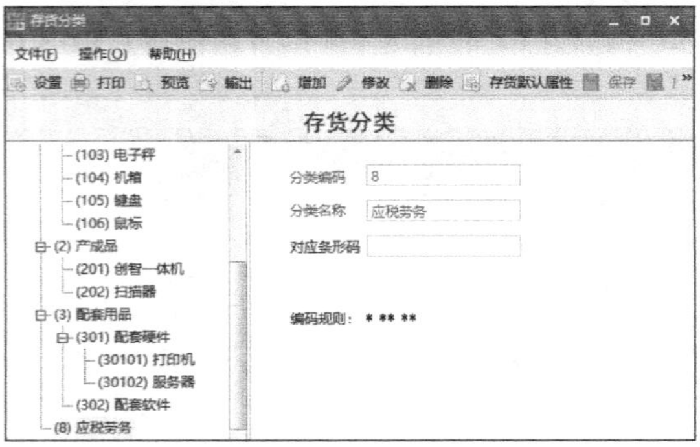

图 2-49 存货分类

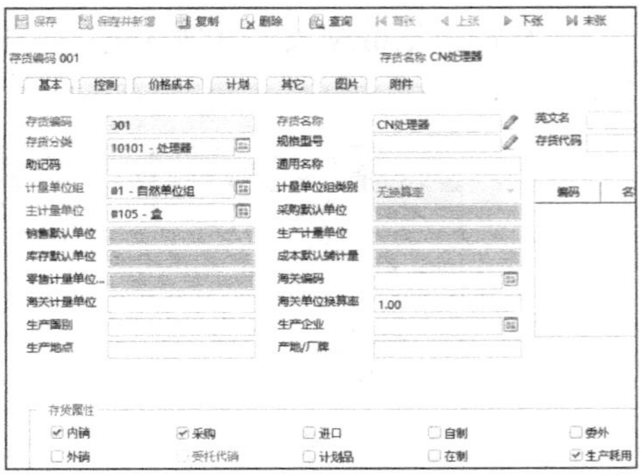

图 2-50 存货档案输入（基本）

（2）打开“价格成本”选项卡，设置进项税率和销项税率，默认是 13%（可以根据实际税率修改）。计价方式可以根据需要设置。输入完毕后，单击“保存”按钮。设置完成的存货档案如图 2-51 所示。

序号	□ 选择	存货编码	存货名称	存货大类编码	存货大类名称	启用日期	计量单位组名称	主计量单位名称
1	□	001	CN处理器	10101	处理器	2020-04-01	自然单位组	盒
2	□	002	INT处理器	10101	处理器	2020-04-01	自然单位组	盒
3	□	003	2TSSD硬盘	10102	硬盘	2020-04-01	硬盘组	盒
4	□	004	1TSSD硬盘	10102	硬盘	2020-04-01	硬盘组	盒
5	□	005	LED触摸屏	102	显示屏	2020-04-01	自然单位组	块
6	□	006	LED显示屏	102	显示屏	2020-04-01	自然单位组	块
7	□	007	普通电子秤	103	电子秤	2020-04-01	自然单位组	块
8	□	008	防水电子秤	103	电子秤	2020-04-01	自然单位组	块
9	□	009	A型机箱	104	机箱	2020-04-01	自然单位组	个
10	□	010	B型机箱	104	机箱	2020-04-01	自然单位组	个
11	□	011	有线键盘	105	键盘	2020-04-01	自然单位组	个
12	□	012	无线键盘	105	键盘	2020-04-01	自然单位组	个
13	□	013	有线鼠标	106	鼠标	2020-04-01	鼠标组	只
14	□	014	无线鼠标	106	鼠标	2020-04-01	鼠标组	只
15	□	015	创智X号	201	创智一体机	2020-04-01	自然单位组	台
16	□	016	创智N号	201	创智一体机	2020-04-01	自然单位组	台
17	□	017	手持扫描器	202	扫描器	2020-04-01	自然单位组	个
18	□	018	桌面扫描器	202	扫描器	2020-04-01	自然单位组	个
19	□	019	发票打印机	30101	打印机	2020-04-01	自然单位组	台
20	□	020	HP打印机	30101	打印机	2020-04-01	自然单位组	台
21	□	021	联想服务器	30102	服务器	2020-04-01	自然单位组	台
22	□	022	HP服务器	30102	服务器	2020-04-01	自然单位组	台
23	□	023	操作系统	302	配套软件	2020-04-01	自然单位组	套
24	□	024	发票系统	302	配套软件	2020-04-01	自然单位组	套
25	□	800	运费	8	应税劳务	2020-04-01	自然单位组	千米
26	□	801	维修费	8	应税劳务	2020-04-01	自然单位组	其他

图 2-51 存货档案

说明

单击工具栏中的“栏目设置”按钮，可以调整显示有关项目。如要核对存货属性，可以通过此功能显示有关项目进行对照检查。

七、设置供应链基础信息

业务描述

根据下面的资料，完成重庆两江科技有限公司供应链基础信息的设置。

（1）仓库档案如表 2-11 所示。存货核算方式为按照仓库核算。

表 2–11　　　　仓库档案

仓库编码	仓库名称	计价方式
1	原料库	移动平均法
2	成品库	全月平均法
3	配套用品库	全月平均法
4	备用仓位	个别计价法

（2）收发类别如表 2-12 所示。

表 2–12　　　　收发类别

编码	名称	收发标志	编码	名称	收发标志
1	正常入库	收	3	正常出库	发
101	采购入库	收	301	销售出库	发
102	产成品入库	收	302	领料出库	发
103	调拨入库	收	303	调拨出库	发
2	非正常入库	收	4	非正常出库	发
201	盘盈入库	收	401	盘亏出库	发
202	其他入库	收	402	其他出库	发

（3）采购类型设置如下。

编码：1。名称：普通采购。入库类别：采购入库。此采购类型是默认值。

（4）销售类型。

编码：1。名称：经销。出库类别：销售出库。此销售类型是默认值。

编码：2。名称：代销。出库类别：销售出库。

（5）开户银行信息如下。

编码：01。开户银行：中国工商银行重庆分行两江支行。账号：787978797879。币种：人民币。

编码：02。开户银行：中国银行重庆分行两江支行。账号：112111211121。币种：美元。机构号：10465。联行号：86455。

账户名称均为重庆两江科技有限公司。

（6）将单据编号设置改为“手工改动，重号时自动重取”，将流水依据的长度改为 3 位。在实际工作中，一般需要输入实际的发票号，以便对账。

操作指导

1. 设置仓库档案

（1）执行“基础设置”|“基础档案”|“业务”|“仓库档案”命令，在打开的界面中单击“增加”按钮，打开“增加仓库档案”窗口。根据业务描述录入仓库编码、仓库名称、计价方式等信息，如图 2-52 所示。

供应链基础信息设置

（2）单击“保存”按钮，系统将保存当前录入的仓库信息，并新增一张空白卡片，以录入新的仓库资料。设置完成后，仓库档案如图 2-53 所示。

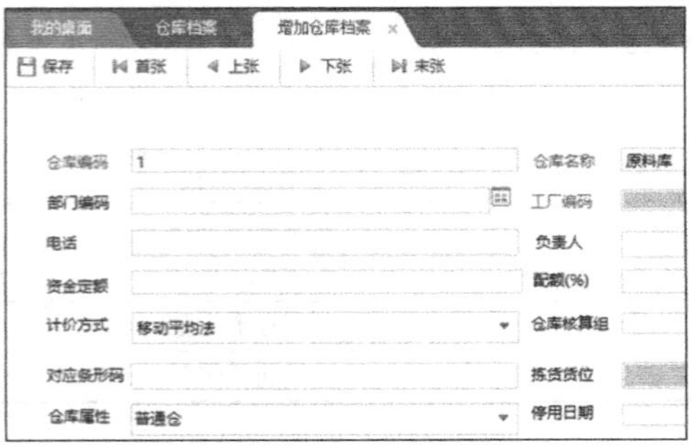

图 2–52　增加仓库档案

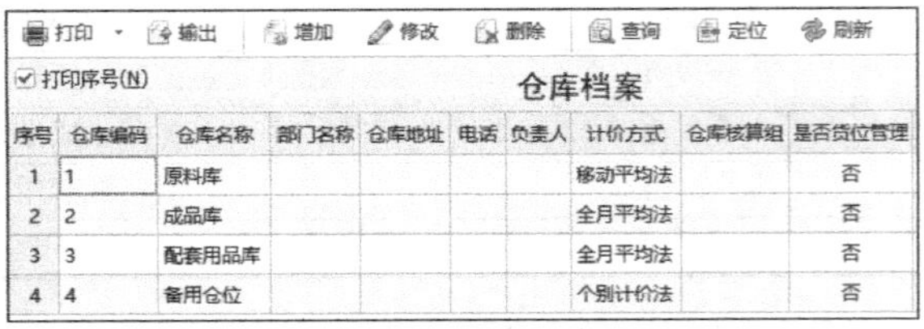

序号	仓库编码	仓库名称	部门名称	仓库地址	电话	负责人	计价方式	仓库核算组	是否货位管理
1	1	原料库					移动平均法		否
2	2	成品库					全月平均法		否
3	3	配套用品库					全月平均法		否
4	4	备用仓位					个别计价法		否

图 2–53　仓库档案

在新道U8+中，存货计价方式既可以在存货档案中设置，即根据每一种物料的要求设置计价方式；又可以在仓库档案中按照仓库进行设置，也就是该仓库中的所有物料都采用某种计价方式。

存货核算方式的设置方法：执行“基础设置”|“业务参数”|“供应链”|“存货核算”命令，选择“核算方式”，可以选择按仓库核算、按部门核算、按存货核算。本任务中设置为“按仓库核算”。

2. 设置收发类别

执行“基础设置”|“基础档案”|“业务”|“收发类别”命令，在打开的界面中单击“增加”按钮，根据业务描述录入收发类别信息，如图2-54所示。

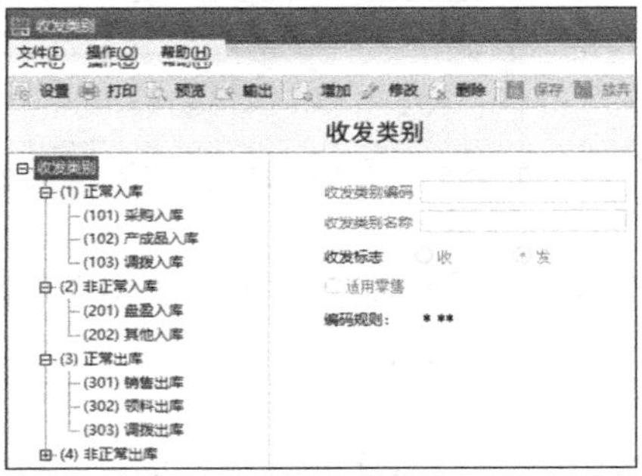

图 2–54　收发类别

3. 设置采购类型

执行“基础设置”|“基础档案”|“业务”|“采购类型”命令，在打开的界面中单击“增加”按钮，根据业务描述录入采购类型的相关信息，如图2-55所示。

4. 设置销售类型

执行“基础设置”|“基础档案”|“业务”|“销售类型”命令，在打开的界面中单击“增加”按钮，根据业务描述录入销售类型的相关信息，如图2-56所示。

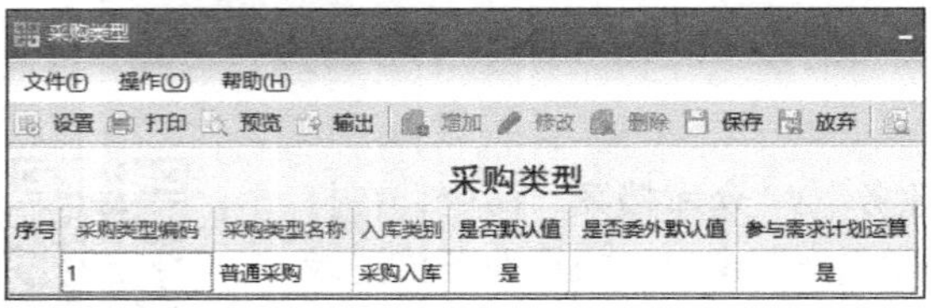

序号	采购类型编码	采购类型名称	入库类别	是否默认值	是否委外默认值	参与需求计划运算
	1	普通采购	采购入库	是		是

图 2–55　采购类型

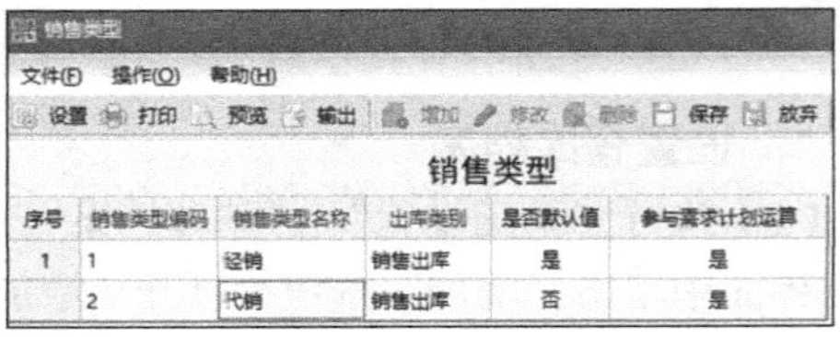

序号	销售类型编码	销售类型名称	出库类别	是否默认值	参与需求计划运算
1	1	经销	销售出库	是	是
	2	代销	销售出库	否	是

图 2–56　销售类型

5. 设置开户银行

执行“基础设置”|“基础档案”|“收付结算”|“本单位开户银行”命令，在打开的界面中单击“增加”按钮，根据业务描述录入开户银行信息，如图2-57所示。

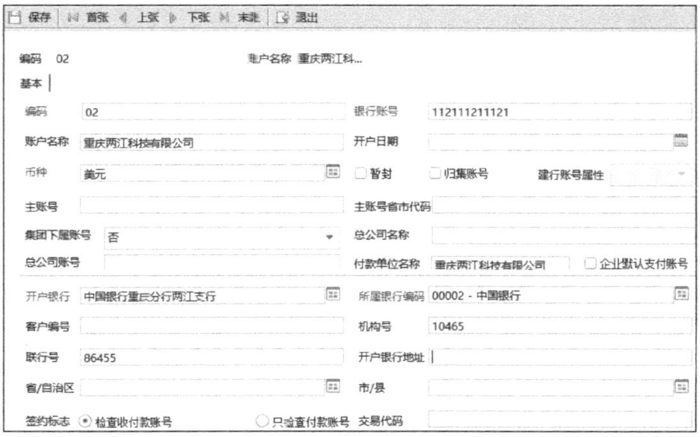

图 2-57　录入开户银行信息

继续录入另一个开户银行的信息，全部设置完成后如图 2-58 所示。

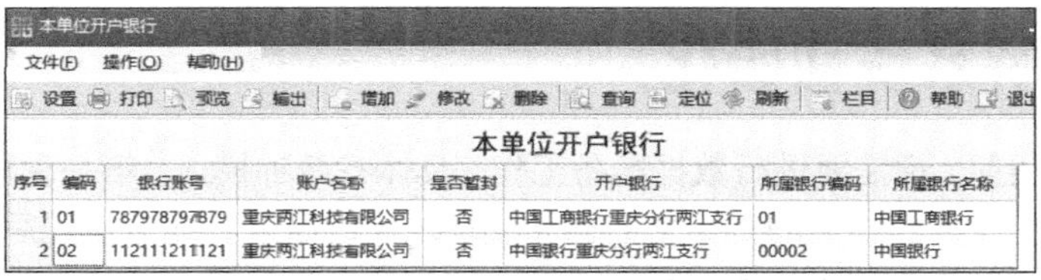

本单位开户银行

序号	编码	银行账号	账户名称	是否暂封	开户银行	所属银行编码	所属银行名称
1	01	787978797879	重庆两江科技有限公司	否	中国工商银行重庆分行两江支行	01	中国工商银行
2	02	112111211121	重庆两江科技有限公司	否	中国银行重庆分行两江支行	00002	中国银行

图 2-58　本单位所有开户银行信息

6. 设置单据编号

单据编号可以按照实际需要设置。实际工作中一般使用真实的发票号，这样也便于后续查询和核对。

执行“基础设置”|“单据设置”|“单据编号设置”命令，在“单据编号设置”对话框左侧选择“应收款管理”下的“其他应收单”选项，单击“修改”按钮，勾选“手工改动，重号时自动重取”，将流水号长度改为“3”，单击“保存”按钮，如图 2-59 所示。按照相同的方法，逐一完成其他单据的编号设置。

图 2-59　设置单据编号

说明

在“编号设置”选项卡中也可以勾选“完全手工编号”进行日常编号。发现空号时，还可以在“查看流水号”选项卡中修改流水号的序号值，使序号连续。

操作提示

发票、销售出库单等单据的编号是在增加或生成单据时由系统自动生成的，通常是根据已存储的编号自动加 1 生成新的编号。如果中间因故删除了单据，存储的编号不会自动减 1，因此就可能出现断号的情况。对打印出的单据，必要时可采用打号机打号，防止断号引起误解，这也是一种保障手段。

课后习题

项目三

系统初始化

学习目标

知识目标：了解系统初始化的内容和作用；理解初始化数据之间及业务之间的关系。

技能目标：掌握总账、固定资产、薪资管理、供应链模块的初始设置内容、步骤和方法。

素质目标：树立统一规划、逐步实施的工作意识，明确不同岗位的职责，能够恪尽职守。

任务一　了解系统初始化

每个模块在应用前，都需要进行数据准备工作，具体有两种模式。第一种模式是集中初始化，这种模式的好处是统一考虑相关的初始化数据和模块之间的联系，充分论证后再进行统一的初始化，但集中初始化的工作量较大。第二种模式是在应用这个模块时才进行初始化，好处是分散了初始化的工作量。本书采用第一种模式进行初始化。

业务模块与初始化的对应关系如表 3-1 所示。

表 3–1　　业务模块与初始化的对应关系

业务模块	初始化内容	说明
总账	总账初始化设置	出纳管理初始化设置可以在处理该部分业务前进行
固定资产	固定资产初始化设置	
薪资管理	薪资管理初始化设置	
采购管理、销售管理、库存管理、存货核算、合同管理	供应链初始化设置	

说明

系统初始化包括相关的参数设置和期初数据设置。参数设置会影响后续的业务处理，需要仔细理解其含义。同时，读者也要通过软件帮助信息了解本书案例中没有介绍和应用的参数，这些参数可能在具体业务应用中非常重要，若设置不当就会影响相关业务的进行。

任务二　总账模块初始化设置

一、设置总账参数

业务描述

根据表 3-2 的内容完成重庆两江科技有限公司总账参数的设置。

表 3-2　　总账参数设置

选项卡	参数选项	设置
凭证	制单序时控制	不勾选
	可以使用应收受控科目；可以使用应付受控科目；可以使用存货受控科目	勾选
	现金流量科目必录现金流量项目	不勾选
	自动填补凭证断号	勾选
	银行科目结算方式必录	勾选
	系统编号	选中
	其他参数使用默认设置	
账簿	使用默认设置	
凭证打印		
预算控制		
权限	出纳凭证必须经由出纳签字 允许修改、作废他人填制的凭证；可查询他人凭证	勾选
其他	外币核算采用固定汇率；部门、个人、项目按编码方式排序 本位币精度设置为 2 位；数量小数位、单价小数位均设置为 2 位	
	其他参数使用默认设置	

操作指导

以账套主管何沙的身份登录系统，执行“财务会计”|“总账”|“设置”|“选项”命令，在打开的“选项”对话框中单击“编辑”按钮，根据业务描述信息进行重庆两江科技有限公司总账参数的设置，如图 3-1 所示。

总账初始化（1）

二、设置外币

业务描述

根据下面的资料完成重庆两江科技有限公司的外币设置：币符为 USD，币名为美元，固定汇率为 1∶7.00000。

操作指导

（1）执行“基础设置”|“基础档案”|“财务”|“外币设置”命令，在“外币设置”对话框中录入币符“USD”、币名“美元”，单击“确认”按钮，如图 3-2 所示。

（2）选中“固定汇率”，在“记账汇率”列输入期初汇率，如图 3-3 所示。

图 3–1　总账参数设置

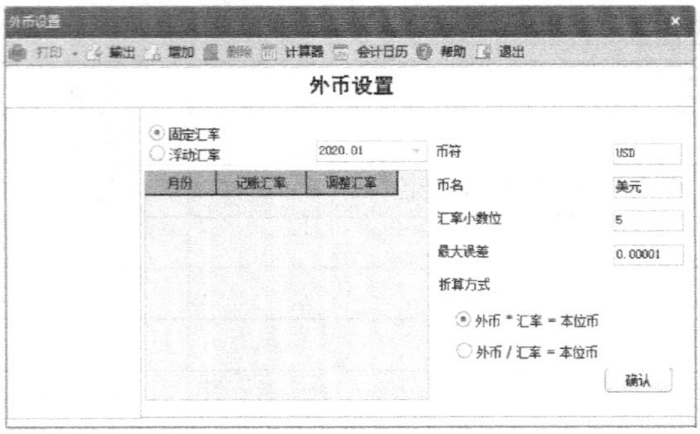

图 3–2　设置币符和币名

图 3–3　设置汇率

三、设置会计科目

业务描述

根据表 3-3 的资料完成重庆两江科技有限公司的会计科目设置。

表 3–3　　　　重庆两江科技有限公司使用的会计科目

科目代码	科目名称	辅助核算	方向	备注
1001	库存现金	日记账	借	修改设置
1002	银行存款		借	
100201	工行	日记账/银行账	借	新增
100202	中行	账页：外币金额式。币种核算：美元。日记账/银行账	借	新增
1122	应收账款	客户往来/受控：应收系统	借	修改设置
1123	预付账款	供应商往来/受控：应付系统	借	修改设置
1221	其他应收款		借	
122101	应收单位款	客户往来/受控：应收系统	借	新增
122102	应收个人款	个人往来	借	新增
1403	原材料		借	
140301	生产用原材料		借	新增
140399	其他用原材料		借	新增
1901	待处理财产损溢		借	
190101	待处理流动资产损溢		借	新增
190102	待处理固定资产损溢		借	新增
2202	应付账款	供应商往来/受控：应付系统	贷	修改设置
2203	预收账款	客户往来/受控：应收系统	贷	修改设置
2204	合同负债		贷	新增
2211	应付职工薪酬		贷	
221101	工资		贷	新增
221102	社会保险费		贷	新增
221103	住房公积金		贷	新增
221104	职工福利		贷	新增
221199	其他		贷	新增
2221	应交税费		贷	
222101	应交增值税		贷	新增

续表

科目代码	科目名称	辅助核算	方向	备注
22210101	进项税额		借	新增
22210102	已交税金		借	新增
22210105	销项税额		贷	新增
222199	其他		贷	新增
2231	应付利息		贷	
223101	借款利息		贷	新增
4104	利润分配		贷	
410415	未分配利润		贷	新增
5001	生产成本		借	
500101	直接材料		借	新增
500102	直接人工		借	新增
500103	制造费用		借	新增
500104	折旧费		借	新增
500199	其他		借	新增
5101	制造费用		借	
510101	工资		借	新增
510102	折旧费		借	新增
510103	租赁费用		借	新增
510199	其他		借	新增
5301	研发支出	项目核算（研发项目）	借	修改设置
6601	销售费用		借	
660101	工资	部门核算	借	新增
660102	福利费	部门核算	借	新增
660103	办公费	部门核算	借	新增
660104	差旅费	部门核算	借	新增
660105	招待费	部门核算	借	新增
660106	折旧费	部门核算	借	新增
660107	保险费	部门核算	借	新增
660199	其他	部门核算	借	新增
6602	管理费用		借	
660201	工资	部门核算	借	新增
660202	福利费	部门核算	借	新增
660203	办公费	部门核算	借	新增
660204	差旅费	部门核算	借	新增
660205	招待费	部门核算	借	新增
660206	折旧费	部门核算	借	新增
660207	保险费	部门核算	借	新增
660299	其他	部门核算	借	新增
6603	财务费用		借	
660301	利息支出		借	新增
660302	利息收入		贷	新增
660303	汇兑损益		借	新增

注：① 将“1001 库存现金”科目指定为现金科目；将“1002 银行存款”科目指定为银行科目；将“100201 工行”“100202 中行”科目指定为现金流量科目。

② 项目核算部分在后面设置项目目录时再补充。

操作指导

1. 设置会计科目

执行“基础设置”|“基础档案”|“财务”|“会计科目”命令，打开“会计科目”窗口，系统会显示所有预置的会计科目，如图 3-4 所示。

（1）增加科目。单击“增加”按钮，可以根据实际情况增加科目。图 3-5 所示为根据业务描述信息增加的“中行 100202”科目。

图 3–4　会计科目（部分）

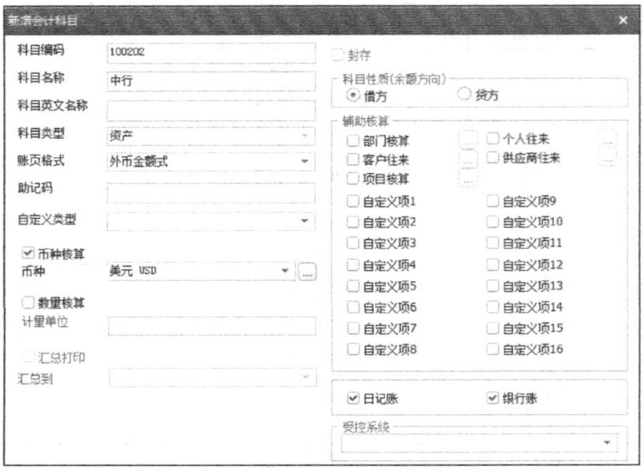

图 3–5　增加“中行”科目

（2）修改、删除科目。系统在建账时预置了科目，在实际工作中要根据现行企业会计准则的要求使用这些科目。如果有科目需要变动，就可以修改为新的科目。在“会计科目”窗口中双击要修改的科目，然后单击“修改”或“删除”按钮即可根据需要进行相关设置，最后单击“确定”按钮。

在设置科目过程中，特别要注意辅助核算的设置。

> **操作提示**
>
> ① 科目的辅助核算属性，可从不同角度来反映科目关联项目所记录的数据，能为决策层提供不同角度的资料。科目的辅助核算可以设置为客户往来、供应商往来、部门核算、个人往来、项目核算。用户也可以自定义其他辅助核算项目。
>
> - 客户往来、供应商往来：一般用于应收或应付科目。
> - 部门核算、个人往来：这两个项目同时选择时，如果统计了哪个部门的费用、收入等，还可以细化到具体某个职员，即哪个部门的哪个职员发生了多少费用，或实现了多少销售收入。用户也可以单独设置这两个项目。
> - 项目核算：设置相对比较灵活，可以按照项目进行归集核算。
>
> ② 如果不使用辅助核算项目，就需要在相关的科目中输入设置的部门或者人员、往来单位、项目等。这样输入不仅工作量大，而且容易出错。
>
> 如果使用辅助核算，就在相关的科目下进行设置，如将销售费用的办公费设置为部门核算，那么所有的部门就自动挂到办公费下，不用逐个输入。

2. 指定会计科目

（1）执行“基础设置”|“基础档案”|“财务”|“会计科目”命令，打开“指定科目”对话

框。选中“现金科目”，单击“>”按钮，将“1001 库存现金”从“待选科目”转入“已选科目”，如图 3-6 所示。

（2）按照同样的操作方法，可以将“1002 银行存款”设为“银行科目”，将“100201 工行”“100202 中行”设为“现金流量科目”。

图 3-6　现金科目

四、设置凭证类别

业务描述

根据表 3-4 的信息完成重庆两江科技有限公司凭证类别的设置。

表 3-4　　凭证类别设置

凭证类别	限制类型	限制科目
收款凭证	借方必有	1001，100201，100202
付款凭证	贷方必有	1001，100201，100202
转账凭证	凭证必无	1001，100201，100202

操作指导

（1）执行“基础设置”|“基础档案”|“财务”|“凭证类别”命令，打开“凭证类别预置”对话框。系统中已经预置了几种常用的凭证类别，主要包括：记账凭证；收款、付款、转账凭证；现金、银行、转账凭证；现金收款、现金付款、银行收款、银行付款、转账凭证；自定义凭证。本任务选择“收款凭证、付款凭证、转账凭证”分类方式。用户也可以根据需要自定义设置。

（2）单击“确定”按钮，打开“凭证类别”对话框。先单击“修改”按钮，然后选择限制类型和限制科目，结果如图 3-7 所示。

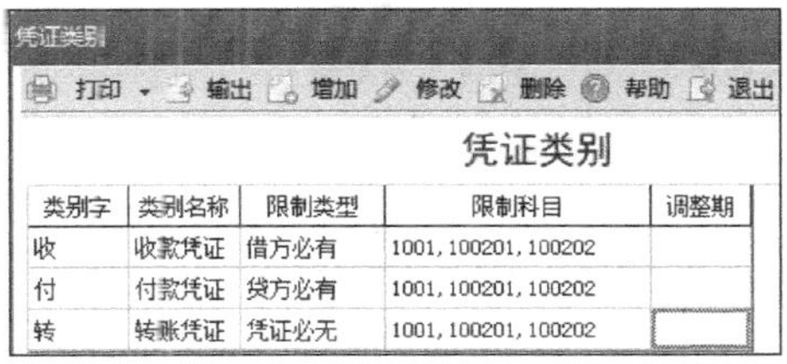

凭证类别

类别字	类别名称	限制类型	限制科目	调整期
收	收款凭证	借方必有	1001, 100201, 100202	
付	付款凭证	贷方必有	1001, 100201, 100202	
转	转账凭证	凭证必无	1001, 100201, 100202	

图 3-7　设置凭证类别

限制类型的具体含义如下。

- 借方必有：借方至少有一个限制科目在其中。
- 贷方必有：贷方至少有一个限制科目在其中。
- 凭证必有：无论借方还是贷方，至少有一个限制科目在其中。
- 借方必无：借方科目中不能包含的科目。
- 贷方必无：贷方科目中不能包含的科目。
- 凭证必无：无论借方还是贷方都不能包含的科目。
- 无限制：借、贷方均可使用所有合法的科目。

五、设置结算方式

业务描述

根据表 3-5 设置重庆两江科技有限公司的结算方式。

表 3-5　　结算方式设置

结算方式编码	结算方式名称	是否票据管理
01	现金支票	否
02	转账支票	否
03	现金	否
04	网银转账	否
99	其他	否

操作指导

执行“基础设置”|“基础档案”|“收付结算”|“结算方式”命令，在打开的“结算方式”对话框中单击“增加”按钮，根据业务描述输入结算方式，如图 3-8 所示。

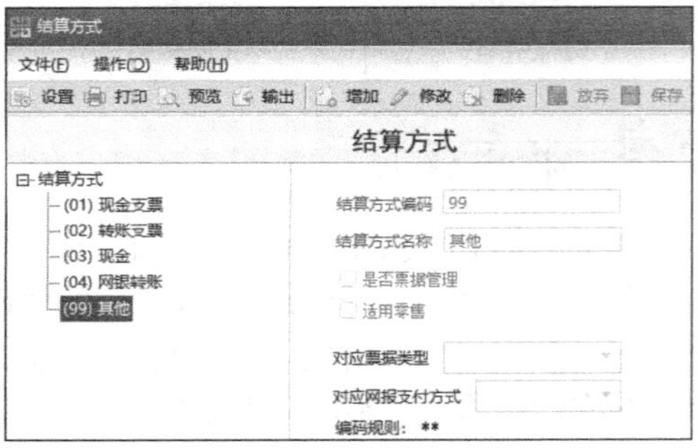

图 3-8　设置结算方式

六、设置项目档案

业务描述

根据表 3-6 完成重庆两江科技有限公司项目档案的设置。

表 3-6　　项目档案

项目大类名称	项目分类编码	项目分类名称	项目代码	项目名称
研发项目	1	软件系统	01	创智系统 N2 号
	2	主产品	02	创智 X2 号
	3	配套产品	03	手持扫描器 2 代
			04	桌面扫描器 2 代
产品项目	1	主产品	01	创智 X 号
	2	配套产品	02	手持扫描器
			03	桌面扫描器

操作指导

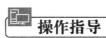

企业在实际业务处理中会对多种类型的项目进行核算和管理，例如在建工程、对外投资、技术改造、项目成本管理、合同等。为了方便管理，可以将具有相同特性的一类项目定义成一个项

目大类，一个项目大类可以用于核算多个项目。一旦会计科目选择了项目管理，其数据也必须按照明细项目提供，因此要仔细分析论证后确定。

1. 设置项目大类

设置项目大类的流程是：定义项目大类名称、定义项目级次、定义项目栏目。

（1）执行“基础设置”|“基础档案”|“财务”|“项目大类”命令，在打开的界面中单击“增加”按钮，输入新项目的大类名称“研发项目”，如图 3-9 所示。

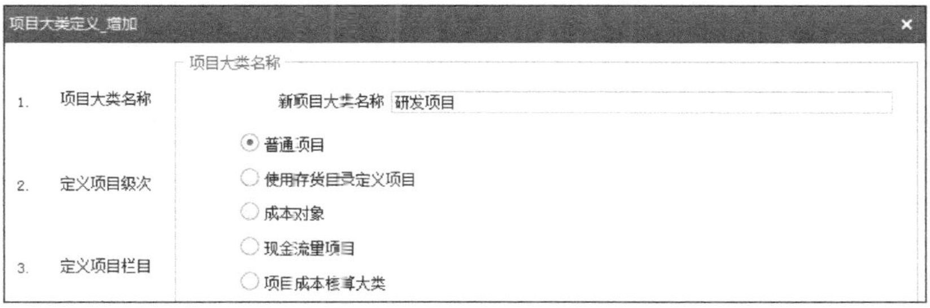

图 3–9　增加项目大类

（2）单击“下一步”按钮，定义项目级次，本处采用默认值，即只有 1 级。

（3）单击“下一步”按钮，定义项目栏目，本处采用默认设置。单击“完成”按钮，结束项目大类定义。

2. 设置项目档案

（1）指定核算科目。执行“基础设置”|“基础档案”|“财务”|“项目大类”命令，在打开的界面中，先选择项目大类为“研发项目”，然后打开“核算科目”选项卡，将待选科目选入。这些科目是在科目定义时设定了项目核算的，单击“保存”按钮，如图 3-10 所示。

图 3–10　指定项目大类的核算科目

一个项目大类可以指定多个科目，一个科目只能属于一个项目大类。如果科目的核算项目属性和具体科目没有设置，则需要先选择会计科目功能。

（2）定义项目分类。执行“基础设置”|“基础档案”|“财务”|“项目分类”命令，项目大类选择“研发项目”，单击“增加”按钮，输入项目信息，单击“保存”按钮，如图 3-11 所示。

如果某项目分类下已经建立具体项目档案，因故需要删除项目分类时，应当先删除该分类下的项目档案，然后再删除此分类。

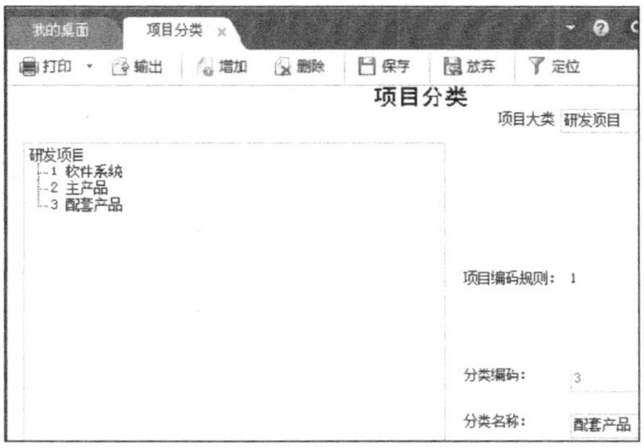

图 3–11　增加项目分类

（3）定义项目目录。执行“基础设置”|“基础档案”|“财务”|“项目目录”命令，打开“查询条件-项目目录”对话框，单击“项目大类”后的按钮，勾选“研发项目”，如图3-12所示。单击“确定”按钮，打开“项目目录”窗口，单击“增加”按钮，逐一输入项目信息，如图3-13所示。

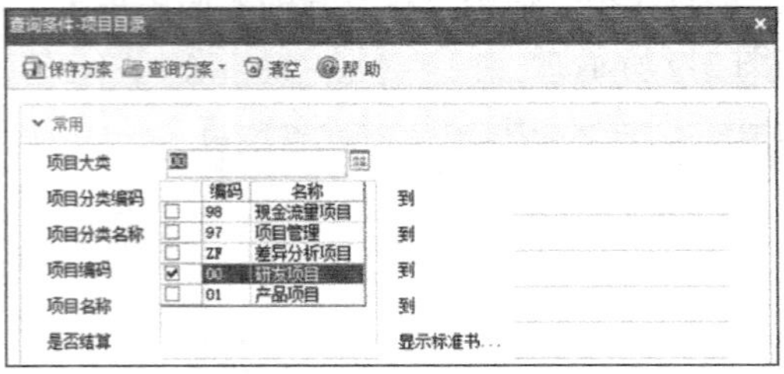

图3-12 选择研发项目

图3-13 项目目录维护

说明

若“是否结算”标识为“Y”，则该项目将不能再使用。标识的方法是在“是否结算”栏下双击要标识的项目，再次双击则取消标识的“Y”。设置完成后，退出“项目目录”窗口。在操作过程中新增一行后，若不再输入，可按“ESC”键退出该行，相当于删除该行。

七、录入会计科目期初余额

业务描述

（1）根据表3-7录入重庆两江科技有限公司2020年4月的会计科目期初余额。

表3-7　会计科目期初余额　单位：元

科目代码	科目名称	方向	年初余额	累计借方	累计贷方	期初余额
1001	库存现金	借	6 756	18 889	18 860	6 785
1002	银行存款	借	1 143 786	469 251	401 980	1 211 057
100201	工行	借	443 786	469 251	401 980	511 057
100202	中行	借	700 000 美元：100 000			700 000 美元：100 000
1122	应收账款	借	297 600	60 000	200 000	157 600
1221	其他应收款	借	2 100	7 000	5 300	3 800
122102	应收个人款	借	2 100	7 000	5 300	3 800
1231	坏账准备	贷	7 000	3 000	6 000	10 000
1403	原材料	借	790 820	293 180	80 000	1 004 000
140301	生产用原材料	借	790 820	293 180	80 000	1 004 000
1405	库存商品	借	3 518 858	140 142	90 000	3 569 000
1601	固定资产	借	3 619 000			3 619 000
1602	累计折旧	贷	77 374.82		58 209.99	135 584.81
1701	无形资产	借	111 320		52 820	58 500
2001	短期借款	贷			200 000	200 000

续表

科目代码	科目名称	方向	年初余额	累计借方	累计贷方	期初余额
2202	应付账款	贷	367 407	150 557	60 000	276 850
2211	应付职工薪酬	贷	8 200	350 190.48	350 190.48	8 200
221101	工资	贷	8 200	260 530	260 530	8 200
221102	社会保险费	贷		87 538.08	87 538.08	
221103	住房公积金	贷		2 122.40	2 122.40	
2221	应交税费	贷		30 000	35 000	5 000
222101	应交增值税	贷		30 000	35 000	5 000
22210101	进项税额	借		30 000		30 000
22210105	销项税额	贷			35 000	35 000
2241	其他应付款	贷			2 100	2 100
4001	实收资本	贷	8 962 902.73			8 962 902.73
4002	资本公积	贷	208 110.45	35 818.99		172 291.46
4103	本年利润	贷		13 172	9 330	−3 842
4104	利润分配	贷	−115 180			−115 180
410415	未分配利润	贷	−115 180			−115 180
5001	生产成本	借	25 575	8 711	10 121	24 165
500101	直接材料	借	13 171	4 800	5 971	17 000
500102	直接人工	借	4 039	861	900	4 000
500103	制造费用	借	2 200	2 850	3 050	2 000
500104	折旧费	借	1 165	200	200	1 165
6001	主营业务收入	贷		350 000	350 000	
6051	其他业务收入	贷		250 000	250 000	
6401	主营业务成本	借		300 000	300 000	
6402	其他业务成本	借		220 096	220 096	
6403	税金及附加	借		8 561	8 561	
6601	销售费用	借		59 004.51	59 004.51	
660101	工资（销售部）	借		44 847	44 847	
660106	折旧费（销售部）	借		14 157.51	14 157.51	
6602	管理费用	借		204 571.54	204 571.54	
660201	工资（行政部）	借		143 504	143 504	
660202	福利费（行政部）	借		1 100	1 100	
660203	办公费（行政部）	借		27 235	27 235	
660204	差旅费（行政部）	借		5 600	5 600	
660205	招待费（行政部）	借		4 600	4 600	
660206	折旧费（行政部）	借		22 482.54	22 482.54	
660299	其他（行政部）	借		50	50	
6603	财务费用	借		8 000	8 000	
660301	利息支出	借		8 000	8 000	
一级科目累计合计				2 980 144.52	2 980 144.52	

注：为减少录入的工作量，设计的案例对数据进行了简化，如部门核算期初数据没有列示部门的，均假设为行政部。

（2）辅助账期初余额表的年份为 2020 年。应收账款期初余额如表 3-8 所示。

表 3-8　应收账款期初余额　单位：元

日期	凭证号	客户	业务员	摘要	方向	期初余额	票号	票据日期
03 月 10 日	转-15	天津大华公司	刘一江	销售商品	借	58 000	Z111	03 月 10 日
03 月 25 日	转-118	重庆嘉陵公司	刘一江	销售商品	借	99 600	P111	03 月 25 日
合计					借	157 600		

应收账款借、贷方累计如表 3-9 所示。

表 3-9　应收账款借、贷方累计　单位：元

客户	业务员	累计借方	累计贷方
重庆嘉陵公司	刘一江		200 000
天津大华公司	刘一江	60 000	
合计		60 000	200 000

其他应收款——应收个人款期初余额如表 3-10 所示。

表 3-10　其他应收款——应收个人款期初余额　单位：元

日期	凭证号	部门	个人	摘要	方向	期初余额
03 月 26 日	付-118	行政部	孙正	出差借款	借	2 000
03 月 27 日	付-156	销售部	朱小明	出差借款	借	1 800
合计					借	3 800

其他应收款——应收个人款借、贷方累计如表 3-11 所示。

表 3-11　其他应收款——应收个人款借、贷方累计　单位：元

部门	个人	累计借方	累计贷方
行政部	孙正	2 000	3 000
销售部	朱小明	5 000	2 300
合计		7 000	5 300

应付账款期初余额如表 3-12 所示。

表 3-12　应付账款期初余额　单位：元

日期	凭证号	供应商	业务员	摘要	方向	期初余额	票号	票据日期
01 月 20 日	转-45	重庆大江公司	李天华	购买原材料	贷	276 850	C123	01 月 20 日
合计					贷	276 850		

应付账款借、贷方累计如表 3-13 所示。

表 3-13　应付账款借、贷方累计　单位：元

供应商	业务员	累计借方	累计贷方
重庆大江公司	李天华	150 557	60 000

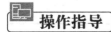

操作指导

总账初始化（2）

1. 录入科目期初数据

执行“财务会计”|“总账”|“期初”|“期初余额”命令，打开“期初余

额录入”窗口。在白色单元格内直接录入末级科目的期初余额，灰色单元格表示有下级科目，其余额由下级科目自动汇总计算。“中行”科目涉及人民币和美元输入，输入时应分别输入人民币金额和美元金额。录入后的效果如图 3-14 所示。

图 3-14　期初余额录入

操作提示

在输入科目期初余额的时候，必须输入末级明细科目的余额，上级科目的余额会逐级计算。当出现上级科目的汇总数据与下级科目的明细汇总数据不一致时，需要按照下述方法删除下级科目后才能清除数据，然后再建立明细科目、输入数据。

① 先清除明细科目的累计借方、累计贷方、期初余额的数据。

② 若凭证类别已经设置，则执行“基础设置”|“基础档案”|“财务”|“凭证类别”命令，将限制类型改为“无限制”，系统将自动清除限制科目中的设置。

③ 执行“基础设置”|“基础档案”|“财务”|“会计科目”命令，删除相应的明细科目。

2. 输入应收账款

（1）双击应收账款对应的单元格，打开应收账款的输入窗口。

（2）单击“往来明细”按钮，打开“期初往来明细”窗口。单击“增行”按钮，输入期初往来明细数据，如图 3-15 所示。

（3）明细数据输入完成后，单击“汇总到辅助明细”按钮，系统将按照单位进行汇总，并把汇总数据填入辅助期初余额。单击“退出”按钮后返回“辅助期初余额”窗口，输入累计数，如图 3-16 所示。

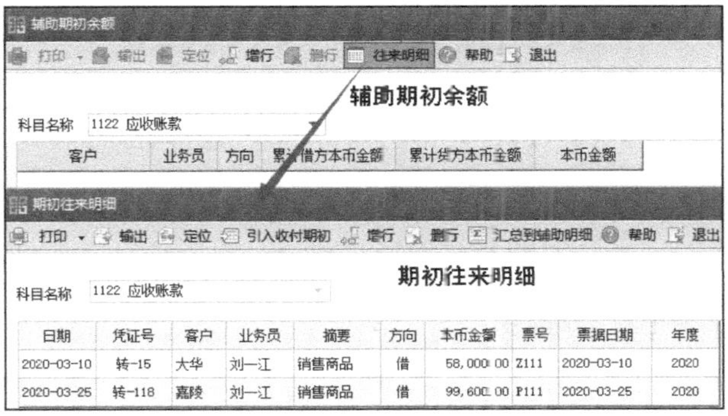

图 3-15　期初往来明细

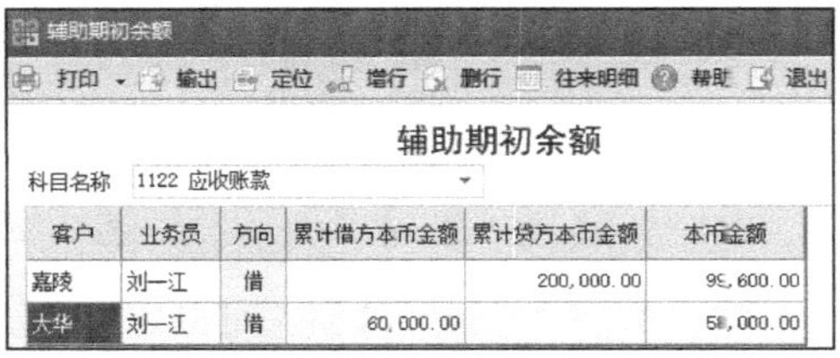

图 3-16　辅助期初余额

操作提示

其他应收款、应付账款的输入方法与之相似。在输入人员的时候，如果看不到所选择的人，一般是在设置职员档案的时候，没有把该人员设置为业务员，需要执行“基础设置”|“基础档案”|“机构人员”|“人员档案”命令，将其设置为业务员。

3. 试算平衡

科目初始数据全部输入后，单击“试算”按钮进行试算平衡，结果为：资产=借 9 484 157.19，负债=贷 492 150.00，成本=借 24 165.00，权益=贷 9 016 172.19，借方和贷方合计均为 9 508 322.19。期初余额要平衡，数据要正确，不然后续数据就会延续前面的错误。

年初余额是根据期初余额、累计借方和累计贷方计算出来的，在试算平衡中系统是不会对其进行检查的，因此要注意核对累计借方和累计贷方。如果年初余额不平衡，在期末制作资产负债表的时候就会显现出来，且不能修改。

（1）执行“财务会计”|“总账”|“账表”|“科目账”|“余额表”命令，先设置查询条件，然后查看结果，如图 3-17 所示。

打印 输出 查询 过滤 定位 刷新 专项 累计 栏目 还原列宽 中英文转换

发生额及余额表

月份：2020.04 - 2020.04

科目		期初余额		累计借方发生	累计贷方发生	期末余额	
编码	名称	借方	贷方	金额	金额	借方	贷方
1001	库存现金	6, 785. 00		18, 889. 00	18, 860. 00	6, 785. 00	
1002	银行存款	1, 211, 057. 00		469, 251. 00	401, 980. 00	1, 211, 057. 00	
1122	应收账款	157, 600. 00		60, 000. 00	200, 000. 00	157, 600. 00	
1221	其他应收款	3, 800. 00		7, 000. 00	5, 300. 00	3, 800. 00	
1231	坏账准备		10, 000. 00	3, 000. 00	6, 000. 00		10, 000. 00
1403	原材料	1, 004, 000. 00		293, 180. 00	80, 000. 00	1, 004, 000. 00	
1405	库存商品	3, 569, 000. 00		140, 142. 00	90, 000. 00	3, 569, 000. 00	
1601	固定资产	3, 619, 000. 00				3, 619, 000. 00	
1602	累计折旧		135, 584. 81		58, 209. 99		135, 584. 81
1701	无形资产	58, 500. 00			52, 820. 00	58, 500. 00	
资产小计		9, 629, 742. 00	145, 584. 81	991, 462. 00	913, 169. 99	9, 629, 742. 00	145, 584. 81
2001	短期借款		200, 000. 00		200, 000. 00		200, 000. 00
2202	应付账款		276, 850. 00	150, 557. 00	60, 000. 00		276, 850. 00
2211	应付职工薪酬		8, 200. 00	350, 190. 48	350, 190. 48		8, 200. 00
2221	应交税费		5, 000. 00	30, 000. 00	35, 000. 00		5, 000. 00
2241	其他应付款		2, 100. 00		2, 100. 00		2, 100. 00
负债小计			492, 150. 00	530, 747. 48	647, 290. 48		492, 150. 00
4001	实收资本		8, 962, 902. 73				8, 962, 902. 73
4002	资本公积		172, 291. 46	35, 818. 99			172, 291. 46
4103	本年利润	3, 842. 00		13, 172. 00	9, 330. 00	3, 842. 00	
4104	利润分配	115, 180. 00				115, 180. 00	
权益小计		119, 022. 00	9, 135, 194. 19	48, 990. 99	9, 330. 00	119, 022. 00	9, 135, 194. 19
5001	生产成本	24, 165. 00		8, 711. 00	10, 121. 00	24, 165. 00	
成本小计		24, 165. 00		8, 711. 00	10, 121. 00	24, 165. 00	
6001	主营业务收入			350, 000. 00	350, 000. 00		
6051	其他业务收入			250, 000. 00	250, 000. 00		
6401	主营业务成本			300, 000. 00	300, 000. 00		
6402	其他业务成本			220, 096. 00	220, 096. 00		
6403	营业税金及附加			8, 561. 00	8, 561. 00		
6601	销售费用			59, 004. 51	59, 004. 51		
6602	管理费用			204, 571. 54	204, 571. 54		
6603	财务费用			8, 000. 00	8, 000. 00		
损益小计				1, 400, 233. 05	1, 400, 233. 05		
合计		9, 772, 929. 00	9, 772, 929. 00	2, 980, 144. 52	2, 980, 144. 52	9, 772, 929. 00	9, 772, 929. 00

图 3–17　发生额及余额表

（2）单击“栏目”按钮，可以选择显示的项目，这里选择的是“累计借方发生”和“累计贷方发生”。注意检查累计借方和累计贷方是否平衡，因为系统没有提供检查年初余额的功能，如果累计借、贷方不平，则年初余额就不平，会导致月末制作的资产负债表不平。

八、出纳管理期初设置

业务描述

（1）工行人民币户企业日记账调整前余额为 511 057.00 元，银行对账单调整前余额为 467 557.00 元。

① 企业未达账。

- 银行已收企业未收：3 月 26 日，银行自动收到利息收入 3 000 元，结算方式为其他，票号为 LXSR0002，银行收款票据企业未收到。
- 银行已付企业未付：3 月 28 日，银行自动支付短期借款利息 2 000 元，银行付款票据企业未收到，票号为 LXZF001。

② 银行未达账。

- 企业已付银行未付：3 月 28 日，企业用现金支票支付零星采购货款 2 500 元，票号为 XJ445353，银行未入账，付款凭证号为 27；3 月 29 日，企业用转账支票支付货款 3 000 元，票号为 ZZ30254，银行未入账，付款凭证号为 32。
- 企业已收银行未收：3 月 30 日企业已收未收货款（重庆嘉陵公司转账支票，ZZ8341）50 000 元，收款凭证号为 56，银行未入账。

（2）中行账户不进行银行对账。

操作指导

1. 银行科目选择

执行“财务会计”|“总账”|“出纳”|“银行对账”|“银行对账期初录入”命令，在打开的界面中选择“工行”，单击“确定”按钮，打开“银行对账期初”对话框。

> **操作提示**
> 如果不能进行银行科目的选择，可能是在会计科目设置时，没有设置“银行存款”科目为银行科目，需要先设置后才能使用此功能。

2. 输入期初未达账

（1）在“单位日记账”栏，设置调整前余额为工行账户期初余额 511 057 元；在“银行对账单”栏，设置调整前余额为对账单期初余额 467 557 元，如图 3-18 所示。单击“方向”按钮，将银行对账单余额方向调整为贷方。

> **操作提示**
> 系统默认的银行对账单余额在借方，而在现实中，银行对账单余额一般在贷方，故将其调整为贷方。

（2）单击“对账单期初未达项”按钮，打开“银行方期初”窗口。单击“增行”按钮，输入银行对账单期初未达账数据，如图 3-19 所示。

（3）单击“日记账期初未达项”按钮，打开“企业方期初”窗口。单击“增行”按钮，输入企业日记账期初未达账数据，如图 3-20 所示。

（4）在“银行对账期初”对话框下方，可看到调整后的单位日记账余额与调整后的银行对账单余额相等，如图 3-21 所示。

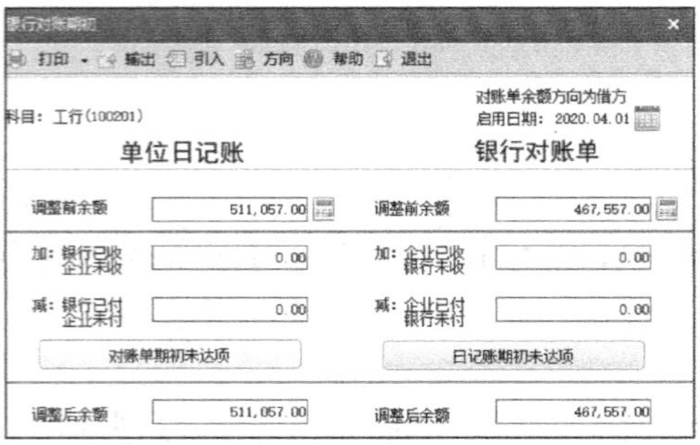

图 3-18　输入调整前余额

图 3-19　银行方期初未达账

图 3-20　企业方期初未达账

图 3-21　调整后余额

九、设置网上银行

业务描述

（1）重庆两江科技有限公司所有人民币结算均通过基本存款账户进行。开户行为中国工商银行重庆分行两江支行，账号为 787978797879，该账户 4 月 1 日的期初余额是 511 057 元。

（2）业务种类与结算方式的对应关系是：托收承付—转账支票；委托收款—转账支票；资金汇划—网银转账。

（3）出纳员赵小兵拥有制单、审核权限，制单金额限制在 3 万元以下。

（4）资金主管孙胜业的权限为查询、制单、审核，制单金额权限在 10 万元以下，审核金额在 10 万元以下。

操作指导

1. 设置银行账号

执行“财务会计”|“网上银行”|“设置”|“银行账号”命令，打开“修改银行账号”对话框，选择工行账号，输入当前余额等相关信息，如图 3-22 所示。

2. 设置不同业务种类对应的结算方式

执行“财务会计”|“网上银行”|“设置”|“业务种类”命令，在打开的界面中输入相关信息，如图 3-23 所示。

3. 设置操作员权限

执行“财务会计”|“网上银行”|“设置”|“操作员管理”命令，在打开的界面中输入相关

信息，如图 3-24 所示。再以资金主管孙胜业的身份，按照相同的方法进行设置。操作员必须拥有“网上银行”的操作权限。

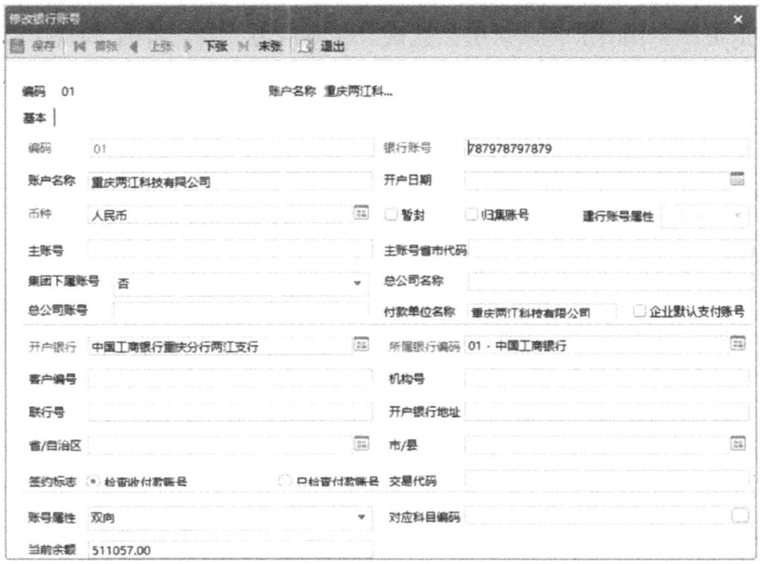

图 3-22　输入银行账号信息

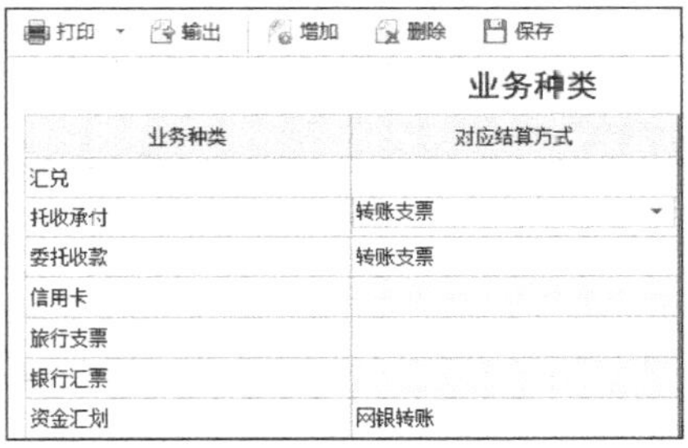

图 3-23　设置不同业务种类对应的结算方式

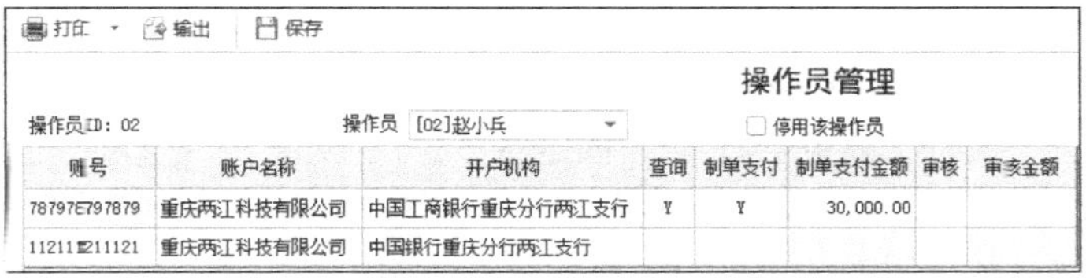

图 3-24　设置操作员的权限

任务三　固定资产模块初始化设置

一、初始化参数设置

业务描述

重庆两江科技有限公司固定资产模块初始化设置的参数如下。

（1）约定与说明：我同意。

（2）启用月份：2020 年 4 月。

（3）折旧信息：本账套计提折旧；主要折旧方法为平均年限法（一）；折旧汇总分配周期为 1 个月；当“月初已计提月份=可使用月份-1”时，将剩余折旧全部提足。

- 编码方式：资产类别编码长度为 2。固定资产编码方式为手工输入。

● 财务接口：与账务系统进行对账；固定资产对账科目为“固定资产（1601）”；累计折旧对账科目为“累计折旧（1602）”。

● 参数设置：业务发生后立即制单；月末结账前一定要完成制单登账业务；固定资产默认入账科目为“固定资产（1601）”；累计折旧默认入账科目为“累计折旧（1602）”；减值准备默认入账科目为“固定资产减值准备（1603）”；增值税进项税额默认入账科目为“进项税额（22210101）”；固定资产清理默认入账科目为“固定资产清理（1606）”。

操作指导

1. 初始化账套

（1）首次执行“财务会计”|“固定资产”|“设置”|“选项”命令时，系统将提示“这是第一次打开账套，还未进行过初始化，是否进行初始化？”，单击“是”按钮，打开“初始化账套向导”对话框。按照业务描述内容，完成初始化向导参数设置。图 3-25 所示为折旧信息的参数设置。

其他参数采用默认设置。设置完成后的效果如图 3-26 所示。

（2）单击“完成”按钮，系统显示“是否确定所设置的信息完全正确并保存对新账套的所有设置？”，单击“是”按钮。如果初始化后发现问题，可以执行“财务会计”|“固定资产”|“维护”|“重新初始化账套”命令，重新进行初始化。

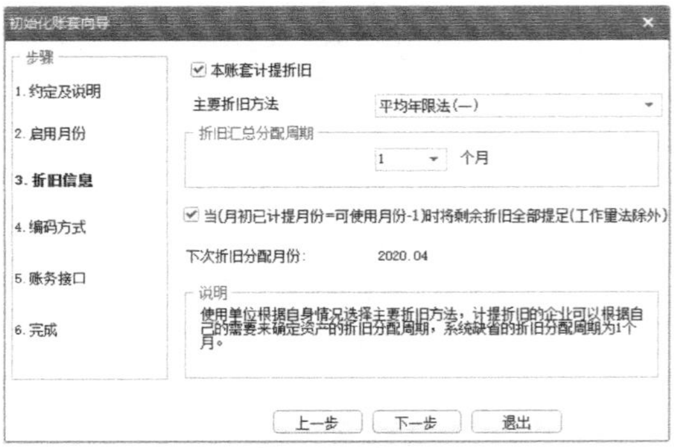

图 3-25　固定资产初始化参数设置（折旧信息）

2. 选项设置

执行“财务会计”|“固定资产”|“设置”|“选项”命令，在打开的“选项”对话框中单击“编辑”按钮，根据业务描述信息设置“与账务系统接口”选项卡下的参数，如图 3-27 所示。其他参数采用默认设置，完成后单击“确定”按钮。

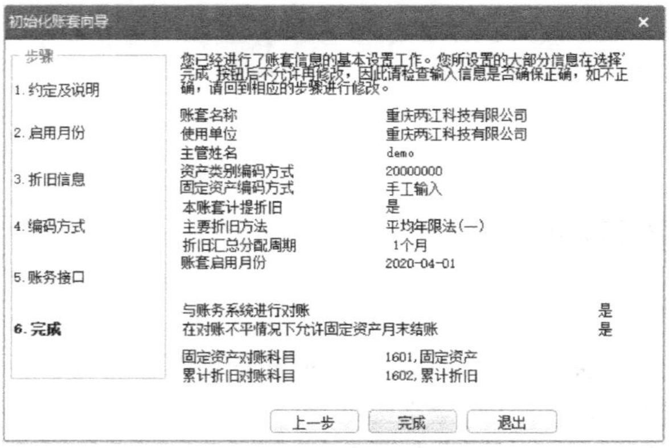

图 3-26　固定资产初始化参数设置（完成）

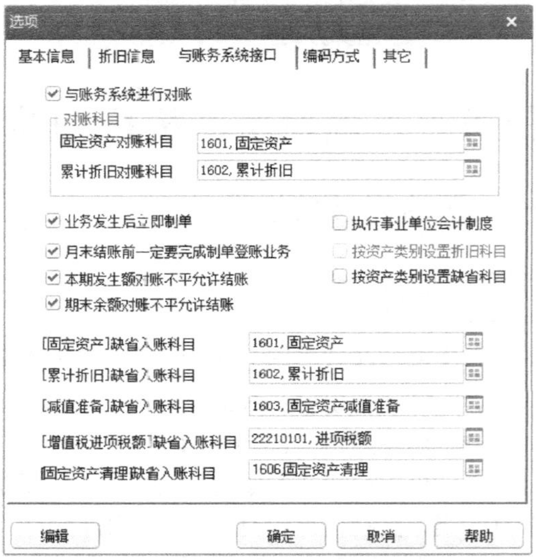

图 3-27　固定资产选项设置（与账务系统接口）

二、设置部门对应折旧科目

业务描述

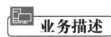

管理中心、供应中心对应的折旧科目是“管理费用——折旧费”科目；营销中心对应的折旧科目是“销售费用——折旧费”科目；制造中心对应的折旧科目是“制造费用——折旧费”科目。

操作指导

执行“财务会计”|“固定资产”|“设置”|“部门对应折旧科目”命令，在打开的界面中选择指定部门，单击“修改”按钮，按照业务描述进行设置，如图 3-28 所示。

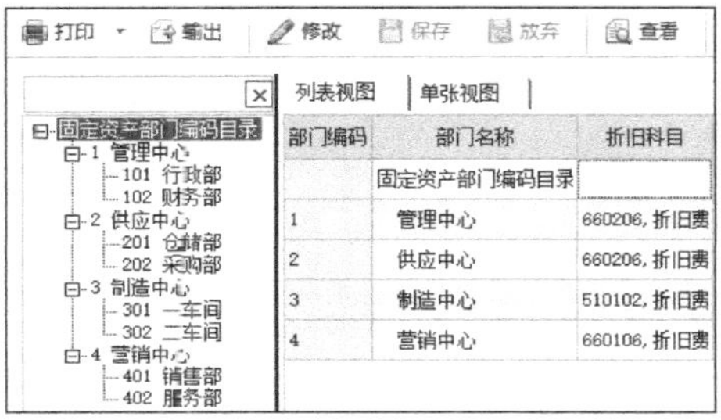

图 3-28　设置部门对应折旧科目

> **注意**
> 一定要检查是否每个部门都已设置完成。

三、设置固定资产类别

业务描述

固定资产类别如表 3-14 所示。

表 3-14　固定资产类别

类别编码	类别名称	使用年限	净残值率/%	计提属性	折旧方法
01	通用设备	3	3	正常计提	平均年限法（一）
02	交通运输设备	8	3	正常计提	工作量法
03	电气设备	5	3	正常计提	双倍余额递减法（一）
04	仪器仪表	5	3	正常计提	年数总和法
05	家具用具及其他	5	3	正常计提	平均年限法（一）
06	房屋及建筑物	20	5	正常计提	平均年限法（一）

注：通用设备的卡片样式为含税卡片样式，其他为通用样式（二）。

操作指导

执行“财务会计”|“固定资产”|“设置”|“资产类别”命令，在打开的界面中单击“增加”

按钮，按照业务描述输入参数，如图 3-29 所示。如果涉及税金，卡片样式选择“含税卡片样式”。每设置一个类别后都要单击“保存”按钮，然后继续输入。设置完成后的固定资产类别如图 3-30 所示。

图 3–29　设置固定资产类别

类别编码	类别名称	使用年限(月)	净残值率(%)	计量单位	计提属性	折旧方法	卡片样式
	固定资产分类编码						
01	通用设备	36	3.00		正常计提	平均年限法(一)	含税卡片样式
02	交通运输设备	96	3.00		正常计提	工作量法	通用样式（二）
03	电气设备	60	3.00		正常计提	双倍余额递减法(一)	通用样式（二）
04	仪器仪表	60	3.00		正常计提	年数总和法	通用样式（二）
05	家具用具及其他	60	3.00		正常计提	平均年限法(一)	通用样式（二）
06	房屋及建筑物	240	5.00		正常计提	平均年限法(一)	通用样式（二）

图 3–30　设置完成后的固定资产类别

四、设置增减方式

业务描述

（1）增加方式。直接购入：工行（100201）。

（2）减少方式。出售：固定资产清理（1606）。毁损：固定资产清理（1606）。

操作指导

执行“财务会计”|“固定资产”|“设置”|“增减方式”命令，在打开的界面中选择具体方式后单击“修改”按钮，按照业务描述输入信息，如图 3-31 所示。

图 3–31　增减方式

五、设置原始卡片

业务描述

固定资产卡片的参数设置如表 3-15 所示。

表 3–15　　固定资产卡片的参数设置　　单位：元

资产编码	固定资产名称	类别编号	所在部门	使用年限	开始使用日期	原值	累计折旧
01	红旗牌轿车	02	行政部	8	2019-01-01	200 000.00	39 285.00
02	复印机	01	行政部	3	2018-09-01	6 000.00	2 910.06
03	联想 T490S	01	财务部	3	2019-09-01	15 000.00	2 425.02

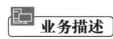

续表

资产编码	固定资产名称	类别编号	所在部门	使用年限	开始使用日期	原值	累计折旧
04	联想 T490S	01	行政部	3	2019-09-01	15 000.00	2 425.02
05	HP 计算机	01	采购部	3	2019-08-01	6 000.00	1 131.69
06	装配机 A 型	03	一车间	5	2019-12-31	200 000.00	9 699.99
07	质量检测仪	04	二车间	5	2019-08-01	12 000.00	1 358.00
08	装配机 B 型	03	二车间	5	2019-12-31	100 000.00	4 850.01
09	长安面包车	02	服务部	8	2019-10-31	50 000.00	9 700.00
10	联想 T490S	01	服务部	3	2019-09-01	15 000.00	2 425.02
11	办公楼	06	行政部 30%，其他部门均为 10%	20	2019-10-31	3 000 000.00	59 375.00
合计						3 619 000.00	135 584.81

注：① 除车辆外，其他固定资产之前均采用平均年限法（一）计提折旧。新折旧方法从 2020 年 4 月启用。

② 增加方式均为直接购入。固定资产净残值率除办公楼为 5%外，其他均为 3%。

③ 车辆的使用状况为“在用”，折旧方法为“工作量法”。红旗牌轿车的工作总量为 800 000 千米，累计工作量为 162 000 千米。长安面包车的工作总量为 200 000 千米，累计工作量为 40 000 千米。

操作指导

1. 输入初始卡片

（1）设置卡片项目。如果预设的固定资产卡片项目不能满足要求，可以设置自定义项目。自定义项目通过执行“财务会计”|“固定资产”|“设置”|“卡片项目”命令完成，如图 3-32 所示。卡片样式、折旧方法、条码等都可以根据需要设置。

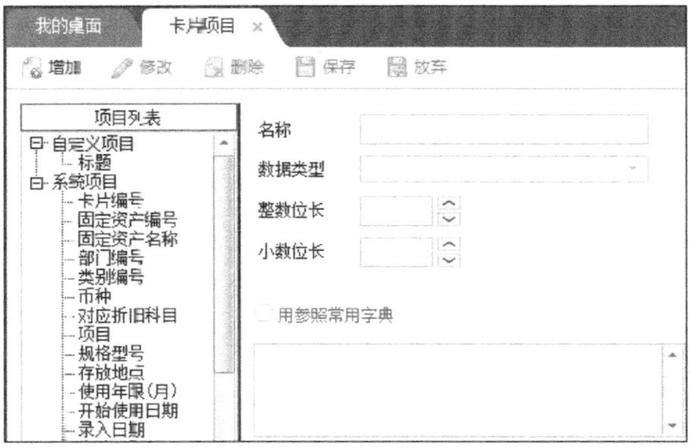

图 3-32　卡片项目

（2）录入卡片信息。先退出新道 U8+，再重新登录。

① 执行“财务会计”|“固定资产”|“卡片”|“录入原始卡片”命令，打开“固定资产类别档案”窗口。以红旗牌轿车为例，选择资产类别为“交通运输设备”，如图 3-33 所示。

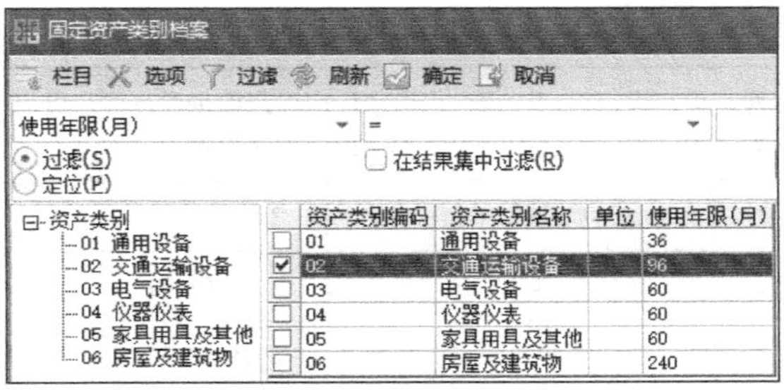

图 3-33 固定资产类别档案

② 单击“确定”按钮，按照业务描述输入红旗牌轿车的相关信息，如图 3-34 所示。单击“保存”按钮，然后根据业务描述逐个输入其他固定资产的信息。最终得到的期初固定资产卡片列表如图 3-35 所示。

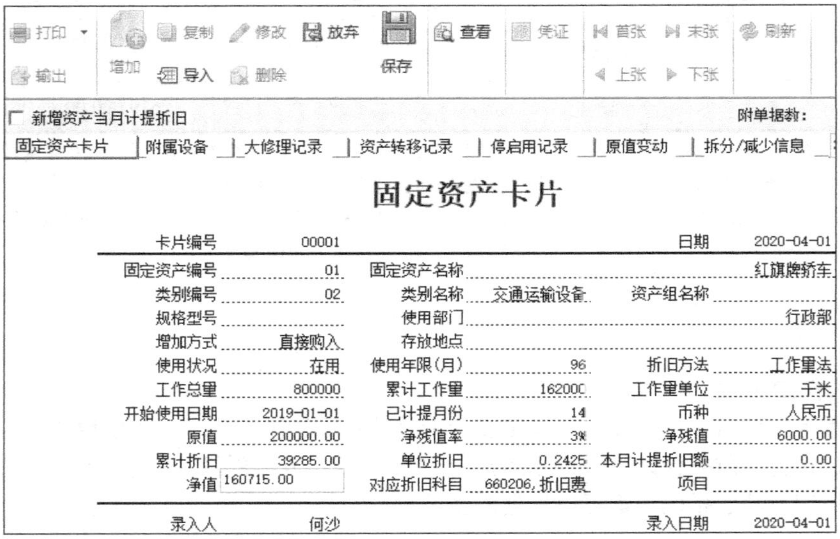

图 3-34 输入固定资产卡片信息

卡片编号	开始使用日期	使用年限(月)	原值	累计折旧	净值	累计工作量	工作总量
00001	2019.01.01	96	200,000.00	39,285.00	160,715.00	162,000.000	800,000.000
00002	2018.09.01	36	6,000.00	2,910.06	3,089.94	0.000	0.000
00003	2019.09.01	36	15,000.00	2,425.02	12,574.98	0.000	0.000
00004	2019.09.01	36	15,000.00	2,425.02	12,574.98	0.000	0.000
00005	2019.08.01	36	6,000.00	1,131.69	4,868.31	0.000	0.000
00006	2019.12.31	60	200,000.00	9,699.99	190,300.01	0.000	0.000
00007	2019.08.01	60	12,000.00	1,358.00	10,642.00	0.000	0.000
00008	2019.12.31	60	100,000.00	4,850.01	95,149.99	0.000	0.000
00009	2019.10.31	96	50,000.00	9,700.00	40,300.00	40,000.000	200,000.000
00010	2019.09.01	36	15,000.00	2,425.02	12,574.98	0.000	0.000
00011	2019.10.31	240	3,000,000.00	59,375.00	2,940,625.00	0.000	0.000
合计：...			3,619,000.00	135,584.81	3,483,415.19	202,000.000	1,000,000.000

图 3-35 期初固定资产卡片列表

操作提示

① 在输入使用部门信息时，若某个固定资产是一个部门使用，则选择“单部门使用”。

② 办公楼的使用部门要选择“多部门使用”，并在打开的“使用部门”对话框中分部门输入使用比例，如图 3-36 所示。

③ 如果发现录入的固定资产卡片数据需要修改，则执行“财务会计”|“固定资产”|“卡片”|“卡片管理”命令，根据需要进行修改，完成后单击“确定”按钮。

④ 固定资产卡片中显示的项目，可通过单击工具栏中的“栏目设置”按钮，在打开的“表头设定”对话框中根据需要进行调整，如图 3-37 所示。

使用部门

使用部门有效数量范围:2 ~ 999个

序号	使用部门	使用比例%	对应折旧科目	项目大类	对应项目	部门编码
1	行政部	30.0000	660206,折旧费			101
2	财务部	10.0000	660206,折旧费			102
3	仓储部	10.0000	660206,折旧费			201
4	采购部	10.0000	660206,折旧费			202
5	一车间	10.0000	510102,折旧费			301
6	二车间	10.0000	510102,折旧费			302
7	销售部	10.0000	660106,折旧费			401
8	服务部	10.0000	660106,折旧费			402

图 3-36　办公楼的使用部门

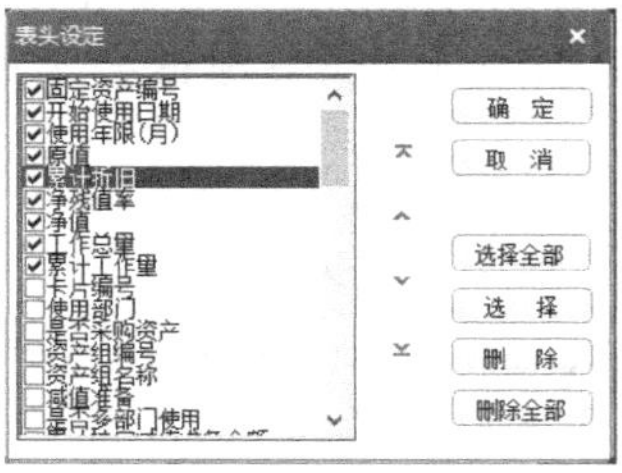

图 3-37　表头设定

2. 固定资产对账

执行“财务会计”|“固定资产”|“资产对账”|“对账”命令，系统将对固定资产原始卡片数据与总账系统期初数据的对应科目（固定资产原值和累计折旧）进行对照检查，如果平衡，则表示数据一致。如果固定资产账套与账务账套的数据不平衡，那么就需要检查数据，找出原因并予以改正。

任务四　薪资管理模块初始化设置

一、初始化建账

业务描述

（1）参数设置：工资类别为“多个”；核算币种为“人民币 RMB”；不勾选“是否核算计件工资”。

（2）扣税设置：要求代扣个人所得税。

（3）扣零设置：不进行扣零处理。

（4）人员编码：与公共平台人员的人员编码保持一致。

操作指导

薪资管理模块初始化设置（1）

执行“人力资源”|“薪资管理”|“设置”|“选项”命令，按照业务描述中的初始化参数对工资账套参数进行设置。第 1 步的参数设置如图 3-38 所示，不勾选“是否核算计件工资”。在第 2 步中勾选“是否从工资中代扣个人所得税”。在第 3 步中不勾选“扣零”。在第 4 步中勾选“与公共平台人员的人员编码保持一致”。

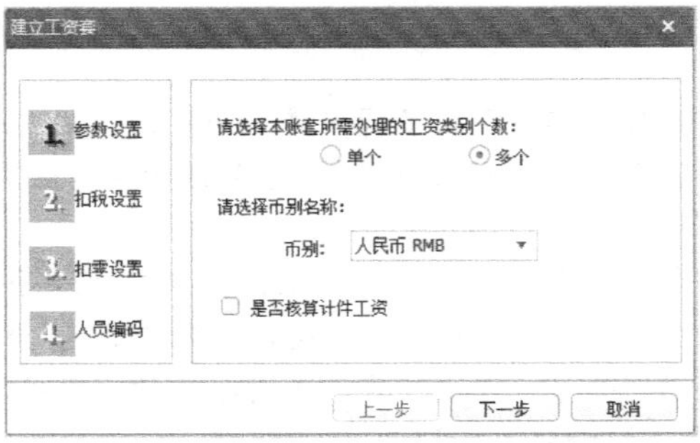

图 3-38 工资账套参数设置

📖操作提示

① 工资账套与企业核算账套是不同的概念。企业核算账套是在系统管理中建立的，是针对整个新道 U8+系统的；而工资账套只是针对新道 U8+系统中的薪资管理，是企业核算账套的一个组成部分。

② 如果企业工资发放类别有多个，发放项目、计算公式都不相同，但需要在一个工资账套中进行统一管理，则工资类别个数选“多个”。

③ 建账完成后，部分建账参数可以通过执行“人力资源”|“人薪资管理”|“设置”|“选项”命令进行修改。

二、设置工资类别

业务描述

（1）薪资类别 1：计时人员工资，部门选择所有部门。

（2）薪资类别 2：计件人员工资，部门选择制造中心。

操作指导

1. 建立计时人员工资类别

（1）执行“人力资源”|“薪资管理” | “工资类别” | “新建工资类别”命令，打开“新建工资类别”对话框，输入要建立的工资类别名称“计时人员工资”，如图 3-39 所示。

（2）单击“下一步”按钮，选中所有部门，单击“完成”按钮。系统提示工资类别的启用日期为“2020-04-01”，单击“是”按钮建立完成。

📖操作提示

执行“人力资源”|“薪资管理” | “工资类别” | “关闭工资类别”命令，可关闭计时人员的工资类别。

2. 建立计件人员工资类别

按照同样的方法，可以建立计件人员工资类别。但是选择部门的时候，只选择制造中心及其下属的两个车间。

在计件人员工资类别状态下，执行“人力资源”|“薪资管理”|“设置”|“选项”命令，打开“参数设置”选项卡。单击“编辑”按钮，勾选“是否核算计件工资”，如图 3-40 所示。如果提示要先设置扣税所属期，就打开“扣税设置”选项卡，将税款所属期选择为“当月”。

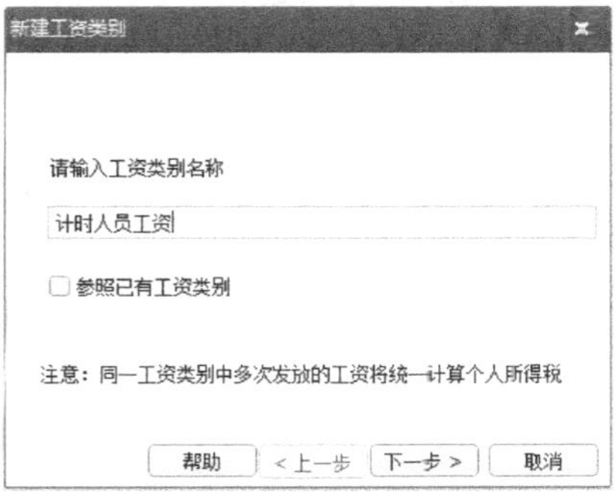

图 3-39　新建工资类别

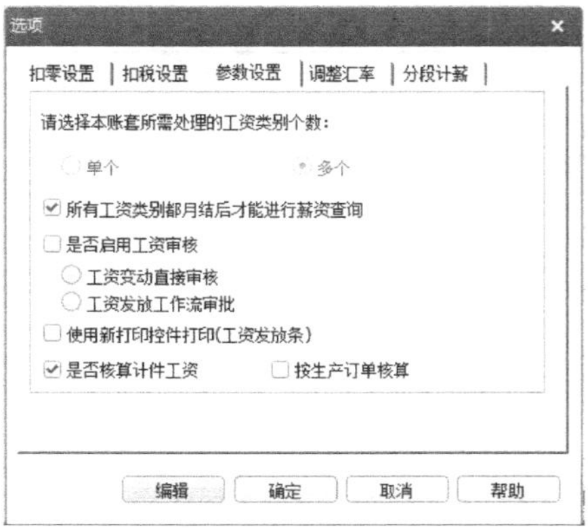

图 3-40　参数设置

三、设置工资项目

业务描述

工资项目的参数设置如表 3-16 所示。

表 3-16　　工资项目的参数设置

项目名称	是否为新增项目	类型	长度	小数位数	增减项
基本工资	是	数字	8	2	增项
岗位工资	是	数字	8	2	增项
交通补贴	是	数字	8	2	增项
计件工资	否	数字	8	2	增项
应发合计	否	数字	10	2	增项
事假天数	是	数字	8	2	其他
事假扣款	是	数字	8	2	减项
本月应付工资	是	数字	10	2	其他
养老保险	是	数字	8	2	减项
医疗保险	是	数字	8	2	减项
住房公积金	是	数字	8	2	减项
个人负担社保费	是	数字	8	2	其他
代扣税	否	数字	8	2	减项
扣款合计	否	数字	10	2	减项
实发合计	否	数字	10	2	增项
代付税	否	数字	8	2	其他
年终奖	否	数字	8	2	其他
年终奖代扣税	否	数字	8	2	其他
工资代扣税	否	数字	8	2	其他
扣税合计	否	数字	10	2	其他
子女教育	否	数字	8	2	其他
累计子女教育	否	数字	8	2	其他
继续教育	否	数字	8	2	其他
累计继续教育	否	数字	8	2	其他

续表

项目名称	是否为新增项目	类型	长度	小数位数	增减项
住房贷款利息	否	数字	8	2	其他
累计住房贷款利息	否	数字	8	2	其他
住房租金	否	数字	8	2	其他
累计住房租金	否	数字	8	2	其他
老人赡养费	否	数字	8	2	其他
累计老人赡养费	否	数字	8	2	其他
其他合法扣除	否	数字	8	2	其他
累计其他合法扣除	否	数字	8	2	其他

操作指导

1. 设置工资项目

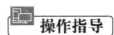

先关闭已经打开的工资类别，执行“人力资源”|“薪资管理”|“设置”|“工资项目设置”命令，打开“工资项目设置”对话框。

系统提供了常设项目。这里设置的工资项目是不同工资类别之间共享的，在建立不同工资类别的工资项目时，只能从这些项目中选择，这些项目就是公共项目。在项目相同的情况下，便于进行不同类别工资的数据汇总和分析。

2. 增加和减少项目

在“工资项目设置”对话框中，单击“增加”按钮，输入相关项目，设置类型、长度、小数、增减项。“增项”是指可以使应发合计金额增加的项目，如基本工资、交通补贴、各种补助等。“减项”是指可以使扣款合计金额增加的项目，如各种扣款等。“其他”是指既不影响应发合计金额，也不影响扣款合计金额的项目，如本月应付工资或类型为字符型的项目。数字型的项目是可以参与计算的项目；字符型的项目是不可以参与计算的项目，如备注项等。

对新增的工资项目，如果“名称参照”下拉列表中没有，可以直接输入。单击“上移”或“下移”按钮，可以将工资项目移动到需要的位置。单击“确定”按钮，完成工资项目设置，如图 3-41 所示。

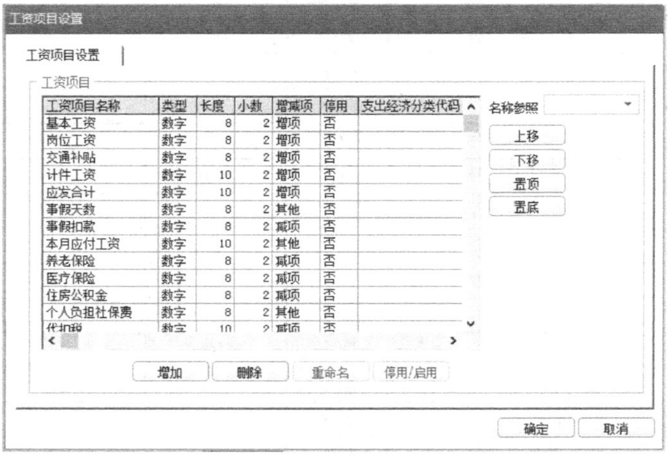

图 3-41　设置完成后的工资项目

四、设置人员档案

业务描述

（1）计时人员档案针对的是人员类别为管理、经营、车间管理的人员。所有人员均计税。计时人员不计算计件工资。

（2）计件人员档案针对的是人员类别为车间工人的人员，计件人员需要计算计件工资。

操作指导

1. 设置计时人员工资档案

（1）执行“人力资源”|“薪资管理”|“工资类别”|“打开工资类别”命令，打开“打开工资类别”对话框，如图 3-42 所示。选择“计时人员工资”，单击“确定”按钮完成设置。最下面的信息提示行会显示当前打开的工资类别。

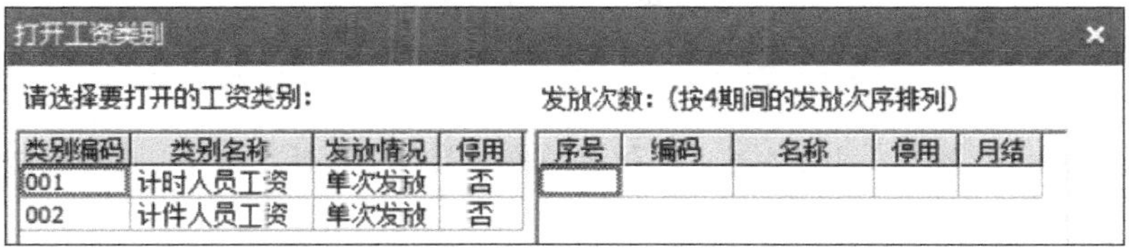
打开工资类别
请选择要打开的工资类别：
发放次数：(按4期间的发放次序排列)
类别编码 类别名称 发放情况 停用
001 计时人员工资 单次发放 否
002 计件人员工资 单次发放 否
序号 编码 名称 停用 月结

图 3-42　“打开工资类别”对话框

（2）执行“人力资源”|“薪资管理”|“设置”|“人员档案”命令，打开“人员档案”窗口，如图 3-43 所示。单击工具栏上的“批增”按钮，打开“人员批量增加”对话框，选择左侧栏中的全部部门，右侧的人员类别选择“管理；经营；车间管理”，单击“查询”按钮，如图 3-44 所示。

图 3-43　人员档案

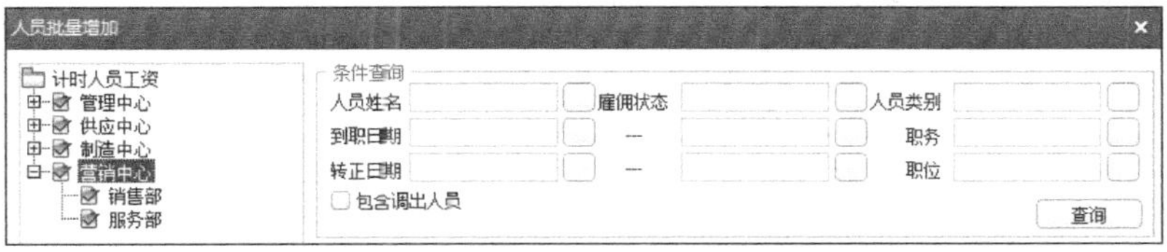

图 3-44　人员批量增加（计时人员）

（3）选择需要纳入计时人员工资类别的人员。具体方法是：双击某人所在行的“选择”栏，空白可切换为“是”，表示选择此人纳入计时人员工资类别（这里已经按照人员类别筛选，都属于计时工资人员）。单击“确定”按钮，系统自动将该人员引入计时人员工资类别的人员档案中。单击“修改”按钮可以修改相关信息，也可以双击某一人员所在行进行修改。完成后的人员档案如图 3-45 所示。

选择	薪资部门名称	人员编号	人员姓名	人员类别	账号	居民	是否计税	工资停发	核算计件工资	现金发放
	行政部	101	孙正	管理	1111	是	是	否	否	否
	行政部	102	宋嘉	管理	1112	是	是	否	否	否
	财务部	201	何沙	管理	1113	是	是	否	否	否
	财务部	202	赵小兵	管理	1114	是	是	否	否	否
	财务部	203	孙胜业	管理	1115	是	是	否	否	否
	采购部	301	李天华	管理	1116	是	是	否	否	否
	采购部	302	杨真	管理	1117	是	是	否	否	否
	仓储部	401	陈瓜瓜	管理	1118	是	是	否	否	否
	销售部	501	刘一江	经营	1119	是	是	否	否	否
	销售部	502	朱小明	经营	1120	是	是	否	否	否
	服务部	601	罗忠	经营	1121	是	是	否	否	否
	一车间	701	向璐宇	车间管理	1180	是	是	否	否	否
	一车间	702	秦地久	车间管理	1181	是	是	否	否	否
	二车间	801	万思维	车间管理	1182	是	是	否	否	否
	二车间	802	东方魂	车间管理	1183	是	是	否	否	否

图 3-45　计时人员档案

操作提示

可以先选中某列，再单击鼠标右键，从弹出的快捷菜单中选择“排序”进行升序或降序排列。

2. 设置计件人员工资档案

（1）执行“人力资源”|“薪资管理”|“工资类别”|“打开工资类别”命令，在打开的界面中选择“计件人员工资”工资类别。

（2）执行“人力资源”|“薪资管理”|“设置”|“人员档案”命令，打开“人员档案”窗口。单击“批增”按钮，选择制造中心及其下属一车间和二车间，再单击“查询”按钮，选择需要加入计件人员工资类别的人。这里选择的是类别为“车间工人”的人员，如图 3-46 所示。设置完成后，单击“确定”按钮，结果如图 3-47 所示。

选择	人员类别	工号	人员编码	人员姓名	薪资部门	现金发放	核算计件工资
	车间管理		701	向璐宇	一车间	否	是
	车间管理		702	秦地久	一车间	否	是
是	车间工人		703	天河飞	一车间	否	是
是	车间工人		704	秦半岛	一车间	否	是
	车间管理		801	万思维	二车间	否	是
	车间管理		802	东方魂	二车间	否	是
是	车间工人		803	叶海甸	二车间	否	是
是	车间工人		804	万银大	二车间	否	是
是	车间工人		805	朱海风	二车间	否	是
是	车间工人		806	温琼海	二车间	否	是

图 3-46　人员批量增加（计件人员）

选择	薪资部门名称	人员编号	人员姓名	人员类别	账号	居民	是否计税	工资停发	核算计件工资	现金发放
	一车间	703	天河飞	车间工人	1190	是	是	否	是	否
	一车间	704	秦半岛	车间工人	1191	是	是	否	是	否
	二车间	803	叶海甸	车间工人	1192	是	是	否	是	否
	二车间	804	万银大	车间工人	1193	是	是	否	是	否
	二车间	805	朱海风	车间工人	1194	是	是	否	是	否
	二车间	806	温琼海	车间工人	1195	是	是	否	是	否

图 3-47　计件人员档案

> **注意**
> “核算计件工资”一栏为“是”。如果没有这一栏，就要执行“人力资源”|“薪资管理”|“设置”|“选项”命令进行修改，勾选“是否核算计件工资”，将扣税所属期设置为“当月”。

五、计时人员工资类别初始化设置

（一）计时人员工资项目及公式

业务描述

1. 工资项目

工资项目包括基本工资、岗位工资、交通补贴、应发合计、事假天数、事假扣款、本月应付工资、养老保险、医疗保险、住房公积金、个人负担社保费、代扣税、扣款合计、实发合计、年终奖、年终奖代扣税、子女教育、继续教育、住房贷款利息、住房租金、老人赡养费、其他合法扣除、扣税合计等。

特别说明：不同单位的工资，项目差异较大，这里列出的具体案例只是供读者学习一种方法，具体项目要根据当地的政策来设定。

2. 计算公式

（1）应发合计（系统自动生成）。公式：应发合计=基本工资+岗位工资+交通补贴。

（2）事假扣款。每月工作天数按照22天计算。如果事假天数小于等于5天，就按照基本工资和岗位工资来计算要扣除的事假工资。如果事假天数超过5天，则同时扣除当月的交通补贴。公式：事假扣款= iff(事假天数<=5,(基本工资+岗位工资）/22*事假天数,(基本工资+岗位工资）/22*事假天数+交通补贴)。

（3）本月应付工资。公式：本月应付工资=基本工资+岗位工资+交通补贴-事假扣款。

（4）两险一金。假设当年两险一金的个人缴费比例为：养老保险8%，医疗保险2%，住房公积金8%。其他缴费项目，如失业保险等根据实际要求列入，这里省略。

相关公式如下：养老保险=本月应付工资*0.08；医疗保险=本月应付工资*0.02；住房公积金=本月应付工资*0.08。

（5）个人负担社保费。公式：个人负担社保费=养老保险+医疗保险+住房公积金。

（6）扣款合计（系统自动生成）。公式：扣款合计=事假扣款+养老保险+医疗保险+住房公积金+代扣税。

（7）实发合计（系统自动生成）。公式：实发合计=应发合计-扣款合计。

操作指导

1. 设置工资项目

（1）执行“人力资源”|“薪资管理”|“工资类别”|“打开工资类别”命令，在打开的界面中选择“计时人员工资”类别。

（2）执行“人力资源”|“薪资管理”|“设置”|“选项”命令，检查“扣税设置”选项卡中“从工资中代扣个人所得税”是否勾选，这里需要勾选该项。

薪资管理模块初始化设置（2）

（3）执行“人力资源”|“薪资管理”|“设置”|“工资项目设置”命令，

在“工资项目设置”对话框中单击“增加”按钮，然后在“名称参照”下拉列表中选择需要的项目，设置完成后的工资项目如图 3-48 所示。可以通过单击“上移”或“下移”按钮，将工资项目移动到需要的位置。

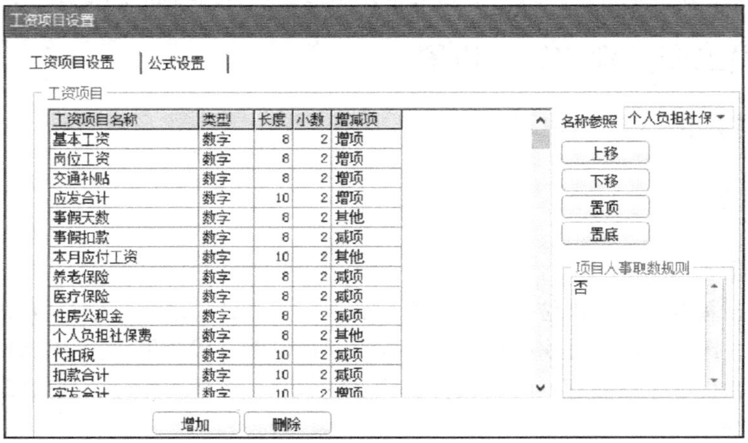

图 3-48　设置完成后的工资项目（计时人员工资）

> **📖操作提示**
>
> ① 如果在工资项目中没有“代扣税”及相关项目，是在扣税设置时没有勾选“从工资中代扣个人所得税”所致，需先设置。
>
> ② 在工资初始化设置的时候，如果勾选了“是否核算计件工资”，则在每个工资类别中可以完成计时工资、计件工资的计算；如果没勾选，则计件工资可以按照类别来计算。只有勾选了“是否核算计件工资”，计件工资项目才会出现在工资项目中。

2. 设置公式

（1）系统根据工资项目中增减项的定义，自动生成以下公式。

应发合计=基本工资+岗位工资+交通补贴

扣款合计=事假扣款+养老保险+医疗保险+住房公积金+代扣税

实发合计=应发合计-扣款合计

上述项目是系统生成的，不能更改。应发合计按照工资项目中的“增项”生成，扣款合计按照工资项目中的“减项”生成，实发合计则是固定的公式，如图 3-49 所示。选择左边的工资项目，右边则显示对应的公式。

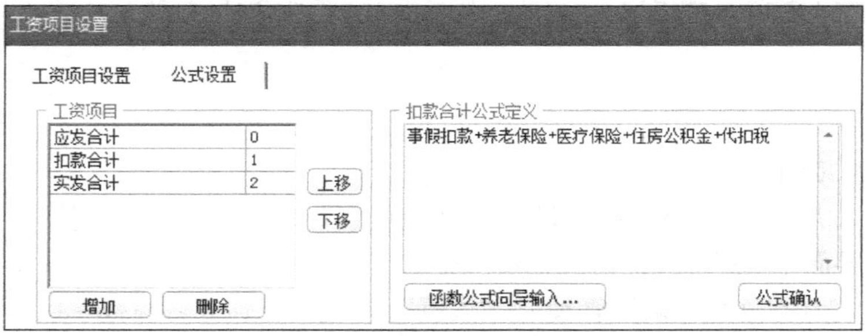

图 3-49　系统生成的公式

如果有的项目不纳入系统自动生成的公式中，就需要在设置工资项目的时候，将“增减项”的属性设置为“其他”。

（2）除了系统自动生成的公式外，其他项目的计算公式需要自行设定。在设定的时候要注意先后顺序，在公式中引用并需要计算的项目应先设置。

① 利用函数公式定义。这里以事假扣款为例说明。

在工资项目下单击“增加”按钮，增加“事假扣款”项目。选择“事假扣款”，然后在界面左下角的“函数参照”下拉列表中选择“iff”函数，这时会在“事假扣款公式定义”框中显示公式的格式，如图 3-50 所示。如果对 iff 函数不了解，可单击“函数公式向导输入”按钮，在打开的对话框中选择“iff”函数，如图 3-51 所示。用户可以单击“帮助”按钮查看各函数的说明和使用方法。

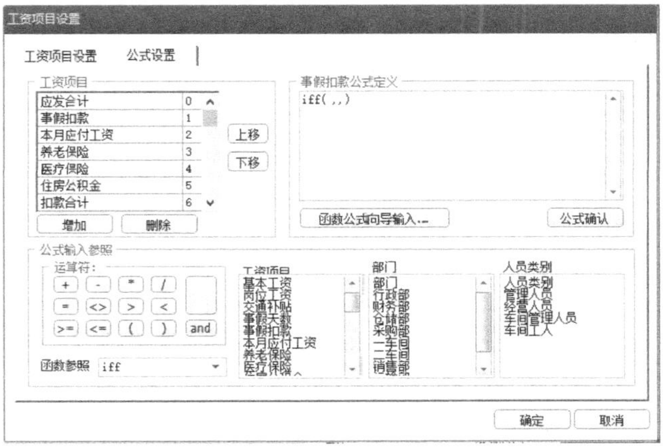

图 3-50　公式设置（计时人员工资）

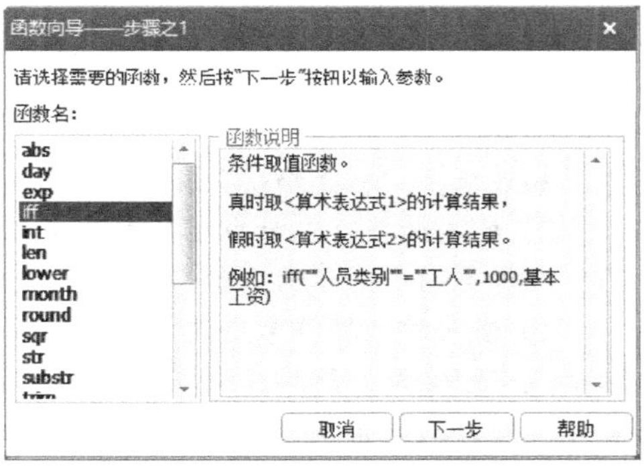

图 3-51　选择函数

定义完成一个公式后，单击“公式确认”按钮对公式进行正确性检查。如果系统未提示信息，表示公式正确；如果提示“非法公式定义”，则表示公式定义有误。定义完成的事假扣款公式如图 3-52 所示。

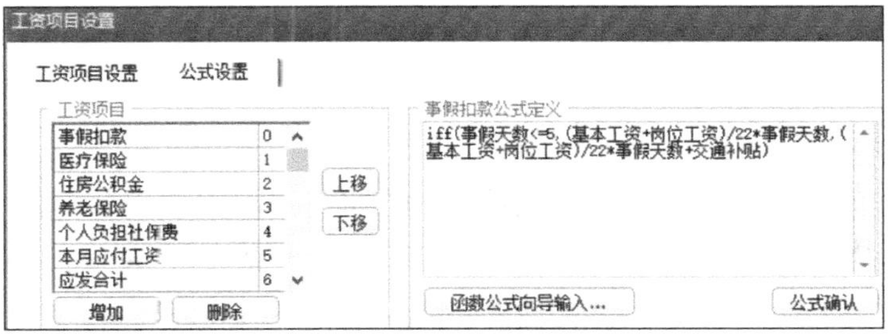

图 3-52　事假扣款公式

② 一般公式定义方法。此处以定义养老保险的计算公式为例说明。

增加“养老保险”项目，选择“养老保险”后，在右边公式定义框中定义公式。在“公式输入参照”栏，选择工资项目中的“本月应付工资”，在运算符中选择“*”，输入“0.08”，如图 3-53 所示。单击“公式确认”按钮对公式进行正确性检查，完成养老保险公式设置。公式的顺序可通过单击“工资项目”栏内的“上移”和“下移”按钮来调整。

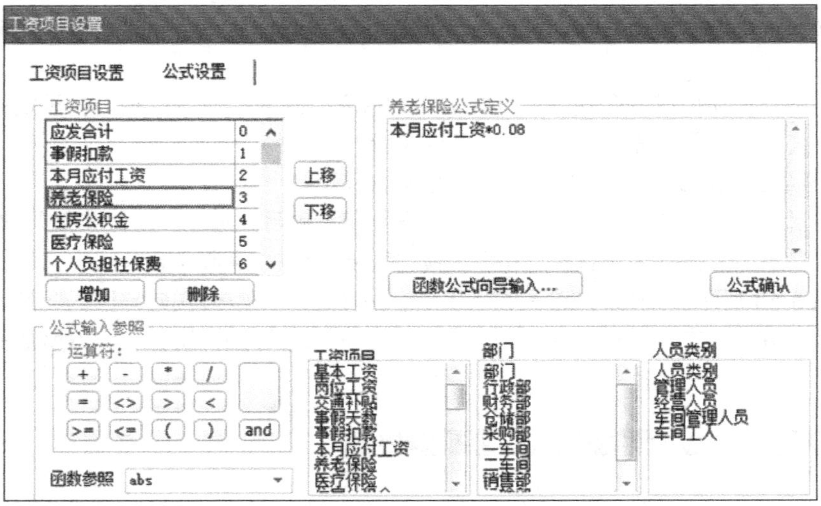

图 3-53　养老保险计算公式

📖操作提示

如果单击“公式确认”按钮没有通过正确性检查，可能的原因如下。

① 输入的项目在对应项目中没有，或者文字输入有误。解决办法：直接选择工资项目、部门、人员类别中列示的名称。

② 输入的运算符号应该是英文符号，输入成中文符号了。解决办法：直接选取运算符。删除公式中的空格，然后在运算符前后均空一格（在英文输入模式下）。

下列公式定义技巧供读者参考。

- 掌握定义公式的方法后，可以直接输入公式，这样能够提高工作效率。
- 每一个项目的公式定义完成后，单击“公式确认”按钮进行公式验证，以确保其正确性。
- 定义公式后要注意调整公式的先后顺序，公式引用的项目要在前面已经计算过，而不能先引用后计算。

（二）计时人员工资期初数据

业务描述

重庆两江科技有限公司的薪资管理系统从 2020 年 4 月启用，由于计算个税时使用的是从当年开始的累计数据，因此需要录入 1—3 月的工资累计数据，如表 3-17 所示。

表 3-17　　1—3 月工资累计数据　　单位：元

人员编号	姓名	基本工资	岗位工资	交通补贴	扣除项目					工资代扣税
					子女教育	继续教育	老人赡养费	住房贷款利息	住房租金	
101	孙正	45 000	3 000	600	1 500					963
102	宋嘉	33 000	1 500	600				3 000		513
201	何沙	30 000	1 500	600		1 200				477

续表

人员编号	姓名	基本工资	岗位工资	交通补贴	扣除项目					工资代扣税
					子女教育	继续教育	老人赡养费	住房贷款利息	住房租金	
202	赵小兵	27 000	1 500	600						423
203	孙胜业	28 500	1 500	600						468
301	李天华	30 000	1 200	600						504
302	杨真	30 000	1 200	600						504
401	陈瓜瓜	30 000	1 200	600						504
501	刘一江	27 000	1 200	450	1 500		3 000			274.5
502	朱小明	33 000	1 200	450						589.5
601	罗忠	30 000	1 200	450						499.5
701	向璐宇	36 000	1 200	600	1 500					639
702	秦地久	33 000	1 200	600		1 200				558
801	万思维	34 500	1 200	600					2 400	567
802	东方魂	30 000	1 200	600						504
合计		477 000	21 000	8 550	4 500	2 400	3 000	3 000	2 400	7 987.5

注：① 应发合计、本月应付工资、养老保险、医疗保险、住房公积金、代扣税、扣款合计、实发合计等数据通过计算获得。

② 对于具体扣除项目的标准以相关政策为准，这里仅仅是模拟数据。

操作指导

（1）执行“人力资源”|“薪资管理”|“工资类别”|“打开工资类别”命令，在打开的界面中选择“计时人员工资”类别。

（2）执行“人力资源”|“薪资管理”|“设置”|“选项”命令，打开“选项”对话框，在“扣税设置”选项卡中单击“编辑”按钮，将个税计算的收入项目设置为“本月应付工资”，不勾选“按累计专项扣除录入”，如图 3-54 所示。

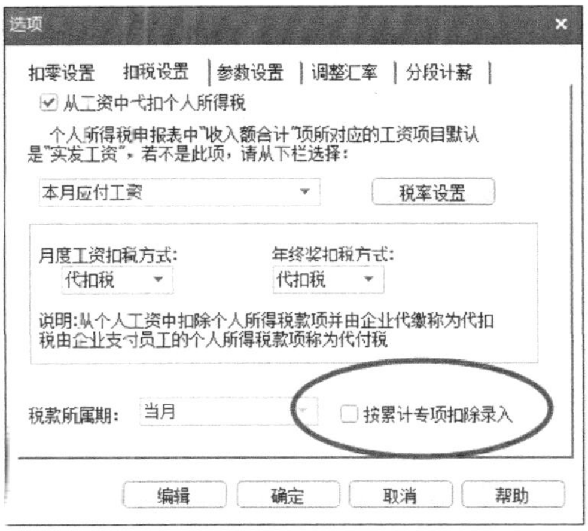

图 3-54　扣税设置（计时人员工资）

（3）执行“人力资源”|“薪资管理”|“业务处理”|“工资变动”命令，打开工资变动表，勾选“录入期初”，进入期初数据录入模式，如图3-55所示。输入的时候，可以在输入区单击鼠标右键，在弹出的快捷菜单中选择“排序”，选择某列按照升序或降序排列。这里执行的是“排序”|“人员编码”|“升序”命令。

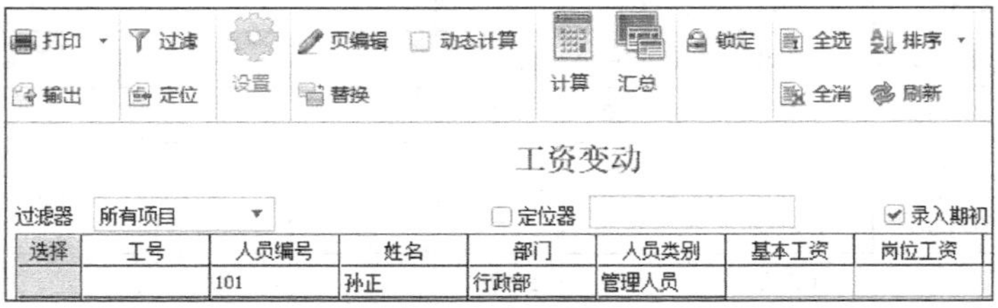

图3-55　工资期初数据录入选择

（4）输入数据后，单击工具栏中的“计算”按钮，系统根据定义好的公式，自动计算工资表中有关项目的数据，如图3-56和图3-57所示。

人员编号	姓名	基本工资	岗位工资	交通补贴	应发合计	医疗保险	养老保险	住房公积金	个人负担社保费
101	孙正	45,000.00	3,000.00	600.00	48,600.00	972.00	3,888.00	3,888.00	8,748.00
102	宋嘉	33,000.00	1,500.00	600.00	35,100.00	702.00	2,808.00	2,808.00	6,318.00
201	何沙	30,000.00	1,500.00	600.00	32,100.00	642.00	2,568.00	2,568.00	5,778.00
202	赵小兵	27,000.00	1,500.00	600.00	29,100.00	582.00	2,328.00	2,328.00	5,238.00
203	孙胜业	28,500.00	1,500.00	600.00	30,600.00	612.00	2,448.00	2,448.00	5,508.00
301	李天华	30,000.00	1,200.00	600.00	31,800.00	636.00	2,544.00	2,544.00	5,724.00
302	杨真	30,000.00	1,200.00	600.00	31,800.00	636.00	2,544.00	2,544.00	5,724.00
401	陈瓜瓜	30,000.00	1,200.00	600.00	31,800.00	636.00	2,544.00	2,544.00	5,724.00
501	刘一江	27,000.00	1,200.00	450.00	28,650.00	573.00	2,292.00	2,292.00	5,157.00
502	朱小明	33,000.00	1,200.00	450.00	34,650.00	693.00	2,772.00	2,772.00	6,237.00
601	罗忠	30,000.00	1,200.00	450.00	31,650.00	633.00	2,532.00	2,532.00	5,697.00
701	向璐宇	36,000.00	1,200.00	600.00	37,800.00	756.00	3,024.00	3,024.00	6,804.00
702	秦地久	33,000.00	1,200.00	600.00	34,800.00	696.00	2,784.00	2,784.00	6,264.00
801	万思维	34,500.00	1,200.00	600.00	36,300.00	726.00	2,904.00	2,904.00	6,534.00
802	东方魂	30,000.00	1,200.00	600.00	31,800.00	636.00	2,544.00	2,544.00	5,724.00
		477,000.00	21,000.00	8,550.00	506,550.00	10,131.00	40,524.00	40,524.00	91,179.00

图3-56　工资期初累计录入（1）

人员编号	姓名	扣款合计	实发合计	工资代扣税	子女教育	住房贷款利息	继续教育	住房租金	老人赡养费
101	孙正	9,711.00	38,889.00	963.00	1,500.00				
102	宋嘉	6,831.00	28,269.00	513.00		3,000.00			
201	何沙	6,255.00	25,845.00	477.00			1,200.00		
202	赵小兵	5,661.00	23,439.00	423.00					
203	孙胜业	5,976.00	24,624.00	468.00					
301	李天华	6,228.00	25,572.00	504.00					
302	杨真	6,228.00	25,572.00	504.00					
401	陈瓜瓜	6,228.00	25,572.00	504.00					
501	刘一江	5,431.50	23,218.50	274.50	1,500.00				3,000.00
502	朱小明	6,826.50	27,823.50	589.50					
601	罗忠	6,196.50	25,453.50	499.50					
701	向璐宇	7,443.00	30,357.00	639.00	1,500.00				
702	秦地久	6,822.00	27,978.00	558.00			1,200.00		
801	万思维	7,101.00	29,199.00	567.00				2,400.00	
802	东方魂	6,228.00	25,572.00	504.00					
		99,166.50	407,383.50	7,987.50	4,500.00	3,000.00	2,400.00	2,400.00	3,000.00

图3-57　工资期初累计录入（2）

操作提示

如果发现应发合计与基本工资、岗位工资、交通补贴的合计数不一致，可能是在不应该输入的项目中输入了数据所致，把多输入的数据删除后重新计算就会改正过来。

（三）计时人员工资分配设置

业务描述

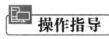

（1）计时人员工资费用分配。计时人员应付工资总额等于工资项目“本月应付工资”，工资费用分配的转账分录如表 3-18 所示。

表 3-18　　工资费用分配的转账分录

部门	人员类别	应付职工薪酬	
		借方科目	贷方科目
行政部、财务部、仓储部、采购部	管理	管理费用——工资	应付职工薪酬——工资
销售部、服务部	经营	销售费用——工资	应付职工薪酬——工资
一车间、二车间	车间管理	制造费用——工资	应付职工薪酬——工资

（2）计时人员个人负担社保费。计时人员个人负担社保费的转账分录如表 3-19 所示。

表 3-19　　个人负担社保费的转账分录

部门	人员类别	个人负担社保费	
		借方科目	贷方科目
行政部、财务部、仓储部、采购部	管理		
销售部、服务部	经营	应付职工薪酬——工资	其他应付款
一车间、二车间	车间管理		

操作指导

执行“人力资源”|“薪资管理”|“设置”|“分摊类型设置”命令，打开“工资分摊”窗口，如图 3-58 所示。

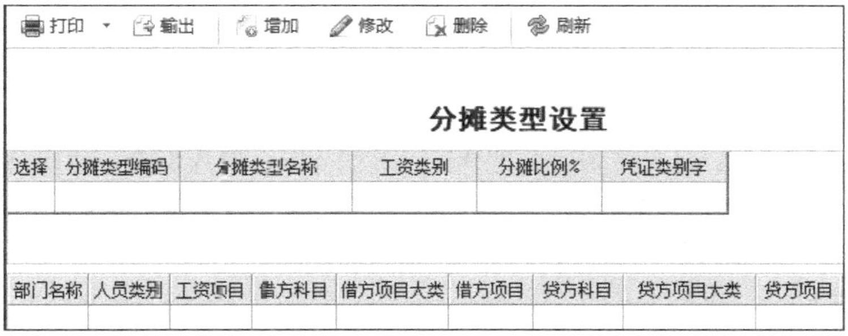

图 3-58　分摊类型设置

（1）计时人员工资费用分配。单击“增加”按钮，在“分摊类型名称”栏录入“计时工资费用分配”，分摊比例为 100%，凭证类别选择转账凭证。选择部门时，单击“部门名称”后面的小方格，会打开“部门名称参照”对话框，选择相关部门，如图 3-59 所示。单击“确定”按钮返回，然后输入其他项目，如图 3-60 所示。单击“保存”按钮完成设置。

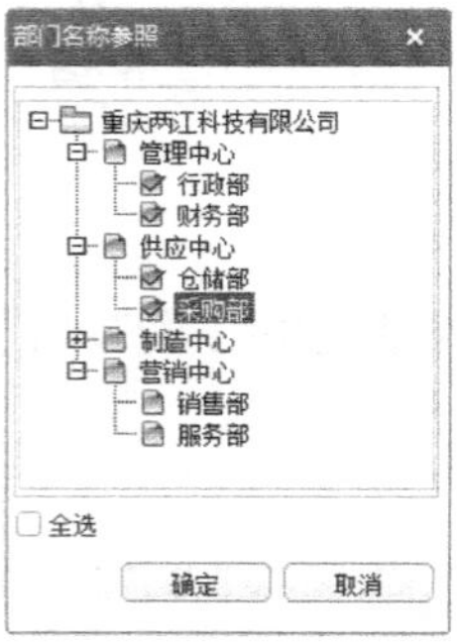

图 3-59　部门名称参照

分摊类型设置

分摊类型编码* 1　分摊类型名称* 计时工资费用分配

分摊比例%* 100　凭证类别字 转

部门名称	人员类别	工资项目	借方科目	借方项目大类	借方项目	贷方科目
行政部,财务部,仓储部,采购部	管理	本月应付工资	660201			221101
销售部,服务部	经营	本月应付工资	660101			221101
一车间,二车间	车间管理	本月应付工资	510101			221101

图 3-60　计时工资费用分配

分摊比例是指所列工资项目计入的比例。如果计提某项费用的比例是该项目的 8%，那么分摊比例就是 8%。因此凡是以工资中某项目为依据计算、计提的费用等，均可采用工资分摊的方式完成凭证的设置。

（2）个人负担的社保费。单击“增加”按钮，输入下一个分摊类型名称（个人负担的社保费），注意工资项目为“个人负担社保费”，如图 3-61 所示。

分摊类型设置

分摊类型编码* 2　分摊类型名称* 个人负担的社保费

分摊比例%* 100　凭证类别字 转

部门名称	人员类别	工资项目	借方科目	借方项目大类	借方项目	贷方科目
行政部,财务部,仓储部,采购部	管理	个人负担社保费	221101			2241
销售部,服务部	经营	个人负担社保费	221101			2241
一车间,二车间	车间管理	个人负担社保费	221101			2241

图 3-61　个人负担社保费（计时）

六、计件人员工资类别初始化设置

（一）计件人员工资项目及公式

业务描述

1. 工资项目

岗位工资、交通补贴、计件工资、应发合计、养老保险、医疗保险、住房公积金、个人负担社保费、代扣税、扣税合计、扣款合计、实发合计、年终奖、年终奖代扣税、子女教育、继续教育、住房贷款利息、住房租金、老人赡养费、其他合法扣除。

2. 计算公式

（1）应发合计（自动生成）。公式：应发合计=岗位工资+交通补贴+计件工资。

（2）两险一金。公式：养老保险=应发合计*0.08；医疗保险=应发合计*0.02；住房公积金=应发合计*0.08。

（3）个人负担社保费。公式：个人负担社保费=养老保险+医疗保险+住房公积金。

（4）扣款合计（自动生成）。公式：扣款合计=养老保险+医疗保险+住房公积金+代扣税。

（5）实发合计（自动生成）。公式：实发合计=应发合计-扣款合计。

操作指导

1. 工资项目设置

（1）执行“人力资源”|“薪资管理”|“工资类别”|“打开工资类别”命令，在打开的界面中选择“计件人员工资”工资类别。

（2）执行“人力资源”|“薪资管理”|“设置”|“选项”命令，确保“参数设置”选项卡中的“是否核算计件工资”被勾选，否则在工资项目中不会显示计件工资项目；确保“扣税设置”选项卡中的“从工资中代扣个人所得税”被勾选，否则在工资项目中没有代扣税等项目。

（3）执行“人力资源”|“薪资管理”|“设置”|“工资项目设置”命令，打开“工资项目设置”选项卡，单击“增加”按钮，然后在“名称参照”下拉列表中选择需要的项目，设置完成的工资项目如图 3-62 所示。

2. 公式设置

打开“公式设置”选项卡，设置计件人员工资类别的公式。不同工资类别下，相同项目的计算公式是单独设置的，在工资类别之间可以不相同。公式设置如图 3-63 所示。在每月应用公式的过程中，可根据变化情况对公式进行调整。

图 3-62　设置完成的工资项目（计件人员工资）

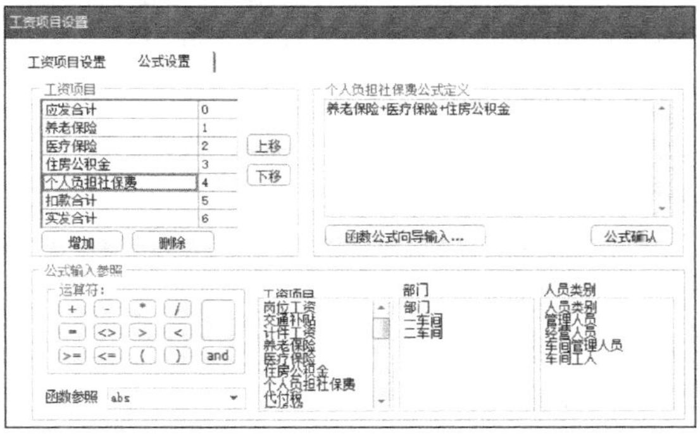

图 3-63　公式设置（计件人员工资）

（二）计件人员工资期初数据

业务描述

1—3 月的工资累计数据如表 3-20 所示。

表 3-20　　1—3 月工资累计数据　　单位：元

人员编号	姓名	岗位工资	交通补贴	扣除项目					工资代扣税
				子女教育	继续教育	老人赡养费	住房贷款利息	住房租金	
703	天河飞	48 000	600	1 500					963
704	秦半岛	35 200	600				3 000		513
803	叶海甸	33 000	600		1 200				477
804	万银大	30 000	600						423
805	朱海风	32 500	600						468

续表

人员编号	姓名	岗位工资	交通补贴	扣除项目					工资代扣税
				子女教育	继续教育	老人赡养费	住房贷款利息	住房租金	
806	温琼海	31 800	600						504
合计		210 500	3 600	1 500	1 200		3 000		3 348

注：① 为简化期初数据输入，这里将岗位工资和计件工资一并录入。

② 应发合计、养老保险、医疗保险、住房公积金、代扣税、扣款合计、实发合计等数据通过计算获得。

操作指导

1. 选择工资类别

执行“人力资源”|“薪资管理”|“工资类别”|“打开工资类别”命令，在打开的界面中选择“计件人员工资”类别。

2. 输入期初工资数据

（1）取消按累计专项扣除录入。执行“人力资源”|“薪资管理”|“设置”|“选项”命令，打开“选项”对话框，在“扣税设置”选项卡中单击“编辑”按钮，取消勾选“按累计专项扣除录入”，个税收入计算项目选择“应发合计”，如图 3-64 所示。

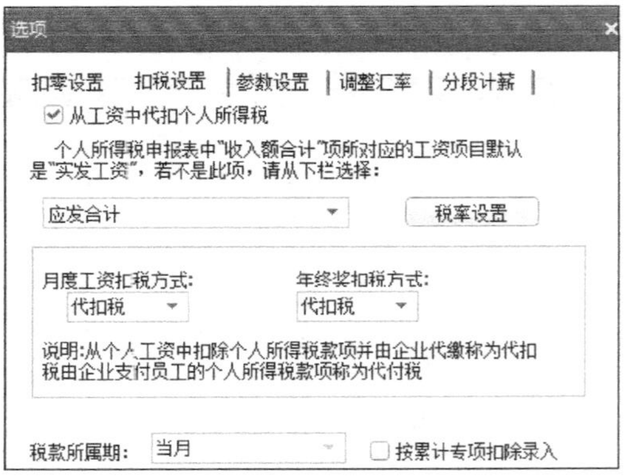

图 3-64　扣税设置（计件人员工资）

（2）录入期初数据。执行“人力资源”|“薪资管理”|“业务处理”|“工资变动”命令，打开“工资变动表”窗口，勾选“录入期初”，进入期初数据录入模式，录入后的工资期初累计数据如图 3-65 所示（未列出输入的子女教育、继续教育、住房贷款利息、住房租金等项目）。

过滤器　　定位器　　☑录入期初

选择	姓名	岗位工资	交通补贴	应发合计	养老保险	医疗保险	住房公积金	实发合计	工资代扣税
	天河飞	48,000.00	600.00	48,600.00	3,888.00	972.00	3,888.00	38,889.00	963.00
	秦半岛	35,200.00	600.00	35,800.00	2,864.00	716.00	2,864.00	28,843.00	513.00
	叶海甸	33,000.00	600.00	33,600.00	2,688.00	672.00	2,688.00	27,075.00	477.00
	万银大	30,000.00	600.00	30,600.00	2,448.00	612.00	2,448.00	24,669.00	423.00
	朱海风	32,500.00	600.00	33,100.00	2,648.00	662.00	2,648.00	26,674.00	468.00
	温琼海	31,800.00	600.00	32,400.00	2,592.00	648.00	2,592.00	26,064.00	504.00
合计		210,500.00	3,600.00	214,100.00	17,128.00	4,282.00	17,128.00	172,214.00	3,348.00

图 3-65　录入后的工资期初累计数据

（三）计件人员工资分配设置

业务描述

（1）计件人员应付工资等于工资项目“本月应付工资”，薪资费用分配的转账分录如表 3-21 所示。

表 3-21　　薪资费用分配的转账分录

部门	人员类别	应付职工薪酬	
		借方科目	贷方科目
一车间、二车间	车间工人	生产成本	应付职工薪酬——工资

（2）计件人员个人负担社保费的转账分录如表 3-22 所示。

表 3-22　　个人负拒社保费的转账分录

部门	人员类别	个人负担社保费	
		借方科目	贷方科目
一车间、二车间	车间工人	应付职工薪酬——工资	其他应付款

操作指导

（1）执行“人力资源”|“薪资管理”|“工资类别”|“打开工资类别”命令，在打开的界面中选择“计件人员工资”类别。

（2）执行“人力资源”|“薪资管理”|“设置”|“分摊类型设置”命令，在打开的界面中单击“增加”按钮，在分摊类型名称处输入“计件人员工资分摊”，分摊比例设为 100%，凭证类别选择转账凭证，然后进行分摊构成设置，如图 3-66 所示。按照同样的方法，设置个人负担社保费的分摊类型，如图 3-67 所示。

图 3-66　计件人员工资分摊构成

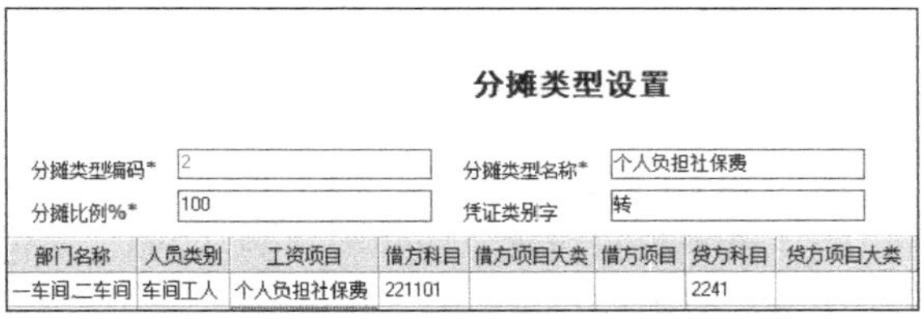

图 3-67　个人负担社保费（计件）

任务五　供应链模块初始化设置

一、设置基础科目

业务描述

1. 存货核算

（1）存货科目设置。原料库为生产用原材料（140301），成品库为库存商品（1405），配套用品库为库存商品（1405），各仓库分期收款发出商品科目和委托代销发出商品科目均设置为发出商品（1406）。

（2）对方科目设置。采购入库为在途物资（1402），产成品入库为生产成本/直接材料（500101），盘盈入库为待处理流动资产损溢（190101），销售出库为主营业务成本（6401），领料出库为生产成本/直接材料（500101）。

2. 应收款管理

（1）基本科目设置。应收科目为1122，预收科目为2203，销售收入科目为6001，税金科目为22210105，其他科目可暂时不设置。

（2）控制科目设置。所有客户的控制科目均相同。应收科目为1122，预收科目为2203。

（3）结算方式科目设置。现金支票对应科目为100201，转账支票（人民币）对应科目为100201，转账支票（美元）对应科目为100202，网银转账对应科目为100201，其他结算方式为100201。

（4）坏账处理方式选择应收余额百分比法，应收款核销方式选择按单据，其他参数为系统默认。

（5）坏账准备设置。提取比例为0.5%，期初余额为10 000，坏账准备科目为1231，对方科目为6701。

（6）账期内账龄区间及逾期账龄区间的总天数项目设置。01：30天。02：60天。03：90天。04：100天。

（7）预警级别设置如表3-23所示。

表3-23　应收款管理的预警级别

序号	起止比率	总比率	级别名称
1	0～10%	10%	A
2	10%～30%	30%	B
3	30%～50%	50%	C
4	50%～100%	100%	D
5	100%以上		E

3. 应付款管理

（1）基本科目设置。应付科目为2202，预付科目为1123，采购科目为1402，税金科目为22210101，其他科目可暂时不设置。

（2）结算方式科目设置。现金支票对应科目为100201，转账支票（人民币）对应科目为100201，转账支票（美元）对应科目为100202，网银转账对应科目为100201，其他结算方式为100201。

（3）应付款核销方式为按单据，其他参数为系统默认。

（4）账期内账龄区间与逾期账龄区间设置同应收款管理。

（5）预警级别设置如表3-24所示。

表3-24　应付款管理的预警级别

序号	起止比率	总比率	级别名称
1	0～10%	10%	A
2	10%～30%	30%	B
3	30%～50%	50%	C
4	50%～100%	100%	D
5	100%以上		E

操作指导

供应链模块初始化设置（1）

1. 存货核算设置

（1）设置存货科目。执行“供应链”|“存货核算”|“设置”|“存货科目”命令，在打开的界面中单击“增行”按钮，根据业务描述录入信息，如图 3-68 所示。

仓库名称	存货科目编码	存货科目名称	分期收款发出商品科目编码	分期收款发出商品科目名称	委托代销发出商品科目编码	委托代销发出商品科目名称
原料库	140301	生产用原材料	1406	发出商品	1406	发出商品
成品库	1405	库存商品	1406	发出商品	1406	发出商品
配套用品库	1405	库存商品	1406	发出商品	1406	发出商品

图 3-68　存货科目设置

（2）设置对方科目。执行“供应链”|“存货核算”|“设置”|“对方科目”命令，在打开的界面中单击“增行”按钮，根据业务描述录入信息，如图 3-69 所示。

打印 · 输出　定位　增行　插行　删行　保存　栏目设置

对方科目

收发类别编码	收发类别名称	对方科目编码	对方科目名称	暂估科目编码	暂估科目名称
101	采购入库	1402	在途物资		
102	产成品入库	500101	直接材料		
201	盘盈入库	190101	待处理流动资产损溢		
301	销售出库	6401	主营业务成本		
302	领料出库	500101	直接材料		

图 3-69　对方科目设置

2. 应收款管理设置

（1）科目设置。

① 基本科目设置。执行“财务会计”|“应收款管理”|“设置”|“科目设置”|“基本科目”命令，在打开的界面中单击“增行”按钮，按业务描述逐一设置科目，如图 3-70 所示。

② 控制科目设置。执行“财务会计”|“应收款管理”|“设置”|“科目设置”|“控制科目”命令，按业务描述设置科目，如图 3-71 所示。

打印 · 输出　增行　删行

基本科目

基本科目种类	科目	币种
应收科目	1122	人民币
预收科目	2203	人民币
销售收入科目	6001	人民币
税金科目	22210105	人民币

图 3-70　基本科目设置（应收款）

打印 · 输出　定位　增行　删行　保存　栏目设置

应收控制科目

序号	客户编码	客户名称	应收科目编码	应收科目名称	预收科目编码	预收科目名称
1	01	嘉陵	1122	应收账款	2203	预收账款
2	02	大华	1122	应收账款	2203	预收账款
3	03	长江	1122	应收账款	2203	预收账款
4	04	飞鸽	1122	应收账款	2203	预收账款
5	05	朝华	1122	应收账款	2203	预收账款

图 3-71　应收控制科目设置

③ 结算方式科目设置。执行“财务会计”|“应收款管理”|“设置”|“科目设置”|“结算科目”命令，在打开的界面中单击“增行”按钮，按业务描述设置科目，如图 3-72 所示。

（2）基本设置。

① 设置账套参数。执行“财务会计”|“应收款管理”|“设置”|“选项”命令，打开“账套参数设置”对话框，在“常规”选项卡中单击“编辑”按钮，设置坏账处理方式为“应收余额百分比法”，如图 3-73 所示。然后打开“核销设置”选项卡，设置应收款核销方式为“按单据”。

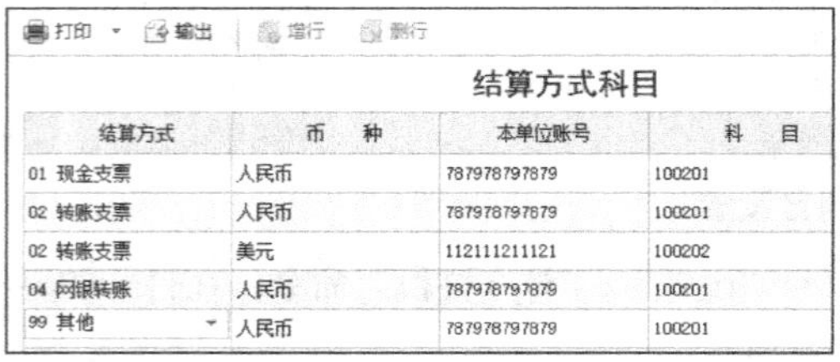

图3-72　结算方式科目设置（应收款）

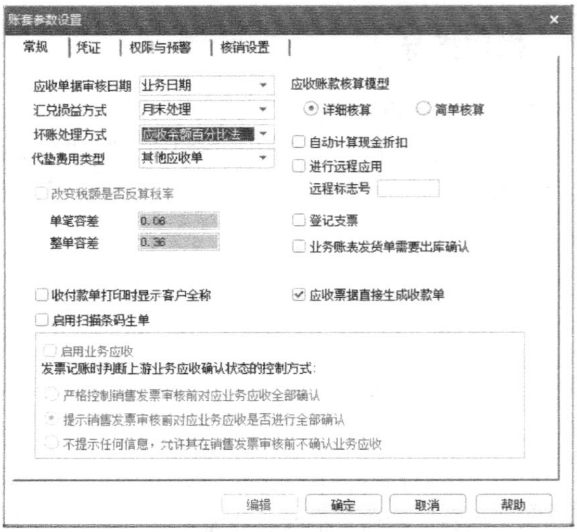

图3-73　账套参数设置（应收款）

② 坏账准备设置。执行“财务会计”|“应收款管理”|“设置”|“初始设置”命令，在打开的界面中选择“坏账准备设置”，按业务描述设置参数，如图3-74所示。

③ 账期内账龄区间设置。执行“财务会计”|“应收款管理”|“设置”|“初始设置”命令，在打开的界面中选择“账期内账龄区间设置”，按业务描述设置参数，如图3-75所示。

图3-74　坏账准备设置（应收款）

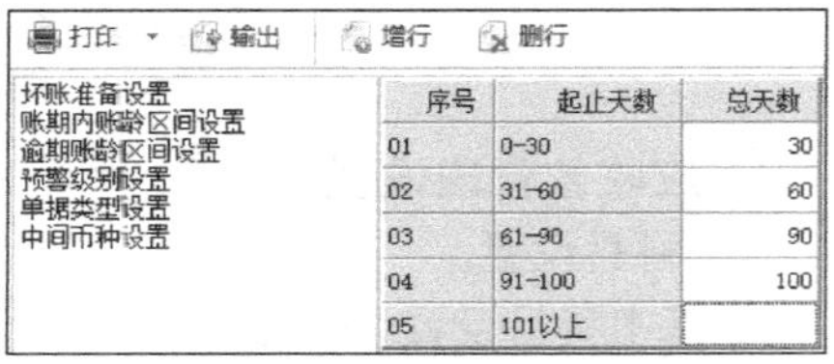

图3-75　账期内账龄区间设置（应收款）

④ 逾期账龄区间设置。执行“财务会计”|“应收款管理”|“设置”|“初始设置”命令，在打开的界面中选择“逾期账龄区间设置”，按业务描述设置参数，如图3-76所示。

⑤ 预警级别设置。执行“财务会计”|“应收款管理”|“设置”|“初始设置”命令，在打开的界面中选择“预警级别设置”，按业务描述设置参数，如图3-77所示。

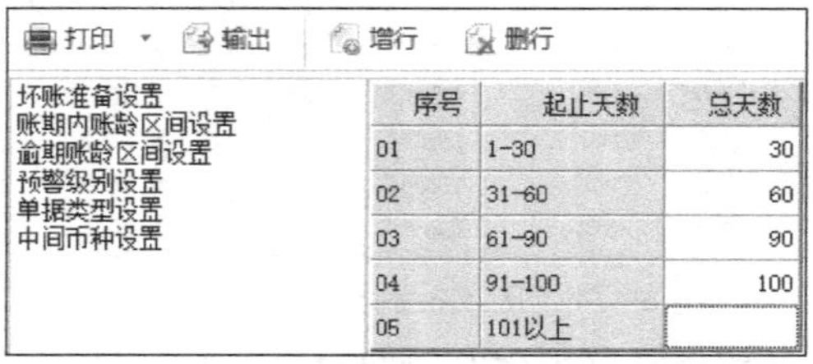

图3-76　逾期账龄区间设置（应收款）

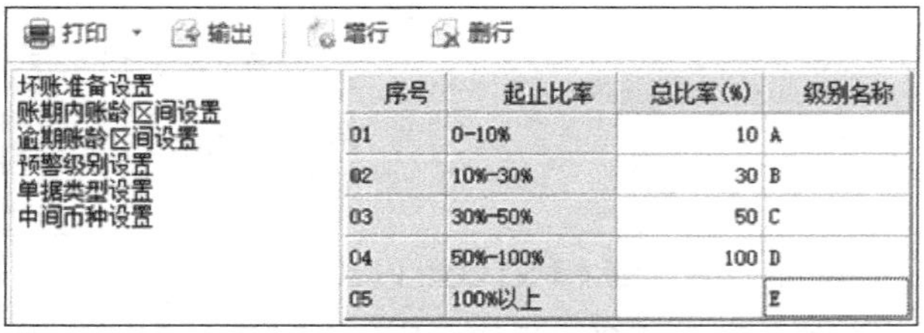

图3-77　预警级别设置（应收款）

3. 应付款管理设置

（1）基本科目设置。

① 基本科目设置。执行“财务会计”|“应付款管理”|“设置”|“科目设置”|“基本科目”命令，在打开的界面中单击“增行”按钮，按业务描述设置科目，如图3-78所示。

② 结算方式科目设置。执行“财务会计”|“应付款管理”|“设置”|“科目设置”|“结算科目”命令，在打开的界面中单击“增行”按钮，按业务描述设置科目，如图 3-79 所示。

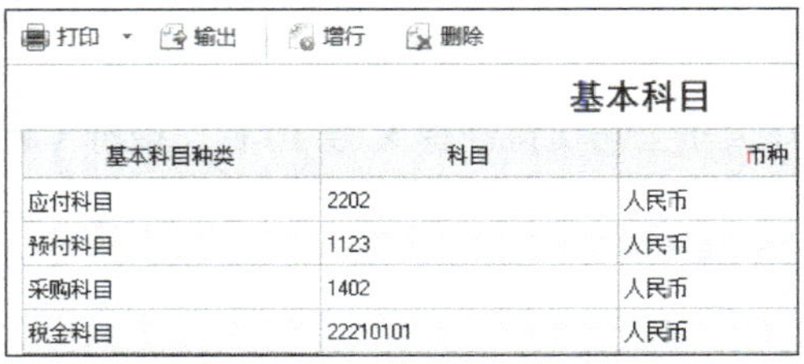

打印
输出
增行
删除
基本科目
基本科目种类
科目
币种
应付科目
2202
人民币
预付科目
1123
人民币
采购科目
1402
人民币
税金科目
22210101
人民币

图 3-78 基本科目设置（应付款）

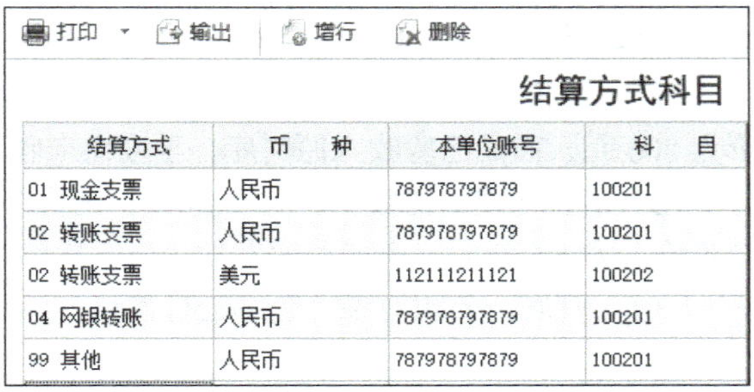

图 3-79 结算方式科目设置（应付款）

（2）一般设置。

① 账套参数设置。执行“财务会计”|“应付款管理”|“设置”|“选项”命令，打开“账套参数设置”对话框，在“核销设置”选项卡中单击“编辑”按钮，按业务描述设置参数，如图 3-80 所示。

② 账期内账龄区间设置。执行“财务会计”|“应付款管理”|“设置”|“初始设置”命令，在打开的界面中选择“账期内账龄区间设置”，按业务描述设置参数，如图 3-81 所示。

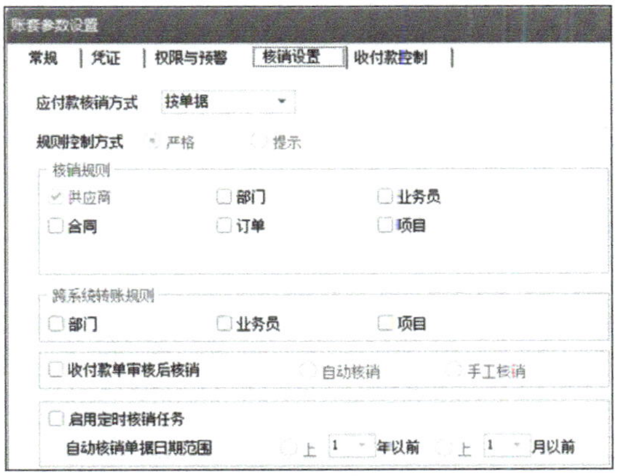

图 3-80 账套参数设置（应付款）

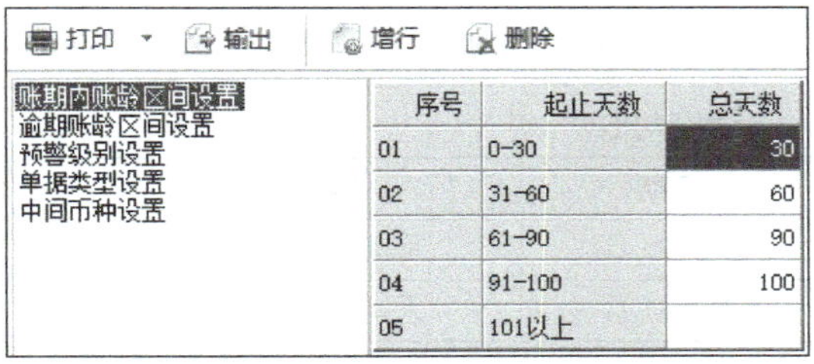

图 3-81 账期内账龄区间设置（应付款）

③ 逾期账龄区间设置。执行“财务会计”|“应付款管理”|“设置”|“初始设置”命令，在打开的界面中选择“逾期账龄区间设置”，按业务描述设置参数，如图 3-82 所示。

④ 预警级别设置。执行“财务会计”|“应付款管理”|“设置”|“初始设置”命令，在打开的界面中选择“预警级别设置”，按业务描述设置参数，如图 3-83 所示。

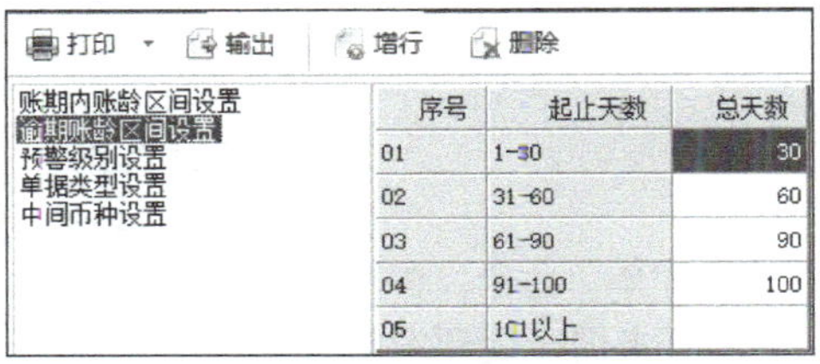

图 3-82 逾期账龄区间设置（应付款）

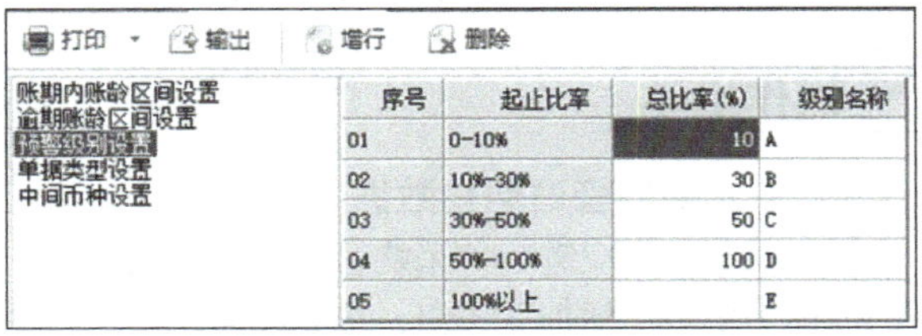

图 3-83 预警级别设置（应付款）

二、期初余额设置

业务描述

（1）采购管理期初数据。3 月 25 日，收到重庆大江公司提供的 2TSSD 硬盘 100 盒，暂估单价为 800 元，商品已验收入原料库，至今尚未收到发票。

（2）销售管理期初数据。3 月 28 日，销售部向天津大华公司出售创智 X 号 10 台，报价（无税单价）为 6 500 元，由成品库发货。该发货单尚未开票。

（3）3 月底，公司对各个仓库进行盘点，结果如表 3-25。

表 3-25 库存盘点结果 金额单位：元

仓库名称	物料名称	单位	数量	结存单价	结存金额
原料库	CN 处理器	盒	700	1 200	840 000
	2TSSD 硬盘	盒	200	820	164 000
	小计				1 004 000
成品库	创智 X 号	台	580	4 800	2 784 000
	手持扫描器	个	250	150	37 500
	桌面扫描器	个	275	100	27 500
	小计				2 849 000
配套用品库	HP 打印机	台	400	1 800	720 000
	小计				720 000
合计					4 573 000

（4）应收款以应收单形式录入。应收账款期初数据如表 3-26 所示。

表 3-26 应收账款期初数据 单位：元

日期	客户	方向	金额	业务员
2 月 25 日	重庆嘉陵公司	借	99 600	刘一江
3 月 31 日	天津大华公司	借	58 000	刘一江
合计		借	157 600	

（5）应付款以应付单形式录入。应付账款期初数据如表 3-27 所示。

表 3-27 应付账款期初数据 单位:元

日期	供应商	方向	金额	业务员
1 月 20 日	重庆大江公司	贷	276 850	李天华

操作指导

供应链模块初始化设置（2）

1. 输入采购管理期初数据

（1）执行“供应链”|“采购管理”|“采购入库”|“采购入库单”命令，在打开的界面中单击“增加”按钮，按业务描述输入相关信息，本任务属于货到发票未到的情况，如图 3-84 所示。输入完成后，单击工具栏中的“保存”按钮后退出。

图 3-84 期初采购入库单

（2）执行“供应链”|“采购管理”|“设置”|“采购期初记账”命令，在打开的界面中单击“记账”按钮完成期初记账工作。记账后再执行此命令，则可以取消期初记账。

操作提示

若在输入存货编码后，系统提示没有该物料，这时应通过执行“基础设置”|“基础档案”|“存货”|“存货档案”命令进行检查。如果有该物料的存货档案，就要检查是否设置了存货属性（如内销、采购、生产耗用），这些属性将限制具体物料的采购、销售、使用等范围。

2. 输入销售管理期初数据

执行“供应链”|“销售管理”|“设置”|“期初发货单”命令，单击工具栏中的“增加”按钮，按业务描述输入相关信息，如图 3-85 所示。单击工具栏中的“保存”按钮，再单击“审核”按钮完成审核工作。

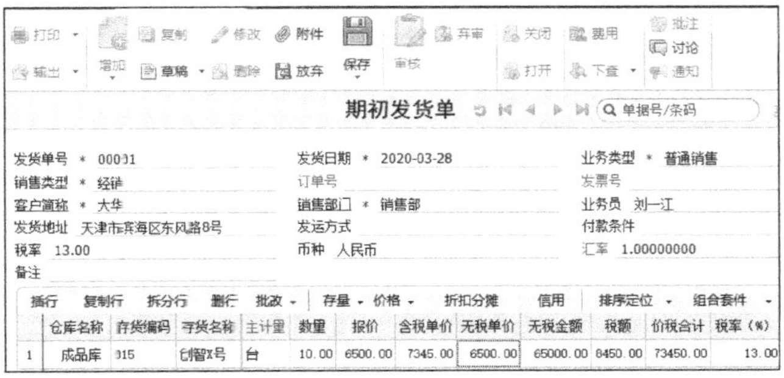

图 3-85 期初发货单

3. 输入库存和存货核算期初数据

（1）输入存货期初数据。执行“供应链”|“存货核算”|“设置”|“期初余额”命令，仓库选择“原料库”，单击“增加”按钮，按业务描述输入相关信息，如图 3-86 所示。仓库选择“成品库”，期初余额如图 3-87 所示。仓库选择“配套用品库”，期初余额如图 3-88 所示。

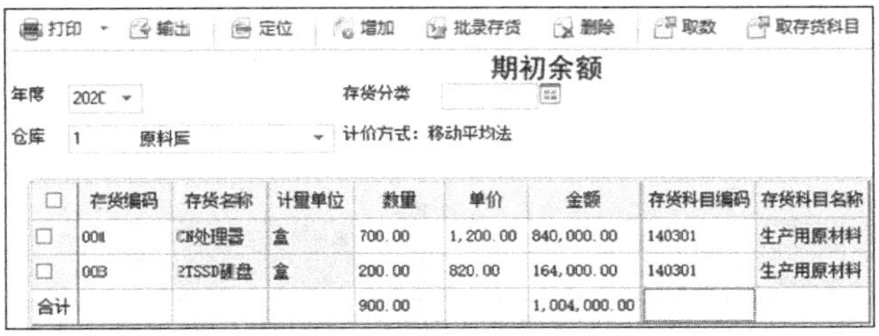

图 3-86 期初余额（原料库）

□	存货编码	存货名称	计量单位	数量	单价	金额	存货科目编码	存货科目名称
□	015	创智X号	台	580.00	4,800.00	2,784,000.00	1405	库存商品
□	017	手持扫描器	个	250.00	150.00	37,500.00	1405	库存商品
□	018	桌面扫描器	个	275.00	100.00	27,500.00	1405	库存商品
合计				1,105.00		2,849,000.00		

图 3–87　期初余额（成品库）

□	存货编码	存货名称	计量单位	数量	单价	金额	存货科目编码	存货科目名称
□	020	HP打印机	台	400.00	1,800.00	720,000.00	1405	库存商品
合计				400.00		720,000.00		

图 3–88　期初余额（配套用品库）

（2）输入库存期初数据。执行“供应链”|“库存管理”|“设置”|“期初结存”命令，仓库选择“原料库”，单击工具栏中的“修改”按钮，按照业务描述输入信息，也可以通过单击“取数”按钮从存货期初数据中取数，库存期初数据如图 3-89 所示。单击“保存”按钮，仓库选择“成品库”，输入期初数据，如图 3-90 所示。单击“保存”按钮，仓库选择“配套用品库”，输入期初数据，如图 3-91 所示。单击工具栏中的“批审”按钮，分别对各仓库的期初数据进行审核。单击“对账”按钮，按照仓库进行对账，最后系统应显示“对账成功”。

	仓库	仓库编码	存货编码	存货名称	主计量单位	数量	单价	金额
1	原料库	1	001	CN处理器	盒	700.00	1200.00	840000.00
2	原料库	1	003	2TSSD硬盘	盒	200.00	820.00	164000.00

图 3–89　库存期初数据（原料库）

	仓库	仓库编码	存货编码	存货名称	主计量单位	数量	单价	金额	入库类别
1	成品库	2	015	创智X号	台	580.00	4800.00	2784000.00	
2	成品库	2	017	手持扫描器	个	250.00	150.00	37500.00	
3	成品库	2	018	桌面扫描器	个	275.00	100.00	27500.00	

图 3–90　库存期初数据（成品库）

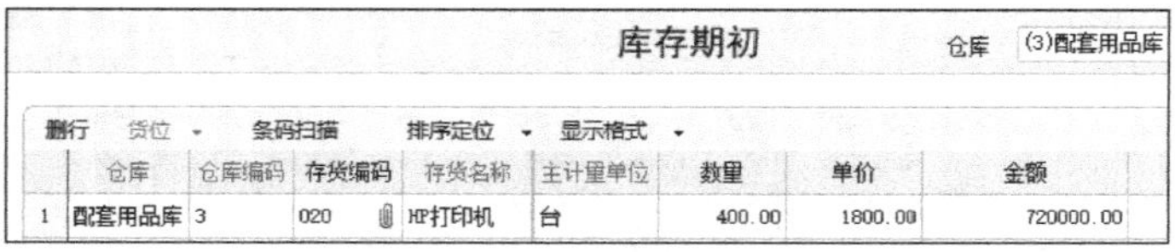

	仓库	仓库编码	存货编码	存货名称	主计量单位	数量	单价	金额
1	配套用品库	3	020	HP打印机	台	400.00	1800.00	720000.00

图 3–91　库存期初数据（配套用品库）

> **操作提示**
> 单击工具栏中的“审核”按钮可以审核当前的存货记录，单击“批审”按钮可以审核当前录入的仓库存货。如果不审核，将不会在实际库存数据中体现出来，就无法保存录入的入库单。

4. 输入应收款管理期初数据

（1）执行“财务会计”|“应收款管理”|“期初余额”命令，进行期初余额查询条件设置。这里选择默认设置，单击“确定”按钮，打开期初余额明细表。单击“增加”按钮，打开“单据类别”对话框，单据名称选择“应收单”，如图 3-92 所示。

（2）打开应收单后，单击“增加”按钮，按业务描述输入信息，如图 3-93 所示。单击“保存”按钮，然后再单击“增加”按钮继续输入其他项目。全部单据输入完毕后，返回期初余额明细表。单击“刷新”按钮，可以查看输入的期初单据，如图 3-94 所示。

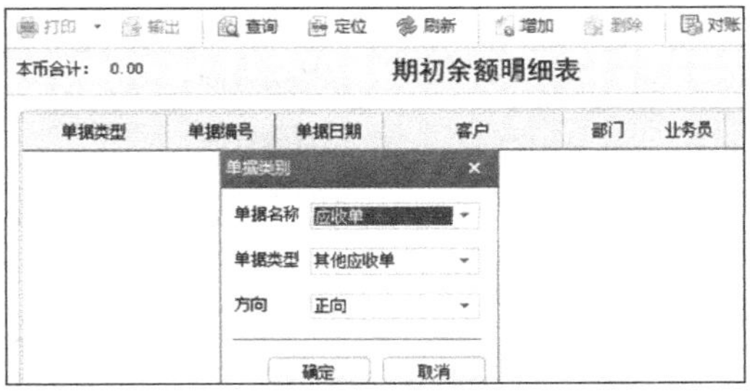

图 3-92　选择单据

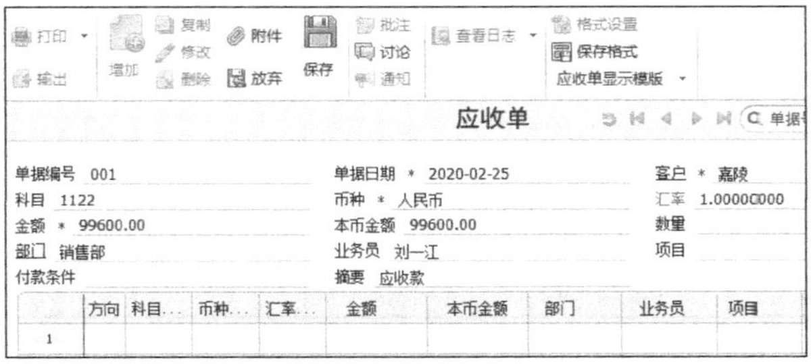

图 3-93　应收单

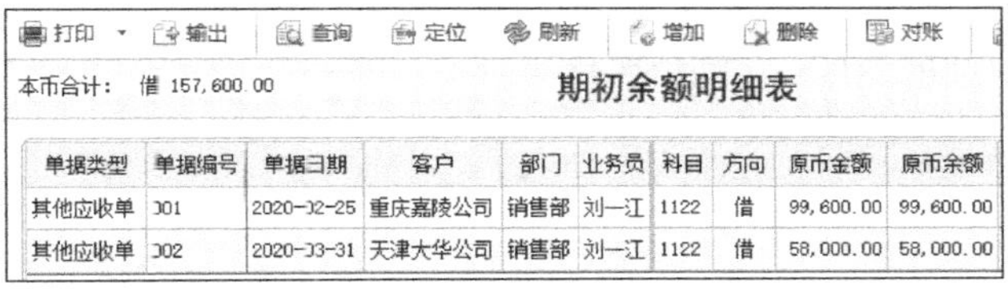

期初余额明细表

本币合计：借 157,600.00

单据类型	单据编号	单据日期	客户	部门	业务员	科目	方向	原币金额	原币余额
其他应收单	001	2020-02-25	重庆嘉陵公司	销售部	刘一江	1122	借	99,600.00	99,600.00
其他应收单	002	2020-03-31	天津大华公司	销售部	刘一江	1122	借	58,000.00	58,000.00

图 3-94　期初余额明细表

（3）单击工具栏中的“对账”按钮，显示对账结果。若对账差额为 0，则说明对账正确。

5. 输入应付款管理期初数据

（1）执行“财务会计”|“应付款管理”|“期初余额”命令，进行期初余额查询条件设置。这里选择按照默认设置，单击“确定”按钮，打开期初余额明细表。单击“增加”按钮，打开“单据类别”对话框，单据名称选择“应付单”。

（2）单击“确定”按钮打开应付单。单击“增加”按钮，按照业务描述输入信息。输入完成后的应付单如图 3-95 所示。

图 3-95　应付单

（3）单击“保存”按钮返回期初余额明细表。单击工具栏中的“对账”按钮，对账结果如差额为0，说明对账正确。

三、合同管理设置

业务描述

（1）合同分组。01为购销合同，02为劳务合同。

（2）合同类型如表3-28所示。

表3-28　　合同类型

类型编码	类型名称	合同性质
01	采购合同	采购类合同
02	受托代销合同	采购类合同
03	销售合同	销售类合同
04	委托代销合同	销售类合同
05	咨询服务类合同	应付类合同
06	技术服务类合同	应收类合同

（3）合同阶段和阶段组。

① 阶段。01为第一阶段，02为第二阶段，03为第三阶段。

② 阶段组。01为分批发货，是默认阶段组。

操作指导

1. 设置合同分组

执行“供应链”|“合同管理”|“设置”|“合同分组”命令，在打开的界面中单击“增加”按钮，输入业务描述信息，如图3-96所示。

2. 设置合同类型

执行“供应链”|“合同管理”|“设置”|“合同类型”|“合同类型设置”命令，在打开的界面中单击“增加”按钮，输入业务描述信息，如图3-97所示。

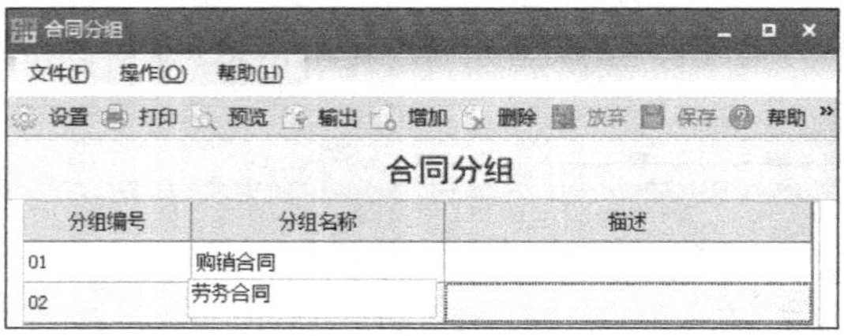

图3-96　设置合同分组

图3-97　设置合同类型

3. 设置合同阶段

执行“供应链”|“合同管理”|“设置”|“合同阶段”|“阶段设置”命令，在打开的界面中单击“增加”按钮，输入业务描述信息，如图3-98所示。

4. **设置合同阶段组**

执行“供应链”|“合同管理”|“设置”|“合同阶段”|“阶段组设置”命令，在打开的界面中单击“增加”按钮，输入业务描述信息，如图 3-99 所示。

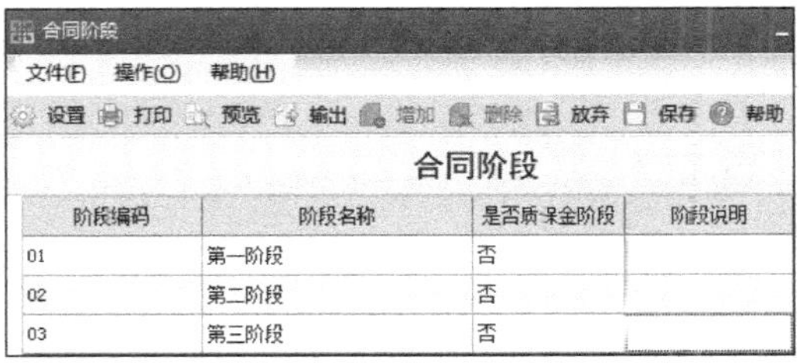

图 3-98　设置合同阶段

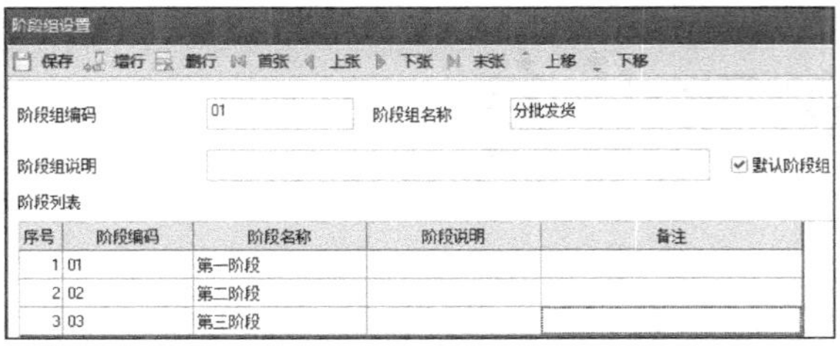

图 3-99　设置合同阶段组

课后习题

项目四

总账业务

学习目标

知识目标： 熟悉总账系统的业务处理和出纳的主要业务处理流程；理解总账系统和其他业务系统的关系。

技能目标： 熟练掌握凭证的输入、查询、修改、作废、整理、出纳签字、审核、记账等一系列功能的应用；熟练掌握对账单的录入、自动和手工对账操作；能够查询相关的账簿和报表。

素质目标： 树立数据中心的意识，培养实事求是、严谨细致的科学态度。

任务一　了解总账业务

一、总账系统业务处理流程

总账系统是会计信息系统的核心，主要功能包括各种初始设置、日常账务处理和期末业务处理等。其具体业务流程如图 4-1 所示。

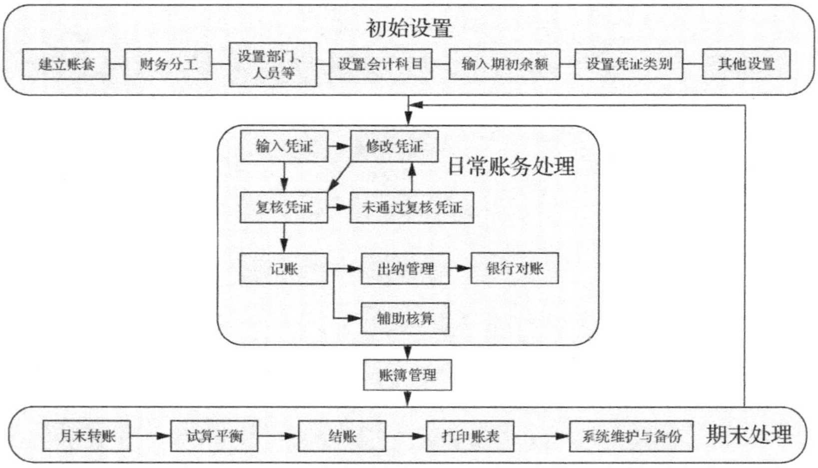

图 4–1　总账业务处理流程

二、总账系统与其他子系统之间的数据关系

在信息化环境下，各模块之间的数据关系是隐藏在系统中的，业务处理会直接影响相关系统的数据。总账系统与其他子系统之间的数据关系如图 4-2 所示。

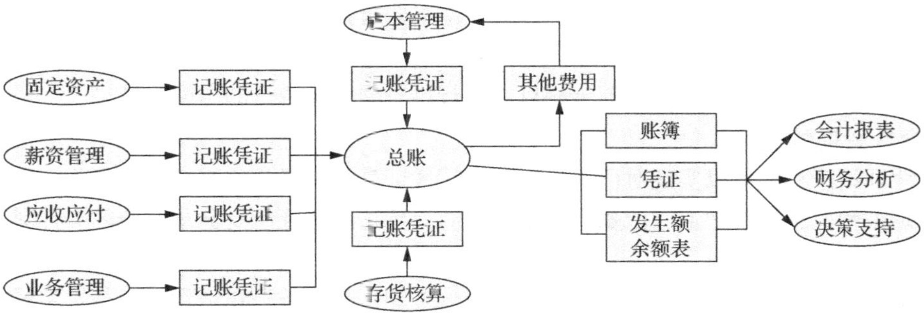

图 4-2 总账系统与其他子系统之间的数据关系

三、总账系统日常处理概述

总账系统日常处理主要是围绕凭证进行相关业务操作。它是总账处理子系统中使用最频繁的功能模块，主要功能模块有会计凭证的输入及修改，会计凭证的审核（复核），会计凭证的记账，会计凭证的查询、打印及汇总，错误凭证的处理等。

1. 凭证处理工作流程

常规的日常凭证制作过程是将当前期间的凭证输入总账系统，通过复核记账后，再经过月末结账，进入下一个月，然后重复进行相同的处理过程。凭证输入后，可以立即进行复核记账，也可以以后进行复核记账。

与手工账务处理一样，凭证一般是按月会计期间进行编号的。用户登录时，总账系统会将当前的日期作为软件的默认日期，这个日期也是凭证录入时系统默认的制单日期。

某些特殊情况下（一般是月初），在输入本月会计期间凭证的同时，可能还需要输入上个月会计期间的部分凭证（一般是月末结转凭证），通常将这种同时处理两个月会计期间凭证的情况称为跨月处理。跨月处理的前提是上月会计期间没有结账，因为对于总账系统而言，只要没有进行结账的月会计期间，就可以输入凭证，这样就能同时输入相连两个月会计期间的凭证。

2. 会计凭证输入及修改

凭证是指用于登记明细账、日记账等账簿的各种记账凭证。在输入凭证前，应将有关会计科目及相应的初始余额通过设置会计科目和科目余额初始功能输入总账系统，同时凭证类别通过设置凭证类别功能定义。

凭证输入及修改是总账系统中使用最频繁的功能，软件一般都提供了全屏幕凭证编辑功能，每张凭证包括的行数不受限制。在输入过程中，软件还会提供各种联机帮助、辅助计算器等功能。为保证凭证输入的正确性，软件采用了大量的正确性检验控制措施，会自动发现输入中的常见错误。

3. 会计凭证的审核（复核）

审核凭证即审核人员按照会计制度，对制单人输入的会计凭证与原始凭证进行核对，将审查认为有误的凭证退回给制单人修改，之后再审核。对于审查无误的凭证，经审核人审核后，便可据以登记有关账簿，包括总账、明细账及相关辅助账。

凭证审核的目的在于防止输入人员有意或无意的错误操作，要求非凭证输入人员使用凭证审核功能，以便形成牵制关系。因此，制单人与审核人不能为同一人，如果当前操作员为该凭证的制单人，应先更换登录操作员，再进行审核记账工作。

取消审核是指从已审核的凭证上抹去审核人员的姓名，使该凭证成为未审核的凭证。取消审核的凭证可以被修改，总账系统一般要求审核人员只能取消自己审核过的凭证。

凭证一经审核，就不能被修改、删除，只有取消审核后才可以被修改或删除。

出纳复核是指出纳人员对涉及现金科目、银行科目的凭证进行的专门复核。

4. 会计凭证的记账

借助凭证记账功能可以实现对已审核过的会计凭证进行批量或单张记账的操作。实际上，“记账”也就是在相应凭证上记上“记账”标志，同时计算这些凭证所有分录对应的会计科目余额表及账簿的相关数据。

凭证记账的同时还对各科目的本月发生额进行累加，产生各科目最新的本月发生额和累计发生额，根据期初余额也就能求出最新的余额。各科目的发生额和余额在总账处理中用会计科目余额表存放数据。

有些软件的总账系统也将“记账”称为“过账”或“登账”，记过账的凭证可以在各种明细账、日记账查询中出现。

实际工作中，一般由凭证审核人员做凭证记账工作，也可以专门指定人员。

5. 会计凭证的查询、打印及汇总

可以借助凭证查询功能设置多种查询条件，查询任何日期、任何类型的凭证，而且可以指定某类凭证的序号范围。凭证查询的范围有凭证类别、凭证号范围、制单日期范围、金额范围、会计科目范围、制单人、是否复核、是否记账等。

有些软件的总账系统对未记账凭证还提供了模拟记账功能。模拟记账并不是真的记账，只显示出模拟记账后的余额表和相关账簿。在查询明细账时，也可以直接关联查询到的凭证。

凭证的打印一般有两种方式，一种是用空白打印纸进行打印，还有一种是专门购买凭证套打纸来打印。系统一般还提供多种维度的凭证汇总功能。

6. 错误凭证的处理

凭证制作中出现错误是难免的，一般采用以下方法解决问题。

（1）记账前发现错误。如果在记账前发现凭证有错误，处理十分简单，先取消审核，然后再对凭证进行修改或删除即可。

（2）记账后发现凭证有误。凭证被记账后，其内容已记入总账、明细账等相关账簿中。若发现错误，就需要更正凭证。更正方法是先出一张“红字”凭证冲销错误的凭证，然后再补录一张正确的凭证，并进行审核记账。

“红字”凭证是和原凭证会计科目及其他辅助内容完全相同的一张凭证，只是凭证的金额为负数（用红字显示），须在凭证的摘要中写明是冲销哪一张凭证。注意，冲销凭证时不允许使用金额为正数、借贷方向相反的“蓝字”凭证进行冲销。如果科目没有错，仅仅是金额错误，可以采用补充登记法进行更正。

任务二　总账日常业务处理

业务描述

（1）4月1日，采购部刘一江购买了350元的办公用品，以现金支付，附单据一张。

借：管理费用/办公费（采购部）　　350

　　贷：库存现金　　350

（2）4 月 2 日，收到兴华集团投资资金 10 000 美元，汇率为 1∶6.88，中行转账支票号为 ZZW002。

借：银行存款/中行　　68 800

　　贷：实收资本　　68 800

（3）4 月 2 日，根据工行的利息结算回单，工行账户支付短期借款利息 2 000 元。结算方式为其他，结算单号为 LXZF001。

借：财务费用/利息支出　　2 000

　　贷：银行存款/工行　　2 000

（4）4 月 3 日，财务部赵小兵从工行提取现金 15 000 元，作为备用金，现金支票号为 XJ001。

借：库存现金　　15 000

　　贷：银行存款/工行　　15 000

（5）4 月 4 日，工行账户收到存款利息收入 3 000 元。结算方式为其他，结算单号为 LXSR0002。

借：银行存款/工行　　3 000

　　贷：财务费用/利息收入　　3 000

（6）4 月 12 日，行政部支付业务招待费 1 500 元，转账支票号为 ZZR004。

借：管理费用/招待费　　1 500

　　贷：银行存款/工行　　1 500

（7）4 月 18 日，开具工行转账支票（支票号：ZG1226）20 000 元支付本月制造中心租用房屋租赁费。

借：制造费用/租赁费用　　20 000

　　贷：银行存款/工行　　20 000

（8）4 月 20 日，行政部孙正出差归来，报销差旅费 1 800 元，交回现金 200 元，票号为 QTS001。

借：管理费用/差旅费　　1 800

　　库存现金　　200

　　贷：其他应收款——应收个人款　　2 000

（9）4 月 24 日，支付财务部购工行转账支票的工本费 50 元，对公收费明细入账费用 200 元（企业打印各种回单等产生的费用），转账支票号为 ZZR005。

借：管理费用/其他　　250

　　贷：银行存款/工行　　250

（10）4 月 24 日，支付重庆大方公司技术咨询费 30 000 元，该笔费用属于创智 X2 号项目的研发支出，通过工行网银转账，电子票据号为 DZ006。

借：研发支出/创智 X2 号项目　　30 000

　　贷：银行存款/工行　　30 000

操作指导

总账业务处理

1. 输入凭证

（1）执行“财务会计”|“总账”|“凭证”|“填制凭证”命令，打开“填制凭证”窗口，如图 4-3 所示。

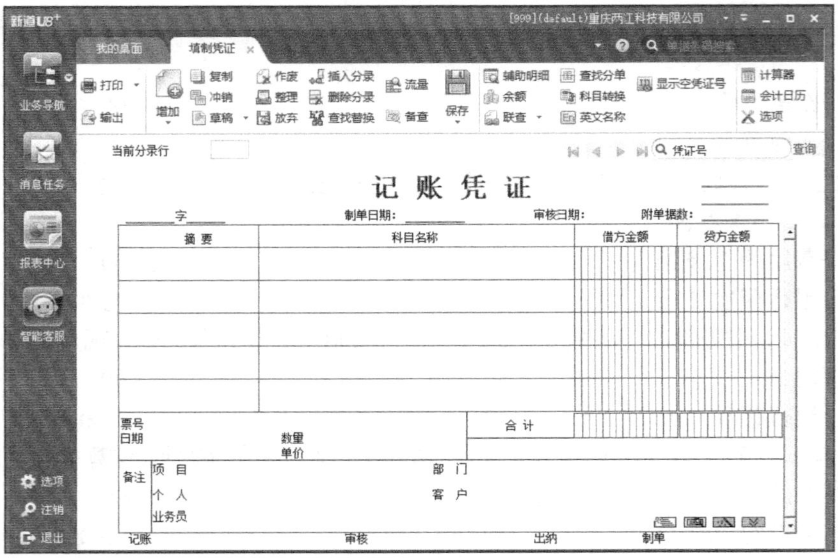

图 4-3　凭证录入界面

（2）在输入凭证前，可以单击工具栏中的“选项”按钮，根据需要设置各项参数，如图 4-4 所示。本任务中保持默认设置。

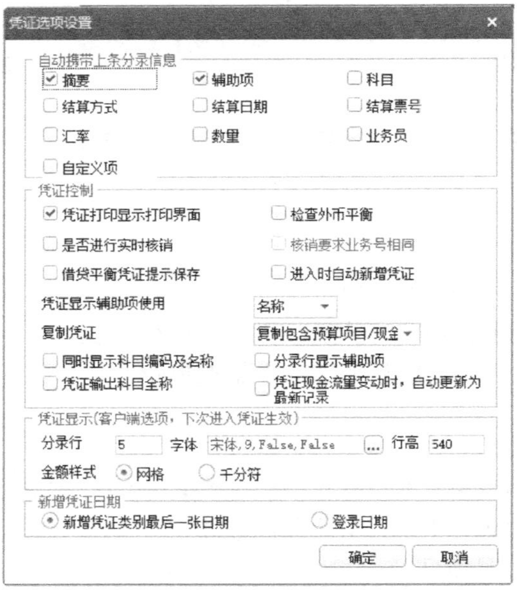

图 4-4　设置凭证参数

（3）单击工具栏中的“增加”按钮（或者按“F5”键），进入凭证输入状态。后续输入中凡在输入项目后面有“…”的，均可通过按“F2”键或单击“…”按钮调出已经有的代码或项目资料选择使用。如凭证类别显示为“收”（收款凭证），需要改为“付”（付款凭证）时，可以按“F2”键选择修改，如图 4-5 所示。

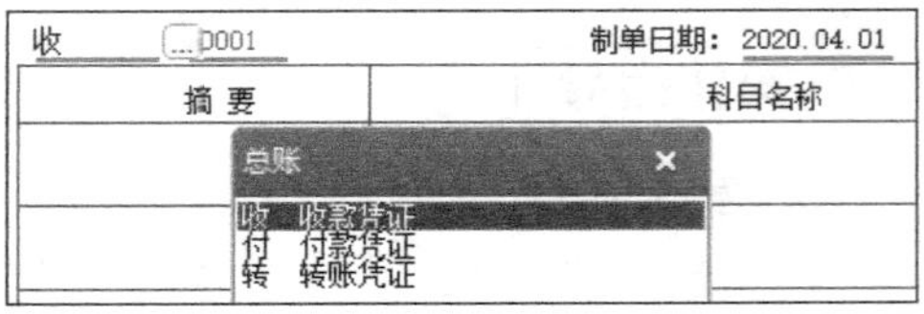

图 4-5　选择凭证类别

① 凭证字号：系统自动生成凭证号（具体看设置情况）。执行“基础设置”|“业务参数”|“财务会计”|“总账”|“凭证”命令，设置凭证编号方式（系统编号或手工编号）。

② 制单日期：制单日期要求不能大于机器的系统日期，也不能小于总账系统的启用日期。

操作提示

本任务的系统启用日期是 2020-04-01，如果之前设置的启用日期错了，可以执行“基础设置”|“基本信息”|“系统启用”命令查看；如果系统启用日期已经不能修改（如已经使用了相关业务），则只能重新建账。在新增凭证日期设置为“登录日期”的情况下，可以通过登录日期来变更制单日期。

③ 附单据数：直接输入单据数。当需要将某些图片、文件作为附件链接凭证时，可单击“附单据数”框右侧的图标，选择文件的链接地址。附单据数上面的两个空白项目，可以自由输入内容，如凭证的分卷号等。

④ 摘要：可直接输入，也可以按“F2”键调入常用摘要。可以把要经常输入的摘要保存起来作为常用摘要，在输入摘要时调入，以提高输入速度。常用摘要可以增加、修改、删除，如图 4-6 所示。

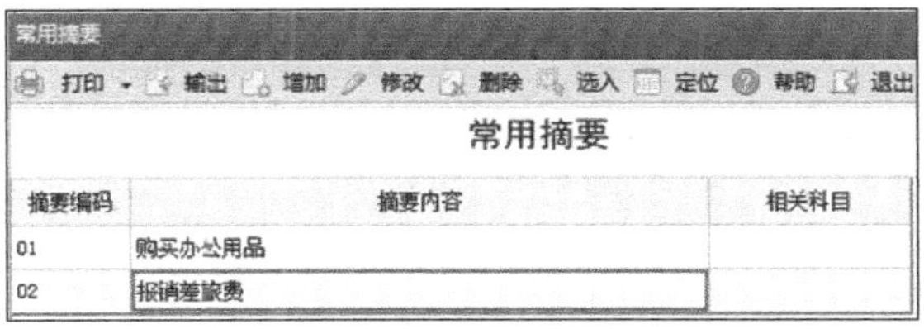

图 4-6　常用摘要

⑤ 科目名称：直接输入每级科目代码或按“F2”键参照录入。

如果科目设置了辅助核算属性，还要输入辅助信息，如部门、个人、项目、客户、供应商、数量等。录入的辅助信息将在凭证下方的备注中显示。辅助核算项目的输入如图 4-7 所示。

如果涉及多个部门，可以单击“辅助明细”按钮，同时输入多个部门的金额，如图 4-8 所示。

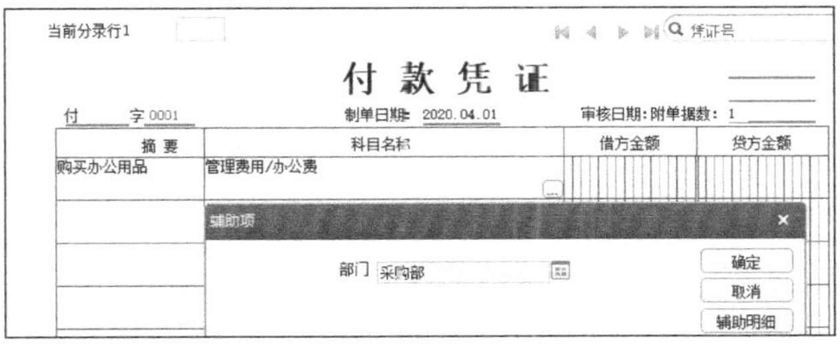

图 4-7　输入辅助项目

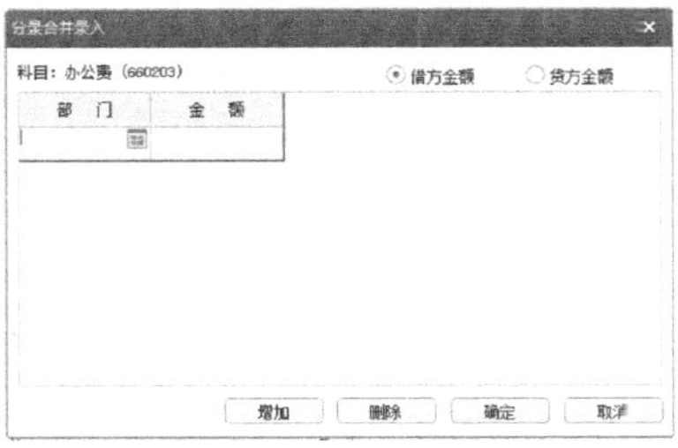

图 4-8　多部门输入

输入多个部门的金额后，会在凭证中自动生成多条分部门的分录。单击凭证右下角的扩展界面图标，可以输入现金流量信息。

⑥ 录入借贷方金额：录入分录的借方或贷方本币发生额，金额不能为零，但可以是红字，红字金额以负数形式输入。如果方向不符，可按空格键调整金额的借贷方向。

在录入金额时，可按“=”键（等号键），将当前凭证借贷方金额的差额填入光标所在的借方或者贷方。

⑦ 其他操作：若想放弃当前未完成的分录，可单击“删除分录”按钮或按“Ctrl+D”组合键删除当前分录。

⑧ 完成：当凭证信息全部录入完毕后，单击“保存”按钮（也可以按“F6”键保存）。

4 月 1 日采购部以现金支付 350 元办公用品费用的付款凭证如图 4-9 所示。按照同样的方法，继续输入其他业务凭证。

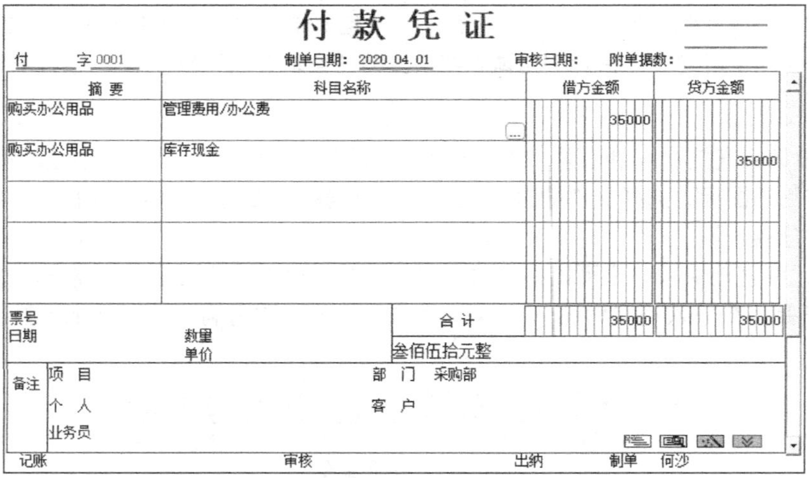

图 4-9 付款凭证

📖操作提示

在输入 4 月 2 日发生的涉及外币的凭证时，银行科目要输入结算方式等信息，如图 4-10 所示。凭证格式会自动转变为外币凭证格式，需要输入外币（原币）的数量和汇率，如图 4-11 所示。

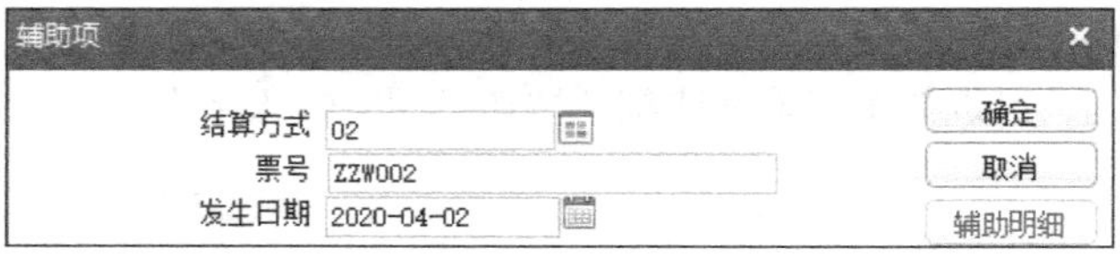

图 4-10 银行科目辅助信息

图 4-11 外币凭证

2. 查询和修改凭证

（1）执行“财务会计”|“总账”|“凭证”|“查询凭证”命令，打开“凭证查询”对话框，如图 4-12 所示。按照设置条件显示的凭证（执行“排序”|“按制单日期排序”命令）如图 4-13 所示。双击任一行记录，就可以调出这张凭证进行查询，并可通过单击“修改”按钮对凭证进行修改。

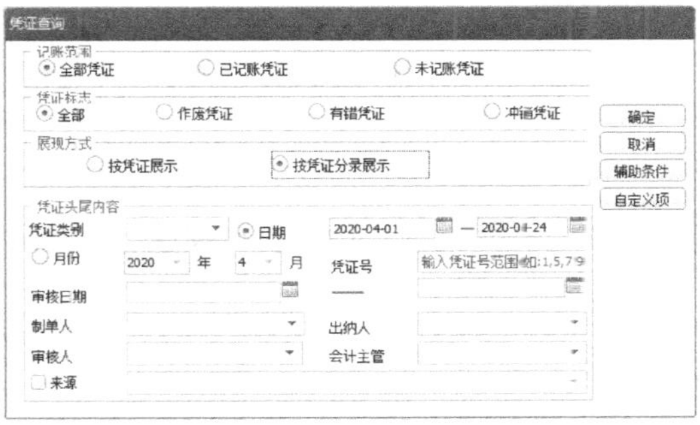

图 4–12 设置凭证查询条件

查询凭证列表

制单日期	凭证编号	摘要	科目编码	科目名称	币种	原币金额	借方金额	贷方金额
2020-04-01	付 - 0001	购买办公用品	660203	办公费			350. 00	
2020-04-01	付 - 0001	购买办公用品	1001	库存现金				350. 00
2020-04-02	收 - 0001	收到投资	100202	中行	美元	10, 000. 00	68, 800. 00	
2020-04-02	收 - 0001	收到投资	4001	实收资本				68, 800. 00
2020-04-02	付 - 0002	支付短期借款利息	660301	利息支出			2, 000. 00	
2020-04-02	付 - 0002	支付短期借款利息	100201	工行				2, 000. 00
2020-04-03	付 - 0003	提取现金	1001	库存现金			15, 000. 00	
2020-04-03	付 - 0003	提取现金	100201	工行				15, 000. 00
2020-04-04	收 - 0002	银行存款利息	100201	工行			3, 000. 00	
2020-04-04	收 - 0002	银行存款利息	660302	利息收入				3, 000. 00
2020-04-12	付 - 0004	业务招待费	660205	招待费			1, 500. 00	
2020-04-12	付 - 0004	业务招待费	100201	工行				1, 500. 00
2020-04-18	付 - 0005	支付房屋租赁费	510103	租赁费用			20, 000. 00	
2020-04-18	付 - 0005	支付房屋租赁费	100201	工行				20, 000. 00
2020-04-20	收 - 0003	报销差旅费	660204	差旅费			1, 800. 00	
2020-04-20	收 - 0003	报销差旅费	1001	库存现金			200. 00	
2020-04-20	收 - 0003	报销差旅费	122102	应收个人款				2, 000. 00
2020-04-24	付 - 0006	支付支票工本费等	660299	其他			250. 00	
2020-04-24	付 - 0006	支付支票工本费等	100201	工行				250. 00
2020-04-24	付 - 0007	支付技术咨询费	5301	研发支出			30, 000. 00	
2020-04-24	付 - 0007	支付技术咨询费	100201	工行				30, 000. 00
合计							142, 900. 00	142, 900. 00

图 4–13 凭证列表

📖操作提示

修改凭证号的方法：执行“财务会计”|“总账”|“设置”|“选项”命令，在打开的界面中将凭证编号方式改为“完全手工编号”，这样就可以在修改凭证的时候修改凭证编号。如果凭证编号方式为系统编号，说明是由系统自动生成的，不能修改。

（2）执行“财务会计”|“总账”|‘账表”|“科目账”|“序时账”命令，先设置查询条件，如果凭证还没有记账，就需要勾选“包含未记账凭证”，单击“确定”按钮，显示序时账。序时账的行高和列宽可以根据需要进行调整。在序时账中，同样可以双击某一条记录查询或修改对应的凭证。

📖操作提示

① 未经审核的凭证可在查询后直接修改；已审核的凭证应先取消审核再修改。如果勾选了“制单序时控制”，则单据日期不能修改为上一张凭证的制单日期之前。

② 从业务系统（如采购管理、销售管理、薪资管理、固定资产等）传过来的凭证不能在总账系统中修改，只能在生成凭证的系统中修改或重新生成。

3. 冲销凭证

冲销凭证是制作一张与原凭证相同但金额为红字并将金额冲销为零的凭证。

执行“财务会计”|“总账”|“凭证”|“填制凭证”|“冲销”命令，在“冲销凭证”对话框中可以选择相关的凭证进行冲销，如图 4-14 所示。

图 4–14 冲销凭证

注意

冲销凭证是针对已经记账的凭证，如果记账后发现凭证有误，则可以通过冲销凭证功能进行冲销。

4. 作废与恢复凭证

执行“财务会计”|“总账”|“凭证”|“填制凭证”命令，选中需要处理的凭证，单击“作废/恢复”按钮，作废凭证的左上角将出现“作废”红字标志，表示该凭证已作废，其凭证数据将不登记到相关账簿中。

在“填制凭证”窗口中，查询到要恢复的已作废凭证后，单击“作废/恢复”按钮，凭证左上角的“作废”红字标志消除，该张凭证恢复为有效凭证。

5. 整理凭证

（1）在“填制凭证”窗口，单击“整理”按钮，系统打开对话框，选择要整理凭证的所属会计期间。

（2）单击“确定”按钮，系统打开已作废的凭证列表，选择要真正删除的凭证（双击“删除”栏，会显示“Y”），如图4-15所示。

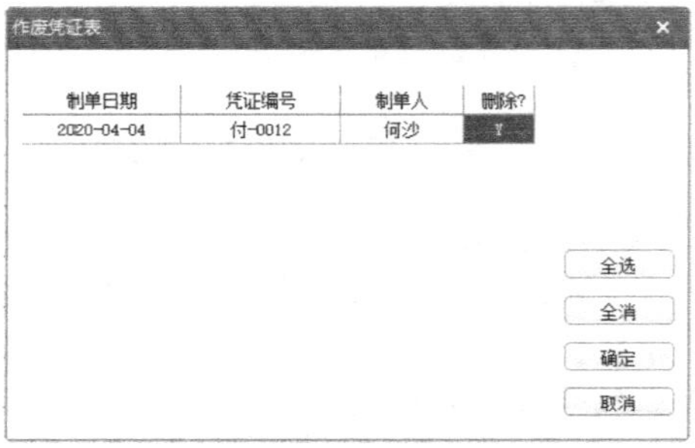

图4-15　作废凭证表

（3）单击“确定”按钮，系统将从凭证数据库中删除所选定的凭证，并对剩余凭证的凭证号重新编排，以消除断号凭证；如果系统没有作废凭证，那么使用凭证整理功能将对凭证编号进行重新排列，以消除断号凭证。凭证整理功能只能用于对未记账凭证进行整理。

6. 出纳签字

（1）以出纳人员赵小兵的身份登录系统，执行“财务会计”|“出纳管理”|“设置”|“系统设置”|“账套参数”命令，打开“账套参数”对话框，将出纳签字功能设为“GL-总账”，如图4-16所示。

（2）执行“财务会计”|“总账”|“凭证”|“出纳签字”命令，系统打开“出纳签字”对话框。在此对话框中设置需要签字的凭证查询条件，然后单击“确定”按钮，系统将列示符合查询条件且需要出纳签字的凭证，如图4-17所示。

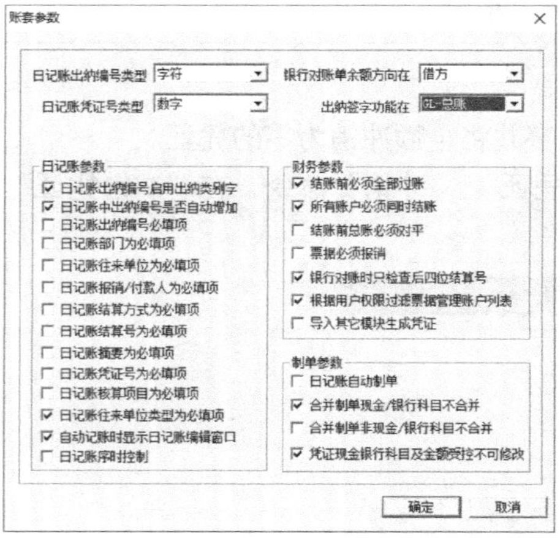

图4-16　账套参数

制单日期	凭证编号	摘要	借方金额合计	贷方金额合计
2020-04-02	收 - 0001	收到投资	68,800.00	68,800.00
2020-04-04	收 - 0002	银行存款利息	3,000.00	3,000.00
2020-04-20	收 - 0003	报销差旅费	2,000.00	2,000.00
2020-04-01	付 - 0001	购买办公用品	350.00	350.00
2020-04-02	付 - 0002	支付短期借款利息	2,000.00	2,000.00
2020-04-03	付 - 0003	提取现金	15,000.00	15,000.00
2020-04-12	付 - 0004	业务招待费	1,500.00	1,500.00
2020-04-18	付 - 0005	支付房屋租赁费	20,000.00	20,000.00
2020-04-24	付 - 0006	支付支票工本费等	250.00	250.00
2020-04-24	付 - 0007	支付技术咨询费	30,000.00	30,000.00
合计			142,900.00	142,900.00

图4-17　出纳签字列表

（3）双击某一要签字的凭证，打开“出纳签字”对话框。单击工具栏上的“签字”按钮，凭证底部的“出纳”处会自动签上出纳员的姓名。单击“下张凭证”按钮（显示为▸），对其他凭证签字；或者执行“签字”|“成批出纳签字”命令，对所有凭证签字，最后返回出纳签字列表。这时“签字人”栏会显示出每个已经签字的姓名。

还有一种简便方法，就是勾选出纳签字列表左边的方框（□），再单击“签字”按钮完成签字。操作员可以选一张凭证或同时选多张甚至全部凭证签字。

操作提示

① 出纳签字不是审核凭证的必需步骤。如果在设置控制参数时不勾选“出纳凭证必须经由出纳签字”，则可以不执行出纳签字功能。

② 凭证一经签字就不能被修改、删除，只有取消签字后才能被修改、删除。

③ 只有涉及现金、银行科目的凭证才需要出纳签字。

7. 审核凭证

（1）以审核员身份登录新道 U8+企业应用平台，执行“财务会计”|“总账”|“凭证”|“审核凭证”命令，系统会打开“凭证审核”对话框。设置好查询条件后，单击“确定”按钮，系统会显示出符合条件的凭证列表，如图 4-18 所示。

（2）双击要进行审核的凭证，打开“审核凭证”窗口。检查要审核的凭证，确认无误后，单击工具栏中的“审核”按钮，凭证底部的“审核”处会自动签上审核员的姓名。单击“下一张”按钮（显示为▸），对其他凭证进行审核；或者执行“审核”|“成批审核凭证”命令，完成所有凭证的审核工作。

□	制单日期	凭证编号	摘要	借方金额合计	贷方金额合计
□	2020-04-02	收 - 0001	收到投资	68,800.00	68,800.00
□	2020-04-04	收 - 0002	银行存款利息	3,000.00	3,000.00
□	2020-04-20	收 - 0003	报销差旅费	2,000.00	2,000.00
□	2020-04-01	付 - 0001	购买办公用品	350.00	350.00
□	2020-04-02	付 - 0002	支付短期借款利息	2,000.00	2,000.00
□	2020-04-03	付 - 0003	提取现金	15,000.00	15,000.00
□	2020-04-12	付 - 0004	业务招待费	1,500.00	1,500.00
□	2020-04-18	付 - 0005	支付房屋租赁费	20,000.00	20,000.00
□	2020-04-24	付 - 0006	支付支票工本费等	250.00	250.00
□	2020-04-24	付 - 0007	支付技术咨询费	30,000.00	30,000.00
合计				142,900.00	142,900.00

图 4-18　凭证审核列表

简便的审核方法是勾选凭证审核列表左边的方框（□）后单击“审核”按钮完成审核，也可以选择一张凭证或多张甚至全部凭证进行审核。

操作提示

① 若凭证有错，可以单击“标错”按钮，凭证上会显示“有错”红字签章；错误修改后，再单击“标错”按钮，即可消除“有错”红字签章。

② 凭证一经审核，就不能被修改、删除，只有取消审核后才可以被修改或删除。

③ 作废凭证不能被审核，也不能被标错。

④ 制单人不能审核自己制作的凭证。

8. 凭证记账

（1）以具有记账权限人员的身份登录系统，执行“财务会计”|“总账”|“凭证”|“记账”命令，打开“记账”对话框，选择要记账的凭证范围，如图 4-19 所示。可以在“记账范围”栏中自行设置要记账的凭证范围，也可以单击“全选”按钮对所有凭证进行记账。

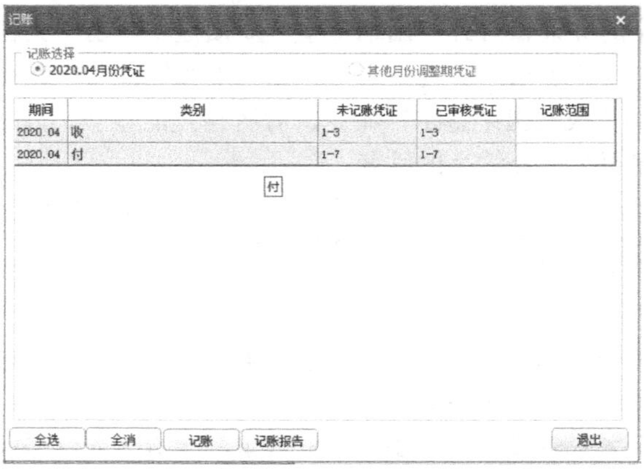

图 4-19　选择要记账的凭证范围

（2）单击“记账”按钮开始记账工作。记账完成后，系统将打开“期初试算平衡表”窗口，单击“确定”按钮，系统开始登记总账、明细账、辅助账。

操作提示

① 首次使用总账系统记账时，如果期初余额不平衡，则不能记账。

② 上月未结账，本月不能记账。

③ 如果所选范围内有不平衡的凭证，系统将列出错误凭证，并重选记账范围。

任务三　出纳管理

一、了解出纳管理

由于企业与银行的账务处理和入账时间会存在差异，通常会发生双方账面不一致的情况。为防止记账发生差错，正确掌握银行存款的实际余额，必须定期将单位日记账与银行对账单进行核对，并编制银行存款余额调节表。

1. 输入银行对账期初数据

输入银行对账期初数据需要做的工作如下。

（1）确定银行账户的启用日期。

（2）输入单位日记账和银行对账单的调整前余额。

（3）输入单位日记账和银行对账单期初未达账项。系统将根据调整前余额及期初未达账项自动计算出银行对账单与单位日记账的调整后余额，如果调整后余额不平，应该将其调平。否则在银行对账之后，会造成账面不平。

2. 输入银行对账单

当需要进行银行对账时，应选择银行账户，并输入银行对账单。

3. 银行对账

银行对账采用自动对账和手工对账相结合的方式进行。自动对账是系统根据对账依据自动进行核对、勾销。对账依据可根据需要选择，方向、金额相同是必要条件，可选条件有票号相同、结算方式相同、日期在多少天之内等。

对于已经核对上的银行业务，系统将自动在单位日记账和银行对账单双方标上“两清”标志，并视为已达账。对于在“两清”栏未标注“两清”符号的记录，系统视为未达账项。

由于自动对账是以单位日记账和银行对账单双方对账依据相同为条件，所以为了保证自动对账正确且彻底，必须确保对账数据规范、合理。

手工对账是对自动对账的补充。使用自动对账后，可能还有一些特殊的已达账项没有对出来，而被视为未达账项，此时可以用手工对账方式进行调整。

4. 编制银行存款余额调节表

银行存款余额调节表是系统自动编制的。对账结束后，可编制、查询和打印银行存款余额调节表，以检查对账是否正确。

二、出纳日常业务处理

业务描述

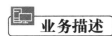

（1）2020 年 4 月 25 日，工行账户对账单部分资料见表 4-1。根据以上资料，进行银行对账，并生成银行存款余额调节表。

表 4–1　　工行账户 4 月对账单　　单位：元

日期	结算方式	结算方式名称	票号	借方金额	贷方金额	余额
2020-04-01		期初余额				467 557.00
2020-04-02	01	现金支票	XJ445353	2 500.00		
2020-04-04	02	转账支票	ZZ30254	3 000.00		
2020-04-05	02	转账支票	ZZ8341		50 000.00	
2020-04-06	01	现金支票	XJ001	15 000.00		
2020-04-20	02	转账支票	ZG1226	20 000.00		
2020-04-24	02	转账支票	ZZR005	250.00		476 807.00

（2）中行账户期初及期末均无未达账项，不进行银行对账。

操作指导

1. 票据管理

以出纳员赵小兵身份登录新道 U8+，执行“财务会计”|“总账”|“出纳”|“支票登记簿”命令，在打开的“银行科目选择”对话框中选择“工行（100201）”，单击“确定”按钮，打开工行账户的“支票登记”对话框，单击“增行”按钮，添加新的支票信息。

出纳管理

2. 银行对账

（1）输入银行对账单。执行“财务会计”|“总账”|“出纳”|“银行对账”|“银行对账单”命令，在打开的“银行科目选择”对话框中选择“工行（100201）”，月份为 2020 年 4 月，单击“确定”按钮打开银行对账单录入界面。单击“增行”按钮，输入本年 4 月的部分对账单信息，如图 4-20 所示。输入完成后退出银行对账单录入界面。

（2）银行对账。执行“财务会计”|“总账”|“出纳”|“银行对账”命令，选择科目、月份（2020 年 3 月至 4 月），确认后，系统显示单位日记账列表和银行对账单列表，如图 4-21 所示。

打印 输出 查询 过滤 增行 删行 导入对账单

科目：工行(100201)　　银行对账单　　对账单账面余额:476,807.00

日期	结算方式	票号	备注	借方金额	贷方金额	余额
2020.03.26	99	LXSR0002			3,000.00	469,557.00
2020.03.28	99	LXZF001		2,000.00		467,557.00
2020.04.02	01	XJ445353		2,500.00		465,057.00
2020.04.04	02	ZZ30254		3,000.00		462,057.00
2020.04.05	02	ZZ8341			50,000.00	512,057.00
2020.04.06	01	XJ001		15,000.00		497,057.00
2020.04.20	02	ZG1226		20,000.00		477,057.00
2020.04.24	02	ZZR005		250.00		476,807.00

图 4-20　输入银行对账单信息

对账 取消 保存 查询 对照 检查 布局 过滤 定时设置

科目：100201(工行)

单位日记账

票据日期	结算方式	票号	方向	金额	两清	凭证号数
2020.04.04	99	LXSR0002	借	3,000.00		收-0002
2020.04.02	01	LXZF001	贷	2,000.00		付-0002
2020.04.03	01	XJ001	贷	15,000.00		付-0003
2020.04.12	02	ZZR004	贷	1,500.00		付-0004
2020.04.18	02	ZG1226	贷	20,000.00		付-0005
2020.04.24	02	ZZR005	贷	250.00		付-0006
2020.04.24	04	DZ006	贷	30,000.00		付-0007
2020.03.30	02	ZZ8341	借	50,000.00		收-0056
2020.03.28	01	XJ445353	贷	2,500.00		付-0027
2020.03.29	02	ZZ30254	贷	3,000.00		付-0032

银行对账单

日期	结算方式	票号	方向	金额	两清	对账序号
2020.03.26	99	LXSR0002	贷	3,000.00		
2020.03.28	99	LXZF001	借	2,000.00		
2020.04.02	01	XJ445353	借	2,500.00		
2020.04.04	02	ZZ30254	借	3,000.00		
2020.04.05	02	ZZ8341	贷	50,000.00		
2020.04.06	01	XJ001	借	15,000.00		
2020.04.20	02	ZG1226	借	20,000.00		
2020.04.24	02	ZZR005	借	250.00		

图 4-21　银行对账单

① 对照。将光标移到单位日记账的某一行，然后单击工具栏中的“对照”按钮（再次单击“对照”按钮恢复），在银行对账单中就只显示相关的对账单，如图 4-22 所示。

对账 取消 保存 查询 对照 检查 布局 过滤 定时设置

科目：100201(工行)

单位日记账

票据日期	结算方式	票号	方向	金额	两清	凭证号数
2020.04.04	99	LXSR0002	借	3,000.00		收-0002
2020.04.02	01	LXZF001	贷	2,000.00		付-0002
2020.04.03	01	XJ001	贷	15,000.00		付-0003
2020.04.12	02	ZZR004	贷	1,500.00		付-0004
2020.04.18	02	ZG1226	贷	20,000.00		付-0005
2020.04.24	02	ZZR005	贷	250.00		付-0006
2020.04.24	04	DZ006	贷	30,000.00		付-0007
2020.03.30	02	ZZ8341	借	50,000.00		收-0056
2020.03.28	01	XJ445353	贷	2,500.00		付-0027
2020.03.29	02	ZZ30254	贷	3,000.00		付-0032

银行对账单

日期	结算方式	票号	方向	金额	两清	对账序号
2020.04.04	02	ZZ30254	借	3,000.00		

图 4-22　对照

② 手工对账。在单位日记账中选择一笔银行账，然后在银行对账单中选择要勾销的对账单，分别在两边的“两清”位置双击，就会显示“√”，表示已经对账，如图 4-23 所示。如果要取消对账，再次在“两清”位置双击，“√”就会消失。已经选取对账的，保存后“两清”位置会显示为“Y”。

科目：100201（工行）

单位日记账							银行对账单						
票据日期	结算方式	票号	方向	会额	两清	凭证号数	日期	结算方式	票号	方向	金额	两清	对账序号
2020.04.04	99	LXSR0002	借	3,000.00		收-0002	2020.03.26	99	LXSR0002	贷	3,000.00		
2020.04.02	01	LXZF001	贷	2,000.00		付-0002	2020.03.28	99	LXZF001	借	2,000.00		
2020.04.03	01	XJ001	贷	15,000.00		付-0003	2020.04.02	01	XJ445353	借	2,500.00	√	2020
2020.04.12	02	ZZR004	贷	1,500.00		付-0004	2020.04.04	02	ZZ30254	借	3,000.00		
2020.04.18	02	ZG1226	贷	20,000.00		付-0005	2020.04.05	02	ZZ8341	贷	50,000.00		
2020.04.24	02	ZZR005	贷	250.00		付-0006	2020.04.06	01	XJ001	借	15,000.00		
2020.04.24	04	DZ006	贷	30,000.00		付-0007	2020.04.20	02	ZG1226	借	20,000.00		
2020.03.30	02	ZZ8341	借	50,000.00		收-0056	2020.04.24	02	ZZR005	借	250.00		
2020.03.28	01	XJ445353	贷	2,500.00	√	付-0027							
2020.03.29	02	ZZ30254	贷	3,000.00		付-0032							

图 4-23　手工对账

③ 自动对账。单击工具栏中的“对账”按钮，在打开的“自动对账”对话框中，录入截止日期“2020-04-25”，设置对账条件，如图 4-24 所示。单击“确定”按钮，系统会自动对账，对账结果如图 4-25 所示。在该窗口中，可以看到自动对账的两清标志为红色的“O”，手工对账的两清标志为“Y”，且背景色为黄色。

图 4-24　自动对账条件定义

科目：100201（工行）

单位日记账							银行对账单						
票据日期	结算方式	票号	方向	金额	两清	凭证号数	日期	结算方式	票号	方向	金额	两清	对账序号
2020.04.04	99	LXSR0002	借	3,000.00	○	收-0002	2020.03.26	99	LXSR0002	贷	3,000.00	○	2020
2020.04.02	01	LXZF001	贷	2,000.00		付-0002	2020.03.28	99	LXZF001	借	2,000.00		
2020.04.03	01	XJ001	贷	15,000.00	○	付-0003	2020.04.02	01	XJ445353	借	2,500.00	Y	2020
2020.04.12	02	ZZR004	贷	1,500.00		付-0004	2020.04.04	02	ZZ30254	借	3,000.00	○	2020
2020.04.18	02	ZG1226	贷	20,000.00	○	付-0005	2020.04.05	02	ZZ8341	贷	50,000.00	○	2020
2020.04.24	02	ZZR005	贷	250.00	○	付-0006	2020.04.06	01	XJ001	借	15,000.00	○	2020
2020.04.24	04	DZ006	贷	30,000.00		付-0007	2020.04.20	02	ZG1226	借	20,000.00	○	2020
2020.03.30	02	ZZ8341	借	50,000.00	○	收-0056	2020.04.24	02	ZZR005	借	250.00	○	2020
2020.03.28	01	XJ445353	贷	2,500.00	Y	付-0027							
2020.03.29	02	ZZ30254	贷	3,000.00	○	付-0032							

图 4-25　已进行自动对账的单位日记账与银行对账单

单位日记账中有一笔 2020 年 4 月 2 日的 2 000 元付款，与银行对账单中 2020 年 3 月 28 日的 2 000 元无法自动勾对，这时可以手工勾对，然后单击“保存”按钮完成对账。

④ 取消对账。单击工具栏中的“取消”按钮，可以取消对账。

操作提示

① 自动对账定义的条件越多，对账越准确，但如果单位日记账、银行对账单信息不完整，那么能对上的记录也就较少。

②“方向相反、金额相等”是系统默认的条件，不能取消；如果在“银行对账期初”中定义银行对账单余额方向为借方，则对账默认条件为“方向、金额相同”。

③ 使用自动对账后，可能还有一些特殊的已达账项没有对出来，而被视为未达账项。为了保证对账彻底、正确，可用手工对账方式调整。

④ 对账本身不会影响银行对账单的数据。

（3）查看银行存款余额调节表。执行“财务会计”|“总账”|“银行对账”|“余额调节表查询”命令，可以查看银行存款余额调节表。选择银行账户“工行”，双击可查看该科目的银行存款余额调节表，如图 4-26 所示。

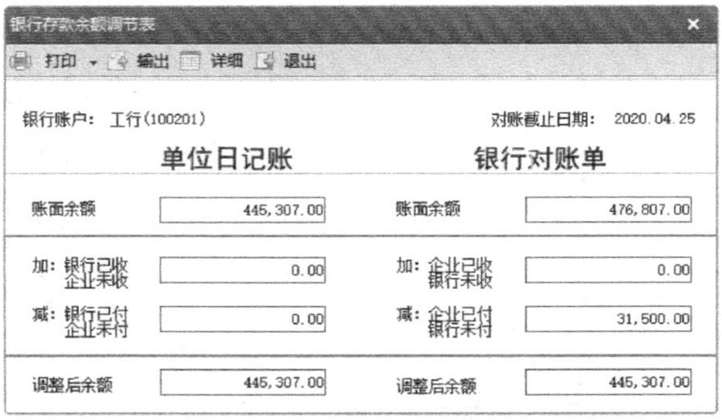

图 4–26　工行账户期末银行存款余额调节表

在日常工作中，根据需要可以实时进行银行对账。在月末结账前，一般都应该完成当月的银行对账工作。

三、信息查询

1. 日记账查询

执行"财务会计"|"总账"|"出纳"|"现金日记账"命令，在打开的界面中选择科目、月份，打开"现金日记账"窗口，如图 4-27 所示。

在现金日记账中，双击某行记录或选中某行再单击"凭证"按钮，可查看该记录对应的凭证信息。单击"总账"按钮，可查看现金科目总账。查看银行存款日记账的方法与此相同，不再赘述。

2. 资金日报表

执行"财务会计"|"总账"|"出纳"|"资金日报"命令，在打开的界面中将科目级次设为 1～3 级，日期设为 2020 年 4 月 24 日，勾选"有余额无发生也显示"，单击"确定"按钮，结果如图 4-28 所示。

现金日记账

科目 1001 库存现金　　月份：2020.04

年	月	日	凭证号数	摘要	对方科目	借方金额	贷方金额	方向	余额金额
2020	04			期初余额				借	6,785.00
2020	04	01	付-0001	购买办公用品	660203		350.00	借	6,435.00
2020	04	01		本日合计			350.00	借	6,435.00
2020	04	03	付-0003	提取现金	100201	15,000.00		借	21,435.00
2020	04	03		本日合计		15,000.00		借	21,435.00
2020	04	20	收-0003	报销差旅费	122102	200.00		借	21,635.00
2020	04	20		本日合计		200.00		借	21,635.00
2020	04			当前合计		15,200.00	350.00	借	21,635.00
2020	04			当前累计		34,089.00	19,210.00	借	21,635.00

图 4–27　现金日记账

资金日报表

日期：2020-04-24　币种：

科目编码	科目名称	币种	今日共借原币	今日共借金额	今日共贷原币	今日共贷金额	方向	今日余额原币	今日余额金额	借方笔数	贷方笔数
1001	库存现金	人民币					借	21,635.00	21,635.00		
1002	银行存款	美元					借	110,000.00	768,800.00		
1002	银行存款	人民币			30,250.00	30,250.00	借	445,307.00	445,307.00		2
100201	工行	人民币			30,250.00	30,250.00	借	445,307.00	445,307.00		2
100202	中行	美元					借	110,000.00	768,800.00		
合计						30,250.00	借		1,235,742.00		2
		美元					借	110,000.00	768,800.00		
		人民币			30,250.00	30,250.00	借	466,942.00	466,942.00		2

图 4–28　资金日报表

任务四　总账查询

总账查询

各业务系统根据业务需要都提供了丰富的查询功能，一般有单据、凭证、账、表、图等表现方式，有的系统还提供保存为 Excel、数据库格式输出等功能。

一、查询余额表

余额表可以反映各科目总括的数据情况，在实际工作中十分有用。查看方法：执行“财务会计”|“总账”|“账表”|“科目账”|“余额表”命令，在打开的界面中取消勾选“本期无发生无余额，累计有发生显示”，其他按照默认设置。单击“确定”按钮后，系统会显示各科目发生额及余额表，结果如图 4-29 所示。可单击“栏目”按钮根据需要调整显示的栏目（账套管理人员具有此权限）。双击某科目，可以直接查询该科目的明细账。

科目		期初余额		本期借方发生	本期贷方发生	期末余额	
编码	名称	借方	贷方	金额	金额	借方	贷方
1001	库存现金	6,785.00		15,200.00	350.00	21,635.00	
1002	银行存款	1,211,057.00		71,800.00	68,750.00	1,214,107.00	
1122	应收账款	157,600.00				157,600.00	
1221	其他应收款	3,800.00			2,000.00	1,800.00	
1231	坏账准备		10,000.00				10,000.00
1403	原材料	1,004,000.00				1,004,000.00	
1405	库存商品	3,569,000.00				3,569,000.00	
1601	固定资产	3,619,000.00				3,619,000.00	
1602	累计折旧		135,584.81				135,584.81
1701	无形资产	58,500.00				58,500.00	
资产小计		9,629,742.00	145,584.81	87,000.00	71,100.00	9,645,642.00	145,584.81
2001	短期借款		200,000.00				200,000.00
2202	应付账款		276,850.00				276,850.00
2211	应付职工薪酬		8,200.00				8,200.00
2221	应交税费		5,000.00				5,000.00
2241	其他应付款		2,100.00				2,100.00
负债小计			492,150.00				492,150.00
4001	实收资本		8,962,902.73		68,800.00		9,031,702.73
4002	资本公积		172,291.46				172,291.46
4103	本年利润	3,842.00				3,842.00	
4104	利润分配	115,180.00				115,180.00	
权益小计		119,022.00	9,135,194.19		68,800.00	119,022.00	9,203,994.19
5001	生产成本	24,165.00				24,165.00	
5101	制造费用			20,000.00		20,000.00	
5301	研发支出			30,000.00		30,000.00	
成本小计		24,165.00		50,000.00		74,165.00	
6602	管理费用			3,900.00		3,900.00	
6603	财务费用			2,000.00	3,000.00		1,000.00
损益小计				5,900.00	3,000.00	3,900.00	1,000.00
合计		9,772,929.00	9,772,929.00	142,900.00	142,900.00	9,842,729.00	9,842,729.00

图 4-29　余额表

二、查询明细账

执行“财务会计”|“总账”|“账表”|“科目账”|“明细账”命令，在打开的界面中进行查询条件设置。这里按照科目范围进行查询，若将科目设置为“6602 管理费用”，则管理费用明细账如图 4-30 所示。双击任一分录，就会显示其凭证。

管理费用明细账

科目　6602 管理费用　　　　月份：2020.04

年	月	日	凭证号数	摘要	借方	贷方	方向	余额
					金额	金额		金额
2020	04			期初余额			平	
2020	04	01	付-0001	购买办公用品_采购部	350.00		借	350.00
2020	04	12	付-0004	业务招待费_行政部	1,500.00		借	1,850.00
2020	04	20	收-0003	报销差旅费_行政部	1,800.00		借	3,650.00
2020	04	24	付-0006	支付支票工本费等_财务部	250.00		借	3,900.00
2020	04			当前合计	3,900.00		借	3,900.00
2020	04			当前累计	208,471.54	204,571.54	借	3,900.00

图 4-30　管理费用明细账

三、查询多栏账

（1）执行“财务会计”|“总账”|“账表”|“科目账”|“多栏账”命令，在打开的界面中单击“增加”按钮，打开“多栏账定义”对话框。核算科目选择“6602 管理费用”，单击“自动编制”按钮，如图 4-31 所示。

（2）单击“确定”按钮，这时便定义了一个多栏账，如图 4-32 所示。

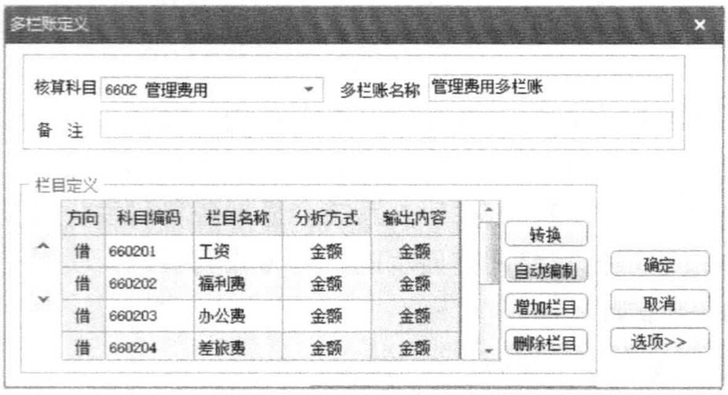

图 4-31　多栏账定义

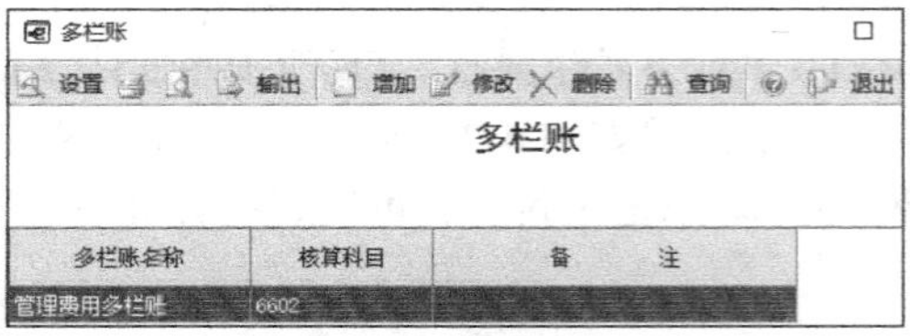

图 4-32　多栏账目录

（3）双击“管理费用多栏账”行，选择会计期间，单击“确定”按钮后会显示具体的多栏账，如图 4-33 所示。

2020年		凭证号数	摘要	借方	贷方	方向	余额	借方							
月	日							工资	福利费	办公费	差旅费	招待费	折旧费	保险费	其他
04	01	付-0001	购买办公用品_采购	350.00		借	350.00			350.00					
04	12	付-0004	业务招待费_行政部	1,500.00		借	1,850.00					1,500.00			
04	20	收-0003	报销差旅费_行政部	1,800.00		借	3,650.00				1,800.00				
04	24	付-0006	支付支票工本费等	250.00		借	3,900.00								250.00
04			当前合计	3,900.00		借	3,900.00			350.00	1,800.00	1,500.00			250.00

图 4-33　多栏账

课后习题

项目五

固定资产业务

学习目标

知识目标： 熟悉固定资产业务的处理方法和流程。

技能目标： 掌握固定资产增加、原值变动、减值准备、计提折旧、减少、盘点等业务的具体处理方法及生成凭证的方法；掌握凭证、账表等的查询方法。

素质目标： 懂得资产是企业运营的基础，管理好资产就能创造价值，管理不好就会造成损失。

任务一　了解固定资产业务

一、系统使用前的准备工作

企业固定资产的管理从手工向信息化过渡，其基本目的是细化固定资产的核算、规范固定资产的管理。因此，固定资产管理子系统使用前的准备工作主要围绕这两方面开展。另外，信息化环境下会计业务处理的方法与手工处理有很大区别，用户在做使用前的准备工作时，必须充分考虑这些区别和要求带来的影响。

固定资产管理子系统使用前的准备工作主要从以下几个方面进行。

1. 规范固定资产数据收集的方式

会计信息化人员根据企业管理的需要，对现有手工环境下会计数据的情况进行调查分析，搞清楚存在数据冗余、遗漏、脱节的原因，规范数据收集的方式，优化数据传输的渠道，并确定数据管理的责任部门，从而保证固定资产数据完整、传输及时。

2. 规范固定资产的基础数据和历史数据

（1）固定资产的基础数据主要是采用计算机处理必不可少的各种编码和出于管理需要而制定的各种控制指标数据。

数据编码是系统高效运行的基础。手工环境下固定资产的各种资料，或者没有编码，或者编码不足，或者不便于计算机使用，因此在系统投入使用前需要根据企业管理和固定资产子系统的需要对基础数据和历史数据进行规范。对这些数据进行规范主要考虑：第一，编码是否科学、合理；第二，编码在各个会计子系统中是否统一；第三，确定的编码体系是否符合所选软件对编码的要求。

（2）对固定资产历史数据进行规范的根本目的是对原有手工系统进行一次全面的清理，彻底解决历史遗留问题，以便使计算机系统一开始就在一个良好的基础上运行。对固定资产历史数据的清理、规范主要解决两个问题。第一，检查会计部门固定资产二级明细账与设备部门管理的固定资产卡片的分类合计是否相符，固定资产卡片上每件固定资产是否记录了折旧计提的情况，是否与会计部门“累计折旧”账户的记录相符。第二，检查所有部门记录的固定资产的单、证、账、表上的数据与实际存在的固定资产是否相符。

3. 确定折旧方法

固定资产折旧的计算是固定资产核算的核心工作。由于在使用计算机系统的条件下，基本不必考虑处理能力的问题，因此，在向计算机系统过渡时，只需根据企业细化会计核算的需要，在会计制度允许的范围内选择折旧计算方法。因此，在信息化方式下，每件固定资产都可独立选择某种折旧方法。

4. 规范信息输出方式

固定资产的信息主要以报表的形式输出。手工条件下，会计部门和固定资产管理部门分别根据自己记录的资料编制相应的报表。因此，在系统投入使用前，应根据企业管理的需要确定报表的种类、格式和具体内容，以便据以确定计算机系统中报表的格式和计算公式。

5. 规范计算机系统的工作程序

规范计算机系统的工作程序有两个目的。一个是确保数据处理的正确性；另一个是通过规范工作程序，从制度上建立使用系统的内部控制体系。这是因为会计核算工作有其确定的工作顺序：若固定资产的各种增减、内部调动和使用状况变动没有进行处理，计提的折旧就可能发生错误；若固定资产子系统生成的记账凭证没有向账务处理子系统传递，账务处理子系统就已结账，凭证无法传递，账务处理子系统中与固定资产有关的账簿记录就会出现错误。

二、固定资产业务处理流程

固定资产会发生增加、减少、内部调动等业务，其基本业务处理流程如图 5-1 所示。

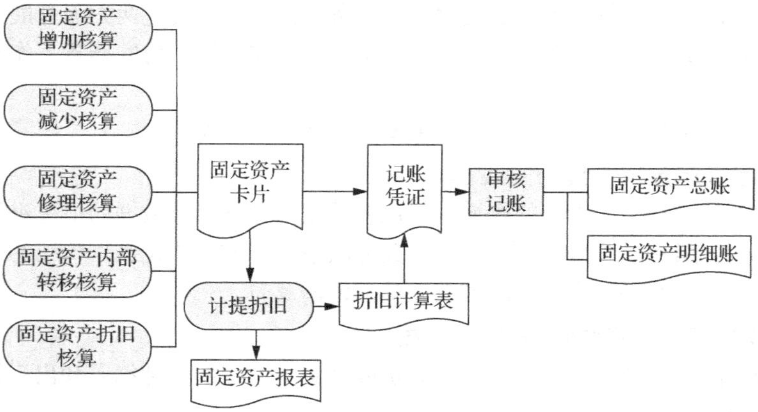

图 5-1　固定资产业务处理流程

任务二　固定资产日常业务处理

一、固定资产增加

业务描述

（1）4 月 10 日，购买 HP 计算机服务器 1 台，取得的增值税专用发票上的金额为 20 000 元，税额为 2 600 元（增值税税率为 13%），价税合计 22 600 元，用工行转账支票支付货款，支票号为 ZZ456325。

（2）按原值和预计使用期间计提折旧，净残值率为 3%，预计使用年限为 3 年。固定资产的详细信息见表 5-1。

表 5-1　固定资产的详细信息　单位：元

卡片编号	固定资产名称	固定资产类别	原值	使用状态	增加方式	使用部门
12	HP 服务器	通用设备	20 000	在用	购入	财务部

操作指导

固定资产日常处理

（1）执行“财务会计”|“固定资产”|“卡片”|“资产增加”命令，在打开的“固定资产类别档案”窗口中选择资产类别名称为“通用设备”的行，然后根据业务描述信息输入卡片资料，如图 5-2 所示。

固定资产卡片
卡片编号 00012
日期 2020-04-10
固定资产编号 12
固定资产名称 HP服务器
类别编号 01
类别名称 通用设备
资产组名称
规格型号
使用部门 财务部
增加方式 直接购入
存放地点
使用状况 在用
使用年限(月) 36
折旧方法 平均年限法(一)
开始使用日期 2020-04-10
已计提月份 0
币种 人民币
原值 20000.00
净残值率 3%
净残值 600.00
累计折旧 0.00
月折旧率 0
本月计提折旧额 0.00
净值 20000.00
对应折旧科目 660206,折旧费
项目
增值税 2600.00
价税合计 22600.00

图 5-2　固定资产卡片（资产增加）

（2）单击“保存”按钮完成卡片录入，系统会自动生成凭证。打开凭证界面后，这里不生成凭证直接退出，后面用另外一种方法生成凭证。

（3）执行“财务会计”|“固定资产”|“卡片”|“卡片管理”命令，保持默认查询条件，单击“确定”按钮，打开“卡片管理”窗口。双击“HP 服务器”行，进入固定资产卡片管理界面。

（4）单击工具栏中的“凭证”按钮，打开“填制凭证”窗口。凭证类别设为“付款凭证”，选中“银行存款/工行”，然后将光标移到“票号”后面，这时光标会显示为笔尖形状，如图 5-3 所示。

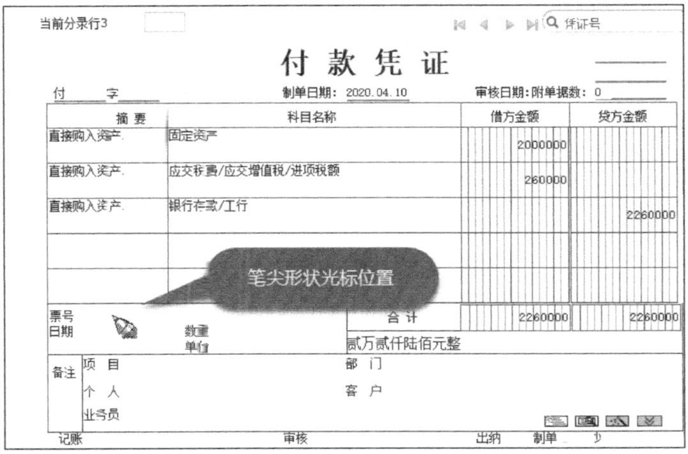

图 5-3　补充凭证信息

（5）在笔尖形状显示范围内双击鼠标会打开“辅助项”对话框，根据业务描述输入相关信息，如图 5-4 所示。单击“确定”按钮完成辅助项的输入，再单击“保存”按钮，凭证会被传送到总账系统。

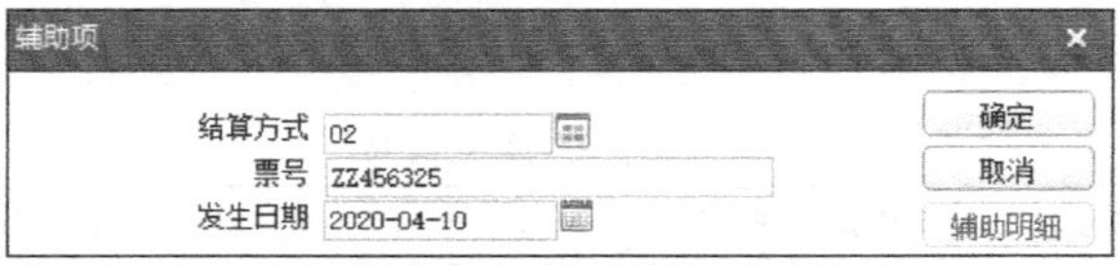

图 5-4　凭证辅助项

（6）执行“财务会计”|“固定资产”|“凭证处理”|“查询凭证”命令，可以对生成的凭证进行修改，或者作废。具体的审核、记账等工作在总账系统中完成。卡片输入完毕后，也可以不立即制单，即不保存凭证，月末可以批量制单。

二、资产原值变动

业务描述

4 月 15 日，行政部使用的红旗牌轿车添置新配件，价值 10 000 元，用工行账户支付，转账支票号为 ZZ971121。

操作指导

（1）执行“财务会计”|“固定资产”|“变动单”|“原值增加”命令，根据业务描述在打开的界面中输入变动信息，如图 5-5 所示。

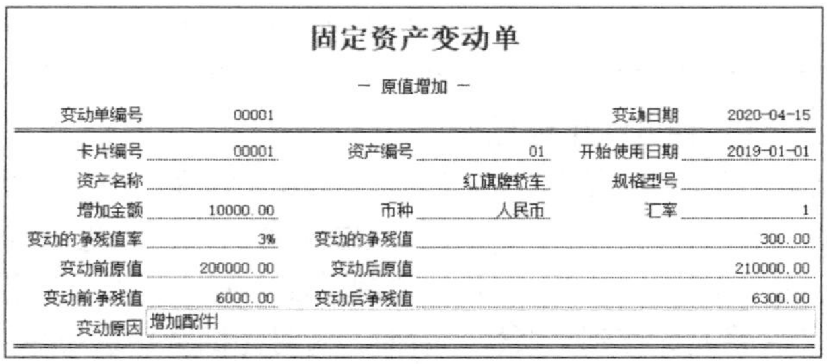
固定资产变动单
— 原值增加 —
变动单编号 00001
变动日期 2020-04-15
卡片编号 00001
资产编号 01
开始使用日期 2019-01-01
资产名称 红旗牌轿车
规格型号
增加金额 10000.00
币种 人民币
汇率 1
变动的净残值率 3%
变动的净残值 300.00
变动前原值 200000.00
变动后原值 210000.00
变动前净残值 6000.00
变动后净残值 6300.00
变动原因 增加配件

图 5-5　固定资产原值增加

（2）单击“保存”按钮，再单击“凭证”按钮，打开“填制凭证”窗口。凭证类别选择“付款凭证”，补充贷方科目为“银行存款/工行”，输入票号等辅助项信息，凭证分录如下。

借：固定资产　　10 000

　　贷：银行存款——工行　　10 000

如果前面没有生成凭证，也可以执行“财务会计”|“固定资产”|“变动单”|“变动单管理”命令生成凭证。

三、计提减值准备

业务描述

4 月 25 日，因技术进步影响，经核查决定对装配机 A 型计提 2 500 元减值准备。

操作指导

（1）执行“财务会计”|“固定资产”|“减值准备”|“计提减值准备”命令，在打开的界面中输入减值准备的信息，如图 5-6 所示。

固定资产变动单

—计提减值准备—

变动单编号	00002			变动日期	2020-04-25
卡片编号	00006	资产编号	06	开始使用日期	2019-12-31
资产名称			装配机A型	规格型号	
减值准备金额	2500.00	币种	人民币	汇率	1
原值	200000.00	累计折旧			9699.99
累计减值准备金额	2500.00	累计转回准备金额			0.00
可回收市值	187800.01				
变动原因	技术更新加速减值				

图 5-6　计提减值准备

（2）单击“保存”按钮打开“填制凭证”窗口，将凭证类别设置为“转账凭证”，补充借方科目为“资产减值损失”，生成的凭证分录如下。

借：资产减值损失　　2 500

　　贷：固定资产减值准备　　2 500

四、计提当月折旧

业务描述

4 月底，计提本月折旧费用。其中，红旗牌轿车的本月行驶里程（即工作量）为 15 000 千米，长安面包车的本月行驶里程为 10 000 千米。

操作指导

1. 录入工作量

执行“财务会计”|“固定资产”|“折旧计提”|“工作量输入”命令，在打开的界面中输入工作量信息，完成后的效果如图 5-7 所示。

继承上月工作量　清除已输入工作量　2020.04(登录)(最新)

卡片编号	固定资产名称	标志(*)	工作总量	上期间工作量	本月工作量	累计工作量
00001	红旗牌轿车		800000	0	15000	177000
00009	长安面包车		200000	0	10000	50000

图 5-7　工作量

2. 计提本月折旧

（1）执行“财务会计”|“固定资产”|“折旧计提”|“计提本月折旧”命令，系统询问“是否已经录入工作量”，单击“是”按钮。系统继续提示“是否查看折旧清单”，单击“是”按钮，折旧计算的详细清单如图 5-8 所示。

资产名称	原值	计提原值	本月计提折旧额	累计折旧	减值准备	净值	净残值
红旗牌轿车	210,000.00	200,000.00	3,637.50	42,922.50	0.00	167,077.50	6,300.00
复印机	6,000.00	6,000.00	161.40	3,071.46	0.00	2,928.54	180.00
联想T490S	15,000.00	15,000.00	403.50	2,828.52	0.00	12,171.48	450.00
联想T490S	15,000.00	15,000.00	403.50	2,828.52	0.00	12,171.48	450.00
HP计算机	6,000.00	6,000.00	161.40	1,293.09	0.00	4,706.91	180.00
装配机A型	200,000.00	200,000.00	6,660.00	16,359.99	2,500.00	181,140.01	6,000.00
质量检测仪	12,000.00	12,000.00	323.59	1,681.59	0.00	10,318.41	360.00
装配机B型	100,000.00	100,000.00	3,330.00	8,180.01	0.00	91,819.99	3,000.00
长安面包车	50,000.00	50,000.00	2,425.00	12,125.00	0.00	37,875.00	1,500.00
联想T490S	15,000.00	15,000.00	403.50	2,828.52	0.00	12,171.48	450.00
办公楼	3,000,000.00	3,000,000.00	12,000.00	71,375.00	0.00	2,928,625.00	150,000.00
	3,629,000.00	3,619,000.00	29,909.39	165,494.20	2,500.00	3,461,005.80	168,870.00

图 5-8　折旧清单

退出时自动进入生成凭证的流程，可以在这里生成相关凭证。本任务选择不生成凭证退出，采用以下方法生成凭证。

（2）执行“财务会计”|“固定资产”|“折旧计提”|“折旧分配表”命令，得到按照部门分配的折旧分配表，如图 5-9 所示。单击“修改”按钮，选择“按类别分配”，可以看到按类别分配的折旧分配表，如图 5-10 所示。

部门编号	部门名称	项目编号	项目名称	科目编号	科目名称	折　旧　额
101	行政部			660206	折旧费	7,802.40
102	财务部			660206	折旧费	1,603.50
201	仓储部			660206	折旧费	1,200.00
202	采购部			660206	折旧费	1,361.40
301	一车间			510102	折旧费	7,860.00
302	二车间			510102	折旧费	4,853.59
401	销售部			660106	折旧费	1,200.00
402	服务部			660106	折旧费	4,028.50
合计						29,909.39

图 5-9　折旧分配表（按部门分配）

类别编号	类别名称	项目编号	项目名称	科目编号	科目名称	折　旧　额
01	通用设备			660106	折旧费	403.50
01	通用设备			660206	折旧费	1,129.80
02	交通运输设备			660106	折旧费	2,425.00
02	交通运输设备			660206	折旧费	3,637.50
03	电气设备			5101	制造费用	9,990.00
04	仪器仪表			5101	制造费用	323.59
06	房屋及建筑物			5101	制造费用	2,400.00
06	房屋及建筑物			660106	折旧费	2,400.00
06	房屋及建筑物			660206	折旧费	7,200.00
合计						29,909.39

图 5-10　折旧分配表（按类别分配）

（3）返回选择“按部门分配”，再单击“修改”按钮退出修改状态，这时工具栏会显示“凭证”按钮。单击“凭证”按钮，将凭证类别改为“转账凭证”，系统会生成凭证。凭证分录如下。

借：管理费用——折旧费（行政部）　　7 802.40
　　管理费用——折旧费（财务部）　　1 603.50
　　销售费用——折旧费（仓储部）　　1 200.00
　　销售费用——折旧费（采购部）　　1 361.40
　　制造费用——折旧费　　7 860.00
　　制造费用——折旧费　　4 853.59
　　销售费用——折旧费（销售部）　　1 200.00
　　销售费用——折旧费（服务部）　　4 028.50
　贷：累计折旧　　29 909.39

若发现生成的凭证有误，但已经计提折旧并生成记账凭证，将数据传递到总账系统，那么必须删除该凭证后才能重新计提折旧。执行“财务会计”|“固定资产”|“凭证处理”|“查询凭证”命令，可以删除凭证。

五、固定资产减少

业务描述

4 月 25 日，行政部毁损联想 T490S 笔记本电脑一台，进行报废处理，发生清理费 50 元，以现金支付。

固定资产减少、盘点及月末处理

操作指导

（1）执行“财务会计”|“固定资产”|“资产处置”|“资产减少”命令，在打开的界面中输入资产编号，单击“增加”按钮，再选择减少方式为“毁损”，如图 5-11 所示。

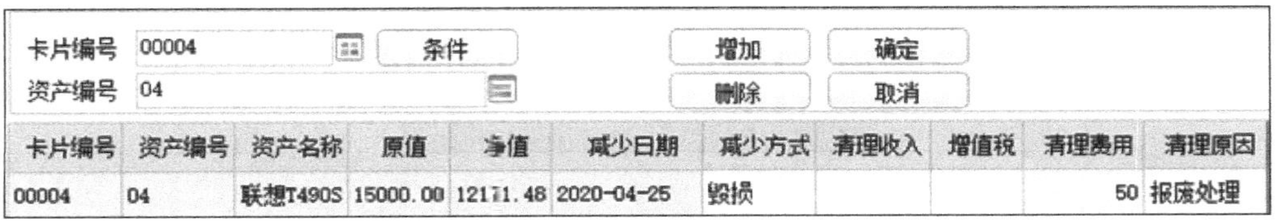

卡片编号	资产编号	资产名称	原值	净值	减少日期	减少方式	清理收入	增值税	清理费用	清理原因
00004	04	联想T490S	15000.00	12171.48	2020-04-25	毁损			50	报废处理

图 5-11　资产减少

（2）系统自动打开“填制凭证”窗口，将凭证设置为付款凭证，补充清理费用的科目为“库存现金”，生成的凭证分录如下。

借：累计折旧　　　　2 828.52
　　固定资产清理　　12 171.48
　　固定资产清理　　50.00
　贷：固定资产　　　　15 000.00
　　　库存现金　　　　50.00

对于该业务的处理，按照固定资产的账务处理方法，还应该执行“财务会计”|“总账”|“凭证”|“填制凭证”命令，结转毁损 T490S 笔记本电脑清理净损失，生成的凭证分录如下。

借：营业外支出　　12 221.48
　贷：固定资产清理　　12 221.48

操作提示

只有在固定资产计提折旧后，才能减少固定资产。如果固定资产减少发生错误，且已制作凭证，只能先删除凭证，再恢复减少的固定资产。

六、固定资产盘点

业务描述

4 月 25 日，公司进行固定资产盘点，发现销售部有一台未开封的联想 T480S 笔记本电脑。经过查证，该笔记本电脑是部门奖励所得。公司最后决定将该电脑作为销售部的工作用计算机，开始使用时间为 2020 年 4 月 25 日，无残值，原值估价为 10 000 元，使用年限为 3 年，增加方式为盘盈，折旧方法为平均年限法（一），使用状况为在用。

操作指导

1．资产盘点

（1）执行“财务会计”|“固定资产”|“资产盘点”|“资产盘点”命令，在打开的界面中单击“增加”按钮，打开“新增盘点单-数据录入”窗口，如图5-12所示。

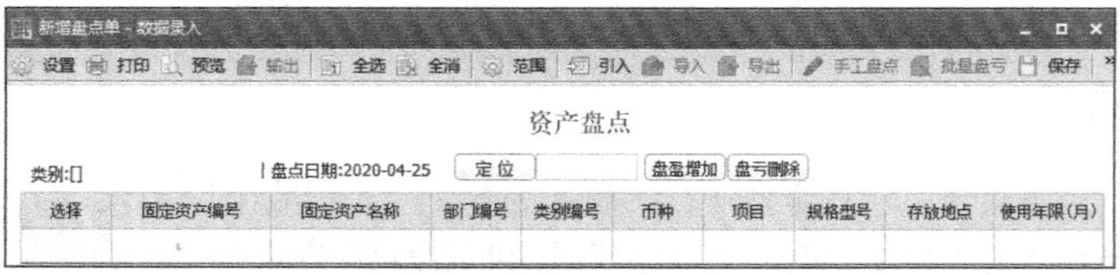

图5-12　盘点单数据录入

（2）单击“范围”按钮进行盘点范围的设置，本业务选择销售部（401）进行盘点，如图5-13所示。

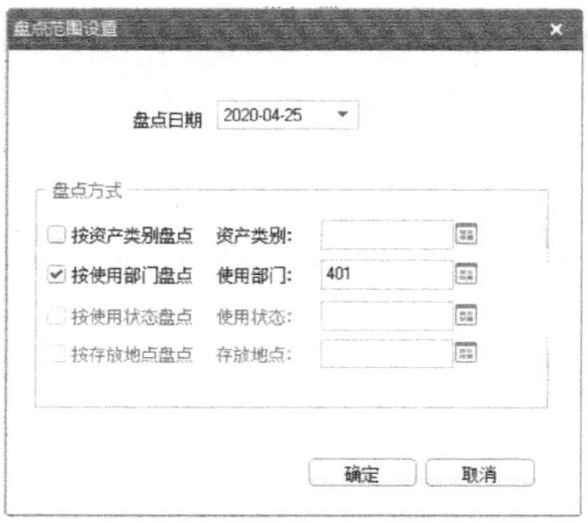

图5-13　盘点范围设置

（3）单击“确定”按钮后系统生成资产盘点单，如图5-14所示。

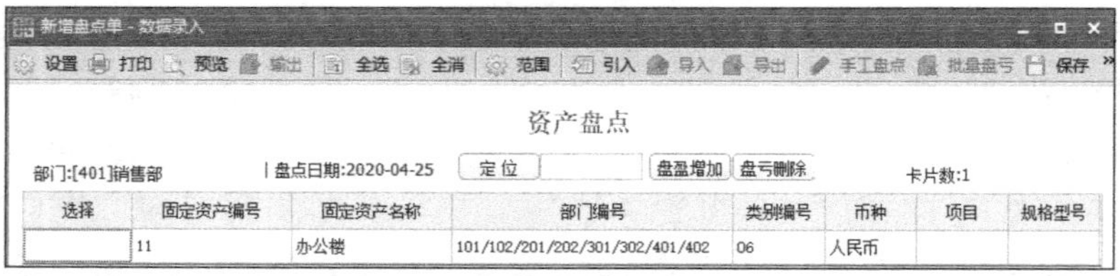

图5-14　资产盘点单

（4）单击“盘盈增加”按钮，输入盘盈的固定资产，如图5-15所示。

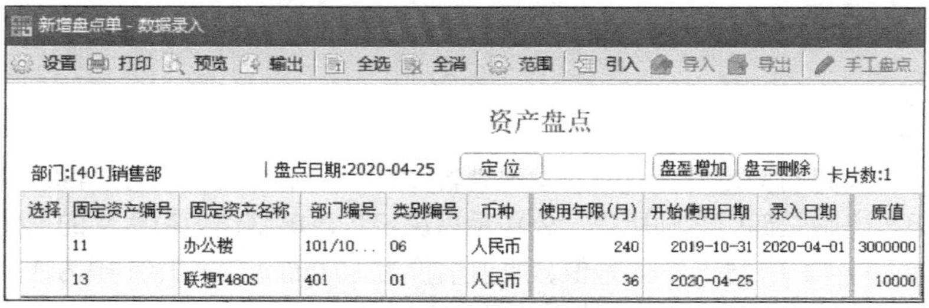

图5-15　增加盘盈的固定资产

2. 盘点汇总

（1）执行“财务会计”|“固定资产”|“资产盘点”|“资产盘点汇总”命令，在打开的界面中单击“增加”按钮进行查询条件设置，此处按照默认条件，单击“确定”按钮，打开“选择盘点单”窗口，如图 5-16 所示。

选择	盘点单号	盘点日期	盘点范围	录入人
	00001	2020-04-25	部门(401)	何沙

图 5-16 选择盘点单

（2）选择盘点单，再单击工具栏中的“汇总”按钮，可以看到汇总盘点单，如图 5-17 所示。

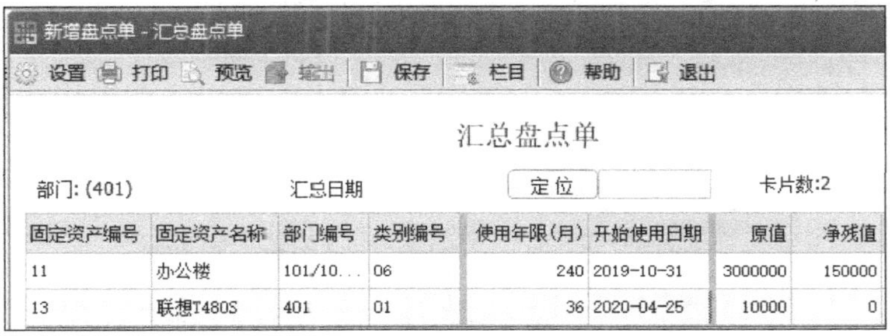

固定资产编号	固定资产名称	部门编号	类别编号	使用年限(月)	开始使用日期	原值	净残值
11	办公楼	101/10...	06	240	2019-10-31	3000000	150000
13	联想T480S	401	01	36	2020-04-25	10000	0

图 5-17 汇总盘点单

（3）单击“保存”按钮，再单击“核对”按钮，可以看到盘点结果清单，如图 5-18 所示。

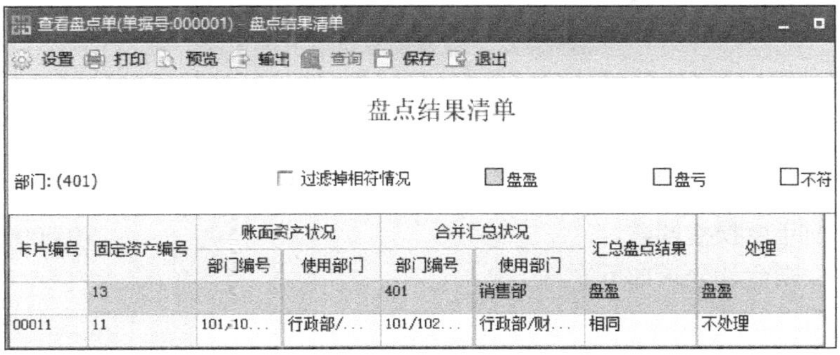

卡片编号	固定资产编号	账面资产状况		合并汇总状况		汇总盘点结果	处理
		部门编号	使用部门	部门编号	使用部门		
	13			401	销售部	盘盈	盘盈
00011	11	101/10...	行政部/...	101/102...	行政部/财...	相同	不处理

图 5-18 盘点结果清单

3. 汇总结果确认

（1）执行“财务会计”|“固定资产”|“资产盘点”|“汇总结果确认”命令，系统会显示汇总结果，如图 5-19 所示。

选择	固定资产编号	固定资产名称	原因	审核	处理意见	系统处理标记
	13	联想T480S	盘盈			未处理

图 5-19 汇总结果确认

（2）先选择该条记录，在“审核”栏选择“同意”，处理意见填写“资产盘盈”，保存后退出。

4. 资产盘盈处理

（1）执行“财务会计”|“固定资产”|“资产盘点”|“资产盘盈”命令，系统会显示盘盈的固定资产，如图 5-20 所示。

图 5–20 资产盘盈

（2）选择该条记录，单击“盘盈处理”按钮后可以看到固定资产卡片，如图 5-21 所示。

图 5–21 盘盈固定资产卡片

（3）前面盘盈时输入的固定资产编号是临时的，这里才是最终确定的编号。单击“保存”按钮打开“填制凭证”窗口，补充相关科目的会计分录如下。

借：固定资产　　　　10 000

　　贷：以前年度损益调整　　　　10 000

如果是盘亏，则会计分录如下。

借：累计折旧

　　固定资产清理

　　贷：固定资产

（4）执行“财务会计”|“固定资产”|“凭证处理”|“批量制单”命令完成盘盈或盘亏的凭证制作。

任务三　固定资产查询及月末处理

一、固定资产凭证查询

执行“财务会计”|“固定资产”|“凭证处理”|“查询凭证”命令，凭证查询结果如图 5-22 所示。双击凭证可以调出凭证。审核和记账工作在总账模块中完成。

业务日期	业务类型	业务号	制单人	凭证日期	凭证号	状态
2020-04-10	卡片	00012	何沙	2020-04-10	付—8	未审核
2020-04-15	变动单	00001	何沙	2020-04-15	付—9	未审核
2020-04-25	变动单	00002	何沙	2020-04-25	转—1	未审核
2020-04-25	折旧计提	01	何沙	2020-04-25	转—2	未审核
2020-04-25	卡片	00013	何沙	2020-04-25	转—4	未审核
2020-04-25	资产减少	00004	何沙	2020-04-25	付—10	未审核

图 5-22　凭证查询

二、固定资产账表查询

执行“财务会计”|“固定资产”|“账表”|“我的账表”命令，可选择需要查询固定资产的账簿、分析表、统计表等。

三、对账

在对账前应将固定资产生成的有关凭证记账。执行“财务会计”|“固定资产”|“资产处理”|“对账”命令，进行固定资产子系统与账务处理子系统数据的核对检查。只有在总账系统将所有涉及固定资产的记账凭证记账完毕后，对账结果才能反映真实的情况。

四、月末结账

如果对账平衡，就可以进行月末结账。执行“财务会计”|“固定资产”|“期末处理”|“月末结账”命令，进行月末结账操作。本会计期间所有业务处理完毕后，才能进行月末结账操作。月末结账后，所有的数据资料不能再进行修改。只有进行月末结账后，才能处理下一会计期间的业务数据。

课后习题

项目六

薪资业务

学习目标

知识目标： 了解工资类别、工资项目、个人所得税及其相互关系，工资期初与当月的关系；理解个人所得税的计算方法和凭证生成过程。

技能目标： 掌握薪资管理模块初始化、计时工资处理、计件工资处理、个人所得税处理、凭证生成、汇总工资的具体流程和处理方法。

素质目标： 人力资源是企业创造价值的关键要素之一，树立为社会创造价值的基本思想，促进社会的创新和进步。

任务一　了解薪资业务

一、薪资核算基本流程

薪资管理模块的主要业务流程有初始化设置、录入每月的变化数据、计算汇总、查询打印和凭证生成等。具体来说，薪资管理模块的基本流程如图 6-1 所示。

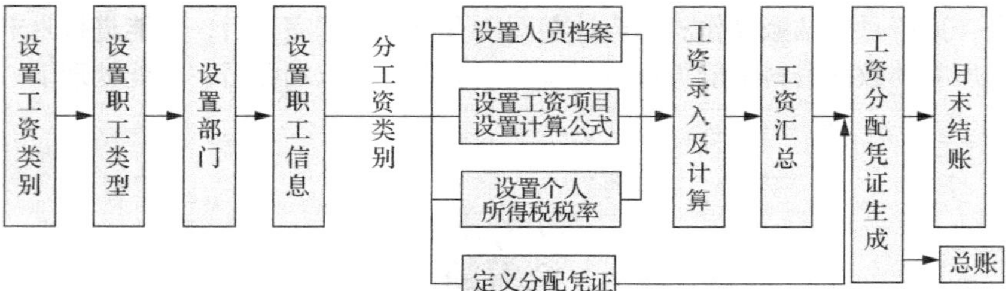

图 6-1　薪资管理模块的基本流程

二、处理薪资业务的具体步骤

1. 组织机构设置

组织机构设置是指根据单位的组成情况，设置相应的二级部门组成机构、职工的岗位类别及职工的基本信息。有些财务软件的薪资管理功能在人力资源管理系统中实现。

2. 工资初始化

工资初始化是指根据单位的需要设置工资种类和各类工资的对应项目，对每种工资项目定义其计算公式，输入每个人的工资数据（如果不是 1 月开始使用，还需要输入累计数据），以及根据本单位工资发放的实际情况，确定是否进行工资尾数结余、银行代储等。

3. 工资数据录入

录入工资数据时，一方面需要根据人力资源部门或其他部门提供的人员变动或工资补贴调整资料、职工工资变动等信息，对相应工资的固定项目进行修改。另一方面，还应根据本月生产、总务等部门提供的相关资料、代扣款项等信息，对工资表中相应的变动项目（如病假扣款、事假扣款、奖金）进行修改。

4. 工资计算

工资计算是指根据工资数据变动情况及计算公式计算工资，生成工资发放明细表。如果在工资初始化阶段定义了尾数结余，则要计算工资尾数。

5. 工资汇总

工资汇总是指按职工类别和部门类别进行汇总，生成工资结算汇总表。如果用现金发放工资，应计算出每一部门实发工资的票面分解值，生成票面分解一览表，以便向银行提款发放工资；对实行工资代储的工资种类及项目，一般自动产生银行储蓄存条、储蓄明细表及汇总表等。

6. 工资费用分配

工资费用分配是指按工资的用途对工资费用进行分配，形成工资费用分配汇总表，为成本计算提供资料。

7. 计提相关费用和基金

计提相关费用和基金是指按照国家相关政策，计提职工教育经费等相关费用。

8. 生成汇总转账凭证

生成汇总转账凭证是指根据工资汇总数据、工资费用分配汇总表等自动生成汇总转账凭证，并将其传送给总账系统和成本管理子系统，作为总账系统和成本管理子系统登记总账和明细账的依据。

任务二　计时人员工资的日常处理

一、输入工资数据

业务描述

计时人员 2020 年 4 月初的工资数据如表 6-1 所示。

表 6-1　　计时人员工资数据　　金额单位：元

人员编号	姓名	基本工资	岗位工资	事假天数	扣除项目				
					子女教育	继续教育	住房贷款利息	住房租金	老人赡养费
101	孙正	15 000	1 000		500				
102	宋嘉	11 000	500	2			1 000		
201	何沙	10 000	500			400			
202	赵小兵	9 000	500						
203	孙胜业	9 500	500						
301	李天华	10 000	400						
302	杨真	10 000	400	1					
401	陈瓜瓜	10 000	400						

续表

人员编号	姓名	基本工资	岗位工资	事假天数	扣除项目				
					子女教育	继续教育	住房贷款利息	住房租金	老人赡养费
501	刘一江	9 000	400		500				1 000
502	朱小明	11 000	400						
601	罗忠	10 000	400						
701	向璐宇	12 000	400		500				
702	秦地久	11 000	400			400			
801	万思维	11 500	400	6				800	
802	东方魂	10 000	400						
合计		159 000	7 000	9	1 500	800	1 000	800	1 000

注：交通补贴除了销售部和服务部的人员是 150 元以外，其他部门均为 200 元。

操作指导

（1）执行“人力资源”|“薪资管理”|“工资类别”|“打开工资类别”命令，在打开的界面中选择“计时人员工资”类别。

（2）执行“人力资源”|“薪资管理”|“业务处理”|“工资变动”，打开“工资变动表”窗口，单击“排序”按钮，可根据需要进行排序（一般按人员编码进行排序）。

计时人员工资处理

（3）根据表 6-1 的信息输入计时人员当月工资基本数据、考勤数据等信息，单击工具栏中的“计算”按钮，系统根据定义好的公式，自动计算工资表中有关项目的数据，结果如图 6-2 所示。

在工资变动表中，单击鼠标右键，在弹出的快捷菜单中选择“项目过滤”选项，可以选择需要显示的项目。

人员编号	姓名	基本工资	岗位工资	交通补贴	应发合计	事假扣款	本月应付工资	养老保险	医疗保险	住房公积金
101	孙正	15,000.00	1,000.00	200.00	16,200.00		16,200.00	1,296.00	324.00	1,296.00
102	宋嘉	11,000.00	500.00	200.00	11,700.00	1,045.45	10,654.55	852.36	213.09	852.36
201	何沙	10,000.00	500.00	200.00	10,700.00		10,700.00	856.00	214.00	856.00
202	赵小兵	9,000.00	500.00	200.00	9,700.00		9,700.00	776.00	194.00	776.00
203	孙胜业	9,500.00	500.00	200.00	10,200.00		10,200.00	816.00	204.00	816.00
301	李天华	10,000.00	400.00	200.00	10,600.00		10,600.00	848.00	212.00	848.00
302	杨真	10,000.00	400.00	200.00	10,600.00	472.73	10,127.27	810.18	202.55	810.18
401	陈瓜瓜	10,000.00	400.00	200.00	10,600.00		10,600.00	848.00	212.00	848.00
501	刘一江	9,000.00	400.00	150.00	9,550.00		9,550.00	764.00	191.00	764.00
502	朱小明	11,000.00	400.00	150.00	11,550.00		11,550.00	924.00	231.00	924.00
601	罗忠	10,000.00	400.00	150.00	10,550.00		10,550.00	844.00	211.00	844.00
701	向璐宇	12,000.00	400.00	200.00	12,600.00		12,600.00	1,008.00	252.00	1,008.00
702	秦地久	11,000.00	400.00	200.00	11,600.00		11,600.00	928.00	232.00	928.00
801	万思维	11,500.00	400.00	200.00	12,100.00	3,445.45	8,654.55	692.36	173.09	692.36
802	东方魂	10,000.00	400.00	200.00	10,600.00		10,600.00	848.00	212.00	848.00
		159,000.00	7,000.00	2,850.00	168,850.00	4,963.63	163,886.37	13,110.90	3,277.73	13,110.90

图 6-2　工资变动表（计时）

二、代扣个人所得税

业务描述

从 2019 年 1 月 1 日开始，公司实施累计预扣预缴个人所得税的计算方法，即扣缴义务人在一个纳税年度内，以截至当前月份累计支付的工资薪金所得收入额减除累计基本减除费用、累计专项扣除、累计专项附加扣除和依法确定的累计其他扣除后的余额为预缴应纳税所得额，根据个人所得税税率表（见表6-2），计算出累计应预扣预缴税额，再减除已预扣预缴税额后的余额，作为本期应预扣预缴税额。该方法适用于个人综合所得，包括工资、薪金所得，劳务报酬所得，稿酬所得，特许权使用费所得。专项附加扣除项目包括子女教育支出、继续教育支出、大病医疗支出、住房贷款利息、住房租金及赡养老人支出。

具体计算公式如下：

本期应预扣预缴税额=（累计预扣预缴应纳税所得额×预扣率-速算扣除数）-累计减免税额-累计已预扣预缴税额

累计预扣预缴应纳税所得额=累计收入-累计免税收入-累计减除费用-累计专项扣除-累计专项附加扣除-累计依法确定的其他扣除

其中：累计减除费用，按照5 000元/月乘以纳税人当年截至本月在本单位的任职受雇月份数计算。也就是说，纳税人如果1月入职，则扣缴义务人发放1月工资扣缴税款时，减除费用按5 000元计算；2月发放工资扣缴税款时，减除费用按10 000元计算，以此类推。

在一个纳税年度终了时，由纳税人办理综合所得年度汇算清缴，税款多退少补。每个职员需选择“征收个人所得税”，扣税起点为每月5 000元。

表6-2 个人所得税税率表

（居民个人工资、薪金所得预扣预缴适用）

级数	累计预扣预缴应纳税所得额	预扣率/%	速算扣除数
1	不超过36 000元的	3	0
2	超过36 000元至144 000元的部分	10	2 520
3	超过144 000元至300 000元的部分	20	16 920
4	超过300 000元至420 000元的部分	25	31 920
5	超过420 000元至660 000元的部分	30	52 920
6	超过660 000元至960 000元的部分	35	85 920
7	超过960 000元的部分	45	181 920

操作指导

（1）执行“人力资源”|“薪资管理”|“设置”|“选项”命令，在“选项”对话框中打开“扣税设置”选项卡，单击“编辑”按钮，将应税计算项目设置为“本月应付工资”，如图6-3所示。单击“税率设置”按钮，在打开的对话框中将基数设为“5000”，附加费用设为“0”，按照法定税率设置税率表，如图6-4所示。单击“确定”按钮退出“个人所得税申报表——税率表”对话框，然后再退出“选项”对话框。

（2）执行“人力资源”|“薪资管理”|“业务处理”|“工资变动”命令，在打开的界面中单击“计算”按钮重新计算。在工资变动表中，单击鼠标右键，在弹出的快捷菜单中选择“项目过滤”，这里选择了部分项目进行显示，如图6-5所示。表中“代扣税”的金额为当月累计应预扣预缴税额。

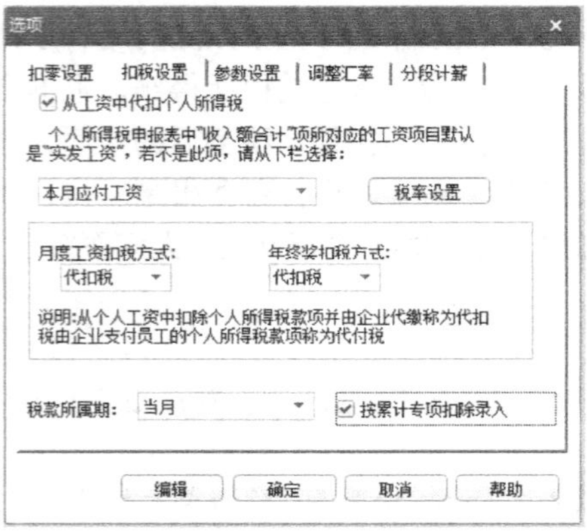

图 6–3 “选项”对话框

图 6–4 税率表

人员编号	姓名	代扣税	扣款合计	实发合计	子女教育	继续教育	住房贷款利息	住房租金	老人赡养费
101	孙正	797.00	3,713.00	12,487.00	500.00				
102	宋嘉	139.64	3,102.90	8,597.10			1,000.00		
201	何沙	159.00	2,085.00	8,615.00		400.00			
202	赵小兵	141.00	1,887.00	7,813.00					
203	孙胜业	156.00	1,992.00	8,208.00					
301	李天华	168.00	2,076.00	8,524.00					
302	杨真	153.82	2,449.46	8,150.54					
401	陈瓜瓜	168.00	2,076.00	8,524.00					
501	刘一江	91.50	1,810.50	7,739.50	500.00				1,000.00
502	朱小明	196.50	2,275.50	9,274.50					
601	罗忠	166.50	2,065.50	8,484.50					
701	向璐宇	213.00	2,481.00	10,119.00	500.00				
702	秦地久	186.00	2,274.00	9,326.00		400.00			
801	万思维	85.64	5,088.90	7,011.10				800.00	
802	东方魂	168.00	2,076.00	8,524.00					
		2,989.60	37,452.76	131,397.24	1,500.00	800.00	1,000.00	800.00	1,000.00

图 6–5 工资变动表（部分）

（3）执行“人力资源”|“薪资管理”|“业务处理”|“扣缴所得税”命令，打开“个人所得税申报模板”窗口。选择“系统个人所得税扣缴申报表（2019 版）”，再单击“打开”按钮，保持默认设置，打开系统个人所得税扣缴申报表（2019 版），如图 6-6 所示。

所得税申报

打印 预览 输出 税率 栏目 过滤 定位 帮助 退出

系统个人所得税扣缴申报表(2019版)

2020年4月

总人数：15

序号	姓名	身份证件类型	是否为非居民个人	身份证件号码	所得期间	本月收入	本月减除费用	累计收入额	累计减除费用
1	孙正	身份证	否		4	16200.00	5000.00	64800.00	20000.00
2	宋嘉	身份证	否		4	11700.00	5000.00	46800.00	20000.00
3	何沙	身份证	否		4	10700.00	5000.00	42800.00	20000.00
4	赵小兵	身份证	否		4	9700.00	5000.00	38800.00	20000.00
5	孙胜业	身份证	否		4	10200.00	5000.00	40800.00	20000.00
6	李天华	身份证	否		4	10600.00	5000.00	42400.00	20000.00
7	杨真	身份证	否		4	10600.00	5000.00	42400.00	20000.00
8	陈瓜瓜	身份证	否		4	10600.00	5000.00	42400.00	20000.00
9	刘一江	身份证	否		4	9550.00	5000.00	38200.00	20000.00
10	朱小明	身份证	否		4	11550.00	5000.00	46200.00	20000.00
11	罗忠	身份证	否		4	10550.00	5000.00	42200.00	20000.00
12	向璐宇	身份证	否		4	12600.00	5000.00	50400.00	20000.00
13	秦地久	身份证	否		4	11600.00	5000.00	46400.00	20000.00
14	万思维	身份证	否		4	12100.00	5000.00	48400.00	20000.00
15	东方魂	身份证	否		4	10600.00	5000.00	42400.00	20000.00
合计						168850.00	75000.00	675400.00	300000.00

图 6–6 个人所得税扣缴申报表（部分）

（4）执行“人力资源”|“薪资管理”|“业务处理”|“银行代发”命令，在打开的界面中选择全部部门，单击“确定”按钮，银行模板选择“中国工商银行”，如图 6-7 所示。

（5）单击“确定”按钮，打开银行代发一览表，如图 6-8 所示。

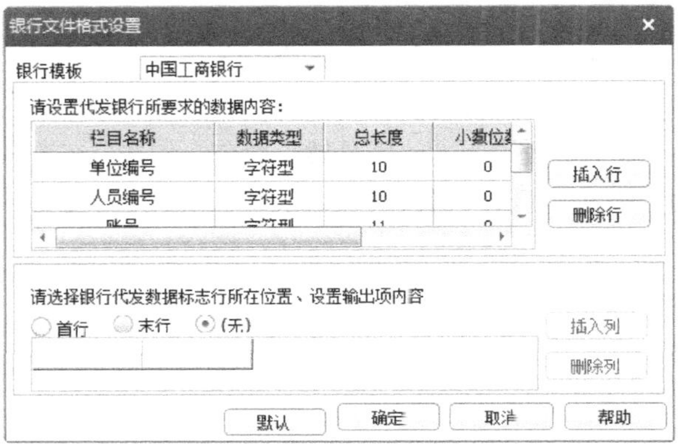

图 6-7 银行文件格式设置

单位编号	人员编号	账号	金额
1234934325	101	1111	12487.00
1234934325	102	1112	8597.10
1234934325	201	1113	8615.00
1234934325	202	1114	7813.00
1234934325	203	1115	8208.00
1234934325	301	1116	8524.00
1234934325	302	1117	8150.54
1234934325	401	1118	8524.00
1234934325	501	1119	7739.50
1234934325	502	1120	9274.50
1234934325	601	1121	8484.50
1234934325	701	1180	10119.00
1234934325	702	1181	9326.00
1234934325	801	1182	7011.10
1234934325	802	1183	8524.00
合计			131,397.24

图 6-8 银行代发一览表

（6）单击工具栏中的“输出”按钮，可以将其存储为多种格式。在实际工作中，要联系具体银行，按照要求确定其格式和内容。

三、计时工资分配

（1）执行“人力资源”|“薪资管理”|“业务处理”|“工资分摊”命令，在打开的“工资分摊”对话框中勾选“计时工资费用分配”，然后选择参与分摊的部门，勾选“明细到工资项目”，并选中“分配到部门”，如图 6-9 所示。

（2）单击“确定”按钮，打开计时工资费用分配一览表，勾选“合并科目相同、辅助项相同的分录”，如图 6-10 所示。

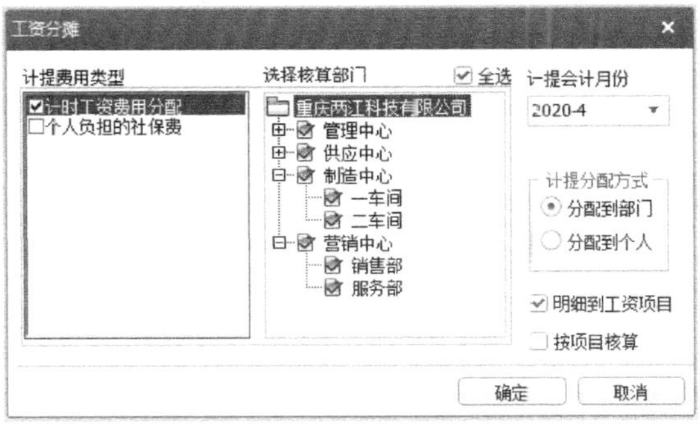

图 6-9 工资分摊设置（计时）

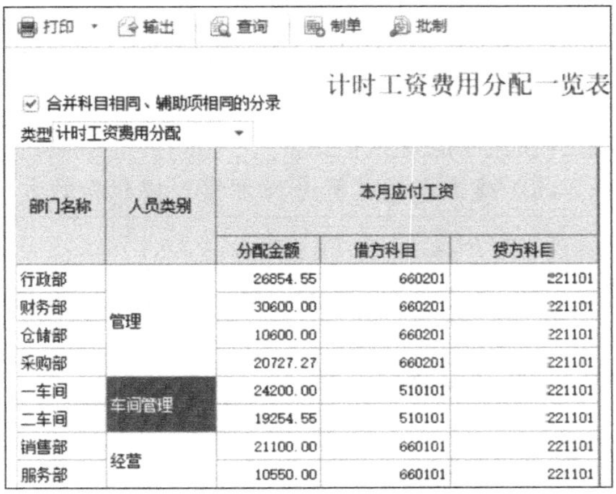

部门名称	人员类别	本月应付工资		
		分配金额	借方科目	贷方科目
行政部	管理	26854.55	660201	221101
财务部		30600.00	660201	221101
仓储部		10600.00	660201	221101
采购部		20727.27	660201	221101
一车间	车间管理	24200.00	510101	221101
二车间		19254.55	510101	221101
销售部	经营	21100.00	660101	221101
服务部		10550.00	660101	221101

图 6-10 计时工资费用分配一览表

（3）单击“制单”按钮，生成凭证。凭证分录如下。

借：制造费用——工资　　43 454.55
　　管理费用——工资（行政部）　　26 854.55
　　管理费用——工资（财务部）　　30 600.00
　　管理费用——工资（仓储部）　　10 600.00
　　管理费用——工资（采购部）　　20 727.27
　　销售费用——工资（销售部）　　21 100.00
　　销售费用——工资（服务部）　　10 550.00
　　贷：应付职工薪酬——工资　　163 886.37

保存这张凭证后，用同样的方法生成个人负担社保费的凭证。

（4）执行“人力资源”|“薪资管理”|“业务处理”|“工资分摊”命令，勾选“工资分摊”对话框中的“个人负担的社保费”，单击“确定”按钮，打开个人负担的社保费一览表，如图 6-11 所示。

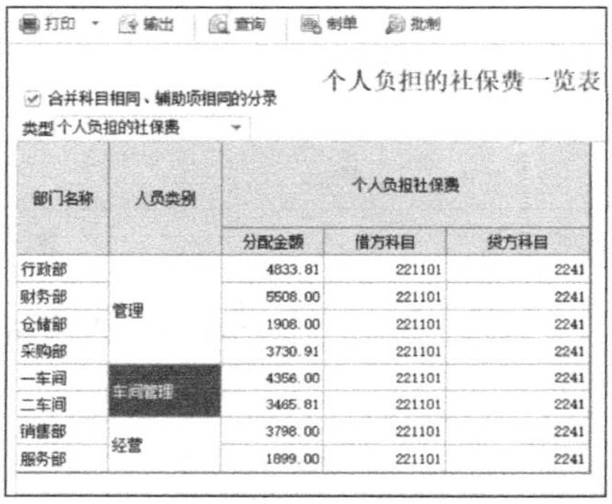

部门名称	人员类别	个人负担社保费		
		分配金额	借方科目	贷方科目
行政部	管理	4833.81	221101	2241
财务部		5508.00	221101	2241
仓储部		1908.00	221101	2241
采购部		3730.91	221101	2241
一车间	车间管理	4356.00	221101	2241
二车间		3465.81	221101	2241
销售部	经营	3798.00	221101	2241
服务部		1899.00	221101	2241

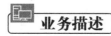

图 6-11　个人负担的社保费一览表

（5）单击“制单”按钮，生成凭证。生成的凭证分录如下。

借：应付职工薪酬——工资　　29 499.53
　　贷：其他应付款　　29 499.53

操作提示

若生成的工资分摊凭证有错，处理方法如下。

① 执行“人力资源”|“薪资管理”|“凭证查询”命令，删除前面生成的错误凭证。

② 执行“财务会计”|“总账”|“填制凭证”命令，在打开的界面中单击“整理凭证”按钮，彻底清除这张凭证。

③ 建立新的工资分摊方案，按照新的方案生成凭证。

任务三　计件人员工资的日常处理

一、输入工资数据

业务描述

（1）2020 年 4 月，计件人员工资数据如表 6-3 所示。

表 6-3　　　　　　　　　　　　计件人员工资数据　　　　　　　　　　　　单位：元

人员编码	人员姓名	产品	工作岗位	岗位工资	交通补贴	计件数量	子女教育	继续教育	住房贷款利息
703	天河飞	创智 X 号	装配	1 000	200	180	500		
704	秦半岛	创智 X 号	测试	7 00	200	190			1 000
803	叶海甸	桌面扫描器	装配	1 000	200	200		400	
804	万银大	桌面扫描器	测试	1 000	200	250			
805	朱海风	手持扫描器	装配	1 000	200	210			
806	温琼海	手持扫描器	测试	600	200	220			
合计				5 300	1 200	1 250	500	400	1 000

（2）计件工价按照完成的合格件计算，工种和工价如表 6-4 所示。

表 6-4　　　　　　　　　　　　计件工种和工价　　　　　　　　　　　　单位：元

产品	工种	计件工价
创智 X 号	装配	50
	测试	40
桌面扫描器	装配	30
	测试	25
手持扫描器	装配	30
	测试	25

操作指导

1. 录入计件人员的基本工资数据

（1）执行“人力资源”|“薪资管理”|“工资类别”|“打开工资类别”命令，在打开的界面中选择“计件人员工资”类别。

（2）执行“人力资源”|“薪资管理”|“设置”|“选项”命令，将扣税设置中的应税计算项目设置为“应发合计”。

（3）执行“人力资源”|“薪资管理”|“业务处理”|“工资变动”命令，打开工资变动表。输入工资数据，单击工具栏中的“计算”按钮，系统根据定义好的公式，自动计算工资变动表中的数据，如图 6-12 所示。

计件人员工资处理

姓名	岗位工资	交通补贴	计件工资	应发合计	子女教育	继续教育	住房贷款利息
天河飞	1,000.00	200.00		1,200.00	500.00		
秦半岛	700.00	200.00		900.00			1,000.00
叶海甸	1,000.00	200.00		1,200.00		400.00	
万银大	1,000.00	200.00		1,200.00			
朱海风	1,000.00	200.00		1,200.00			
温琼海	600.00	200.00		800.00			
	5,300.00	1,2[illegible].00		6,500.00	500.00	400.00	1,000.00

图 6-12　工资变动表（计件）

2. 录入计件工资数据

（1）执行“人力资源”|“计件工资”|“设置”|“计件要素设置”命令，在打开的界面中单击“编辑”按钮，再单击“增加”按钮，新增工种项目，设置类型为“标准”、数据类型为“字符型”，并启用该要素。将产品、工种、工价、合格数量移动到前面，并启用这几个项目（其他项目保留），如图6-13所示。

（2）执行“人力资源”|“计件工资”|“设置”|“计件工价设置”命令，在打开的界面中按照业务描述输入计价工价数据，如图6-14所示，单击“保存”按钮。选择全部计件工价，再单击“审核”按钮完成设置。

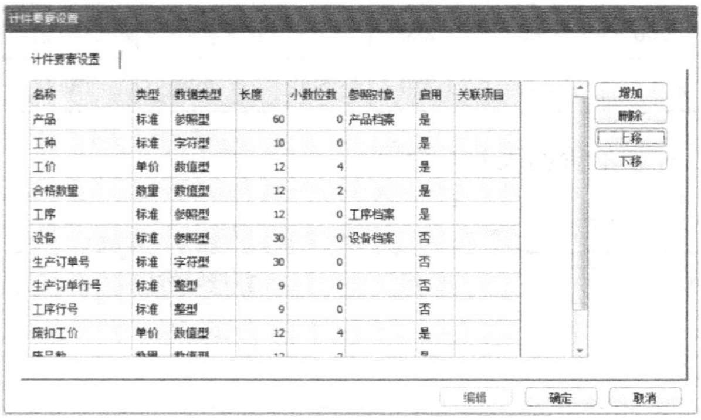

图6-13　设置计件要素

图6-14　计件工价设置

> **操作提示**
> 在录入产品项目时，只有存货档案中属性为“计件”的产品才能被选择。因此，在前期初始化时应执行“基础设置”|“基础档案”|“存货”|“存货档案”命令进行设置（同时要设置计量单位、存货分类）。如果没有设置或设置不正确，需要重新设置或更正。

（3）执行“人力资源”|“计件工资”|“设置”|“计件项目设置”命令，在“计件项目设置”对话框中打开“个人计件公式”选项卡，如图6-15所示。单击“编辑”按钮，选择“计件工资”项目，再单击“公式定义”按钮，打开“查询定义”对话框，如图6-16所示。单击“内容”后的查询功能按钮，打开“查询表达式”对话框，设置公式，如图6-17所示。

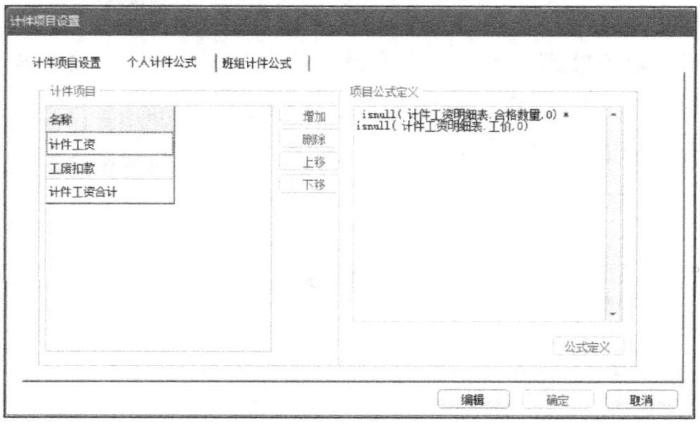

图6-15　计件项目设置（个人计件公式）

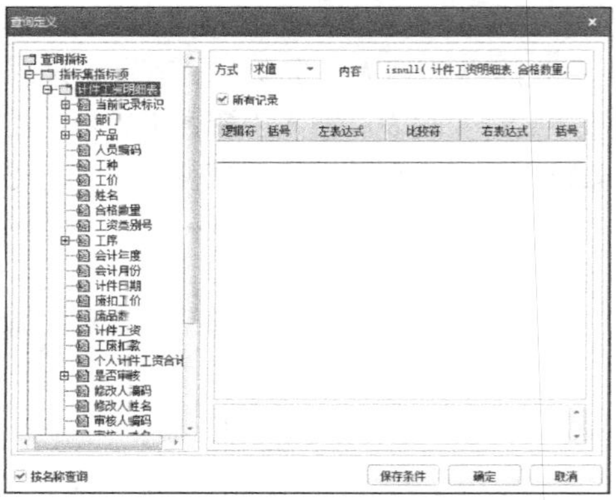

图6-16　查询定义

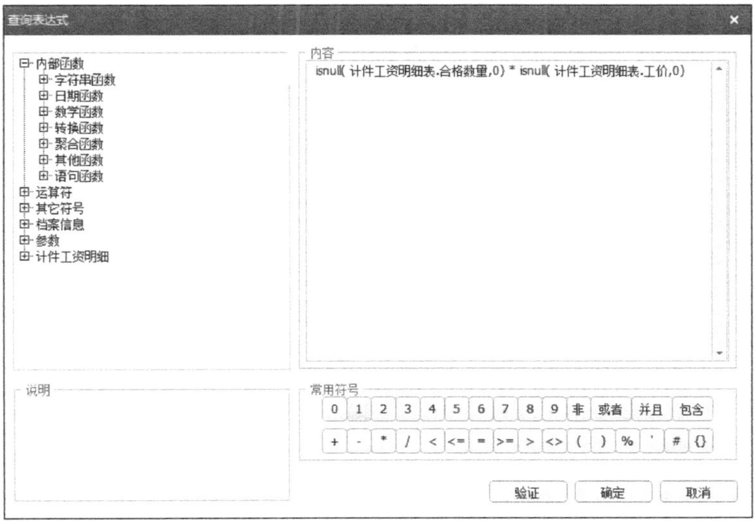

图 6-17　计件公式设置

操作提示

系统提供了已经设计好的公式，可以对其进行修改。这里选择默认设置，然后单击“验证”按钮，如果正确，系统提示公式定义有效。单击“确定”按钮，返回“查询定义”对话框。再单击“确定”按钮，回到计件项目设置。计件工资的项目公式定义为“ isnull(计件工资明细表.合格数量,0) * isnull(计件工资明细表.工价,0)”，单击“确定”按钮后退出。

（4）执行“人力资源”|“计件工资”|“个人计件”|“计件工资录入”命令，在打开的对话框中设置工资类别为“计件人员工资”。再执行“批增”|“人员录入”命令，在打开的界面中输入人员编码、计件日期，然后单击“增行”按钮输入产品、工种、工价、合格数量等相关信息，如图 6-18 所示。如果一个人有多张工单数据，可在这里连续输入。单击“计算”按钮可完成其计件工资的计算。

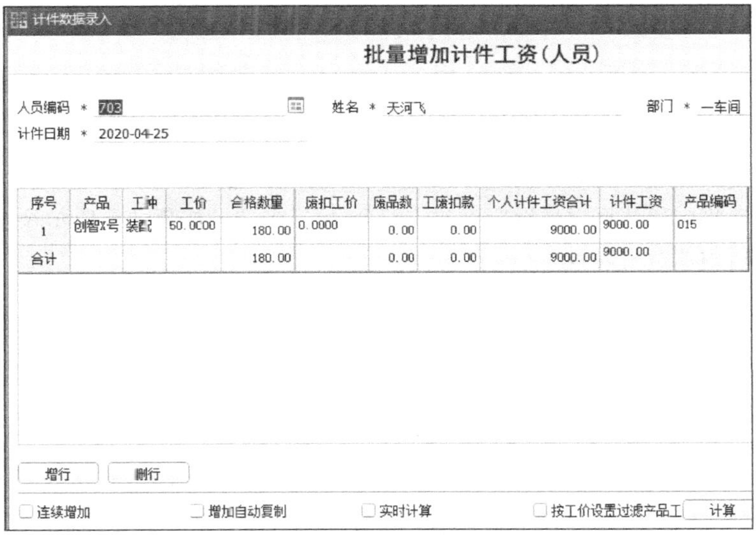

序号	产品	工种	工价	合格数量	废扣工价	废品数	工废扣款	个人计件工资合计	计件工资	产品编码
1	创智X号	装配	50.0000	180.00	0.0000	0.00	0.00	9000.00	9000.00	015
合计				180.00		0.00	0.00	9000.00	9000.00	

图 6-18　计件数据录入

（5）继续执行“批增”|“人员录入”命令，输入其他人员的数据，结果如图 6-19 所示。单击“计算”按钮，再执行“审核”|“全部审核”命令后退出。

打印 输出 查询 定位 批增 导入 修改 批改 删除 放弃 保存 计算 审核 弃审 取价 重新取价

计件工资录入

工资类别 计件人员工资　部门 全部　会计期间 2020-04

序号	部门	人员编码	人员姓名	产品	工种	工价	合格数量	个人计件工资合计	计件工资
1	一车间	703	天河飞	创智X号	装配	50.0000	180.00	9000.00	9000.00
2	一车间	704	泰半岛	创智X号	测试	40.0000	190.00	7600.00	7600.00
3	二车间	803	叶海甸	桌面扫描器	装配	30.0000	200.00	6000.00	6000.00
4	二车间	804	万银大	桌面扫描器	测试	25.0000	250.00	6250.00	6250.00
5	二车间	805	朱海风	手持扫描器	装配	30.0000	210.00	6300.00	6300.00
6	二车间	806	温琼海	手持扫描器	测试	25.0000	220.00	5500.00	5500.00
合计							1250.00	40650.00	40650.00

图 6-19　计件工资录入

（6）执行“人力资源”|“计件工资”|“汇总”|“计件工资汇总”命令，工资类别选择“计件人员工资”，然后单击“汇总”按钮，计件工资汇总结果如图 6-20 所示。

打印 输出 查询 定位 汇总 栏目 刷新

计件工资汇总

工资类别 计件人员工　部门 全部　会计期间 2020-04　汇总日期 2020-4-1

序号	部门编码	部门	人员编码	人员	个人计件工资合计	合格数量	计件工资
1	301	一车间	703	天河飞	9000.00	180.00	9000.00
2	301	一车间	704	泰半岛	7600.00	190.00	7600.00
3	302	二车间	803	叶海甸	6000.00	200.00	6000.00
4	302	二车间	804	万银大	6250.00	250.00	6250.00
5	302	二车间	805	朱海风	6300.00	210.00	6300.00
6	302	二车间	806	温琼海	5500.00	220.00	5500.00
合计					40650.00	1250.00	40650.00

图 6-20　计件工资汇总

操作提示

录入的计件工资，只有审核后才能进行汇总。只有进行了汇总，计件工资数据才能传送到工资变动数据中。

（7）执行“人力资源”|“薪资管理”|“设置”|“选项”命令，打开“选项”对话框中的“扣税设置”选项卡，将应税计算项目设置为“应发合计”，勾选“按累计专项扣除录入”，单击“税率设置”按钮，将附加费用设置为 0。

（8）执行“人力资源”|“薪资管理”|“业务处理”|“工资变动”命令，计件人员工资数据将自动转入，单击“计算”按钮，结果如图 6-21 所示。

姓名	岗位工资	交通补贴	计件工资	应发合计	养老保险	医疗保险	住房公积金	个人负担社保费	扣税合计	扣款合计	实发合计
天河飞	1,000.00	200.00	9,000.00	10,200.00	816.00	204.00	816.00	1,836.00	197.00	2,033.00	8,167.00
泰半岛	700.00	200.00	7,600.00	8,500.00	680.00	170.00	680.00	1,530.00	96.00	1,626.00	6,874.00
叶海甸	1,000.00	200.00	6,000.00	7,200.00	576.00	144.00	576.00	1,296.00	99.00	1,395.00	5,805.00
万银大	1,000.00	200.00	6,250.00	7,450.00	596.00	149.00	596.00	1,341.00	118.50	1,459.50	5,990.50
朱海风	1,000.00	200.00	6,300.00	7,500.00	600.00	150.00	600.00	1,350.00	150.00	1,500.00	6,000.00
温琼海	600.00	200.00	5,500.00	6,300.00	504.00	126.00	504.00	1,134.00	57.00	1,191.00	5,109.00
	5,300.00	1,200.00	40,650.00	47,150.00	3,772.00	943.00	3,772.00	8,487.00	717.50	9,204.50	37,945.50

图 6-21　计件人员工资

（9）执行“人力资源”|“薪资管理”|“业务处理”|“扣缴所得税”命令，选择“个人所得税扣缴申报表（2019）”，可查看有关数据。

二、计件工资分配

（1）执行“人力资源”|“薪资管理”|“业务处理”|“工资分摊”命令，在“工资分摊”对话框中勾选计提费用类型下的“计件人员工资分摊”，然后选择参与分摊的部门，勾选“明细到工资项目”，并选中“分配到部门”，如图 6-22 所示。

（2）单击“确定”按钮，打开计件人员工资分摊一览表。勾选“合并科目相同、辅助项相同的分录”，结果如图 6-23 所示。然后单击“制单”按钮，选择凭证类型为“转账凭证”，凭证分录如下。

借：生产成本——直接人工　　　　47 150

　　贷：应付职工薪酬——工资　　　　47 150

用同样的方法生成计提计件人员个人负担的社保费凭证，凭证分录如下。

借：应付职工薪酬——工资　　　　8 487

　　贷：其他应付款　　　　8 487

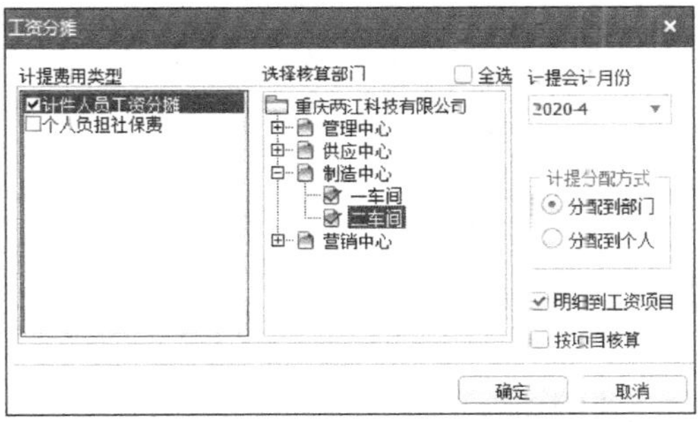

图 6-22　工资分摊设置（计件）

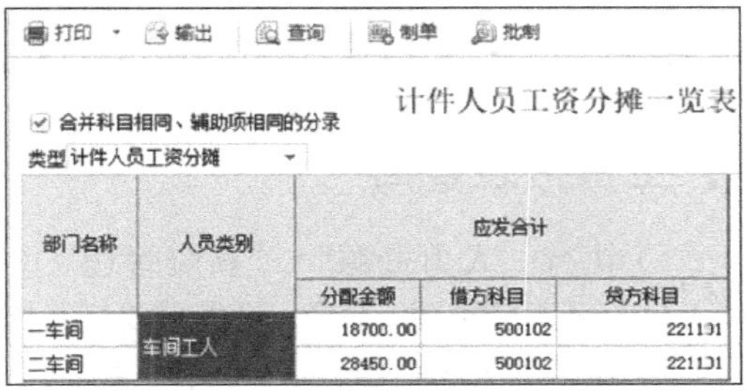

图 6-23　计件人员工资分摊一览表

任务四　工资汇总

一、生成汇总工资类别

一般情况下，需要将各类别的工资进行汇总，以方便相关人员对数据进行查询与分析，掌握总体情况。

工资汇总及月末处理

1. 进行工资类别汇总

（1）执行“人力资源”|“薪资管理”|“工资类别”|“关闭工资类别”命令，关闭已经打开的工资类别。

（2）执行“人力资源”|“薪资管理”|“维护”|“工资类别汇总”命令，选择要进行汇总的工资类别，这里只有计时和计件两个工资类别，就选择这两个。

（3）单击“确定”按钮完成汇总。这时生成新的工资类别“998 汇总工资类别”。

2. 打开汇总工资类别

执行“人力资源”|“薪资管理”|“工资类别”|“打开工资类别”命令，选择汇总工资类别“998 汇总工资类别”。

二、汇总工资类别计算公式设置

汇总工资类别就是将选定的工资类别按照人员归集和汇总，相当于建立了一个新的工资类别，需要建立汇总工资表的计算公式。

执行“人力资源”|“薪资管理”|“设置”|“工资项目设置”命令，开始公式设置。系统自动进行了应发合计、扣款合计、实发合计的公式定义。如果需要定义新的内容，可以设置新的公式。

本任务保持默认公式设置，然后在“工资项目设置”对话框中对项目顺序进行调整，以符合汇总的需要。

三、汇总工资信息查询

执行“人力资源”|“薪资管理”|“业务处理”|“工资变动”命令，可以查看汇总工资类别表，项目顺序是在“工资项目设置”对话框中确定的，如图 6-24 所示。

其他相关查询功能可选择使用。不需要汇总工资类别表时也可以将其删除。

人员编号	姓名	部门	人员类别	基本工资	岗位工资	交通补贴	计件工资	应发合计
101	孙正	行政部	管理	15,000.00	1,000.00	200.00		16,200.00
102	宋嘉	行政部	管理	11,000.00	500.00	200.00		11,700.00
201	何沙	财务部	管理	10,000.00	500.00	200.00		10,700.00
202	赵小兵	财务部	管理	9,000.00	500.00	200.00		9,700.00
203	孙胜业	财务部	管理	9,500.00	500.00	200.00		10,200.00
301	李天华	采购部	管理	10,000.00	400.00	200.00		10,600.00
302	杨真	采购部	管理	10,000.00	400.00	200.00		10,600.00
401	陈瓜瓜	仓储部	管理	10,000.00	400.00	200.00		10,600.00
501	刘一江	销售部	经营	9,000.00	400.00	150.00		9,550.00
502	朱小明	销售部	经营	11,000.00	400.00	150.00		11,550.00
601	罗忠	服务部	经营	10,000.00	400.00	150.00		10,550.00
701	向翻宇	一车间	车间管理	12,000.00	400.00	200.00		12,600.00
702	秦地久	一车间	车间管理	11,000.00	400.00	200.00		11,600.00
703	天河飞	一车间	车间工人		1,000.00	200.00	9,000.00	10,200.00
704	秦半岛	一车间	车间工人		700.00	200.00	7,600.00	8,500.00
801	万思维	二车间	车间管理	11,500.00	400.00	200.00		12,100.00
802	东方魂	二车间	车间管理	10,000.00	400.00	200.00		10,600.00
803	叶海甸	二车间	车间工人		1,000.00	200.00	6,000.00	7,200.00
804	万银大	二车间	车间工人		1,000.00	200.00	6,250.00	7,450.00
805	朱海风	二车间	车间工人		1,000.00	200.00	6,300.00	7,500.00
806	温琼海	二车间	车间工人		600.00	200.00	5,500.00	6,300.00
				159,000.00	12,300.00	4,050.00	40,650.00	216,000.00

图 6-24　汇总工资类别表（部分）

任务五　工资报表查询及月末处理

一、工资报表查询

（1）执行“人力资源”|“薪资管理”|“工资类别”|“打开工资类别”命令，选择需要打开的工资类别。

（2）执行“人力资源”|“薪资管理”|“账表”|“我的账表”命令，显示相关的报表目录，根据查询需要选择。

二、月末处理

（1）执行“人力资源”|“薪资管理”|“工资类别”|“打开工资类别”命令，选择工资类别，如“计时人员工资”类别，单击“确定”按钮完成选择。

（2）执行“人力资源”|“薪资管理”|“业务处理”|“月末处理”命令，打开“月末处理”对话框，单击“确定”按钮，系统询问“月末处理之后，本月薪资将不许变动！继续月末处理吗？”，单击“是”按钮。系统询问“是否选择清零项？”，如果单击“是”按钮，系统将打开“选择清零项目”对话框。若在该对话框中选择清零项目，系统将对这些项目数据进行清零处理；如果不选择清零项目，系统将直接进行月末处理。

课后习题

项目七

采购与应付业务

学习目标

知识目标： 了解采购管理业务的处理方法；了解应付款管理业务的处理方法；了解合同管理业务的处理流程。

技能目标： 熟练掌握典型采购业务的处理方法；掌握不同采购业务的差异及其处理方法。

素质目标： 采购过程需要公平、公正、公开，核算需要正确的方法，站在社会供应链的视角去分析企业的运营，以创造更多的价值，为社会做出贡献。

任务一　了解采购业务

一、采购管理功能概述

采购管理包括对采购订单、采购入库单、采购发票的管理。根据采购发票，财务部门可以确认采购入库成本，并掌握采购业务的付款情况。采购管理与库存管理功能联合使用，便于相关人员随时掌握存货的现存量，从而减少盲目采购，避免库存积压；与存货核算功能一起使用，可以为核算提供采购入库成本，便于财务部门及时掌握存货采购成本。

1. 采购订货

采购订货业务主要是填制采购订单。采购订单可以反映业务部门与供应商签订的采购和受托代销合同，它是统计采购合同执行情况的依据。经供货单位审核确认后的订单，可以生成入库单和采购发票。

采购订单执行完毕，即其采购订单已入库、取得采购发票并且已付款后，该订单将会自动关闭。对于确实不能执行的某些采购订单，经采购主管批准后，可以人工关闭。对关闭的采购订单，如果需要继续执行，也可以手动打开。

2. 采购业务

采购业务的关键步骤和内容如下。

（1）采购入库。操作人员可以根据采购订单和实际到货数量填制入库单，也可以根据采购发票填制入库单。采购管理子系统支持暂估入库、退货负入库和冲单负入库，并可处理采购退货业务。

（2）采购发票。采购发票包括增值税专用发票、增值税普通发票、运费发票、其他票据等。采购管理子系统可以处理负数发票，也可以进行付款结算。

（3）采购结算。采购结算主要是针对采购业务的入库单，根据发票确认其采购入库成本的过程。采购结算可以通过计算机自动结算，也可以人工结算。系统针对采购费用提供了灵活的分摊计算功能。

3. 采购账表

采购账表主要包括采购明细表、采购统计表、入库明细表、入库统计表、结算明细表、结算统计表、采购订货统计表等。

4. 采购业务处理流程

采购业务涉及众多单据，最后要生成凭证，其处理流程如图7-1所示。

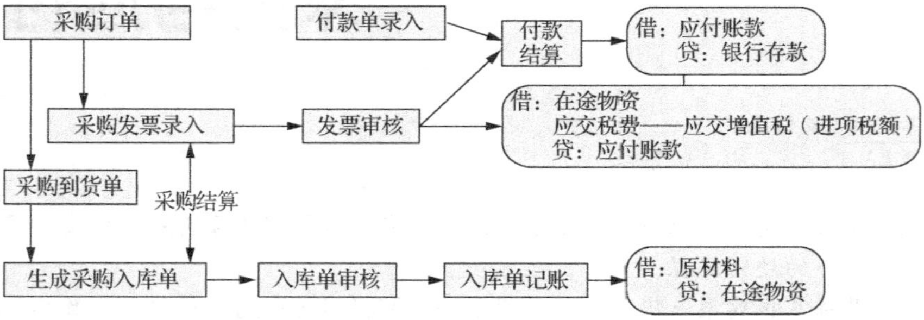

图7-1 采购业务处理流程

二、典型采购业务

业务描述

（1）4月1日，业务员李天华向成都大成公司询问有线键盘的价格（无税价格为95元/个），经过评估后确认价格合理，随即向主管领导提出请购要求，请购数量为300个。领导同意向成都大成公司订购有线键盘300个，单价为95元，要求到货日期为4月3日，增值税税率为13%。

（2）4月3日，收到订购的有线键盘300个，填制到货单。将所收到的货物验收入原料库，填制采购入库单。当天收到该笔货物的增值税专用发票一张。业务部门将发票交给财务部门，财务部门确定此业务所涉及的应付账款及采购成本。

（3）4月4日，财务部门开出工行转账支票一张，支票号为ZZ123，付清采购货款。

操作指导

典型采购业务

1. 采购

（1）填制并审核请购单。执行“供应链”|“采购管理”|“请购”|“请购单”命令，在打开的界面中选择“增加”|“空白单据”，按业务描述输入相关信息，结果如图7-2所示。单击“保存”按钮，然后单击“审核”按钮对采购请购单进行审核。

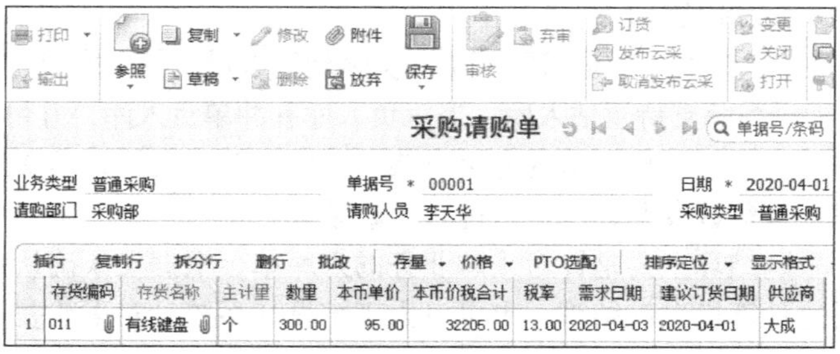

图7-2 采购请购单

操作提示

① 录入采购请购单后，需要对其进行审核。只有采购请购单经过审核后，系统才能导入其数据，供输入采购订单时使用。

② 在实际工作中，业务单据的填制人与审核人一般是不同的课堂练习时，除必须控制的设置外，可以由同一人完成审核或复核，以避免频繁切换操作人员登录系统。

③ 如果在操作中删除了某张单据，则系统中单据的编号会继续自动向后加 1 形成，导致出现断号情况，此时可以手工输入编号来填补空缺的编号。

（2）填制并审核采购订单。

① 执行“供应链”|“采购管理”|“采购订货”|“采购订单”命令，在打开的界面中选择“增加”|“请购单”，进行查询条件设置，存货选择有线键盘，如图 7-3 所示。

图 7-3　查询条件设置

② 单击“确定”按钮，打开“订单拷贝请购单表头列表”界面，选择需要复制（转入）的请购单，如图 7-4 所示，在订单拷贝请购单表头列表中会显示相关信息。

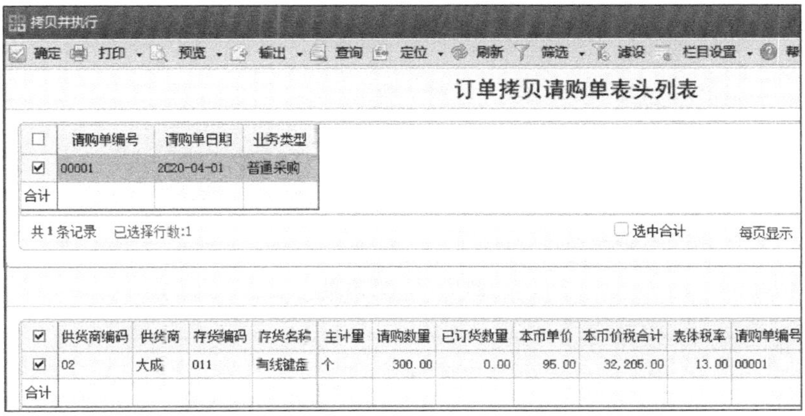

图 7-4　订单拷贝请购单表头列表

③ 单击“确定”按钮返回，并将选择的采购请购单数据复制到采购订单中，可以补充和修改相关数据。采购订单内容如图 7-5 所示。单击“保存”按钮，然后单击“审核”按钮完成审核。

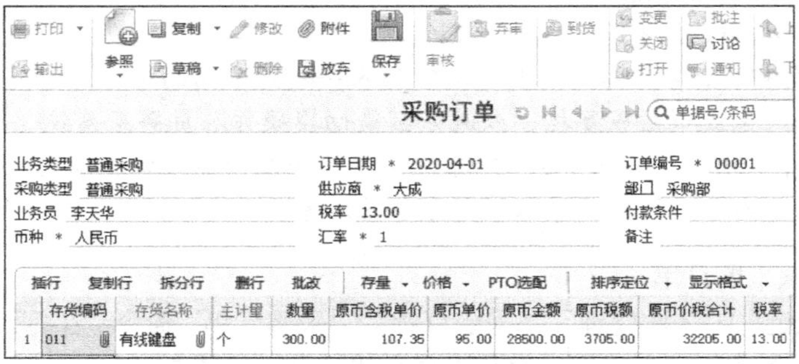

图 7–5 采购订单

（3）4 月 3 日到货。执行“供应链”|“采购管理”|“采购到货”|“到货单”命令，在打开的界面中选择“增加”|“采购订单”，供应商选择“成都大成公司”，打开到货单拷贝订单表头列表，如图 7-6 所示。选择要复制的到货单，单击工具栏中的“确定”按钮，采购订单的数据将被复制到到货单中，此时可以修改相关信息。到货单如图 7-7 所示。先单击“保存”按钮，然后单击“审核”按钮完成审核。

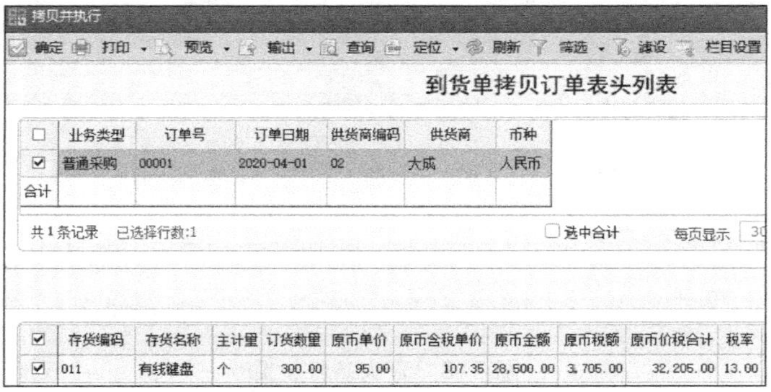

图 7–6 到货单拷贝订单表头列表

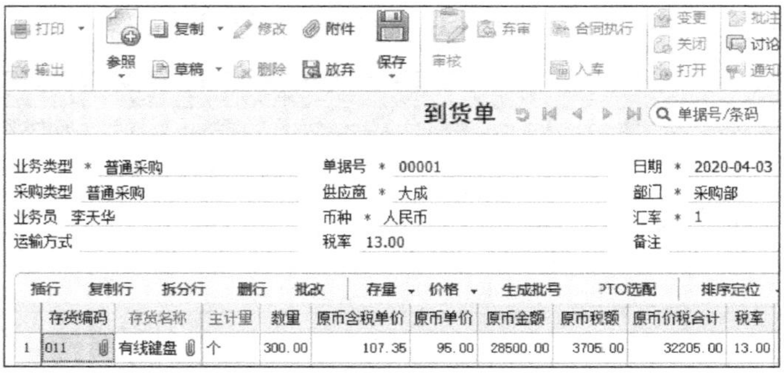

图 7–7 到货单

操作提示

审核完成后，单击工具栏中的“入库”按钮可以生成采购入库单。这里用其他方法生成采购入库单。

2. 入库

（1）执行“供应链”|“库存管理”|“采购入库”|“采购入库单”命令，在打开的界面中选择“增加”|“采购”|“采购到货单”进行查询条件设置。可以选择以供应商为条件，供应商选择“成都大成公司”，单击“确定”按钮进入采购到货单选择状态，如图 7-8 所示。

（2）单击“确定”按钮返回，补充仓库等信息，如图 7-9 所示。单击“保存”按钮，然后单击“审核”按钮完成审核。

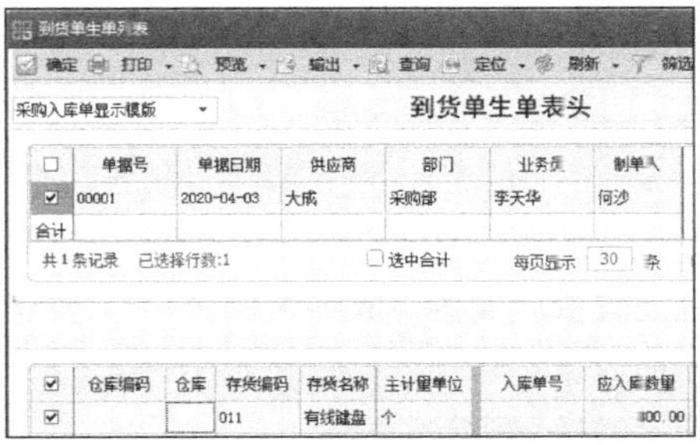

图 7–8　采购到货单的选择状态

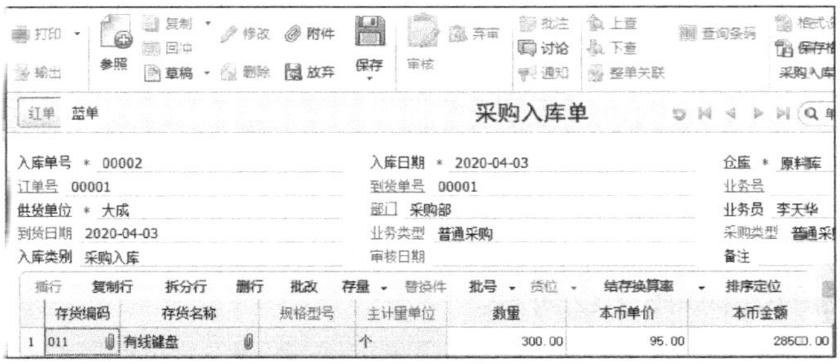

图 7–9　填制采购入库单

操作提示

采购管理中也有采购入库单，但只供查询使用，不能输入。在期初时可以输入期初的采购入库单。

3. 采购发票制作和结算

（1）填制并复核采购发票。执行“供应链”|“采购管理”|“采购发票”|“专用采购发票”命令，在打开的界面中选择“增加”|“入库单”，查询条件中供应商选择“成都大成公司”，进入入库单选择状态。选择入库单后单击“确定”按钮返回，补充发票日期等信息，如图 7-10 所示。先保存，再完成复核。

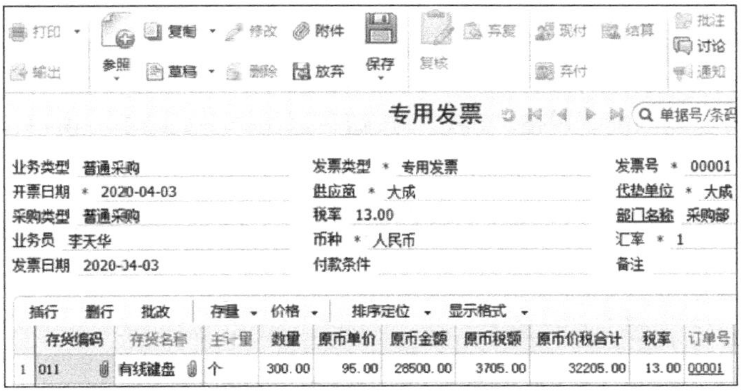

图 7–10　填制采购发票

（2）采购结算。执行“供应链”|“采购管理”|“采购结算”|“自动结算”命令，系统会自动进行采购结算。

若要人工结算采购费用，其操作流程如下。

① 执行“供应链”|“采购管理”|“采购结算”|“手工结算”命令，打开“手工结算”窗口，如图 7-11 所示。

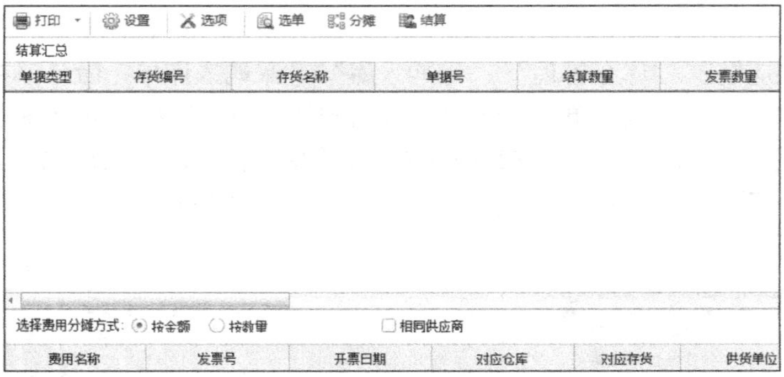

图 7–11　手工结算

② 单击工具栏中的“选单”按钮打开“结算选单”窗口。再单击工具栏中的“查询”按钮，进行条件设置，筛选要手工结算的发票和采购入库单，这里设置供应商为“成都大成公司”。筛选后的结果如图 7-12 所示。

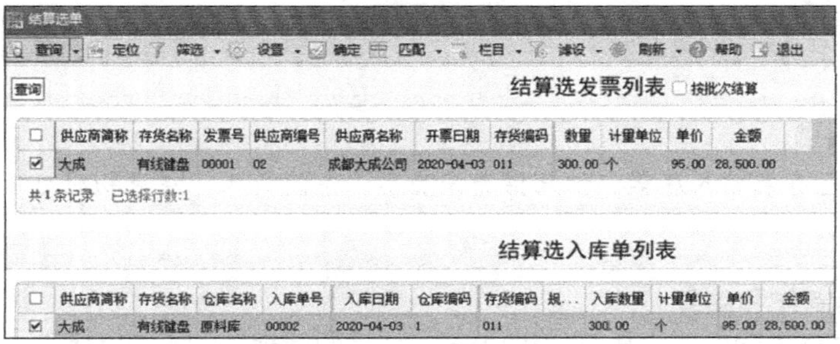

图 7–12　结算选单

📖操作提示

如果没有显示单据，则说明刚才输入的专用发票没有复核。这时需要执行“供应链”|“采购管理”|“采购发票”|“采购发票表”命令，找到此发票并完成复核后再进行结算。

③ 在结算选发票列表和结算选入库单列表中勾选要结算的单据，也可以先选择一个，然后单击“匹配”按钮进行自动匹配。单击“确定”按钮，返回“手工结算”窗口，这时候会显示已经结算的单据，如图 7-13 所示。

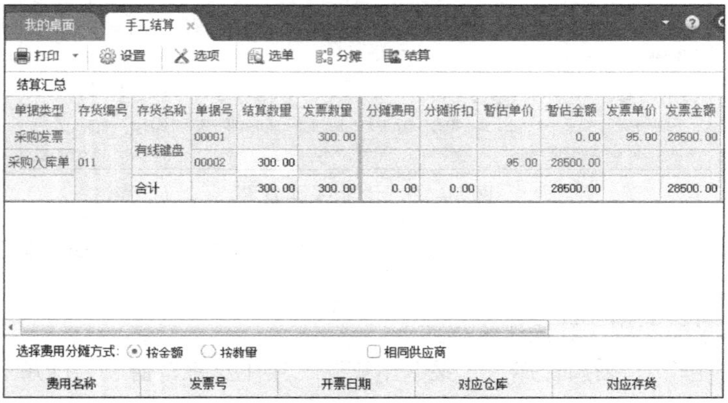

图 7–13　手工结算单据

④ 单击工具栏中的“结算”按钮，系统显示“完成结算”，然后退出结算操作。此时在“手工结算”窗口，将看不到已结算的采购入库单和采购发票。结算结果可以通过执行“供应链”|“采购管理”|“采购结算”|“结算单列表”命令进行查询，如图 7-14 所示。单据上方显示的查询条件，可以通过工具栏中的“布局”|“显示查询条件”命令取消其显示。需要使用查询条件功能时，可以单击工具栏中的“查询”按钮。

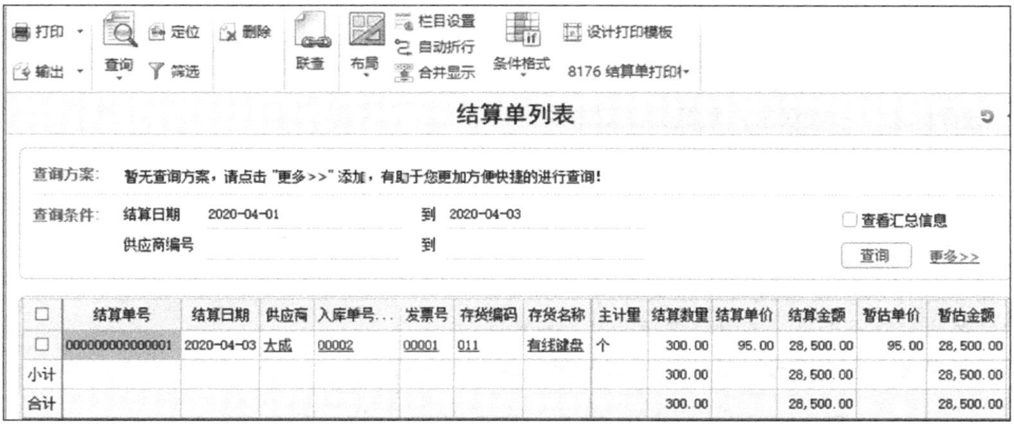

□	结算单号	结算日期	供应商	入库单号...	发票号	存货编码	存货名称	主计量	结算数量	结算单价	结算金额	暂估单价	暂估金额
□	0000000000000001	2020-04-03	大成	00002	00001	011	有线键盘	个	300.00	95.00	28,500.00	95.00	28,500.00
小计									300.00		28,500.00		28,500.00
合计									300.00		28,500.00		28,500.00

图 7-14　结算单列表

操作提示

出于某种原因需要修改或删除采购入库单、采购发票时，需要先取消采购结算。具体操作方法是：从结算单列表中选择要取消的结算单，然后单击“删除”按钮即可。

4. 凭证制作

（1）生成应付凭证。

① 应付单据审核。应付单据审核就是财务部门对发票进行审核，确认发票为合法发票、相关信息真实，以便进行相关的应收账款确认或直接付款。

执行“财务会计”|“应付款管理”|“应付处理”|“采购发票”|“采购发票审核”命令，在“采购发票审核”窗口中单击右下角的“查询”按钮，打开采购发票列表，如图 7-15 所示。选择发票，然后单击工具栏中的“审核”按钮，系统会显示审核成功的提示信息。此外，也可以双击要审核的发票进行审核操作。

序号	☑	审核人	单据日期	单据类型	单据号	供应商名称	部门	业务员	制单人	原币金额
1	☑		2020-04-03	采购专用发票	00001	成都大成公司	采购部	李天华	何沙	32,205.00

图 7-15　采购发票列表

② 生成凭证。可以通过制单处理生成凭证，并将凭证传递至总账系统，后续再进行审核和记账操作。系统对不同的单据类型或不同的业务处理提供制单（生成凭证）的功能；系统还提供了

一个统一制单的平台，可以在此快速、成批生成凭证，并可依据规则进行合并制单等操作。

执行“财务会计”|“应付款管理”|“凭证处理”|“生成凭证”命令，打开“制单查询”对话框，勾选“发票”，供应商选择“02-成都大成公司”，如图 7-16 所示。单击“确定”按钮，打开发票列表，凭证类别选择“转账凭证”，填入制单日期，单击“全选”按钮（选择要进行制单的单据，这里是发票），或在“选择标志”一栏双击，系统会在双击的栏目下自动填入一个序号，表明要将该发票生成凭证，如图 7-17 所示。

图 7-16　制单查询

📖操作提示

操作员可以修改系统所给出的序号。例如，若系统给出的序号为 1，可以将其改为 2。如果选择了多张单据，相同序号的单据会制成一张凭证。

图 7-17　采购发票制单

单击“制单”按钮（制单日期只能大于等于单据日期），稍等片刻，会显示拟生成的凭证，如图 7-18 所示。凭证生成后，可以对凭证进行调整，如补充相关科目信息等。单击“保存”按钮生成凭证。

生成的凭证可以通过执行“财务会计”|“应付款管理”|“凭证处理”|“凭证查询”命令查看，还可以通过执行“财务会计”|“总账”|“凭证”|“查询凭证”命令查看。

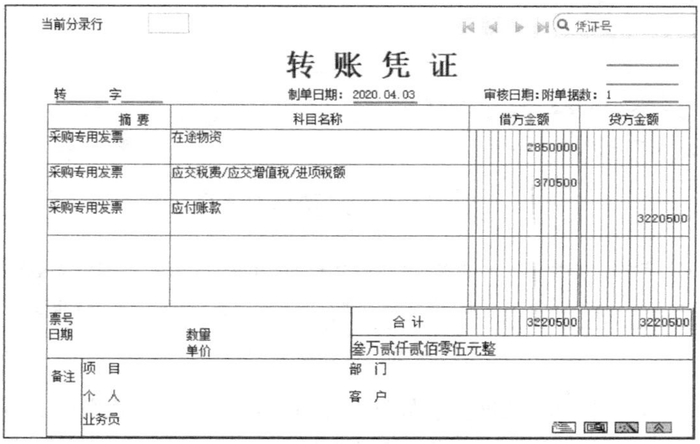

图 7-18　生成应付凭证

（2）生成入库凭证。

① 期初库存单据记账。如果录入期初余额时没有记账，应执行“供应链”|“存货核算”|“设置”|“期初余额”命令，先选择仓库记账，然后才能进行后续操作。

② 采购入库单记账。执行“供应链”|“存货核算”|“记账”|“正常单据记账”命令，单击工具栏中的“查询”按钮进行查询条件设置，可以按照仓库选择，或者按照单据类型（采购入库单）选择，单击“确定”按钮，结果如图 7-19 所示。先选择要记账的行，然后单击“记账”按钮完成记账工作。

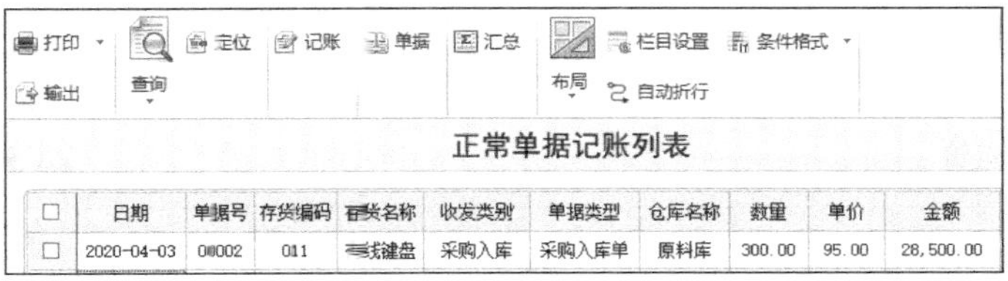

图 7–19　正常单据记账列表

操作提示

执行“供应链”|“存货核算”|“记账”|“恢复记账”命令，可以查看已经记账的单据，并可将其恢复到未记账状态。

③ 生成凭证。执行“供应链”|“存货核算”|“凭证处理”|“生成凭证”命令，在打开的界面中单击工具栏中的“选单”按钮进行查询条件设置，单击单据类型后的小方块图标，在打开的界面中勾选“01 采购入库单（报销记账）”，如图 7-20 所示。单击“确定”按钮，返回查询条件设置界面，如图 7-21 所示。

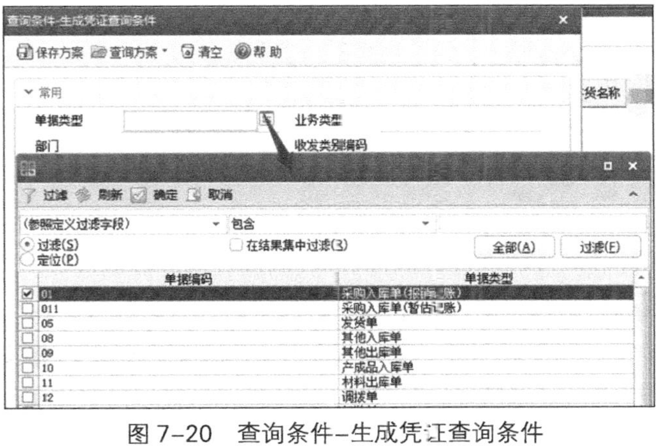

图 7–20　查询条件–生成凭证查询条件

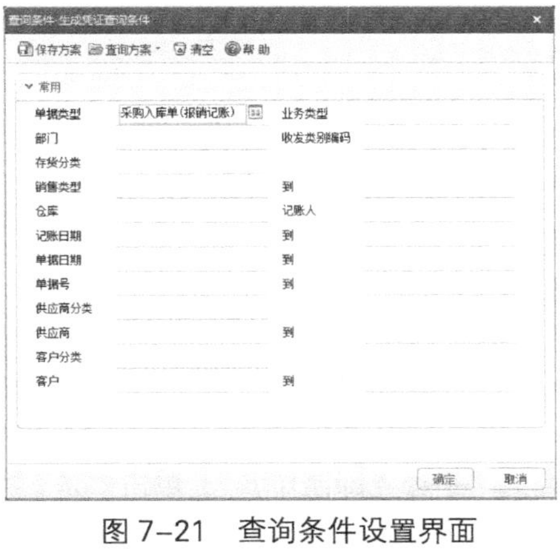

图 7–21　查询条件设置界面

单击“确定”按钮后，会打开未生成凭证单据一览表，如图 7-22 所示。在“选择”栏选择要处理的单据，单击“确定”按钮返回“生成凭证”窗口，凭证类别选择“转 转账凭证”，如图 7-23 所示。

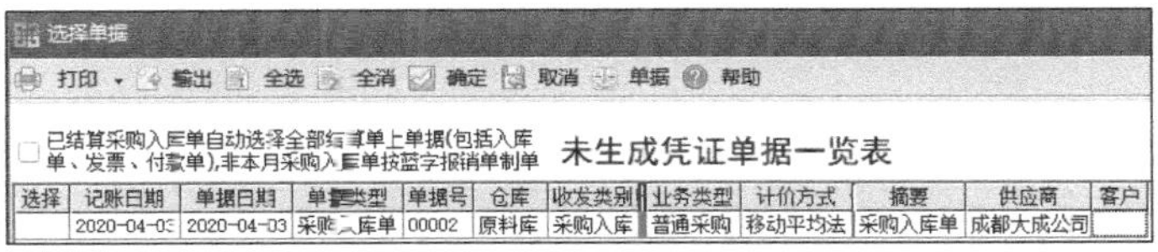

图 7–22　未生成凭证单据一览表

打印 输出 选单 删除 制单 合并制单 联查单据 摘要设置 清理互斥

凭证类别 转 转账凭证

选择	单据类型	业务类型	单据号	摘要	科目类型	科目编码	科目名称	借方金额	贷方金额	借方数量	贷方数量
1	采购入库单	普通采购	00002	采购入库单	存货	140301	生产用原材料	28,500.00		300.00	
					对方	1402	在途物资		28,500.00		300.00
合计								28,500.00	28,500.00		

图 7–23　生成入库凭证

若相关信息不完整，在这里可补充填写（如会计科目）。单击工具栏中的“制单”按钮，打开“填制凭证”窗口。单击“保存”按钮，若凭证左上角出现“已生成”标志，则表示凭证已经传递到总账系统。凭证分录如下。

借：原材料——生产用原材料　　28 500

　　贷：在途物资　　28 500

> **操作提示**
>
> 执行“基础设置”|“业务参数”|“财务会计”|“总账”|“设置”|“选项”命令，在“凭证”选项卡中取消勾选“制单序时控制”，否则系统要求生成凭证的日期必须大于已有的凭证日期。

5. 付款

（1）执行“财务会计”|“应付款管理”|“付款处理”|“付款单据录入”命令，打开“付款单”窗口。单击工具栏中的“增加”按钮，供应商选择“成都大成公司”，结算方式选择“转账支票”，金额为 32 205 元，输入表头后单击第一行记录，即可显示相关信息，如图 7-24 所示。

图 7–24　付款单

（2）单击“保存”按钮，然后单击“审核”按钮（也可以执行“财务会计”|“应付款管理”|“付款处理”|“付款单据审核”命令进行审核，一般在另外一个人负责审核的情况下使用），系统询问“是否立即制单？”，单击“是”按钮，打开“填制凭证”窗口，凭证类别选择“付款凭证”，补充输入发票号和支票号等信息（如果需要）。生成的凭证分录如下。

借：应付账款——大成　　32 205

　　贷：银行存款——工行　　32 205

三、采购现结

业务描述

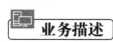

4 月 4 日，向成都大成公司购买无线鼠标 30 箱（每箱含 12 只），单价为 600 元/箱（无税单

价），直接验收入原料库。同时收到专用发票一张，立即以工行转账支票（支票号为 ZZ011）支付货款。现要确定采购成本，进行付款处理。

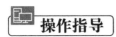

操作指导

采购现结业务

1. 填制并审核采购入库单

执行“供应链”|“库存管理”|“采购入库”|“采购入库单”命令，在打开的界面中单击“增加”按钮，输入业务描述信息，如图 7-25 所示。单击“保存”按钮，再单击“审核”按钮，然后退出。

红单　蓝单　采购入库单　单据号/条码

入库单号 * 00003　入库日期 * 2020-04-04　仓库 * 原料库
订单号　到货单号　业务号
供货单位 * 大成　部门 采购部　业务员 李天华
到货日期　业务类型 普通采购　采购类型 普通采购
入库类别 采购入库　审核日期　备注

插行　复制行　拆分行　删行　批改　存量　替换件　批号　货位　结存换算率

	存货编码	存货名称	规格型号	主计量单位	数量	本币单价	本币金额
1	014	无线鼠标		只	360.00	50.00	18000.00

图 7–25　采购入库单（现结）

2. 录入采购专用发票并进行现结处理和采购结算

（1）执行“供应链”|“采购管理”|“采购发票”|“专用采购发票”命令，在打开的界面中选择“增加”|“入库单”，查询条件中来源单据类型选择“采购入库单”，打开发票拷贝入库单表头列表。选择要传入数据的入库单，单击“确定”按钮，结果如图 7-26 所示。

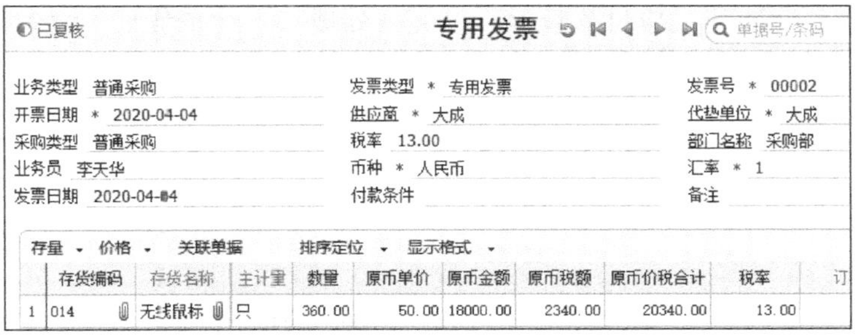
已复核　专用发票　单据号/条码

业务类型 普通采购　发票类型 * 专用发票　发票号 * 00002
开票日期 * 2020-04-04　供应商 * 大成　代垫单位 * 大成
采购类型 普通采购　税率 13.00　部门名称 采购部
业务员 李天华　币种 * 人民币　汇率 * 1
发票日期 2020-04-04　付款条件　备注

存量　价格　关联单据　排序定位　显示格式

	存货编码	存货名称	主计量	数量	原币单价	原币金额	原币税额	原币价税合计	税率	订
1	014	无线鼠标	只	360.00	50.00	18000.00	2340.00	20340.00	13.00	

图 7–26　采购专用发票（现结）

（2）单击工具栏中的“现付”按钮，输入付款金额（如果不小心退出了发票，可执行“供应链”|“采购管理”|“采购发票”|“采购发票列表”命令再打开这张发票）。输入付款信息后的结果如图 7-27 所示。

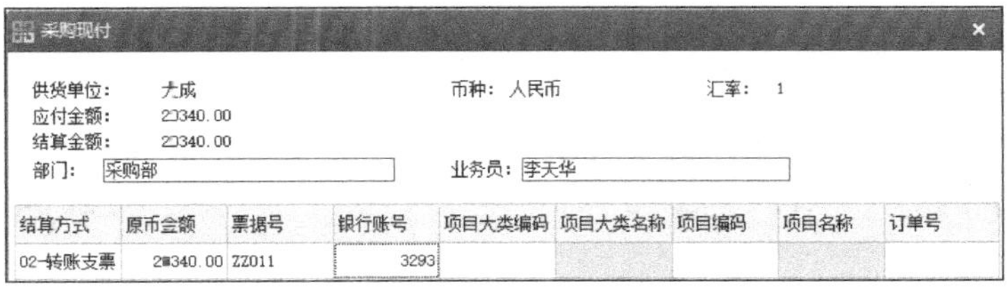
采购现付

供货单位：大成　币种：人民币　汇率：1
应付金额：20340.00
结算金额：20340.00
部门：采购部　业务员：李天华

结算方式	原币金额	票据号	银行账号	项目大类编码	项目大类名称	项目编码	项目名称	订单号
02-转账支票	20340.00	ZZ011	3293					

图 7–27　采购现付

（3）单击“确定”按钮，执行现付后，发票上显示“现付”标志。单击工具栏中的“结算”按钮，系统自动进行结算，即票据自动配对入库单并更新数据，在发票上会显示“已结算”标志。

（4）单击专用发票工具栏中的“整单关联”按钮，在“关联单据”对话框中选择“应付款管理”|“收付款单”，如图 7-28 所示。

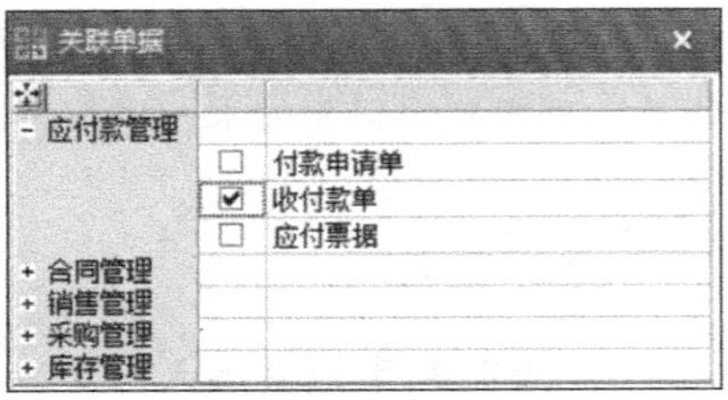

图 7–28　关联单据

（5）单击“关联单据”对话框底部的“确定”按钮打开“关联单据”窗口，如图 7-29 所示。单击“显示单据”按钮可以查看此付款单。

图 7–29　关联单据（付款单）

（6）执行“财务会计”|“应付款管理”|“应付处理”|“采购发票”|“采购发票审核”命令，在打开的界面中单击“查询”按钮，设置查询条件后可以看到显示的发票。选择发票后单击“审核”按钮，系统询问“是否立即制单？”，单击“不立即制单”按钮。审核发票的同时，系统也会自动审核现付的付款单。

3. 生成现结凭证

（1）执行“财务会计”|“应付款管理”|“凭证处理”|“生成凭证”命令，在“制单查询”对话框中勾选“现结”，单击“确定”按钮可以看到现结列表，凭证类别选择“付款凭证”，如图 7-30 所示。

图 7–30　现结制单

（2）选择要制单的行，单击“制单”按钮生成凭证。其凭证分录如下。

借：在途物资　　　　　　　　　　　　　　　　　18 000

　　应交税费——应交增值税（进项税额）　　　　 2 340

　　贷：银行存款——工行　　　　　　　　　　　　　20 340

4. 生成入库凭证

（1）执行“供应链”|“存货核算”|“记账”|“正常单据记账”命令，在打开的界面中进

行查询条件设置，可以按照仓库选择（原料库），或者按照单据类型选择（采购入库单）。设置完成后打开正常单据记账列表，如图 7-31 所示。先选择要记账的行，然后单击“记账”按钮完成操作。

正常单据记账列表

□	日期	单据号	存货编码	存货名称	收发类别	单据类型	仓库名称	数量	单价	金额
□	2020-04-04	00003	014	无线鼠标	采购入库	采购入库单	原料库	360.00	50.00	18,000.00

图 7–31　正常单据记账列表（现结）

（2）执行“供应链”|“存货核算”|“凭证处理”|“生成凭证”命令，单击工具栏中的“选单”按钮，单据类型选择“01 采购入库单（报销记账）”，单击“确定”按钮打开未生成凭证单据一览表。

（3）在“选择”栏选择要制单的单据，单击“确定”按钮后返回“生成凭证”窗口，凭证类别选择“转 转账凭证”，如图 7-32 所示。

打印 输出 选单 删除 制单 合并制单 联查单据 摘要

凭证类别 转 转账凭证

选择	单据类型	业务类型	单据号	摘要	科目类型	科目编码	科目名称	借方金额	贷方金额
1	采购入库单	普通采购	00008	采购入库单	存货	140301	生产用原材料	18,000.00	
					对方	1402	在途物资		18,000.00

图 7–32　生成凭证（现结）

（4）单击“制单”按钮打开“填制凭证”窗口。凭证分录如下。

借：原材料——生产用原材料　　18 000

　　贷：在途物资　　18 000

四、采购运费处理

业务描述

4 月 6 日，向成都大成公司购买 2TSSD 硬盘 200 盒，单价为 800 元/盒，验收入原料库。同时还购买有线鼠标 5 箱，单价为 600 元/箱，验收入原料库。当天收到税率为 13%的专用发票一张，发票含运输费用。

另外，在采购的过程中，还发生了一笔运输服务费 600 元，税率为 6%，收到相应的运输服务费发票一张，费用按照金额分配。现要确定采购成本及应付账款，货款未付。

操作指导

1. 填制并审核采购入库单

执行“供应链”|“库存管理”|“采购入库”|“采购入库单”命令，在打开的界面中选择“增加”|“空白单据”，输入业务描述信息，如图 7-33 所示。单击“保存”按钮，再单击“审核”按钮后退出。

采购运费处理

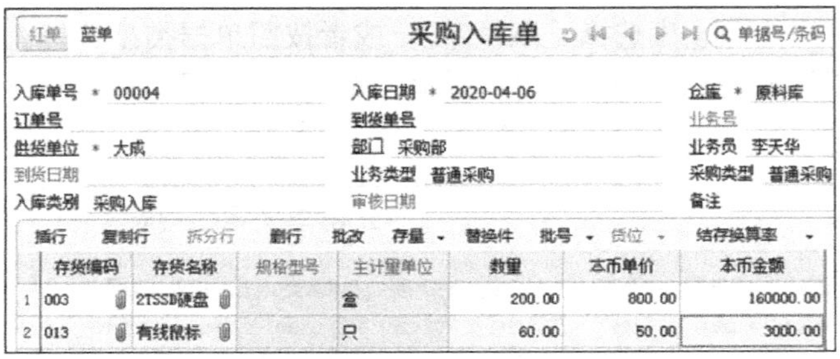

红单 蓝单 采购入库单 单据号/条码

入库单号 * 00004　入库日期 * 2020-04-06　仓库 * 原料库
订单号　到货单号　业务号
供货单位 * 大成　部门 采购部　业务员 李天华
到货日期　业务类型 普通采购　采购类型 普通采购
入库类别 采购入库　审核日期　备注

插行 复制行 拆分行 删行 批改 存量 替换件 批号 货位 结存换算率

	存货编码	存货名称	规格型号	主计量单位	数量	本币单价	本币金额
1	003	2TSSD硬盘		盒	200.00	800.00	160000.00
2	013	有线鼠标		只	60.00	50.00	3000.00

图 7–33　采购入库单（运费处理）

2. 填制采购专用发票

执行“供应链”|“采购管理”|“采购发票”|“专用采购发票”命令，在打开的界面中选择“增加”|“入库单”，查询条件中供应商为“成都大成公司”，来源单据类型为“采购入库单”，在打开的“发票拷贝入库单表头列表”中，选择要传入数据的入库单（2TSSD 硬盘和有线鼠标），单击“确定”按钮，数据将自动传送到专用发票中，如图 7-34 所示。单击“保存”按钮后再进行审核，完成后退出。

专用发票 单据号/条码

业务类型 普通采购　发票类型 * 专用发票　发票号 * 00003
开票日期 * 2020-04-06　供应商 * 大成　代垫单位 * 大成
采购类型 普通采购　税率 13.00　部门名称 采购部
业务员 李天华　币种 * 人民币　汇率 * 1
发票日期 2020-04-06　付款条件　备注

插行 删行 批改 存量 价格 排序定位 显示格式

	存货编码	存货名称	主计量	数量	原币单价	原币金额	原币税额	原币价税合计	税率
1	003	2TSSD硬盘	盒	200.00	800.00	160000.00	20800.00	180800.00	13.00
2	013	有线鼠标	只	60.00	50.00	3000.00	390.00	3390.00	13.00

图 7–34　专用发票

3. 填制运费发票并进行采购结算

运费发票是记录在采购货物过程中发生的运杂费、装卸费、入库整理费等费用的单据。运费发票记录的费用可以在手工结算时进行费用分摊，也可以单独进行费用结算。

（1）执行“供应链”|“采购管理”|“采购发票”|“运费发票”命令，在打开的界面中单击“增加”按钮，输入运费的相关信息，如图 7-35 所示。单击“保存”按钮后再审核。

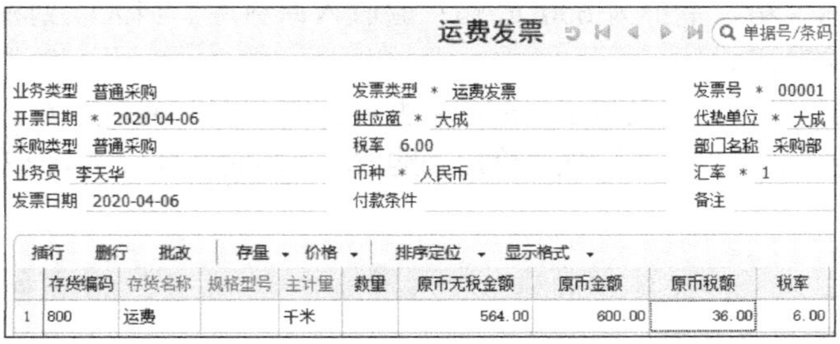

运费发票 单据号/条码

业务类型 普通采购　发票类型 * 运费发票　发票号 * 00001
开票日期 * 2020-04-06　供应商 * 大成　代垫单位 * 大成
采购类型 普通采购　税率 6.00　部门名称 采购部
业务员 李天华　币种 * 人民币　汇率 * 1
发票日期 2020-04-06　付款条件　备注

插行 删行 批改 存量 价格 排序定位 显示格式

	存货编码	存货名称	规格型号	主计量	数量	原币无税金额	原币金额	原币税额	税率
1	800	运费		千米		564.00	600.00	36.00	6.00

图 7–35　运费发票

（2）执行“供应链”|“采购管理”|“采购结算”|“手工结算”命令，在打开的界面中单击“选单”按钮打开“结算选单”窗口。单击工具栏中的“查询”按钮，供应商选择“成都大成公司”，完成条件设置后将显示未结算的单据，选择要结算的发票和对应的入库单，如图 7-36 所示。

（3）选择全部发票和对应入库单，单击“确定”按钮，系统询问“所选单据和扣税类别不同，是否继续？”，单击“是”按钮。在“手工结算”窗口，选择费用分摊方式为“按金额”，如图 7-37 所示。

□	供应商简称	存货名称	发票号	开票日期	存货编码	数量	计量单位	单价	金额
□	大成	2TSSD硬盘	00003	2020-04-06	003	200.00	盒	800.00	160,000.00
□	大成	有线鼠标	00003	2020-04-06	013	60.00	只	50.00	3,000.00
□	大成	运费	00001	2020-04-06	800		千米	0.00	564.00

□	供应商简称	存货名称	仓库名称	入库单号	存货编码	入库数量	件数	单价	金额
□	大成	2TSSD硬盘	原料库	00004	003	200.00	200.00	800.00	160,000.00
□	大成	有线鼠标	原料库	00004	013	60.00	30.00	50.00	3,000.00

图 7–36　结算选单

单据类型	存货编号	存货名称	单据号	结算数量	发票数量	分摊费用	暂估...	暂估金额	发票单价	发票金额
采购发票		2TSSD硬盘	00003		200.00			0.00	800.00	160000.00
采购入库单	003		00004	200.00			800.00	160000.00		
		合计		200.00	200.00	0.00		160000.00		160000.00
采购发票		有线鼠标	00003		60.00			0.00	50.00	3000.00
采购入库单	013		00004	60.00			50.00	3000.00		
		合计		60.00	60.00	0.00		3000.00		3000.00

费用名称	发票号	开票日期	对应仓库	对应存货	供货单位	代垫单位	计量单位	数量	单价	金额
运费	00001	2020-04-06			大成	大成	千米			564.00

图 7–37　手工结算

（4）单击“分摊”按钮，系统询问“选择按金额分摊，是否开始计算？”，单击“是”按钮进行计算。计算完成后，结算汇总表中会显示分摊结果，如图 7-38 所示。在该表中，“分摊费用”栏显示的就是分摊的运费。

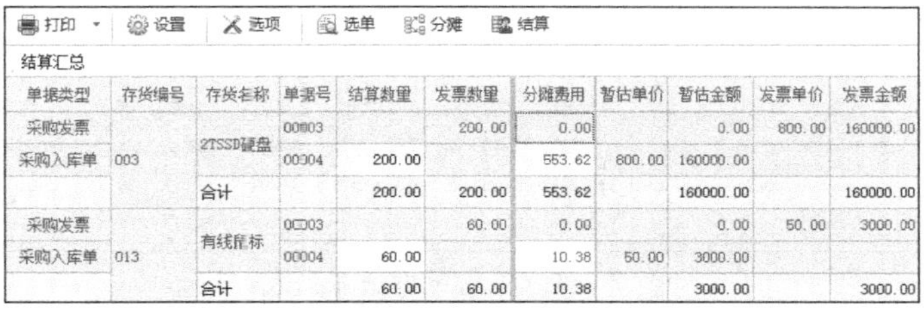

单据类型	存货编号	存货名称	单据号	结算数量	发票数量	分摊费用	暂估单价	暂估金额	发票单价	发票金额
采购发票		2TSSD硬盘	00003		200.00	0.00		0.00	800.00	160000.00
采购入库单	003		00004	200.00		553.62	800.00	160000.00		
		合计		200.00	200.00	553.62		160000.00		160000.00
采购发票		有线鼠标	00003		60.00	0.00		0.00	50.00	3000.00
采购入库单	013		00004	60.00		10.38	50.00	3000.00		
		合计		60.00	60.00	10.38		3000.00		3000.00

图 7–38　分摊运费的结果

（5）单击“结算”按钮完成结算工作。结算后不管采购入库单上有无单价，其单价都被自动修改为发票上的存货单价。

4. 审核发票并合并制单

（1）执行“财务会计”|“应付款管理”|“应付处理”|“采购发票”|“采购发票审核”命令，在打开的界面中单击“查询”按钮进行应付单条件设置，供应商选择“成都大成公司”，单击“确定”按钮打开采购发票列表，如图 7-39 所示。

采购发票列表

序号	□	审核人	单据日期	单据类型	单据号	供应商名称	部门	原币金额	本币金额
1	□		2020-04-06	采购专用发票	00003	成都大成公司	采购部	184,190.00	184,190.00
2	□		2020-04-06	运费发票	00001	成都大成公司	采购部	600.00	600.00

图 7–39　采购发票列表

（2）选择要审核的采购专用发票和运费发票，单击“审核”按钮，审核成功后退出。

（3）执行“财务会计”|“应付款管理”|“凭证处理”|“生成凭证”命令，在“制单查询”对话框中勾选“发票”，单击“确定”按钮打开发票列表，凭证类别选择“转账凭证”，如图 7-40 所示。

发票列表

凭证类别 转账凭证　　制单日期 2020-04-06

选择标志	凭证类别	单据类型	单据号	日期	供应商编码	供应商名称	金额
	转账凭证	采购专用发票	00003	2020-04-06	02	成都大成公司	184,190.00
	转账凭证	运费发票	00001	2020-04-06	02	成都大成公司	600.00

图 7-40　采购发票制单

（4）选择要生成凭证的采购专用发票和运费发票，单击“合并”按钮（合并制作为一张凭证），然后单击“制单”按钮，打开“填制凭证”窗口。生成的凭证分录如下。

借：在途物资　　163 564

　　应交税费——应交增值税（进项税额）　　21 226

　　贷：应付账款——大成　　184 790

5. 生成入库凭证

（1）执行“供应链”|“存货核算”|“记账”|“正常单据记账”命令，在打开的界面中进行查询条件设置，可以按照仓库（原料库）选择，或者按照单据类型（采购入库单）选择，打开正常单据记账列表，如图 7-41 所示。先选择要记账的行（这里可以全选），再单击“记账”按钮完成操作。

正常单据记账列表

☐	日期	单据号	存货编码	存货名称	收发类别	单据类型	仓库名称	数量	单价	金额
☐	2020-04-06	00004	003	2TSSD硬盘	采购入库	采购入库单	原料库	200.00	802.77	160,553.62
☐	2020-04-06	00004	013	有线鼠标	采购入库	采购入库单	原料库	60.00	50.17	3,010.38
小计								260.00		163,564.00

图 7-41　正常单据记账列表

（2）执行“供应链”|“存货核算”|“凭证处理”|“生成凭证”命令，单击工具栏中的“选单”按钮，单据类型选择“01 采购入库单（报销记账）”，单击“确定”按钮，打开未生成凭证单据一览表。

（3）在“选择”栏选取采购入库单，单击“确定”按钮返回“生成凭证”窗口，凭证类别选择“转 转账凭证”，如图 7-42 所示。

打印　输出　选单　删除　制单　合并制单　联查单据　摘要设置

凭证类别 转 转账凭证

选择	单据类型	业务类型	单据号	科目类型	科目编码	科目名称	借方金额	贷方金额	借方数量	存货名称
1	采购入库单	普通采购	00004	存货	140301	生产用原材料	160,553.62		200.00	2TSSD硬盘
				对方	1402	在途物资		160,553.62		2TSSD硬盘
				存货	140301	生产用原材料	3,010.38		60.00	有线鼠标
				对方	1402	在途物资		3,010.38		有线鼠标
合计							163,564.00	163,564.00		

图 7-42　生成凭证

（4）单击“合并制单”按钮，打开“填制凭证”窗口，信息输入完毕后，单击“保存”按钮生成凭证。分录如下。

借：原材料——生产用原材料　　163 564

　　贷：在途物资　　163 564

五、请购比价

业务描述

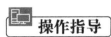

（1）4 月 6 日，李天华申请购买 5 箱共 60 只有线鼠标（使用部门：一车间），经审核同意分别向重庆大江公司和成都大成公司提出询价，报价截止日期为 4 月 7 日。

（2）4 月 7 日，供应商的报价分别为：重庆大江公司不含税报价 420 元/箱（每只 35 元，含税价为 39.55 元），成都大成公司不含税报价 444 元/箱（每只 37 元，含税价为 41.81 元）。通过比价，决定向重庆大江公司订购，要求到货日期为 4 月 9 日。

（3）4 月 9 日，未收到上述所订货物，向供应商发出催货函。

操作指导

请购比价

1. 启用询价业务

执行“供应链”|“采购管理”|“设置”|“选项”命令，在“采购系统选项”对话框中打开“业务及权限控制”选项卡，勾选“启用询价业务”，将最高进价控制口令设为“123”，如图 7-43 所示。

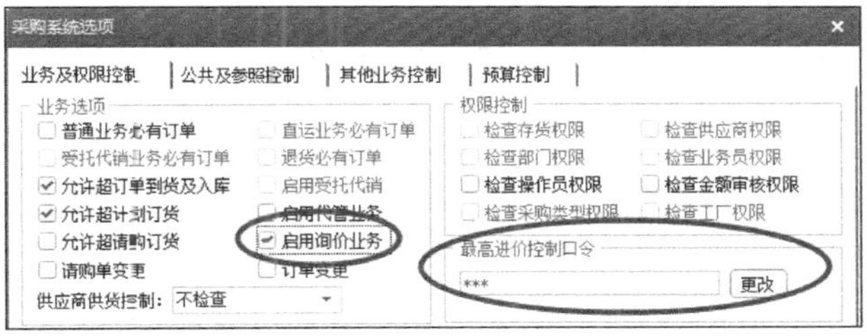

图 7-43　业务及权限控制

2. 填制并审核请购单

执行“供应链”|“采购管理”|“请购”|“请购单”命令，单击“增加”按钮后按业务描述输入相关信息，如图 7-44 所示。单击“保存”按钮，然后审核。

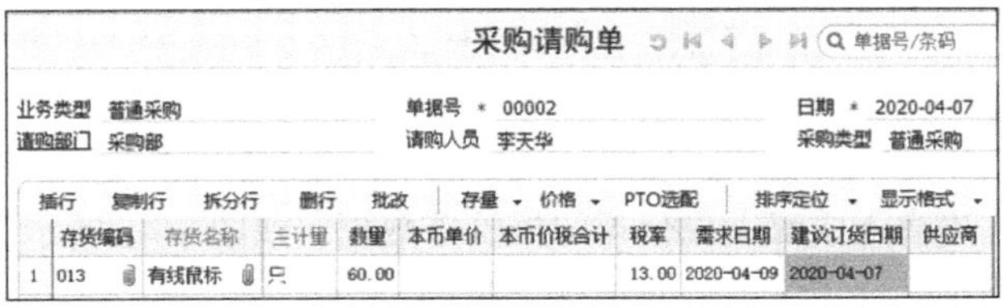

图 7-44　采购请购单（请购比价）

> **操作提示**
>
> 在采购请购单中不需要填写单价、供应商等信息。

3. 生成询价计划单

执行“供应链”|“采购管理”|“采购询价”|“询价计划单”命令，在打开的界面中选择“增加”|“采购请购单”，按照默认查询条件打开“采购请购单”窗口。选择要转入的有线鼠标采购请购单，单击“确定”按钮返回，如图 7-45 所示。先保存，然后审核。

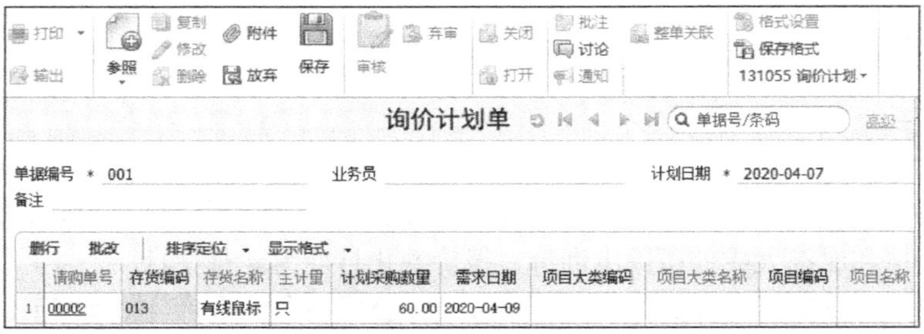

图 7–45　询价计划单

📖操作提示

如果没有显示采购询价的相关功能，可先执行“供应链”|“销售管理”命令进入其他模块，再回到采购管理模块（或重新登录）。如果还是没有采购询价功能，则需要再次检查“启用询价业务”是否设置好。如果设置了新业务，但系统没有显示相关菜单，均可采用此法处理。

4. 供应商报价

（1）执行“供应链”|“采购管理”|“采购询价”|“供应商报价单”命令，在打开的界面中单击“增加”按钮后进行查询条件设置，此处保持默认设置，单击“确定”按钮打开“参照生单”窗口，选择指定的询价计划单，如图 7-46 所示。

（2）单击“确定”按钮，询价计划单的数据将自动转入供应商报价单，如图 7-47 所示。先保存，然后审核。

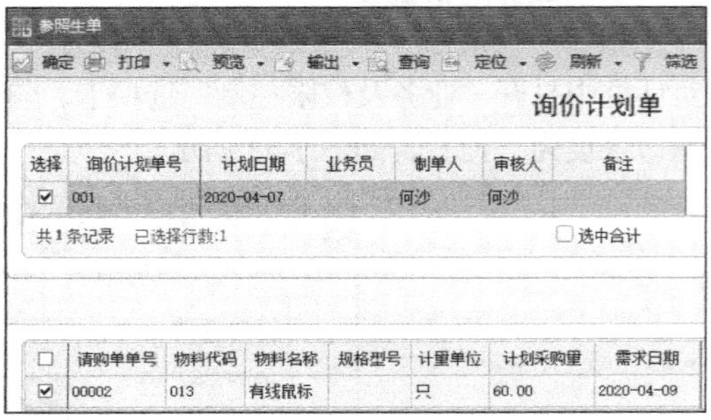

图 7–46　参照生单

图 7–47　供应商报价单（重庆大江公司）

（3）按照同样的方法输入成都大成公司的报价单数据，如图 7-48 所示。先保存，再审核。供应商报价单只能参照询价计划单生成，不可手工新增。

图 7–48　供应商报价单（成都大成公司）

5. 采购比价审批

（1）执行“供应链”|“采购管理”|“采购询价”|“采购比价审批单”命令，在打开的界面中选择“增加”|“询价计划单”，进行查询条件设置，此处保持默认设置，单击“确定”按钮，打开“参照生单”窗口，选择指定的询价计划单。

（2）单击“确定”按钮后，系统将两家供应商的报价填入采购比价审批单，如图7-49所示。

采购比价审批单

单据编号 * 001　订单日期 * 2020-04-07　询价计划单号 001
业务员 李天华　采购类型 普通采购　供应类型 * 采购
价格标识 * 含税价　币种 * 人民币　汇率 * 1
税率 13.00　备注

	生单	选择	供应商编码	供应商	存货编码	存货名称	主计量单位	采购数量	原币含税单价	原币单价	原币金额	原币税额	原币价税合计	税率
1			02	大成	013	有线鼠标	只	60.00	41.81	37.00	2220.00	288.60	2508.60	13.00
2			01	大江	013	有线鼠标	只	60.00	39.55	35.00	2100.00	273.00	2373.00	13.00

图7-49　采购比价审批单

（3）比较价格后，决定删除价格高的成都大成公司报价，将光标定位于成都大成公司所在行，单击“删行”按钮，结果如图7-50所示。

采购比价审批单

单据编号 * 001　订单日期 * 2020-04-07　询价计划单号 001
业务员 李天华　采购类型 普通采购　供应类型 * 采购
价格标识 * 含税价　币种 * 人民币　汇率 * 1
税率 13.00　备注

	供应商	存货编码	存货名称	主计量单位	采购数量	原币含税单价	原币单价	原币金额	原币税额	原币价税合计	税率
1	大江	013	有线鼠标	只	60.00	39.55	35.00	2100.00	273.00	2373.00	13.00

图7-50　采购比价审批单（已删除大成公司报价）

> **注意**
> 工具栏中“删除”按钮的功能是删除整个单据，“删行”按钮在表体上部。

（4）单击“保存”按钮，在“选择”栏下双击重庆大江公司所在的行进行选择（选择成功后将显示“Y”），然后审核。单击“生成采购订单”按钮生成订单。

（5）执行“供应链”|“采购管理”|“采购订货”|“采购订单列表”命令可以查到该订单，然后审核。

6. 向供应商催货

执行“供应链”|“采购管理”|“供应商管理”|“供应商催货函”命令，打开“查询条件-供应商催货函”窗口。供应商简称选择“大江”，输入计划到货日期“2020-04-09”，打开供应商催货函，如图7-51所示。

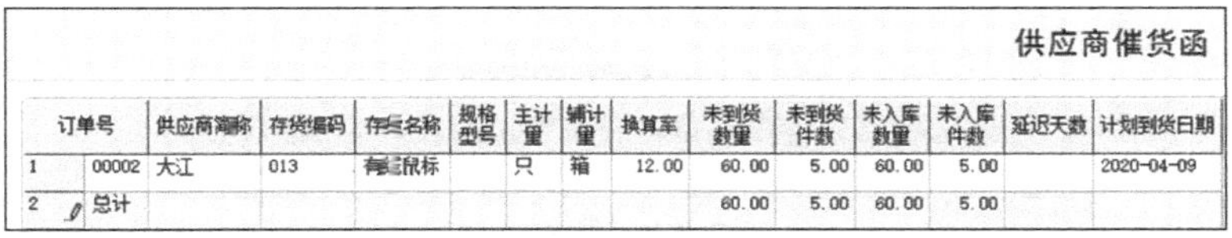
供应商催货函

	订单号	供应商简称	存货编码	存货名称	规格型号	主计量	辅计量	换算率	未到货数量	未到货件数	未入库数量	未入库件数	延迟天数	计划到货日期
1	00002	大江	013	有线鼠标		只	箱	12.00	60.00	5.00	60.00	5.00		2020-04-09
2	总计								60.00	5.00	60.00	5.00		

图7-51　供应商催货函

在供应商催货函中，如果没有显示要催货的商品，应检查上一步生成的采购订单是否已完成审核。可以将供应商催货函打印出来或输出为 Excel 电子表格、PDF 电子文档发送给供应商。退出后，可以执行“供应链”|“采购管理”|“供应商管理”|“供应商催货函”命令查看。

六、暂估入库报销

业务描述

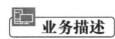

4 月 9 日，收到重庆大江公司提供的上月已验收入库的 100 盒 2TSSD 硬盘的专用发票一张，发票上注明的硬盘单价为 790 元。现要进行暂估报销处理，确定采购成本及应付账款。

操作指导

1. 录入采购发票

本业务的处理与存货核算中的暂估方式设置有关，这里设置的是单到回冲（可执行“存货核算”|“设置”|“选项”|“核算方式”命令进行设置）。

暂估入库报销

执行“供应链”|“采购管理”|“采购发票”|“专用采购发票”命令，在打开的界面中选择“增加”|“入库单”，进行查询条件设置。供应商选择“重庆大江公司”，打开“拷贝并执行”窗口。本业务是 3 月 25 日的暂估业务，选择入库单后单击“确定”按钮返回，采购入库单的数据将被自动带入发票，输入发票日期等，将单价从“800”元改为“790”元，如图 7-52 所示。单击“保存”按钮，然后完成复核。

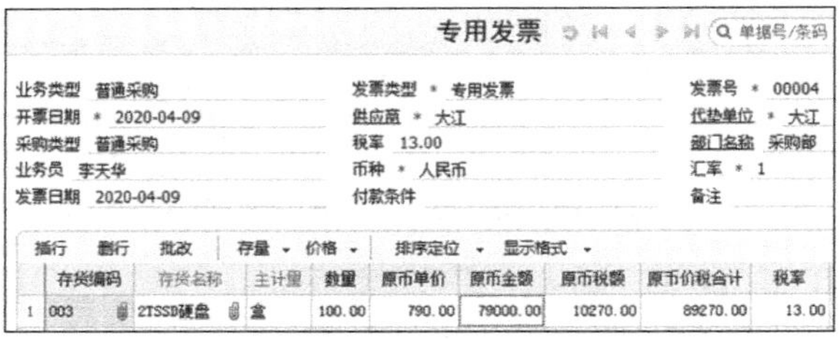

图 7–52　专用采购发票

2. 采购结算

（1）执行“供应链”|“采购管理”|“采购结算”|“手工结算”命令，在打开的界面中单击“选单”按钮，打开“结算选单”窗口。单击“查询”按钮进行条件设置，供应商选择“重庆大江公司”，返回“结算选单”窗口后的结果如图 7-53 所示。

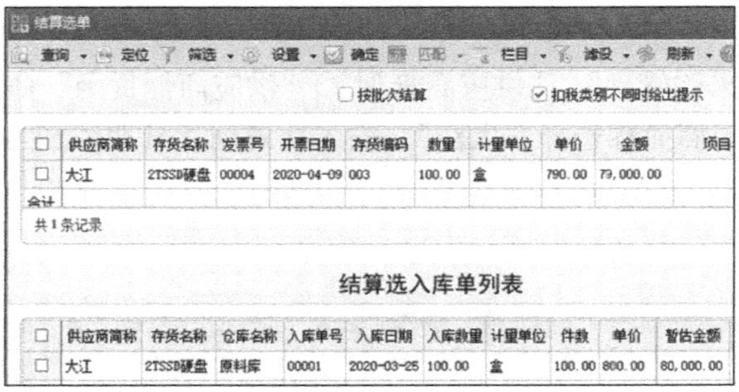

图 7–53　结算选单

（2）在发票与入库单之间进行匹配选择，单击“确定”按钮，返回“手工结算”窗口，如图 7-54 所示。单击“结算”按钮，完成结算工作。

打印 ▾　设置　选项　选单　分摊　结算

结算汇总

单据类型	存货编号	存货名称	单据号	结算数量	发票数量	暂估单价	暂估金额	发票单价	发票金额
采购发票		2TSSD硬盘	00004		100.00		0.00	790.00	79000.00
采购入库单	003		00001	100.00		800.00	80000.00		
		合计		100.00	100.00		80000.00		79000.00

图 7-54　手工结算

3. 结算成本处理并生成凭证

（1）执行“供应链”|“存货核算”|“记账”|“结算成本处理”命令，在打开的界面中进行结算成本处理条件设置。仓库名称选择“原料库”，单击“确定”按钮，打开“结算成本处理”窗口，如图 7-55 所示。

打印 ▾　输出　查询　结算处理　参数设置　栏目设置　自动折行

○ 按数量分摊
◉ 按金额分摊

结算成本处理

☐	结算单号	仓库名称	入库单号	入库日期	存货名称	数量	暂估单价	暂估金额	结算数量	结算单价	结算金额
☐	000000000000004	原料库	00001	2020-03-25	2TSSD硬盘	100.00	800.00	80,000.00	100.00	790.00	79,000.00
合计						100.00		80,000.00	100.00		79,000.00

图 7-55　结算成本处理

（2）选择暂估结算的单据，单击工具栏中的“结算处理”按钮结算成本。

（3）执行“供应链”|“存货核算”|“凭证处理”|“生成凭证”命令，在工具栏中单击“选单”按钮，进行查询条件设置。单据类型选择“红字回冲单”和“蓝字回冲单（报销）”，单击“确定”按钮返回“选择单据”窗口。单击“全选”按钮，再单击“确定”按钮，打开“生成凭证”窗口。

（4）凭证类别选择“转 转账凭证”，补充应付暂估的科目名称“在途物资”，如图 7-56 所示。

打印 ▾　输出　选单　删除　制单　合并制单　联查单据　摘要设置

凭证类别 转 转账凭证

选择	单据类型	业务类型	单据号	科目类型	科目编码	科目名称	借方金额	贷方金额	借方数量	存货名称
1	红字回冲单	普通采购	00001	存货	140301	生产用原材料	-80,000.00		-100.00	2TSSD硬盘
				应付暂估	1402	在途物资		-80,000.00		2TSSD硬盘
	蓝字回冲单			存货	140301	生产用原材料	79,000.00		100.00	2TSSD硬盘
				对方	1402	在途物资		79,000.00		2TSSD硬盘
合计							-1,000.00	-1,000.00		

图 7-56　生成凭证

（5）单击“制单”按钮，打开“填制凭证”窗口。凭证分录如下。

① 期初暂估红字回冲。

借：原材料——生产用原材料　　　　−80 000

　　贷：在途物资　　　　−80 000

② 发票到时蓝字回冲。

借：原材料——生产用原材料　　79 000

　　贷：在途物资　　79 000

（6）分别保存红字回冲单和蓝字回冲单，生成凭证。如果发现生成的凭证有误需要重新生成，可执行“供应链”|“存货核算”|“凭证处理”|“查询凭证”命令，先选择要删除的凭证，然后单击“删除”按钮即可。

4．审核发票并制单处理

（1）执行“财务会计”|“应付款管理”|“应付处理”|“采购发票”|“采购发票审核”命令，在设置查询条件时将供应商设为“重庆大江公司”，完成操作后的结果如图 7-57 所示。先选择要审核的行，然后单击“审核”按钮完成审核工作。

采购发票列表

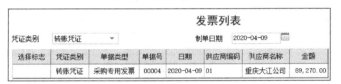

序号	☐	审核人	单据日期	单据类型	单据号	供应商名称	部门	原币金额
1	☐		2020-04-09	采购专用发票	00004	重庆大江公司	采购部	89,270.00

图 7-57　采购发票列表

（2）执行“财务会计”|“应付款管理”|“凭证处理”|“生成凭证”命令，在“制单查询”对话框中勾选“发票”，打开发票列表，将凭证类别改为“转账凭证”，如图 7-58 所示。

发票列表

凭证类别　转账凭证　　制单日期　2020-04-09

选择标志	凭证类别	单据类型	单据号	日期	供应商编码	共应商名称	金额
	转账凭证	采购专用发票	00004	2020-04-09	01	重庆大江公司	89,270.00

图 7-58　采购发票制单

（3）先选择相关凭证，然后单击“制单”按钮，打开“填制凭证”窗口。生成的凭证分录如下。

借：在途物资　　79 000

　　应交税费——应交增值税（进项税额）　　10 270

　　贷：应付账款　　89 270

> **操作提示**
>
> 执行“供应链”|“采购管理”|“报表”|“采购账簿”|“采购结算余额表”或“在途货物余额表”命令，可以查询有关业务信息。

七、采购结算前退货

业务描述

（1）4 月 9 日，收到成都大成公司提供的 LED 显示屏，数量为 52 块，无税单价为 1 200 元，验收入原料库。

（2）4 月 10 日，仓库反映有 2 块 LED 显示屏有质量问题，要退回供应商，需办理相关出库手续。

（3）收到成都大成公司开具的 50 块 LED 显示屏的专用发票一张，其不含税单价为 1 200 元。现要编制应付账款凭证和入库凭证。

操作指导

采购结算前退货

1. 填制并审核采购入库单

执行“供应链”|“库存管理”|“采购入库”|“采购入库单”命令，在打开的界面中选择“增加”|“空白单据”，输入业务描述信息，如图 7-59 所示。先单击“保存”按钮，再单击“审核”按钮，审核完成后退出。

红单 蓝单　采购入库单　单据号/条码

入库单号 * 00005　入库日期 * 2020-04-09　仓库 * 原料库
订单号　到货单号　业务号
供货单位 * 大成　部门 采购部　业务员 李天华
到货日期　业务类型 普通采购　采购类型 普通采购
入库类别 采购入库　审核日期　备注

插行 复制行 拆分行 删行 批改 存量 替换件 批号 货位 结存换算率

	存货编码	存货名称	主计量单位	数量	本币单价	本币金额
1	006	LED显示屏	块	52.00	1200.00	62400.00

图 7-59　填制采购入库单

2. 填制红字采购入库单

执行“供应链”|“库存管理”|“采购入库”|“采购入库单”命令，在打开的界面中单击“增加”按钮，再单击入库单左上角的“红单”按钮（红单用于冲销），这时“采购入库单”几个字会变成红色，输入业务描述信息，退货数量填写“-2”，单价填写“1 200”，如图 7-60 所示。单击“保存”按钮，进行审核后退出。

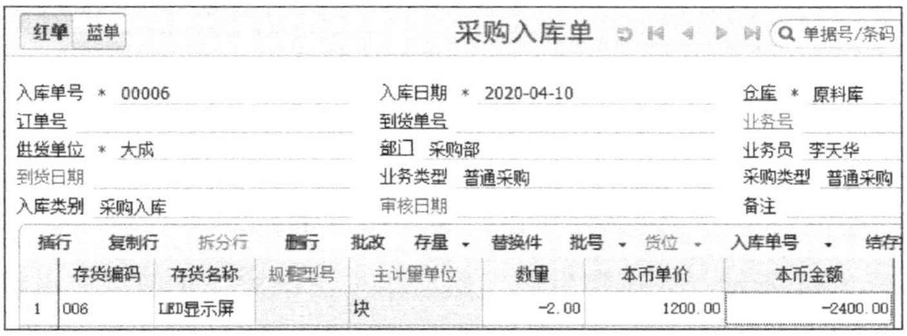
红单 蓝单　采购入库单　单据号/条码

入库单号 * 00006　入库日期 * 2020-04-10　仓库 * 原料库
订单号　到货单号　业务号
供货单位 * 大成　部门 采购部　业务员 李天华
到货日期　业务类型 普通采购　采购类型 普通采购
入库类别 采购入库　审核日期　备注

插行 复制行 拆分行 删行 批改 存量 替换件 批号 货位 入库单号 结存

	存货编码	存货名称	规格型号	主计量单位	数量	本币单价	本币金额
1	006	LED显示屏		块	-2.00	1200.00	-2400.00

图 7-60　填制红字采购入库单（采购结算前退货）

3. 根据采购入库单生成采购专用发票

执行“供应链”|“采购管理”|“采购发票”|“专用采购发票”命令，在打开的界面中选择“增加”|“入库单”，单据来源类型为“采购入库单”，然后打开发票拷贝入库单表头列表，选择要传入数据的蓝字入库单。单击“确定”按钮后，数据将被自动复制到发票中。将发票中的数量改为“50”，如图 7-61 所示。单击“保存”按钮后再进行复核。

专用发票　单据号/

业务类型 普通采购　发票类型 * 专用发票　发票号 * 00005
开票日期 * 2020-04-10　供应商 * 大成　代垫单位 * 大成
采购类型 普通采购　税率 13.00　部门名称 采购部
业务员 李天华　币种 * 人民币　汇率 * 1
发票日期 2020-04-10　付款条件　备注

插行 删行 批改 存量 价格 排序定位 显示格式

	存货编码	存货名称	主计量	数量	原币单价	原币金额	原币税额	原币价税合计	税率
1	006	LED显示屏	块	50.00	1200.00	60000.00	7800.00	67800.00	13.00

图 7-61　生成采购专用发票

4. 采购结算

（1）执行“供应链”|“采购管理”|“采购结算”|“手工结算”命令，在打开的界面中单击“选单”按钮，打开“结算选单”窗口。单击“查询”按钮进行查询条件设置，供应商选择“成都大成公司”，然后选择要结算的单据（退货的要一并选），操作完成后的结果如图 7-62 所示。

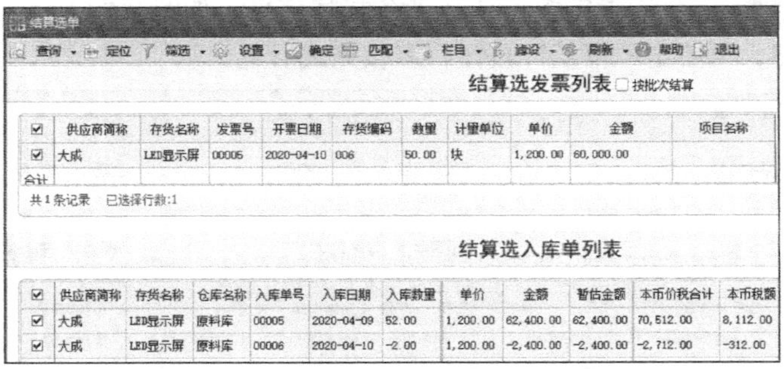

☑	供应商简称	存货名称	发票号	开票日期	存货编码	数量	计量单位	单价	金额	项目名称
☑	大成	LED显示屏	00005	2020-04-10	006	50.00	块	1,200.00	60,000.00	
合计										

☑	供应商简称	存货名称	仓库名称	入库单号	入库日期	入库数量	单价	金额	暂估金额	本币价税合计	本币税额
☑	大成	LED显示屏	原料库	00005	2020-04-09	52.00	1,200.00	62,400.00	62,400.00	70,512.00	8,112.00
☑	大成	LED显示屏	原料库	00006	2020-04-10	-2.00	1,200.00	-2,400.00	-2,400.00	-2,712.00	-312.00

图 7-62　结算选单

（2）单击“确定”按钮，返回“手工结算”窗口，如图 7-63 所示，单击“结算”按钮完成操作。

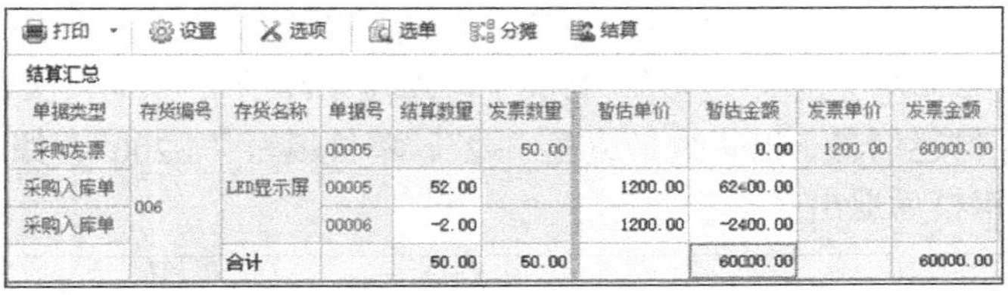

单据类型	存货编号	存货名称	单据号	结算数量	发票数量	暂估单价	暂估金额	发票单价	发票金额
采购发票	006	LED显示屏	00005		50.00		0.00	1200.00	60000.00
采购入库单			00005	52.00		1200.00	62400.00		
采购入库单			00006	-2.00		1200.00	-2400.00		
		合计		50.00	50.00		60000.00		60000.00

图 7-63　手工结算

5. 生成应付凭证

（1）执行“财务会计”|“应付款处理”|“采购发票”|“采购发票审核”命令，在打开的界面中单击“查询”按钮进行查询条件设置。供应商选择“成都大成公司”，单击“确定”按钮打开采购发票列表，如图 7-64 所示。先选择发票，然后单击“审核”按钮完成审核。

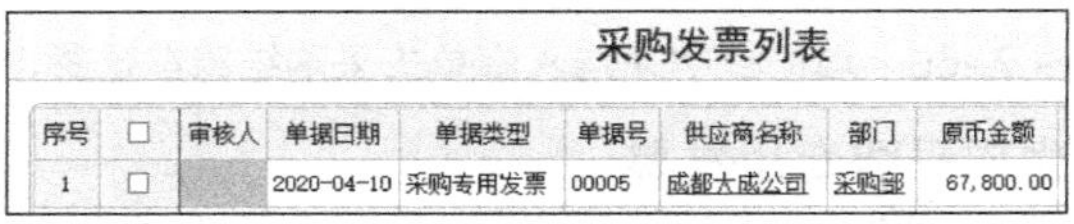

序号	☐	审核人	单据日期	单据类型	单据号	供应商名称	部门	原币金额
1	☐		2020-04-10	采购专用发票	00005	成都大成公司	采购部	67,800.00

图 7-64　采购发票列表

（2）执行“财务会计”|“应付款管理”|“凭证处理”|“生成凭证”命令，在“制单查询”对话框中勾选“发票”，供应商选择“成都大成公司”，打开发票列表。凭证类别选择“转账凭证”，如图 7-65 所示。先选择凭证，然后单击“制单”按钮，即可生成凭证。凭证分录如下。

借：在途物资　　60 000

　　应交税费——应交增值税（进项税额）　　7 800

　　贷：应付账款——大成　　67 800

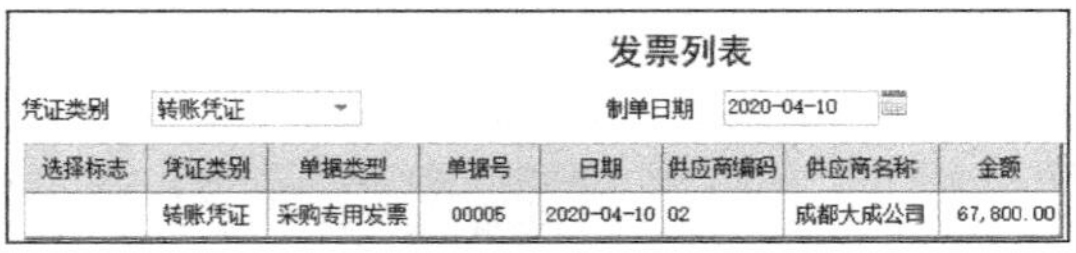

选择标志	凭证类别	单据类型	单据号	日期	供应商编码	供应商名称	金额
	转账凭证	采购专用发票	00005	2020-04-10	02	成都大成公司	67,800.00

图 7-65　采购发票制单

6. 生成入库凭证

（1）执行“供应链”|“存货核算”|“记账”|“正常单据记账”命令，在打开的界面中单击“查询”按钮进行条件设置。仓库选择“原料库”，单据类型选择“采购入库单”，打开正常单据记账列表，如图 7-66 所示。先选择凭证，再单击“记账”按钮完成记账工作。

☐	日期	单据号	存货编码	存货名称	收发类别	单据类型	仓库名称	数量	单价	金额
☐	2020-04-09	00005	006	LED显示屏	采购入库	采购入库单	原料库	52.00	1,200.00	62,400.00
☐	2020-04-10	00006	006	LED显示屏	采购入库	采购入库单	原料库	-2.00	1,200.00	-2,400.00
小计								50.00		60,000.00

图 7-66　正常单据记账列表

（2）执行“供应链”|“存货核算”|“凭证处理”|“生成凭证”命令，单击工具栏中的“选单”按钮，单据类型选择“采购入库单（报销记账）”，打开未生成凭证单据一览表（显示内容与图 7-66 类似）。选择两张入库单，单击“确定”按钮后返回“生成凭证”窗口，凭证类别选择“转 转账凭证”，如图 7-67 所示。

打印 ▾　输出　选单　删除　制单　合并制单　联查单据　摘要设置

凭证类别 转 转账凭证

选择	单据类型	业务类型	单据号	科目类型	科目编码	科目名称	借方金额	贷方金额	借方数量	存货名称
1	采购入库单	普通采购	00005	存货	140301	生产用原材料	62,400.00		52.00	LED显示屏
				对方	1402	在途物资		62,400.00		LED显示屏
			00006	存货	140301	生产用原材料	-2,400.00		-2.00	LED显示屏
				对方	1402	在途物资		-2,400.00		LED显示屏
合计							60,000.00	60,000.00		

图 7-67　生成凭证

（3）单击工具栏中的“合并制单”按钮，将两张入库单合并生成一张凭证。凭证分录如下。

借：原材料——生产用原材料　　60 000

　　贷：在途物资　　60 000

八、采购结算后退货

业务描述

4 月 15 日，发现前期从成都大成公司购入的有线键盘质量有问题，从原料库退回 4 个给供货方，其不含税单价为 95 元，同时收到红字专用采购发票一张。现对采购入库单和红字专用采购发票进行业务处理。

操作指导

1. 填制并审核红字采购入库单

执行“供应链”|“库存管理”|“采购入库”|“采购入库单”命令，在打开的界面中选择“增加”|“空白单据”，单击左上角的“红单”按钮，输入业务描述信息，退货数量填写“-4”，单价填写“95”元，如图 7-68 所示。单击“保存”按钮，然后单击“审核”按钮完成操作。

采购结算后退货

图 7-68　填制红字采购入库单（采购结算后退货）

2. 填制红字采购专用发票并执行采购结算

（1）执行“供应链”|“采购管理”|“采购发票”|“红字专用采购发票”命令，在打开的界面中选择“增加”|“入库单”，进行查询条件设置。供应商选择“成都大成公司”，单击“确定”按钮打开发票拷贝入库单表头列表，选择该笔业务的入库单，单击“确定”按钮返回发票，即可复制入库单数据，操作完成后的结果如图 7-69 所示。

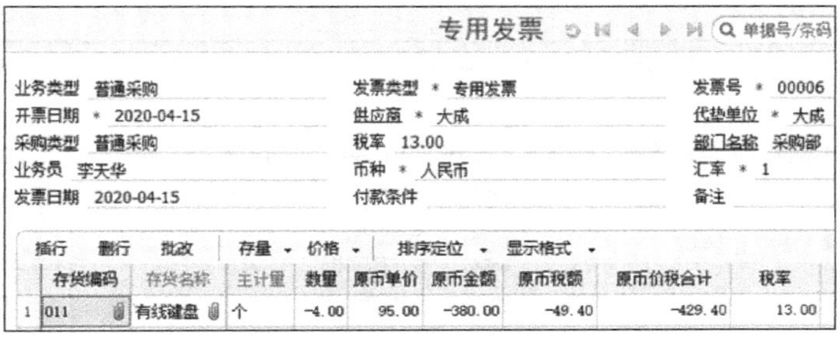

图 7-69　填制红字采购专用发票

（2）单击“保存”按钮后完成复核，再单击“结算”按钮进行自动结算。此时可通过执行“供应链”|“采购管理”|“采购结算”|“结算单列表”命令查看结算结果。

3. 生成应付冲销凭证

（1）执行“财务会计”|“应付款管理”|“应付处理”|“采购发票”|“采购发票审核”命令，在打开的界面中单击“查询”按钮进行查询条件设置。供应商选择“成都大成公司”，单击“确定”按钮打开采购发票列表，如图 7-70 所示。先选择发票，然后完成审核工作。

序号	☐	审核人	单据日期	单据类型	单据号	供应商名称	部门	原币金额
1	☐		2020-04-15	采购专用发票	00006	成都大成公司	采购部	-429.40

图 7-70　采购发票列表

（2）执行“财务会计”|“应付款管理”|“凭证处理”|“生成凭证”命令，打开“制单查询”对话框。勾选“发票”，供应商选择“成都大成公司”，单击“确定”按钮打开“生成凭证”窗口。凭证类别选择“转账凭证”，结果如图 7-71 所示。

发票列表

凭证类别　转账凭证　　　　制单日期　2020-04-15

选择标志	凭证类别	单据类型	单据号	日期	供应商编码	供应商名称	金额
	转账凭证	采购专用发票	00006	2020-04-15	02	成都大成公司	-429.40

图 7-71　采购发票制单

（3）选择发票，单击“制单”按钮后显示生成的凭证。其凭证分录如下。

借：在途物资　　−380.00

　　应交税费——应交增值税（进项税额）　　−49.40

　　贷：应付账款——大成　　−429.40

4. 生成入库凭证

（1）执行“供应链”|“存货核算”|“记账”|“正常单据记账”命令，在打开的界面中单击“查询”按钮进行查询条件设置。仓库选择“原料库”，单据类型选择“采购入库单”，单击“确定”按钮打开正常单据记账列表，如图 7-72 所示。选择发票，单击“记账”按钮完成记账工作。

正常单据记账列表

☐	日期	单据号	存货编码	存货名称	收发类别	单据类型	仓库名称	数量	单价	金额
☐	2020-04-15	00007	011	有线键盘	采购入库	采购入库单	原料库	-4.00	95.00	-380.00

图 7–72　正常单据记账列表

（2）选择该笔业务的入库单，单击“确定”按钮后返回“生成凭证”窗口，凭证类别选择“转 转账凭证”，如图 7-73 所示。

打印　输出　选单　删除　制单　合并制单　联查单据

凭证类别 转 转账凭证

选择	单据类型	业务类型	单据号	科目类型	科目编码	科目名称	借方金额	贷方金额
1	采购入库单	普通采购	00007	存货	140301	生产用原材料	-380.00	
				对方	1402	在途物资		-380.00

图 7–73　生成凭证

（3）单击工具栏中的“制单”按钮，生成凭证。其凭证分录如下。

借：原材料——生产用原材料　　−380

　　贷：在途物资　　−380

九、暂估入库

业务描述

4 月 20 日，收到上海大坤公司提供的 HP 打印机 50 台，入配套用品库。由于到了月底发票仍未收到，现应进行暂估记账处理，每台打印机的暂估价为 1 500 元。

操作指导

1. 填制并审核采购入库单

执行“供应链”|“库存管理”|“采购入库”|“采购入库单”命令，在打开的界面中单击“增加”按钮，输入业务描述信息，不用填写本币单价，如图 7-74 所示。先单击“保存”按钮，再单击“审核”按钮，完成后退出。

暂估入库

2. 月末录入暂估入库成本并生成凭证

（1）执行“供应链”|“存货核算”|“记账”|“暂估成本录入”命令，在打开的界面中单击“查询”按钮进行查询条件设置，此处保持默认设置，单击“确定”按钮打开“暂估成本录入”窗口，输入暂估单价“1500”元，如图 7-75 所示。

红单 蓝单 **采购入库单**

入库单号 * 00008 | 入库日期 * 2020-04-20 | 仓库 * 配套用品库
订单号 | 到货单号 | 业务号
供货单位 * 大坤 | 部门 采购部 | 业务员 杨真
到货日期 | 业务类型 普通采购 | 采购类型 普通采购
入库类别 采购入库 | 审核日期 | 备注

插行 复制行 拆分行 删行 批改 存量 替换件 批号 货位 结存换算率

	存货编码	存货名称	规格型号	主计量单位	数量	本币单价	本币金额
1	020	HP打印机		台	50.00		

图 7–74　采购入库单

打印 输出 查询 取数 保存 布局 栏目设置 自动折行 条件格

暂估成本录入

单据日期	单据号	仓库	存货名称	业务类型	采购类型	供应商	入库类别	数量	单价	金额
2020-04-20	00008	配套用品库	HP打印机	普通采购	普通采购	上海大坤公司	采购入库	50.00	1,500.00	75,000.00

图 7–75　暂估成本录入

（2）执行“供应链”|“存货核算”|“记账”|“正常单据记账”命令，在打开的界面中进行查询条件设置，此处使用默认条件，打开正常单据记账列表，如图 7-76 所示。

正常单据记账列表

□	日期	单据号	存货编码	存货名称	收发类别	单据类型	仓库名称	数量	单价	金额
□	2020-04-20	00008	020	HP打印机	采购入库	采购入库单	配套用品库	50.00	1,500.00	75,000.00

图 7–76　正常单据记账列表

（3）选择要记账的入库单，单击“记账”按钮完成记账。

（4）执行“供应链”|“存货核算”|“凭证处理”|“生成凭证”命令，单击工具栏中的“选单”按钮，单据类型选择“011 采购入库单（暂估记账）”，单击“确定”按钮，即可显示未生成凭证单据一览表。

（5）选择要生成凭证的采购入库单，单击“确定”按钮返回“生成凭证”窗口，将凭证类别改为“转 转账凭证”，补充应付暂估科目名称“在途物资”，如图 7-77 所示。

打印 输出 选单 删除 制单 合并制单 联查单据

凭证类别 转 转账凭证

选择	单据类型	业务类型	单据号	科目类型	科目编码	科目名称	借方金额	贷方金额
1	采购入库单	普通采购	00008	存货	1405	库存商品	75,000.00	
				应付暂估	1402	在途物资		75,000.00

图 7–77　生成凭证

（6）单击“制单”按钮后生成的凭证分录如下。

借：库存商品　　75 000
　　贷：在途物资　　75 000

十、采购查询

1. 查询采购明细表

执行“供应链”|“采购管理”|“报表”|“明细表”|“采购明细表”命令，在打开的界面中进行查询条件设置，此处按照默认条件进行查询，查询结果如图 7-78 所示。

采购查询及采购业务月末结账

存货名称	规格型号	主计量	辅计量	换算率	数量	本币单价	本币金额	本币税额	本币价税合计
有线键盘		个			300.00	95.00	28,500.00	3,705.00	32,205.00
无线鼠标		只	箱	12.00	360.00	50.00	18,000.00	2,340.00	20,340.00
运费		千					564.00	36.00	600.00
2TSSD硬盘		盒	箱	10.00	200.00	800.00	160,000.00	20,800.00	180,800.00
有线鼠标		只	箱	12.00	60.00	50.00	3,000.00	390.00	3,390.00
2TSSD硬盘		盒	箱	10.00	100.00	790.00	79,000.00	10,270.00	89,270.00
LED显示屏		块			50.00	1,200.00	60,000.00	7,800.00	67,800.00
有线键盘		个			-4.00	95.00	-380.00	-49.40	-429.40
					1,06…		348,684.00	45,291.60	393,975.60

图 7-78　采购明细表（部分显示）

2. 查询入库明细表

执行“供应链”|“采购管理”|“报表”|“明细表”|“入库明细表”命令，在打开的界面中进行查询条件设置，此处按照默认查询条件设置，查询结果如图 7-79 所示。

	入库日期	入库单号	仓库名称	供应商简称	存货名称	规格型号	主计量	入库数量	本币单价	本币金额
1	2020-04-03	00002	原料库	大成	有线键盘		个	300.00	95.00	28,500.00
2	2020-04-04	00003	原料库	大成	无线鼠标		只	360.00	50.00	18,000.00
3	2020-04-06	00004	原料库	大成	2TSSD硬盘		盒	200.00	802.77	160,553.62
4	2020-04-06	00004	原料库	大成	有线鼠标		只	60.00	50.17	3,010.38
5	2020-04-09	00005	原料库	大成	LED显示屏		块	52.00	1,200.00	62,400.00
6	2020-04-10	00006	原料库	大成	LED显示屏		块	-2.00	1,200.00	-2,400.00
7	2020-04-15	00007	原料库	大成	有线键盘		个	-4.00	95.00	-380.00
8	2020-04-20	00008	配套用品库	大坤	HP打印机		台	50.00	1,500.00	75,000.00
9	总计							1,016.00		344,684.00

图 7-79　入库明细表（部分显示）

3. 查询采购发票列表

执行“供应链”|“采购管理”|“采购发票”|“采购发票列表”命令，在打开的界面中进行查询条件设置，此处按照默认查询条件设置，查询结果如图 7-80 所示。

发票类型	发票号	开票日期	供应商	存货名称	主计量	数量	原币无税单价	原币金额	原币税额	原币价税合计
专用发票	00001	2020-04-03	大成	有线键盘	个	300.00	95.00	28,500.00	3,705.00	32,205.00
专用发票	00002	2020-04-04	大成	无线鼠标	只	360.00	50.00	18,000.00	2,340.00	20,340.00
运费发票	00001	2020-04-06	大成	运费	千米			564.00	36.00	600.00
专用发票	00003	2020-04-06	大成	2TSSD硬盘	盒	200.00	800.00	160,000.00	20,800.00	180,800.00
专用发票	00003	2020-04-06	大成	有线鼠标	只	60.00	50.00	3,000.00	390.00	3,390.00
专用发票	00004	2020-04-09	大江	2TSSD硬盘	盒	100.00	790.00	79,000.00	10,270.00	89,270.00
专用发票	00005	2020-04-10	大成	LED显示屏	块	50.00	1,200.00	60,000.00	7,800.00	67,800.00
专用发票	00006	2020-04-15	大成	有线键盘	个	-4.00	95.00	-380.00	-49.40	-429.40
						1,066.00		348,684.00	45,291.60	393,975.60

图 7-80　采购发票列表（部分显示）

4. 查询结算明细表

执行“供应链”|“采购管理”|“报表”|“明细表”|“结算明细表”命令，在打开的界面中进行查询条件设置，此处按照默认查询条件设置，查询结果如图 7-81 所示。

5. 查询未完成业务明细表

执行“供应链”|“采购管理”|“报表”|“明细表”|“未完成业务明细表”命令，在打开的界面中进行查询条件设置，此处按照默认查询条件设置，查询结果如图 7-82 所示。

存货名称	规格型号	主计量	结算数量	结算单价	结算金额	费用	发票号	入库单号	入库日期	结算暂估单价	结算暂估金额
有线键盘		个	300.00	95.00	28,500.00		00001	00002	2020-04-03	95.00	28,500.00
无线鼠标		只	360.00	50.00	18,000.00		00002	00003	2020-04-04	50.00	18,000.00
2TSSD硬盘		盒	200.00	802.77	160,553.62	553.62	00003	00004	2020-04-06	800.00	160,000.00
有线鼠标		只	60.00	50.17	3,010.38	10.38	00003	00004	2020-04-06	50.00	3,000.00
2TSSD硬盘		盒	100.00	790.00	79,000.00		00004	00001	2020-03-25	800.00	80,000.00
LED显示屏		块	50.00	1,200.00	60,000.00		00005	00006	2020-04-10	1,200.00	60,000.00
有线键盘		个	-4.00	95.00	-380.00		00006	00007	2020-04-15	95.00	-380.00
			1,066.00		348,684.00	564.00					349,120.00

图 7–81　结算明细表（部分显示）

单据类型	业务类型	日期	结算日期	供应商简称	存货编码	存货名称	规格型号	主计量	入库数量	未结数量	暂估单价	未结金额
采购入库单	普通采购	2020-04-20		大坤	020	HP打印机		台	50.00	50.00	1,500.00	75,000.00
									50.00	50.00		75,000.00

图 7–82　未完成业务明细表

十一、采购业务月末结账

1. 结账处理

一般在本月报表编制完成并确认当期业务后，才进行月末结账等处理。具体方法如下。

① 在采购管理系统进行月末结账之前，应进行账套数据备份。

② 执行“供应链”|“采购管理”|“月末结账”命令，打开“月末结账”窗口，选择要结账的会计月份，单击“结账”按钮，系统提示结账完成。

若未进行期初记账，将不能进行月末结账。月末结账后，将不能修改、删除该月的单据。该月未输入的单据只能视为下个月的单据进行处理。完成采购管理月末处理后，才能进行库存管理及存货核算的月末处理。

2. 取消结账

只有取消库存管理、存货核算系统的月末结账，才能取消采购管理系统的月末结账。如果库存管理、存货核算的任何一个系统未取消月末结账，那么也不能取消采购管理系统的月末结账。

任务二　了解应付款管理业务

一、应付款管理功能概述

应付款管理是通过其他应付单、付款单等单据的录入和处理，对企业的往来账款进行综合管理，及时、准确地提供供应商的往来账款余额资料和各种分析报表，帮助企业合理地进行资金的调配，提高资金的利用效率。

应付业务处理流程如图 7-83 所示。

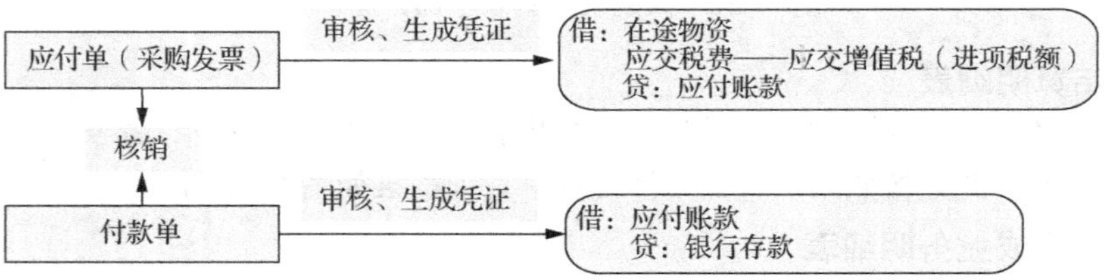

图 7–83　应付业务处理流程

二、典型付款业务

业务描述

4 月 17 日，财务部开出转账支票一张（支票号为 ZZ777），金额为 12 000 元，支付重庆大江公司前欠部分货款。

操作指导

应付款管理

1. 填制付款单

（1）执行“财务会计”|“应付款管理”|“付款处理”|“付款单据录入”命令，在打开的界面中单击“增加”按钮，输入付款资料，如图 7-84 所示。

图 7-84　付款单

（2）单击“保存”按钮，再单击“审核”按钮，系统询问“是否立即制单？”，单击“是”按钮，生成凭证。生成凭证的分录如下。

借：应付账款——大江　　12 000

　　贷：银行存款——工行　　12 000

2. 查询业务明细账

执行“财务会计”|“应付款管理”|“账表管理”|“业务报表”|“业务明细账”命令，在打开的界面中选择“重庆大江公司”，然后进行查询。

三、应付款查询

1. 应付款余额表

执行“财务会计”|“应付款管理”|“账表管理”|“业务报表”|“业务余额表”命令，在打开的界面中设置查询条件，此处按照默认查询条件设置，查询结果如图 7-85 所示。

供应商编码		供应商名称	期初	本期应付	本期付款	余额	周转率	周转天数
			本币	本币	本币	本币	本币	本币
1	01	重庆大江公司	276,850.00	89,270.00	12,000.00	354,120.00	0.28	106.02
2	(小计)01		276,850.00	89,270.00	12,000.00	354,120.00	0.28	106.02
3	02	成都大成公司	0.00	252,160.60	32,205.00	219,955.60	2.29	13.08
4	(小计)02		0.00	252,160.60	32,205.00	219,955.60	2.29	13.08
5	02	成都大成公司	0.00	32,205.00	0.00	32,205.00	2.00	15.00
6	(小计)02		0.00	32,205.00	0.00	32,205.00	2.00	15.00
7	总计		276,850.00	373,635.60	44,205.00	606,280.60	0.85	35.45

图 7-85　应付余额表

2. 应付账龄分析

执行“财务会计”|“应付款管理”|“应付处理”|“账龄分析”|“应付账龄分析”命令，在打开的界面中设置查询条件，此处按照默认查询条件设置，查询结果如图 7-86 所示。

供应商		本币余额	账期内		1-30		31-60		61-90	
编号	名称		本币金额	%	本币金额	%	本币金额	%	本币金额	%
01	重庆大江公司	366,120.00			89,270.00	24.38			276,850.00	75.62
02	成都大成公司	284,365.60			284,365.60	100.00				
数量					2				1	
金额		650,485.60			373,635.60	57.44			276,850.00	42.56

图 7–86　应付账龄分析

3. 期末处理

如果当月业务已全部处理完毕，就需要执行月末结账操作。只有完成月末结账后，才可以开始下月的工作。

任务三　了解合同管理业务

一、合同管理功能概述

合同管理模块提供了合同资料的录入、生效、变更、结案等功能，同时对合同的执行、结算、收付款等一系列业务进行管理及后续的跟踪，保证合同顺利履行。

（1）基础设置。在合同管理系统中，可以设置合同选项，定义合同执行阶段，进行报警设置，录入期初单据。

（2）业务处理。在合同管理系统中，可制作应收、应付、销售、采购、出口、进口及其他类型的合同，可对合同标的、合同条款、附件、大事记等进行管理。对应收、应付类合同可制作执行单、结算单，以记录合同的执行与结算信息。销售、采购、出口、进口类合同，可在相应模块中生成订单并执行。

（3）查询报表。在合同管理系统中，可以查询合同统计表、明细表、收付款分析、履行跟踪表等。

二、合同结算业务

业务描述

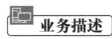

（1）4 月 1 日，公司与重庆大方咨询公司签订技术咨询服务合同，合同中注明的含税金额为 5 万元，增值税税率为 6%，项目大类为 01（产品项目）、项目分类编码为 1（主产品）、对应项目编码为 01（创智 X 号）。

（2）4 月 20 日，重庆大方咨询公司签订的咨询服务执行完毕，达到预期目标，公司对此合同进行结算，生成应付凭证。

（3）4 月 25 日，支付重庆大方咨询公司合同款项（结算方式为转账支票，结算科目为 100201，票据号为 ZZ1222）。

操作指导

1. 录入合同信息

合同管理

（1）执行“供应链”|“合同管理”|“合同”|“合同工作台”命令，在打开的“合同工作台”窗口中选择“增加”|“应付类合同”|“咨询服务合同”，单击工具栏中的“设置”按钮，将合同标的来源设置为“项目”。

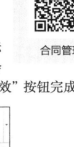

（2）输入合同标的时先输入项目大类、项目分类编码、对应项目编码、标的编码和标的名称，来源是自动生成的，输入含税原币单价后其他相关金额会自动计算，操作完成的结果如图 7-87 所示。单击“保存”按钮后，再单击“生效”按钮完成操作。

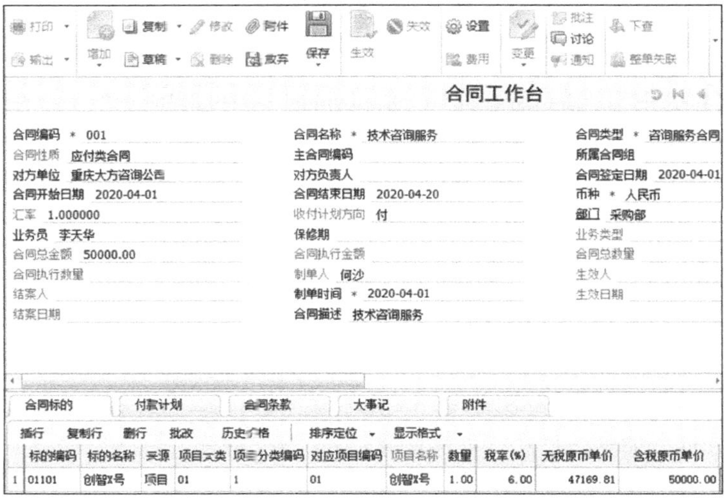

图 7-87　合同工作台

2. 录入合同结算单

4 月 20 日，合同中约定的事务完成，并达到预期目标。

（1）执行“供应链”|“合同管理”|“合同结算”|“合同结算单”命令，在打开的“合同结算单”窗口中选择“增加”|“结算单”，“合同”进行查询条件设置，此处按照默认设置，单击“确定”按钮打开合同结算单，选择合同后的结果如图 7-88 所示。

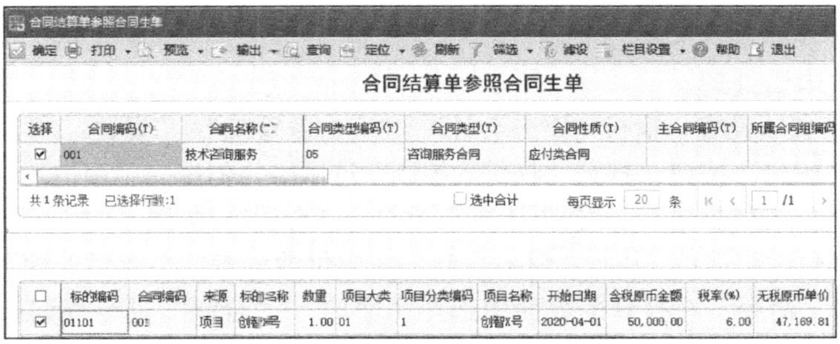

图 7-88　合同结算单参照合同生单

（2）单击“确定”按钮，系统会将合同内容复制到合同结算单，如图 7-89 所示。单击“保存”按钮，再单击“生效”按钮完成操作。

图 7-89　合同结算单

3. 合同结算单生成应付凭证

（1）执行“财务会计”|“应付款管理”|“应付处理”|“合同结算单” | “合同结算单审核”命令，在打开的界面中单击“查询”按钮进行查询条件设置。供应商选择“重庆大方咨询公司”，单击“确定”按钮打开合同结算列表，如图 7-90 所示。先选择结算单，然后单击“审核”按钮完成操作。

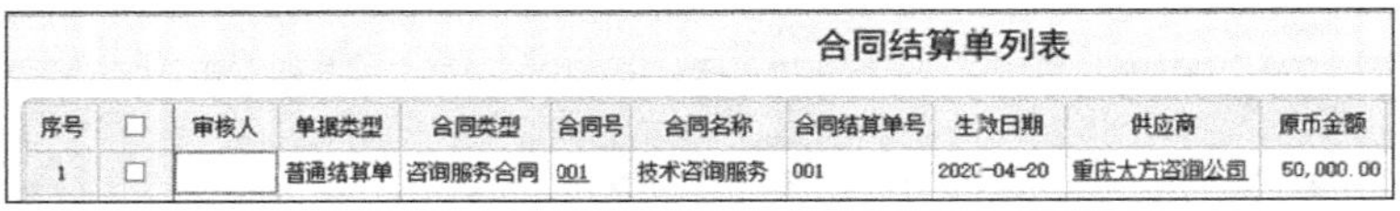

图 7-90　合同结算单列表

（2）执行“财务会计”|“应付款管理”|“凭证处理”|“生成凭证”命令，打开“制单查询”对话框。勾选“合同结算单”，供应商选择“重庆大方咨询公司”，单击“确定”按钮打开“生成凭证”窗口。凭证类别选择“转账凭证”，结果如图 7-91 所示。

图 7-91　设置凭证类别

（3）先选择凭证，然后单击“制单”按钮生成凭证，补充借方科目编码“660299”。生成的凭证分录如下。

借：管理费用——其他（采购部）　　47 169.81

　　应交税费——应交增值税（进项税额）　　2 830.19

　　贷：应付账款——大方　　50 000.00

4. 合同付款申请处理

（1）付款申请选项设置。执行“财务会计”|“应付款管理”|“设置”|“选项”命令，在打开的界面中单击“编辑”按钮，打开“收付款控制”选项卡。勾选“启用付款申请单”和“付款申请单审批后自动生成付款单”，付款申请单来源勾选“合同”，如图 7-92 所示。

（2）录入合同付款申请单。执行“财务会计”|“应付款管理”|“应付处理”|“付款申请” | “付款申请单录入”命令，在打开的界面中选择“增加”|“合同”进行查询条件设置。供应商选择“重庆大方咨询公司”，单击“确定”按钮打开合同表头列表。选择此笔业务的合同，输入本次申请金额“50000”元，如图 7-93 所示。单击“确定”按钮后，数据被复制到付款申请单，补充输入结算方式等信息，如图 7-94 所示。单击“保存”按钮，然后进行审核。系统询问“审核后生成一张付款单，是否继续进行付款核销？”，单击“否”按钮，表示暂不核销。

图 7–92　收付款控制

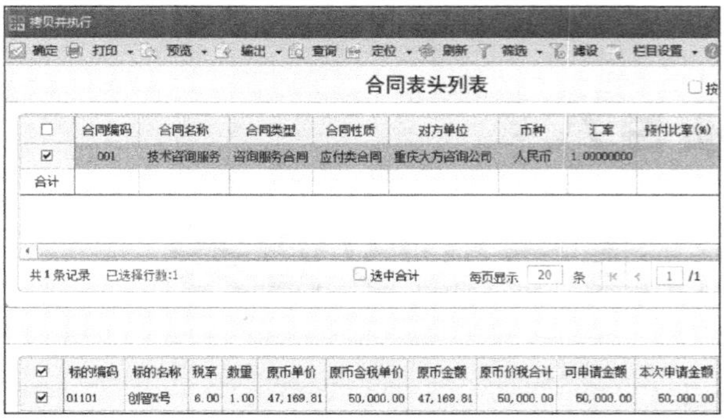

图 7–93　选择合同

图 7–94　付款申请单

5. 合同付款及结算

（1）执行“财务会计”|“应付款管理”|“付款处理”|“付款单据审核”命令，在打开的界面中单击“查询”按钮进行查询条件设置，供应商选择“重庆大方咨询公司”，单击“确定”按钮打开收付款单列表。双击打开付款单，输入票据号，如图 7-95 所示。

图 7–95　付款单

（2）保存后单击“审核”按钮，系统询问“是否立即制单？”，单击“是”按钮，打开付款凭证。将借方科目改为“应付账款”，输入相关信息。生成的凭证分录如下。

借：应付账款——大方　　　　　　　　　　50 000

　　贷：银行存款——工行　　　　　　　　　　50 000

6. 合同执行情况分析

根据需要，可以查看有关合同的分析表，具体方法是执行“供应链”|“合同管理”|“报表”|“分析表”|“合同收付款执行统计表”命令，或执行“供应链”|“合同管理”|“报表”|“分析表”|“合同收付款分析表”命令，或执行“供应链”|“合同管理”|“报表”|“分析表”|“合同收付款计划进展”命令均可。

课后习题

项目八

销售与应收业务

学习目标

知识目标： 了解销售业务常用的处理方法；理解应收款相关业务的处理及往来核销方法。

技能目标： 熟练掌握典型销售业务的处理方法及不同销售业务处理的特点；掌握相关销售业务的处理方法及凭证制作方法。

素质目标： 销售是企业实现价值的关键环节。遵纪守法，管理好销售过程，预防贪污腐败发生，促进社会健康文明发展。

任务一　了解销售管理业务

一、销售管理功能概述

销售管理模块是新道 U8+供应链管理系统中的一个子系统，其初始设置主要是根据企业的需要建立销售业务应用环境。其主要功能如下。

1. 生成销售订单

销售订单是反映由购销双方共同确认的客户购货需求的单据。对于管理规范的企业而言，销售业务必须经历客户询价、销售业务部门报价、双方签订购销合同（或达成口头购销协议）的过程。销售订单作为合同或协议的载体而存在，成为销售方记录发货日期、货物明细、价格、数量等事项的依据。企业根据销售订单组织货源或组织生产，并对销售订单的执行过程进行管理、控制和追踪。

在销售管理系统中，销售订单并不是必需的，也可以不录入销售订单，而直接录入发货单或销售发票。

2. 制作发货单

发货单是执行普通销售发货业务的载体。在先发货后开票业务模式下，发货单由销售部门根据销售订单制作；在开票直接发货业务模式下，发货单由销售部门根据销售发票制作，作为货物发出的依据，而且在此情况下，发货单只能浏览，不能进行增、删、改等操作。

在先发货后开票业务模式下，发货单必须经过审核，数据才能记入相关账表，同时生成与该单据有关联的其他单据，如销售发票。

3. 开具销售发票

销售发票是指给客户开具的增值税专用发票、普通发票及其所附清单等原始销售票据。销售发票可以由销售部门参照发货单填制，即采用先发货后开票业务模式；也可以参照销售订单生成或直接填制，即采用开票直接发货业务模式。

参照销售订单生成或直接填制的销售发票经复核后自动生成发货单，并根据参数设置生成销售出库单，或由库存管理系统参照已复核的销售发票生成销售出库单。一张订单或发货单可以拆分生成多张销售发票，也可以用多张订单或发货单汇总生成一张销售发票。销售发票经复核后可用于登记应收账款。

4. 收款结算

收款结算功能主要用于处理销售过程中发生的各种款项的收入操作，冲销已登记的应收账款。

5. 查询

销售管理模块提供了多种账表查询功能，如销售订单列表、发票列表、发货单列表、销售明细表、销售统计表等。灵活运用这些报表，可以提高信息的利用效率和销售管理水平。

销售业务涉及销售、库存和生成凭证等环节，主要业务处理流程如图 8-1 所示。

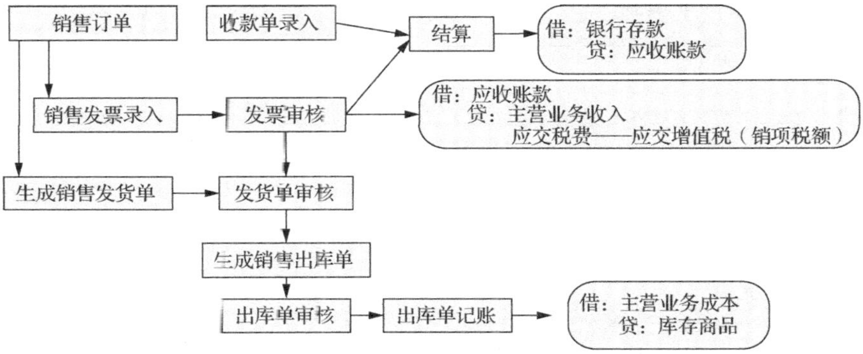

图 8–1　销售业务处理流程

二、典型销售业务

业务描述

（1）4 月 1 日，天津大华公司欲购买 10 台创智 X 号，向销售部询价。销售部报价为 9 500 元/台（无税价格，增值税税率为 13%）。客户确定购买，填制并审核报价单。该客户进一步了解情况后，订购了 20 台创智 X 号，要求发货日期为 4 月 3 日。现要填制并审核销售订单。

（2）4 月 3 日，销售部门向成品库发出发货通知，从成品库向天津大华公司发出其所订货物，并据此开具销售专用发票一张。业务部门将销售发票（留存联）交给财务部门，财务部门结转此业务的收入和成本。

（3）4 月 5 日，财务部收到天津大华公司转账支票一张，支票上注明的金额为 214 700 元，支票号为 ZP1155，款项入工行账户。据此填制收款单并制单。

操作指导

其他设置已经在前面的内容中介绍过，这里主要介绍报价含税的设置。执行“供应链”|“销售管理”|“设置”|“选项”命令，打开“业务控制”选项卡，取消勾选“报价含税”，其他采用默认设置，如图 8-2 所示。

典型销售业务

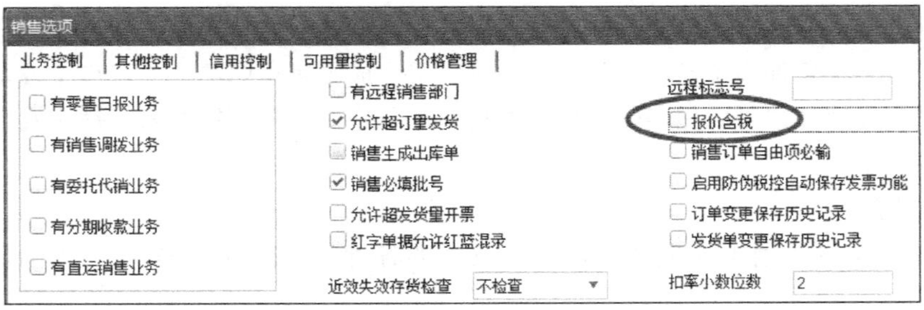

图 8-2　销售选项

1. 订货

（1）填制并审核报价单。执行“供应链”|“销售管理”|“销售报价”|“销售报价单”命令，在打开的界面中单击“增加”按钮后输入相关信息，如图 8-3 所示。先单击“保存”按钮，再单击“审核”按钮完成报价单填制。

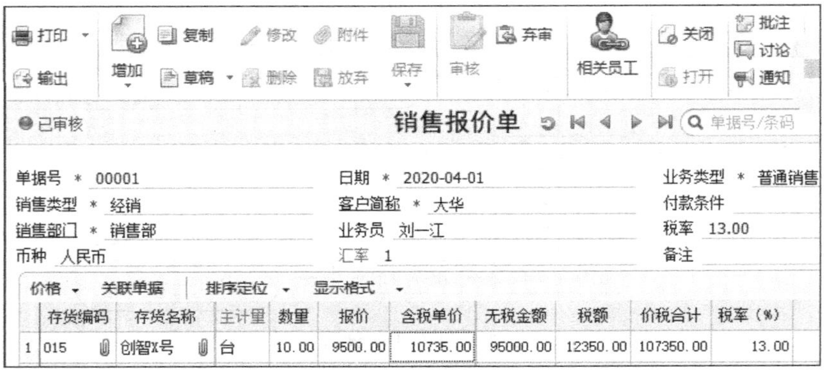

图 8-3　销售报价单

（2）填制并审核销售订单。执行“供应链”|“销售管理”|“销售订货”|“销售订单”命令，在打开的界面中选择“增加”|“报价单”，进行查询条件设置。客户选择“天津大华公司”，单击“确定”按钮，打开“参照生单”窗口，选择报价单，如图 8-4 所示。单击“确定”按钮后将数据复制到销售订单中，修改发货日期、数量等相关信息，如图 8-5 所示。单击“保存”按钮，再单击“审核”按钮完成操作。

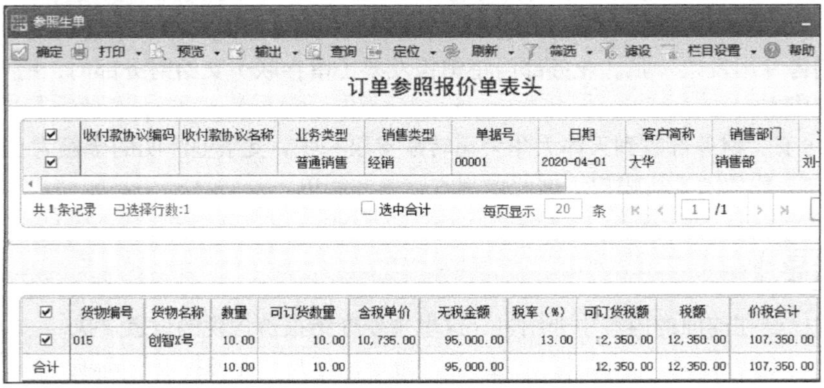

图 8-4　参照生单（订单参照报价单）

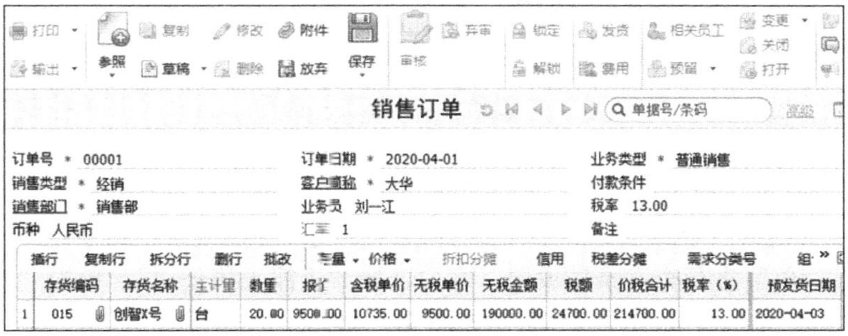

图 8–5　销售订单

2. 发货

执行“供应链”|“销售管理”|“销售发货”|“发货单”命令，在打开的界面中选择“增加”|“订单”，进行查询条件设置，客户选择“天津大华公司”，单击“确定”按钮，打开“参照生单”窗口，选择要参照的单据，如图 8-6 所示。单击“确定”按钮后数据复制到发货单，输入发货日期、仓库等相关信息，如图 8-7 所示。单击“保存”按钮，再单击“审核”按钮完成操作。

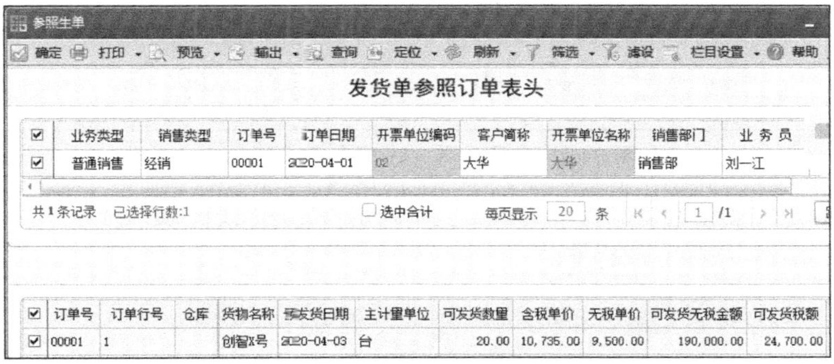

图 8–6　参照生单（发货单参照订单）

图 8–7　发货单

操作提示

如果在保存发货单时出现库存量不足的提示，可能是因为库存期初数据录入错误或者库存期初数据录入后未审核。解决方法：执行“供应链”|“库存管理”|“初始设置”|“期初结存”命令，在打开的界面中选择相应的仓库和物料进行修改或审核；或者执行“供应链”|“销售管理”|“销售发货”|“发货单列表”命令，对单据进行审核，或取消审核。

3. 开票

（1）依据发货单填制并复核销售发票。

① 执行“供应链”|“销售管理”|“设置”|“选项”命令，打开“其他控制”选项卡，将普通销售开票依据设置为“发货单”。一些控制参数在实际运行中可以根据需要进行调整。在处理具体业务前检查核对相关参数十分必要，要注意分析不同参数设置对业务处理的影响。

② 执行“供应链”|“销售管理”|“销售开票”|“销售专用发票”命令，在打开的界面中选择“增加”|“发货单”进行查询条件设置。客户选择“天津大华公司”，单击“确定”按钮，打开“参照生单”窗口，选择要参照的单据，如图 8-8 所示。

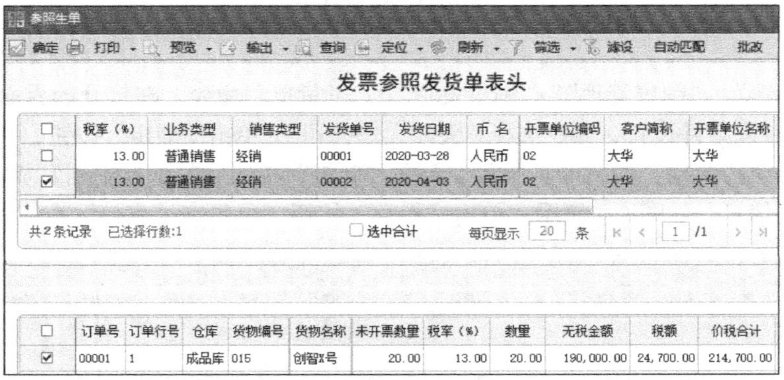

图 8–8 参照生单（发票参照发货单）

③ 单击“确定”按钮，将发货单的数据复制到销售专用发票，如图 8-9 所示。单击“保存”按钮，再单击“复核”按钮完成操作。

图 8–9 销售专用发票

（2）审核销售专用发票并生成销售收入凭证。

① 执行“财务会计”|“应收款管理”|“应收处理”|“销售发票”|“销售发票审核”命令，在打开的界面中单击“查询”按钮进行查询条件设置。客户选择“天津大华公司”，单击“确定”按钮打开销售发票列表，如图 8-10 所示。选择要审核的发票，然后单击“审核”按钮完成审核工作。

② 执行“财务会计”|“应收款管理”|“凭证处理”|“生成凭证”命令，打开“制单查询”对话框，勾选“发票”，客户选择“天津大华公司”，单击“确定”按钮打开发票列表，将凭证类别改为“转账凭证”，如图 8-11 所示。

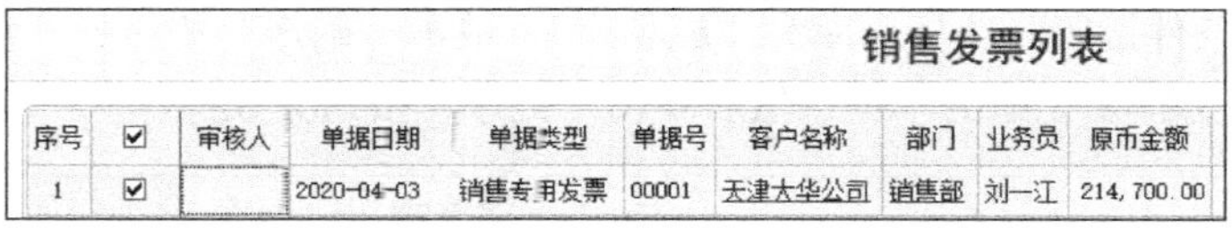

图 8–10 销售发票列表

图 8–11 发票制单

③ 单击“全选”按钮，再单击“制单”按钮，打开“填制凭证”窗口，生成凭证。凭证分录如下。

借：应收账款——大华　　214 700

　　贷：主营业务收入　　190 000

　　　　应交税费——应交增值税（销项税额）　　24 700

4. 销售出库

（1）审核销售出库单。

① 执行“供应链”|“销售管理”|“设置”|“选项”命令，打开“业务控制”选项卡，勾选“销售生成出库单”，这样在填制销售发货单的时候就会自动生成销售出库单，只需要将销售出库单调出来审核（执行“供应链”|“库存管理”|“销售出库”|“销售出库单列表”命令）即可。若是在设置本参数前制作了销售发货单，则系统不会自动生成销售出库单，需要在库存管理系统中通过参照发货单完成销售出库单的输入。

② 执行“供应链”|“库存管理”|“销售出库”|“销售出库单”命令，在打开的界面中选择“增加”|“销售发货单”后进行查询条件设置，客户选择“天津大华公司”，单击“确定”按钮，打开“销售生单”窗口。选择需要参照的销售发货单，单击“确定”按钮后将数据复制到销售出库单中，如图 8-12 所示。先保存，再单击“审核”按钮完成销售出库单制作。

图 8–12 销售出库单

（2）销售出库单记账。

① 执行“供应链”|“存货核算”|“记账”|“正常单据记账”命令，在打开的界面中单击“查

询”按钮进行查询条件设置，选择仓库为“成品库”，单击“确定”按钮打开正常单据记账列表，如图 8-13 所示。先选择要记账的单据，然后单击“记账”按钮完成操作。

正常单据记账列表

□	日期	单据号	存货编码	存货名称	收发类别	单据类型	仓库名称	数量	单价	金额
□	2020-04-03	00001	015	创智X号	销售出库	专用发票	成品库	20.00		

图 8–13　正常单据记账列表

操作提示

① 正常单据记账时有日期限制，即新记账的日期只能在前面已经记账的日期之后。

② 操作员可以重新登录系统，在满足记账日期限制要求后完成记账工作。记账后，再按照业务的发生日期登录系统，进行业务处理。在实际工作中，各种业务处理是同步并行的，类似情况很少出现。

③ 成品库和配套用品库的物料计价采用全月平均法，因此成本需要在月末统一计算和结转。

② 执行“供应链”|“存货核算”|“账簿”|“明细账”命令，进行明细账查询条件设置。仓库选择“成品库”、存货选择“创智 X 号”，单击“确定”按钮后可以查看单据记账后的情况，如图 8-14 所示。

记账日期:	2020年		凭证号	摘要		收入			发出			结存		
	月	日		凭证摘要	收发类别	数量	单价	金额	数量	单价	金额	数量	单价	金额
				期初结存								580.00	4,800.00	2,784,000.00
2020-04-20	4	20			销售出库				20.00			560.00	4,971.43	2,784,000.00
				4月合计		0.00		0.00	20.00		0.00	560.00	4,971.43	2,784,000.00
				本年累计		0.00		0.00	20.00		0.00			

图 8–14　明细账

从明细账中可以看出，销售发出的商品还没有单价和金额。因为前面业务的记账日期到了 20 日，所以此处的记账日期只能选择 20 日及之后的日期。

5. 销售收款

执行“财务会计”|“应收款管理”|“收款处理”|“收款单据录入”命令，在打开的界面中单击“增加”按钮，输入收款单中的有关项目，如图 8-15 所示。单击“保存”按钮后，立即单击“审核”按钮。系统询问“是否立即制单？”，单击“是”按钮，系统生成收款凭证。凭证分录如下。

图 8–15　收款单

借：银行存款——工行　　　　　　　　　　　　　214 700

　　贷：应收账款——大华　　　　　　　　　　　　　214 700

操作提示

① 如果需要查询或修改生成的凭证，可以执行“财务会计”|“应收款管理”|“凭证处理”|“查询凭证”命令，在打开的界面中修改或删除凭证。

② 若要彻底清除已经删除的凭证（删除了的凭证会占用凭证号），则执行“财务会计”|“总账”|“凭证”|“填制凭证”命令，在打开的界面中单击“整理”按钮。

③ 如果输入收款单后没有立即制作凭证，可以通过执行“财务会计”|“应收款管理”|“收款处理”|“收款单据审核”命令，审核和制作凭证。

三、签订销售合同

业务描述

（1）4 月 5 日，与天津大华公司签订销售合同，销售 100 个桌面扫描器（不含税单价为 700 元）和 100 个手持扫描器（不含税单价为 900 元）。合同约定 4 月 5 日两种产品各发货 50 个，4 月 8 日各发货 50 个。

（2）4 月 8 日，在发货前天津大华公司要求只发手持扫描器 50 个，桌面扫描器暂时不发货，具体待以后商议。

（3）合同约定 4 月 8 日收取第一批货款（工行转账支票号为 ZP2233），4 月 12 日收取第二批货款（工行转账支票号为 ZP3344），收款时同时开具销售专用发票。

操作指导

1. 录入合同

（1）执行“供应链”|“合同管理”|“设置”|“选项”命令，打开“业务设置”选项卡。先单击“编辑”按钮，再勾选“启用合同执行单”，单击“确定”按钮完成操作。

签订销售合同

（2）执行“供应链”|“合同管理”|“合同”|“合同工作台”命令，单击工具栏中的“格式设置”按钮，打开“单据格式设置”窗口，这里可以对合同格式进行调整。选择“表头栏目”，然后勾选“启用阶段”和“合同阶段组”，如图 8-16 所示。

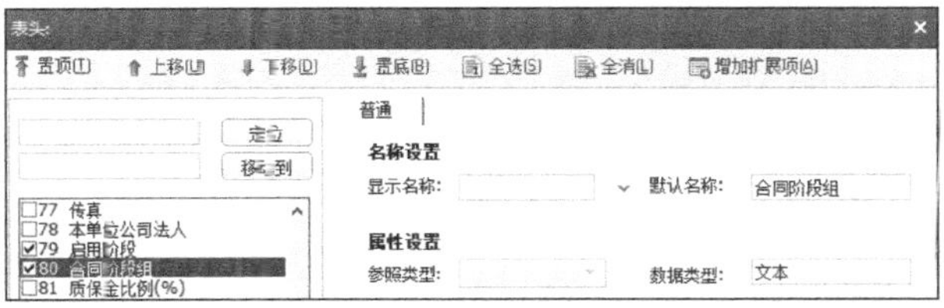

图 8–16　合同设置

（3）单击“确定”按钮完成设置。保存所设置的单据格式，然后退出单据格式设置。

（4）在合同工作台的工具栏中执行“增加”|“销售类合同”|“销售合同”命令，然后在打开的界面中输入合同信息（输入存货分类编码和对应存货编码后，标的编码会自动生成），如图 8-17 所示。

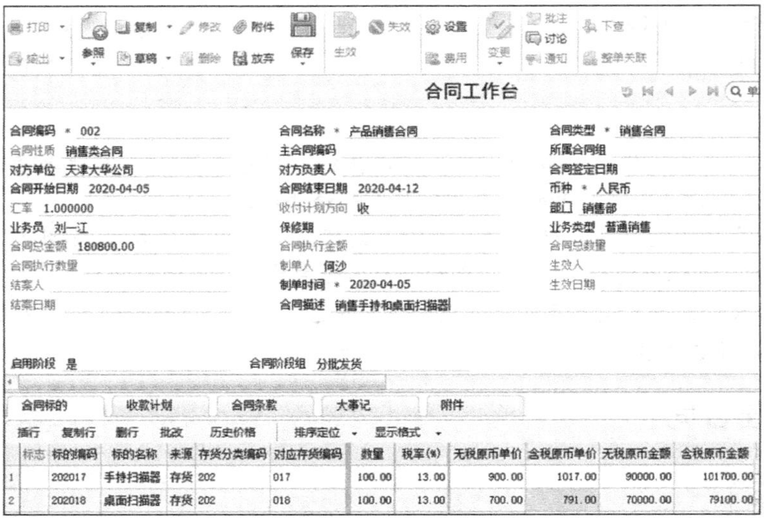

图 8–17　销售合同

（5）单击“收款计划”按钮，在打开的界面中输入业务描述信息，结果如图 8-18 所示。单击“保存”按钮，再单击“生效”按钮。收款时，实际收款金额是可以变更的。

合同标的
收款计划
合同条款
大事记
附件
插行
删行
历史价格
排序定位
显示格式
合同阶段 阶段计划完成日期 收付款日期 收付比例(%) 收付金额 结算方式 收付款条件
1 第一阶段 2020-04-08 2020-04-08 50.00 90400.00
2 第二阶段 2020-04-12 2020-04-12 50.00 90400.00

图 8–18　收款计划

2. 参照合同生成销售订单

（1）执行“供应链”|“销售管理”|“销售订货”|“销售订单”命令，在打开的界面中选择“增加”|“合同”，进行合同查询条件设置。合同性质选择“销售类合同”，单击“确定”按钮，选择与天津大华公司签订的合同，如图 8-19 所示。

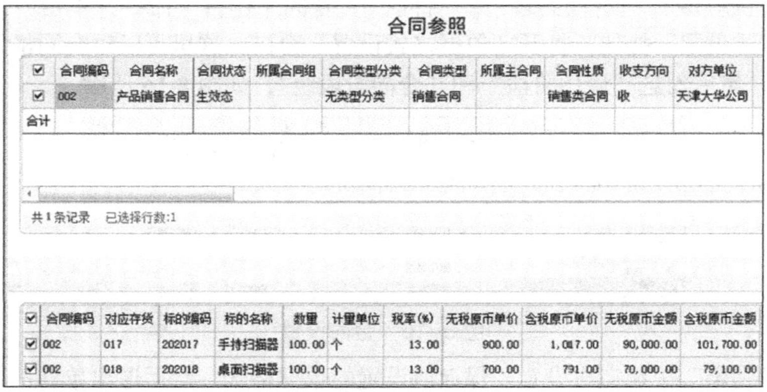

图 8–19　合同参照

（2）单击“确定”按钮后数据将复制到销售订单中，如图 8-20 所示。

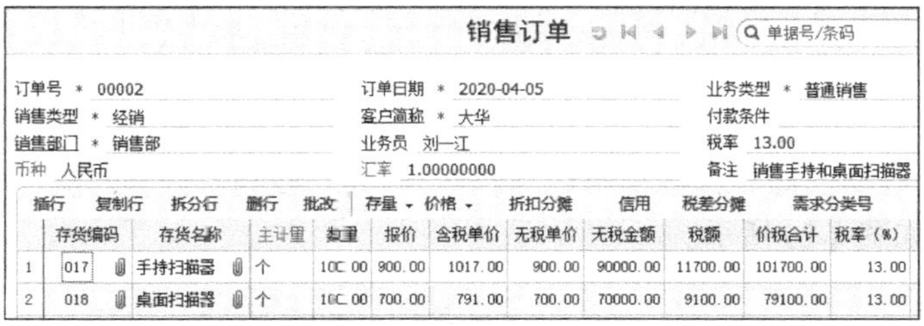
销售订单

订单号 * 00002　订单日期 * 2020-04-05　业务类型 * 普通销售
销售类型 * 经销　客户简称 * 大华　付款条件
销售部门 * 销售部　业务员 刘一江　税率 13.00
币种 人民币　汇率 1.00000000　备注 销售手持和桌面扫描器

插行 复制行 拆分行 删行 批改 存量 价格 折扣分摊 信用 税差分摊 需求分类号

	存货编码	存货名称	主计量	数量	报价	含税单价	无税单价	无税金额	税额	价税合计	税率（%）
1	017	手持扫描器	个	100.00	900.00	1017.00	900.00	90000.00	11700.00	101700.00	13.00
2	018	桌面扫描器	个	100.00	700.00	791.00	700.00	70000.00	9100.00	79100.00	13.00

图 8–20　销售订单

（3）单击“保存”按钮，然后单击“审核”按钮完成审核。

3. 执行合同

（1）录入销售发货单。

① 第一批发货（4 月 5 日）：执行“供应链”|“销售管理”|“销售发货”|“发货单”命令，在打开的界面中选择“增加”|“订单”，进行查询条件设置，客户选择“天津大华公司”，然后打开“参照生单”窗口。在该窗口中，选择要参照的销售订单，单击“确定”按钮返回发货单，销售订单的数据即可复制到发货单中，输入仓库信息，数量改为“50”，结果如图 8-21 所示。单击“保存”和“审核”按钮，完成审核。

发货单

发货单号 * 00003　发货日期 * 2020-04-05　业务类型 * 普通销售
销售类型 * 经销　订单号 00002　发票号
客户简称 * 大华　销售部门 * 销售部　业务员 刘一江
发货地址 天津市滨海区东风路8号　发运方式　付款条件
税率 13.00　币种 人民币　汇率 1
备注 销售手持和桌面扫描器

插行 复制行 拆分行 删行 批改 存量 价格 折扣分摊 信用 税差分摊 指定批号

	仓库名称	存货编码	存货名称	主计量	数量	报价	含税单价	无税单价	无税金额	税额	价税合计
1	成品库	017	手持扫描器	个	50.00	900.00	1017.00	900.00	45000.00	5850.00	50850.00
2	成品库	018	桌面扫描器	个	50.00	700.00	791.00	700.00	35000.00	4550.00	39550.00

图 8–21　发货单

② 第二批发货（4 月 8 日）：执行“供应链”|“销售管理”|“销售发货”|“发货单”命令，按照同样的方法从参照的销售订单中复制数据，其中数量是余下未发货的部分。

③ 根据对方要求只发手持扫描器 50 个，将相关执行情况写入合同备忘录。删除桌面扫描器后的发货单如图 8-22 所示。单击“保存”和“审核”按钮，完成审核。

发货单

发货单号 * 00004　发货日期 * 2020-04-08　业务类型 * 普通销售
销售类型 * 经销　订单号 00002　发票号
客户简称 * 大华　销售部门 * 销售部　业务员 刘一江
发货地址 天津市滨海区东风路8号　发运方式　付款条件
税率 13.00　币种 人民币　汇率 1
备注 销售手持和桌面扫描器

插行 复制行 拆分行 删行 批改 存量 价格 折扣分摊 信用 税差分摊 指定批号

	仓库名称	存货编码	存货名称	主计量	数量	报价	含税单价	无税单价	无税金额	税额	价税合计
1	成品库	017	手持扫描器	个	50.00	900.00	1017.00	900.00	45000.00	5850.00	50850.00

图 8–22　发货单（已删除桌面扫描器）

（2）录入合同执行单。

① 执行“供应链”|“合同管理”|“合同执行”|“合同执行单”命令，在打开的界面中单击“格式设置”按钮，打开“单据格式设置”窗口。选择“表头栏目”，然后勾选“合同阶段”，单击

“确定”按钮返回“单据格式设置”窗口。单击“保存”按钮，退出单据格式设置，返回合同执行单。系统会提示模板已经更改，询问是否更新，这里选择更新即可。

② 选择“增加”|“销售发货单”，进行查询条件设置，仓库选择“成品库”，客户选择“天津大华公司”，发货日期选择“2020-04-05”，单击“确定”按钮打开合同执行单参照销售发货单，选择第一批发货，如图 8-23 所示。

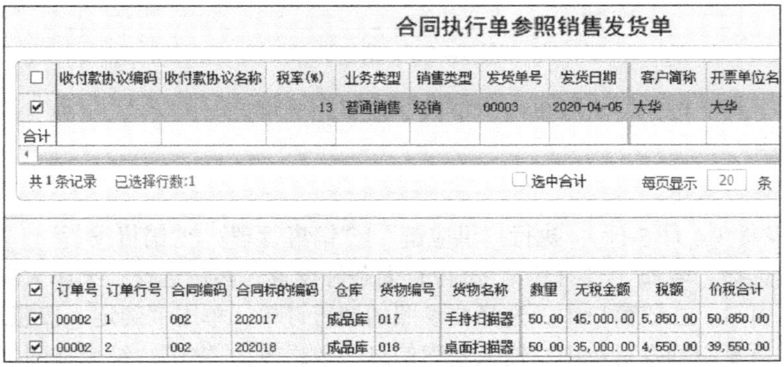
合同执行单参照销售发货单

☐	收付款协议编码	收付款协议名称	税率(%)	业务类型	销售类型	发货单号	发货日期	客户简称	开票单位名
☑			13	普通销售	经销	00003	2020-04-05	大华	大华
合计									

共1条记录　已选择行数:1　☐选中合计　每页显示 20 条

☑	订单号	订单行号	合同编码	合同标的编码	仓库	货物编号	货物名称	数量	无税金额	税额	价税合计
☑	00002	1	002	202017	成品库	017	手持扫描器	50.00	45,000.00	5,850.00	50,850.00
☑	00002	2	002	202018	成品库	018	桌面扫描器	50.00	35,000.00	4,550.00	39,550.00

图 8-23　合同执行单参照销售发货单

③ 单击“确定”按钮返回合同执行单，合同阶段选择“第一阶段”，执行数量分别改为“50”，如图 8-24 所示。单击“保存”按钮后再单击“生效”按钮完成操作。

合同阶段 第一阶段　合同执行单　单据号/条码

执行单编号 * 002　合同编码 * 002　合同名称 产品销售合同
合同分组　合同类型 销售合同　合同性质 销售类合同
对方单位 天津大华公司　付款条件　币种 人民币
汇率 * 1.000000　业务员 刘一江　部门 销售部

删行　批改　排序定位　显示格式

	选择	合同标的编码	合同标的名称	存货编码	存货名称	执行数量	计量单位	税率(%)	无税单价	含税单价	无税金额	含税金额
1		202017	手持扫描器	017	手持扫描器	50.00	个	13.00	900.00	1017.00	45000.00	50850.00
2		202018	桌面扫描器	018	桌面扫描器	50.00	个	13.00	700.00	791.00	35000.00	39550.00

图 8-24　合同执行单（第一阶段）

④ 下面录入第二个合同执行单。执行“供应链”|“合同管理”|“合同执行”|“合同执行单”命令，按照相同的方法录入第二批发货的执行单，合同阶段选择“第二阶段”，如图 8-25 所示。单击“保存”按钮，然后再单击“生效”按钮完成操作。

合同阶段 第二阶段　合同执行单　单据号/条码

执行单编号 * 003　合同编码 * 002　合同名称 产品销售合同
合同分组　合同类型 销售合同　合同性质 销售类合同
对方单位 天津大华公司　付款条件　币种 人民币
汇率 * 1.000000　业务员 刘一江　部门 销售部

删行　批改　排序定位　显示格式

	选择	合同标的编码	合同标的名称	存货编码	存货名称	执行数量	无税单价	含税单价	无税金额	含税金额
1		202017	手持扫描器	017	手持扫描器	50.00	900.00	1017.00	45000.00	50850.00

图 8-25　合同执行单（第二阶段）

4. 开具第一阶段发票和收款

（1）开具发票。

① 执行“供应链”|“销售管理”|“销售开票”|“销售专用发票”命令，在打开的界面中选择“增加”|“发货单”，客户选择“天津大华公司”，单击“确定”按钮，打开“参照生单”窗口。

在该窗口中选择 4 月 5 日的发货单（货物名称为手持扫描器和桌面扫描器），单击“确定”按钮，从发货单复制数据到销售专用发票，如图 8-26 所示。单击“保存”按钮，再单击“复核”按钮完成操作。

销售专用发票

发票号 * 00002　开票日期 * 2020-04-08　业务类型 普通销售
销售类型 * 经销　订单号 00002　发货单号 00003
客户简称 * 大华　销售部门 * 销售部　业务员 刘一江
付款条件　客户地址 天津市滨海区东风路8号　联系电话
开户银行 工行东风支行　账号 5581　税号 32310
币种 人民币　汇率 1　税率 13.00
备注 销售手持和桌面扫描器

	仓库名称	存货编码	存货名称	主计量	数量	报价	含税单价	无税单价	无税金额	税额	价税合计
1	成品库	017	手持扫描器	个	50.00	900.00	1017.00	900.00	45000.00	5850.00	50850.00
2	成品库	018	桌面扫描器	个	50.00	700.00	791.00	700.00	35000.00	4550.00	39550.00

图 8-26 销售专用发票（第一阶段）

② 单击工具栏中的“合同结算”按钮，打开“合同结算”窗口，先选择本次要结算的发票，然后在合同结算单中输入要结算的金额，如图 8-27 所示。

选择	最后结算日期	单据类型	单据编号	单据日期	客户名称	合同号	合同标的编码	存货名称	数量	单价	金额	本次结算金额
Y		销售专用发票	00002	2020-04-08	天津大华公司	002	202017	手持扫描器	50.00	1017.00	50,850.00	50,850.00
Y		销售专用发票	00002	2020-04-08	天津大华公司	002	202018	桌面扫描器	50.00	791.00	39,550.00	39,550.00
合计									100.00		90,400.00	90,400.00

单据类型	单据编号	单据日期	对方单位编号	对方单位	合同号	合同标的编码	阶段编码	阶段名称	单价	数量	金额	本次结算金额
合同执行单	002	2020-04-08	02	天津大华公司	002	202017	01	第一阶段	1017.00	50.00	50,850.00	50,850.00
合同执行单	002	2020-04-08	02	天津大华公司	002	202018	01	第一阶段	791.00	50.00	39,550.00	39,550.00
合同执行单	003	2020-04-08	02	天津大华公司	002	202017	02	第二阶段	1017.00	50.00	50,850.00	

图 8-27 合同结算（第一阶段）

③ 单击“结算”按钮完成操作。如果要取消结算，先勾选“显示已结算完单据”，再单击“取消结算”按钮，返回销售专用发票，再退出发票制作。

（2）收款。

① 执行“财务会计”|“应收款管理”|“收款处理”|“收款单据录入”命令，在打开的界面中单击“增加”按钮，输入收款单中的有关项目，如图 8-28 所示。

收款单

单据编号 002　日期 * 2020-04-08　客户 * 大华
结算方式 * 转账支票　结算科目 100201　币种 * 人民币
汇率 1.00000000　金额 * 90400.00　本币金额 90400.00
客户银行 工行东风支行　客户账号 5581　票据号 ZP2233
部门 销售部　业务员 刘一江　项目
摘要 收货款

	款项类型	客户...	部门	业务员	金额	本币金额	科目	项目	本币余额	余额
1	应收款	大华	销售部	刘一江	90400.00	90400.00	1122		90400.00	90400.00

图 8-28 收款单（第一阶段）

② 单击“保存”和“审核”按钮后完成审核。系统询问“是否立即制单？”，单击“是”按钮，系统生成收款凭证。凭证分录如下。

借：银行存款——工行　　　　90 400

　　贷：应收账款——大华　　　　90 400

③ 单击“保存”按钮，系统出现“应收账款客户大华公司出现赤字金额，是否继续”的提示，单击“是”按钮生成凭证。这是输入的发票未生成凭证所致。

（3）审核销售专用发票并生成销售收入凭证。

① 执行“财务会计”|“应收款管理”|“应收处理”|“销售发票”|“销售发票审核”命令，在打开的界面中进行查询条件设置。客户选择“天津大华公司”，单击“确定”按钮打开销售发票列表，如图8-29所示。选择要审核的发票，然后单击“审核”按钮完成审核工作。

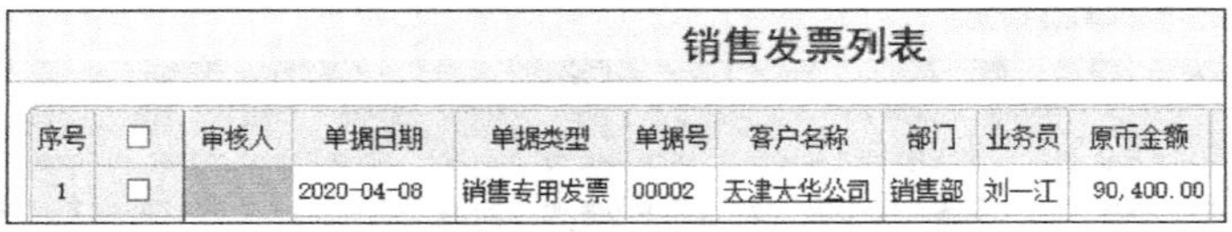

图 8–29　销售发票列表（第一阶段）

② 执行“财务会计”|“应收款管理”|“凭证处理”|“生成凭证”命令，打开“制单查询”对话框。勾选“发票”，单击“确定”按钮，打开发票列表，将凭证类别改为“转账凭证”，如图8-30所示。

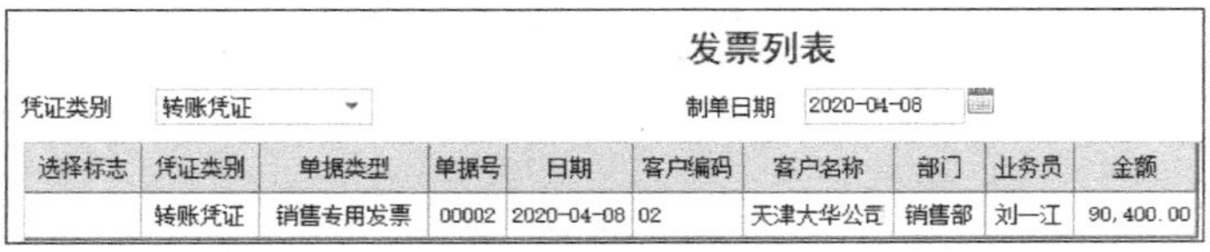

图 8–30　发票制单（第一阶段）

③ 单击“全选”按钮，再单击“制单”按钮，生成凭证。凭证分录如下。

借：应收账款——大华　　　　90 400

　　贷：主营业务收入　　　　80 000

　　　　应交税费——应交增值税（销项税额）　　　　10 400

5. 开具第二阶段发票和收款

（1）开具发票。

① 执行“供应链”|“销售管理”|“销售开票”|“销售专用发票”命令，在打开的界面中选择“增加”|“发货单”，进行查询条件设置。客户选择“天津大华公司”，单击“确定”按钮，打开“参照生单”窗口。选择4月8日的发货单（货物为手持扫描器），单击“确定”按钮后从发货单复制数据到销售专用发票，如图8-31所示。单击“保存”按钮，再单击“复核”按钮完成操作。

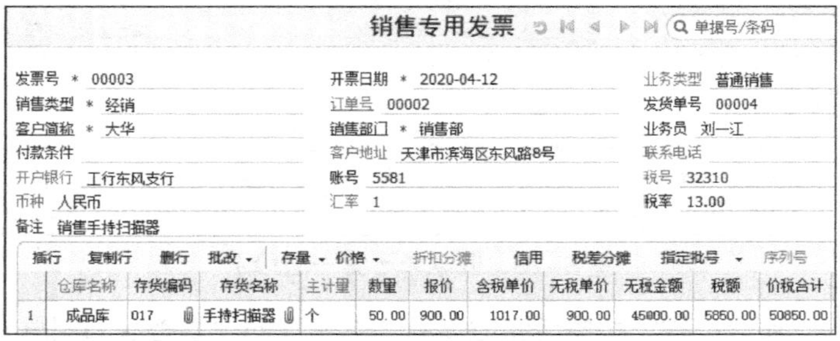

图 8–31　销售专用发票（第二阶段）

② 单击工具栏中的“合同结算”按钮，打开“合同结算”窗口。先选择本次要结算的发票，然后在合同结算单中输入要结算的金额，如图 8-32 所示。单击“结算”按钮完成操作。

选择	最后结算日期	单据类型	单据编号	单据日期	客户名称	合同号	合同标的编码	存货名称	数量	单价	金额
Y		销售专用发票	00008	2020-04-12	天津大华公司	002	202017	手持扫描器	50.00	1017.00	50,850.00
合计									50.00		50,850.00

单据类型	单据编号	单据日期	对方单位	合同号	合同标的编码	阶段编码	阶段名称	单价	数量	金额	本次结算金额
合同执行单	003	2020-04-08	天津大华公司	002	202017	02	第二阶段	1017.00	50.00	50,850.00	50,850.00

图 8–32　合同结算（第二阶段）

（2）审核销售专用发票并生成销售收入凭证。

① 执行“财务会计”|“应收款管理”|“应收处理”|“销售发票”|“销售发票审核”命令，在打开的界面中进行查询条件设置。客户选择“天津大华公司”，单击“确定”按钮打开销售发票列表，选择要审核的发票，然后单击“审核”按钮完成审核工作。

② 执行“财务会计”|“应收款管理”|“凭证处理”|“生成凭证”命令，打开“制单查询”对话框。勾选“发票”，单击“确定”按钮，打开发票列表，将凭证类别改为“转账凭证”，如图 8-33 所示。

选择标志	凭证类别	单据类型	单据号	日期	客户编码	客户名称	部门	业务员	金额
	转账凭证	销售专用发票	00003	2020-04-12	02	天津大华公司	销售部	刘一江	50,850.00

图 8–33　发票制单（第二阶段）

③ 单击“全选”按钮，再单击“制单”按钮，生成凭证。凭证分录如下。

借：应收账款——大华　　50 850

　　贷：主营业务收入　　45 000

　　　　应交税费——应交增值税（销项税额）　　5 850

（3）收款。

① 执行“财务会计”|“应收款管理”|“收款处理”|“收款单据录入”命令，在打开的界面中单击“增加”按钮，输入收款单中的有关项目，如图 8-34 所示。

图 8–34　收款单（第二阶段）

② 单击“保存”按钮，再单击“审核”按钮。系统询问“是否立即制单？”，单击“是”按钮，生成收款凭证。凭证分录如下。

借：银行存款——工行　　50 850

　　贷：应收账款——大华　　50 850

6. 合同执行跟踪

执行“供应链”|“合同管理”|“合同”|“合同履行跟踪表”命令，在查询条件中选择“销售类合同”，单击“确定”按钮，打开合同履行跟踪表，如图 8-35 所示。本合同因为客户调整发货，需要进行相关变更工作。

执行信息					其它信息				
单据类型	单据编码	数量	金额	单据日期	单据类型	单据编码	数量	金额	单据日期
合同执行单	003	50.00	45000.00	2020-04-08	销售订单	00002	200.00	160000.00	2020-04-05
					发货单	00003	100.00	80000.00	
						00004	50.00	45000.00	2020-04-08
					销售出库单	00002	100.00		2020-04-05
						00003	50.00		2020-04-08
					销售专用发票	00002	100.00	80000.00	
						00003	50.00	45000.00	2020-04-12
合同执行单	002	100.00	80000.00	2020-04-08	销售订单	00002	200.00	160000.00	2020-04-05
					发货单	00003	100.00	80000.00	
						00004	50.00	45000.00	2020-04-08
					销售出库单	00002	100.00		2020-04-05
						00003	50.00		2020-04-08
					销售专用发票	00002	100.00	80000.00	
						00003	50.00	45000.00	2020-04-12

图 8-35　合同履行跟踪表

四、设置商业折扣

业务描述

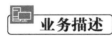

4 月 12 日，销售部向天津大华公司出售 HP 打印机 10 台，报价为 2 400 元/台（含税价为 2 712 元/台），通知仓库发货，货物从配套用品库发出。最后商定的成交价为报价的 90%。销售部根据上述发货单开具专用发票一张，并编制应收账款凭证。

操作指导

设置商业折扣

1. 填制并审核发货单

执行“供应链”|“销售管理”|“销售发货”|“发货单”命令，在打开的界面中选择“增加”|“空白单据”，输入业务描述数据，如图 8-36 所示。先单击“保存”按钮，再单击“审核”按钮完成审核。

图 8-36　发货单

2. 填制并复核销售专用发票

执行“供应链”|“销售管理”|“销售开票”|“销售专用发票”命令，在打开的界面中选择“增加”|“发货单”，客户选择“天津大华公司”，单击“确定”按钮，打开“参照生单”窗口。选择要参照的发货单（4 月 12 日的 HP 打印机），单击“确定”按钮返回销售专用发票，发货单的数据即可自动复制到销售专用发票中，按照报价的 90%更改成交价（2 160 元），如图 8-37 所示。单击“保存”按钮，然后单击“复核”按钮完成发票填制工作。

销售专用发票

发票号 * 00004	开票日期 * 2020-04-12	业务类型 普通销售
销售类型 * 经销	订单号	发货单号 00005
客户简称 * 大华	销售部门 * 销售部	业务员 刘一江
付款条件	客户地址 天津市滨海区东风路8号	联系电话
开户银行 工行东风支行	账号 5581	税号 32310
币种 人民币	汇率 1	税率 13.00
备注		

插行　复制行　删行　批改　存量　价格　折扣分摊　信用　税差分摊　指定批号　序列号

	仓库名称	存货编码	存货名称	主计量	数量	报价	含税单价	无税单价	无税金额	税额	价税合计
1	配套用品库	020	HP打印机	台	10.00	2160.00	2440.80	2160.00	21600.00	2808.00	24408.00

图 8-37　销售专用发票

3. 审核销售专用发票并生成销售收入凭证

（1）执行“财务会计”|“应收款管理”|“应收处理”|“销售发票”|“销售发票审核”命令，在打开的界面中进行查询条件设置，发票类型选择“销售专用发票”，审核状态选择“未审核”，单击“确定”按钮打开“销售发票列表”窗口。先选择发票，然后单击“审核”按钮完成审核工作，如图 8-38 所示。

销售发票列表

序号	☑	单据日期	单据类型	单据编号	客户	原币金额	原币余额	本币金额
1	☑	2020-04-12	销售专用发票	00004	天津大华公司	24,408.00	24,408.00	24,408.00

图 8-38　销售发票列表

（2）执行“财务会计”|“应收款管理”|“凭证处理”|“生成凭证”命令，打开“制单查询”对话框，勾选“发票”，打开“生成凭证”窗口，将凭证类别改为“转账凭证”，如图 8-39 所示。

发票列表

凭证类别 转账凭证　　制单日期 2020-04-12

选择标志	凭证类别	单据类型	单据号	日期	客户编码	客户名称	部门	业务员	金额
	转账凭证	销售专用发票	00004	2020-04-12	02	天津大华公司	销售部	刘一江	24,408.00

图 8-39　发票制单

（3）单击“全选”按钮，再单击“制单”按钮，生成凭证。凭证分录如下。

借：应收账款——大华　　24 408

　贷：主营业务收入　　21 600

　　应交税费——应交增值税（销项税额）　　2 808

4. 销售出库单记账

执行“供应链”|“存货核算”|“记账”|“正常单据记账”命令，在打开的界面中进行查询

条件设置，选择仓库为“配套用品库”，单击“确定”按钮，打开正常单据记账列表，如图 8-40 所示。先选择要记账的单据，然后单击“记账”按钮完成操作。

□	日期	单据号	存货编码	存货名称	收发类别	单据类型	仓库名称	数量	单价	金额
□	2020-04-12	00004	020	HP打印机	销售出库	专用发票	配套用品库	10.00		

图 8–40　正常单据记账列表

五、现结

业务描述

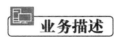

4 月 15 日，向湖北朝华公司销售手持扫描器 90 个，每个 400 元（不含税价）；桌面扫描器 5 个，每个 500 元（不含税价）。销售专用发票已开，商品已从成品库出库，款项已转入工行户，支票号为 YZ6767。

操作指导

现结

1. 填制并审核发货单

执行“供应链”|“销售管理”|“销售发货”|“发货单”命令，在打开的界面中选择“增加”|“空白单据”，输入业务描述数据，如图 8-41 所示。单击“保存”按钮，再单击“审核”按钮进行审核。

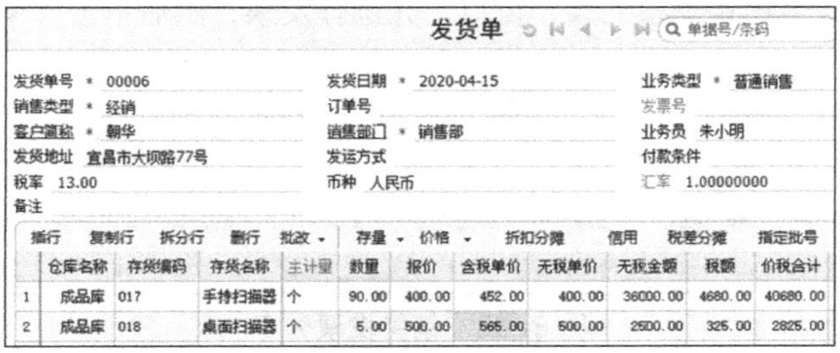
发货单

发货单号 * 00006　发货日期 * 2020-04-15　业务类型 * 普通销售
销售类型 * 经销　订单号　发票号
客户简称 * 朝华　销售部门 * 销售部　业务员 朱小明
发货地址 宜昌市大坝路77号　发运方式　付款条件
税率 13.00　币种 人民币　汇率 1.00000000
备注

	仓库名称	存货编码	存货名称	主计量	数量	报价	含税单价	无税单价	无税金额	税额	价税合计
1	成品库	017	手持扫描器	个	90.00	400.00	452.00	400.00	36000.00	4680.00	40680.00
2	成品库	018	桌面扫描器	个	5.00	500.00	565.00	500.00	2500.00	325.00	2825.00

图 8–41　发货单

2. 填制销售专用发票并执行现结

（1）执行“供应链”|“销售管理”|“销售开票”|“销售专用发票”命令，在打开的界面中选择“增加”|“发货单”，客户选择“湖北朝华公司”，单击“确定”按钮，打开“参照生单”窗口。选择要参照的发货单（手持扫描器和桌面扫描器），单击“确定”按钮后返回销售专用发票，发货单的数据将自动复制到销售专用发票中，如图 8-42 所示。

销售专用发票

发票号 * 00005　开票日期 * 2020-04-15　业务类型 普通销售
销售类型 * 经销　订单号　发货单号 00006
客户简称 * 朝华　销售部门 * 销售部　业务员 朱小明
付款条件　客户地址 宜昌市大坝路77号　联系电话
开户银行 中行宜昌支行　账号 1717　税号 01121
币种 人民币　汇率 1　税率 13.00
备注

	仓库名称	存货编码	存货名称	主计量	数量	报价	含税单价	无税单价	无税金额	税额	价税合计
1	成品库	017	手持扫描器	个	90.00	400.00	452.00	400.00	36000.00	4680.00	40680.00
2	成品库	018	桌面扫描器	个	5.00	500.00	565.00	500.00	2500.00	325.00	2825.00

图 8–42　销售专用发票

（2）单击工具栏中的“现结”按钮，打开“现结”窗口，输入现结资料，如图 8-43 所示。

现结

客户名称：　朝华　　币种：人民币　　汇率：1
应收金额：　43505.00
结算金额：　43505.00
部门：销售部　　业务员：朱小明

结算方式	原币金额	票据号	银行账号	项目大类编码	项目大类名称	项目编码	项目名称	订单号
02-转账支票	43505.00	YZ6767	1717					

图 8-43　输入现结资料

（3）单击“确定”按钮，返回销售专用发票，这时发票左上角显示“现结”标志。单击“复核”按钮，对发票进行复核。应在复核销售发票前进行现结处理，然后才能在应收款管理系统中进行现结制单。

3. 审核销售专用发票和现结制单

（1）执行“财务会计”|“应收款管理”|“应收处理”|“销售发票”|“销售发票审核”命令，在打开的界面中进行查询条件设置，将“包含已现结发票”设为“是”，单击“确定”按钮，可以看到应收单据列表，如图 8-44 所示。选择此笔业务的销售专用发票，单击“审核”按钮退出。

序号	□	审核人	单据日期	单据类型	单据号	客户名称	部门	业务员	原币金额
1	□		2020-04-15	销售专用发票	00005	湖北朝华公司	销售部	朱小明	43,505.00

图 8-44　应收单据列表

（2）执行“财务会计”|“应收款管理”|“凭证处理”|“生成凭证”命令，打开“制单查询”对话框。勾选“现结”，单击“确定”按钮打开“生成凭证”窗口。凭证类别选择“收款凭证”，如图 8-45 所示。

现结列表

凭证类别　收款凭证　　制单日期　2020-04-15

选择标志	凭证类别	单据类型	单据号	日期	客户编码	客户名称	部门	业务员	金额
1	收款凭证	现结	004	2020-04-15	05	湖北朝华公司	销售部	朱小明	43,505.00

图 8-45　现结制单

（3）单击“全选”按钮，再单击“制单”按钮打开“填制凭证”窗口，单击“保存”按钮完成操作。生成的收款凭证分录如下。

借：银行存款——工行　　43 505
　　贷：主营业务收入　　38 500
　　　　应交税费——应交增值税（销项税额）　　5 005

4. 销售出库单记账

执行“供应链”|“存货核算”|“记账”|“正常单据记账”命令，在打开的界面中单击“查询”按钮进行查询条件设置。设置仓库为“成品库”，然后打开正常单据记账列表（这里同时列出了前面几笔没有记账的出库单），如图 8-46 所示。选择全部出库单后单击“记账”按钮完成操作。

□	日期	单据号	存货编码	存货名称	收发类别	单据类型	仓库名称	数量	单价	金额
□	2020-04-08	00002	017	手持扫描器	销售出库	专用发票	成品库	50.00		
□	2020-04-08	00002	018	桌面扫描器	销售出库	专用发票	成品库	50.00		
□	2020-04-12	00003	017	手持扫描器	销售出库	专用发票	成品库	50.00		
□	2020-04-15	00005	017	手持扫描器	销售出库	专用发票	成品库	90.00		
□	2020-04-15	00005	018	桌面扫描器	销售出库	专用发票	成品库	5.00		

图 8-46　正常单据记账列表

六、补开上月发票

业务描述

4月15日，销售部向天津大华公司开具销售专用发票，经协商无税单价为8 000元，款项已转入工行户，支票号为TJ1234。

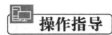

操作指导

1. 填制销售专用发票并执行现结

补开上月发票

（1）执行“供应链”|“销售管理”|“销售开票”|“销售专用发票”命令，在打开的界面中选择“增加”|“发货单”，进行查询条件设置，客户选择“天津大华公司”，单击“确定”按钮，打开“参照生单”窗口。选择要参照的上月发货单，单击“确定”按钮，返回销售专用发票，期初发货单的数据将被自动复制到销售专用发票中，然后根据业务信息将单价修改为8 000元，如图8-47所示。

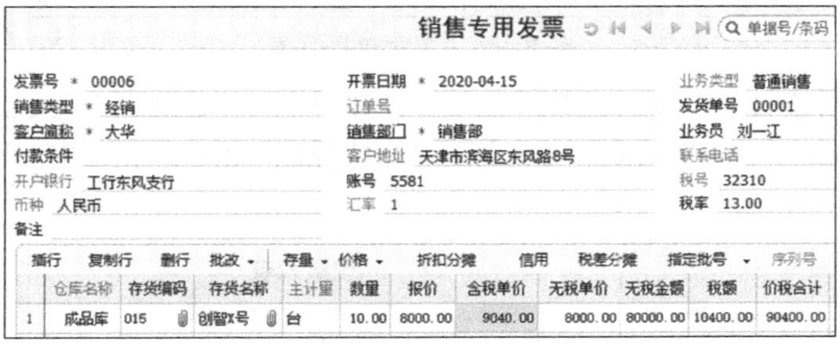
销售专用发票

发票号 * 00006　开票日期 * 2020-04-15　业务类型 普通销售
销售类型 * 经销　订单号　发货单号 00001
客户简称 * 大华　销售部门 * 销售部　业务员 刘一江
付款条件　客户地址 天津市滨海区东风路8号　联系电话
开户银行 工行东风支行　账号 5581　税号 32310
币种 人民币　汇率 1　税率 13.00
备注

	仓库名称	存货编码	存货名称	主计量	数量	报价	含税单价	无税单价	无税金额	税额	价税合计
1	成品库	015	创智X号	台	10.00	8000.00	9040.00	8000.00	80000.00	10400.00	90400.00

图8-47　销售专用发票

（2）单击“保存”按钮，然后再单击“现结”按钮，打开“现结”窗口，输入现结资料，如图8-48所示。单击“确定”按钮，返回销售专用发票，发票左上角会显示“现结”标志。单击“复核”按钮，对发票进行复核。

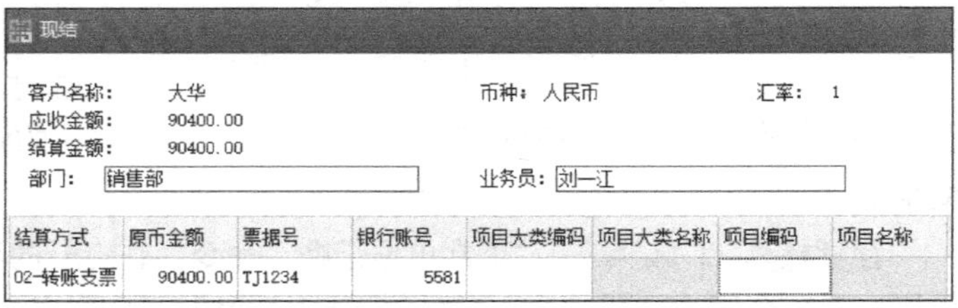
现结

客户名称：大华　币种：人民币　汇率：1
应收金额：90400.00
结算金额：90400.00
部门：销售部　业务员：刘一江

结算方式	原币金额	票据号	银行账号	项目大类编码	项目大类名称	项目编码	项目名称
02-转账支票	90400.00	TJ1234	5581				

图8-48　输入现结资料

2. 审核销售专用发票和现结制单

（1）执行“财务会计”|“应收款管理”|“应收处理”|“销售发票”|“销售发票审核”命令，在打开的界面中单击“查询”按钮进行查询条件设置。发票类型选择“销售专用发票”，将“包含已现结发票”设为“是”，单击“确定”按钮，结果如图8-49所示。选择单据，单击“审核”按钮。

序号	□	审核人	单据日期	单据类型	单据号	客户名称	部门	业务员	原币金额
1	□		2020-04-15	销售专用发票	00006	天津大华公司	销售部	刘一江	90,400.00

图 8-49　应收单据列表

（2）执行“财务会计”|“应收款管理”|“凭证处理”|“生成凭证”命令，打开“制单查询”对话框。勾选“现结”，单击“确定”按钮打开“生成凭证”窗口。凭证类别选择“收款凭证”，如图 8-50 所示。

凭证类别　收款凭证　　制单日期　2020-04-15

选择标志	凭证类别	单据类型	单据号	日期	客户编码	客户名称	部门	业务员	金额
	收款凭证	现结	005	2020-04-15	02	天津大华公司	销售部	刘一江	90,400.00

图 8-50　现结列表

（3）单击“全选”按钮，再单击“制单”按钮打开“填制凭证”窗口，单击“保存”按钮完成操作。生成的收款凭证分录如下。

借：银行存款——工行　　90 400

　　贷：主营业务收入　　80 000

　　　　应交税费——应交增值税（销项税额）　　10 400

3. 销售出库单记账

执行“供应链”|“存货核算”|“记账”|“正常单据记账”命令，进行查询条件设置。可设置仓库为“成品库”，然后打开正常单据记账列表，如图 8-51 所示。选择此业务对应的出库单，单击“记账”按钮完成操作。记账后，发出的物料才会显示在相应物料的明细账中，因此只有实时记账才能体现实际的存货变化情况。

□	日期	单据号	存货编码	存货名称	收发类别	单据类型	仓库名称	数量	单价	金额
□	2020-04-15	00006	015	创智X号	销售出库	专用发票	成品库	10.00		

图 8-51　正常单据记账列表

七、汇总开票

业务描述

（1）4 月 15 日，销售部向辽宁飞鸽公司出售创智 X 号 50 台，无税报价为 9 500 元/台（含税价为 10 735 元/台），货物从成品库发出。

（2）4 月 16 日，销售部向辽宁飞鸽公司出售 HP 打印机 50 台，无税报价为 2 300 元/台（含税价为 2 599 元），货物从配套用品库发出。

根据上述两张出库单开具专用发票一张，并制作凭证。

汇总开票

操作指导

1. 填制并审核发货单

（1）4 月 15 日，创智 X 号发货。执行“供应链”|“销售管理”|“销售发货”|“发货单”命令，在打开的界面中选择“增加”|“空白单据”，打开发货单录入界面，输入业务描述信息，如图 8-52 所示。单击“保存”按钮，再单击“审核”按钮完成操作。

发货单

发货单号 * 00007　发货日期 * 2020-04-15　业务类型 * 普通销售
销售类型 * 经销　订单号　发票号
客户简称 * 飞鸽　销售部门 * 销售部　业务员 朱小明
发货地址 沈阳和平区三好路88号　发运方式　付款条件
税率 13.00　币种 人民币　汇率 1.00000000
备注

插行 复制行 拆分行 删行 批改 存量 价格 折扣分摊 信用 税差分摊 指定批号 组合套件

	仓库名称	存货编码	存货名称	主计量	数量	报价	含税单价	无税单价	无税金额	税额	价税合计
1	成品库	015	创智X号	台	50.00	9500.00	10735.00	9500.00	475000.00	61750.00	536750.00

图 8–52　发货单（1）

（2）4 月 16 日，HP 打印机发货。执行“供应链”|“销售管理”|“销售发货”|“发货单”命令，在打开的界面中选择“增加”|“空白单据”，根据业务描述信息录入发货单，如图 8-53 所示。单击“保存”按钮后再单击“审核”按钮完成操作。

发货单　单据号/条码

发货单号 * 00008　发货日期 * 2020-04-16　业务类型 * 普通销售
销售类型 * 经销　订单号　发票号
客户简称 * 飞鸽　销售部门 * 销售部　业务员 朱小明
发货地址 沈阳和平区三好路88号　发运方式　付款条件
税率 13.00　币种 人民币　汇率 1.00000000
备注

插行 复制行 拆分行 删行 批改 存量 价格 折扣分摊 信用 税差分摊 指定批号

	仓库名称	存货编码	存货名称	主计量	数量	报价	含税单价	无税单价	无税金额	税额	价税合计
1	配套用品库	020	HP打印机	台	50.00	2300.00	2599.00	2300.00	115000.00	14950.00	129950.00

图 8–53　发货单（2）

2. 合并填制并复核销售专用发票

执行“供应链”|“销售管理”|“销售开票”|“销售专用发票”命令，在打开的界面中选择“增加”|“发货单”进行查询条件设置。客户选择“辽宁飞鸽公司”，打开“参照生单”窗口。选择要合并开发票的发货单（创智 X 号和 HP 打印机发货单），单击“确定”按钮，发货单数据将被复制到销售专用发票中，如图 8-54 所示。单击“保存”按钮，再单击“复核”按钮完成复核。

销售专用发票　单据号/条码

发票号 * 00007　开票日期 * 2020-04-16　业务类型 普通销售
销售类型 * 经销　订单号　发货单号 00007，00008
客户简称 * 飞鸽　销售部门 * 销售部　业务员 朱小明
付款条件　客户地址 沈阳和平区三好路88号　联系电话
开户银行 中行三好支行　账号 0548　税号 03251
币种 人民币　汇率 1　税率 13.00
备注

插行 复制行 删行 批改 存量 价格 折扣分摊 信用 税差分摊 指定批号 序列号

	仓库名称	存货编码	存货名称	主计量	数量	报价	含税单价	无税单价	无税金额	税额	价税合计
1	成品库	015	创智X号	台	50.00	9500.00	10735.00	9500.00	475000.00	61750.00	536750.00
2	配套用品库	020	HP打印机	台	50.00	2300.00	2599.00	2300.00	115000.00	14950.00	129950.00

图 8–54　销售专用发票

3. 审核发票并生成销售收入凭证

（1）执行“财务会计”|“应收款管理”|“应收处理”|“销售发票”|“销售发票审核”命令，进行查询条件设置。发票类型选择“销售专用发票”，单击“确定”按钮打开销售发票列表。选择要审核的发票，单击“审核”按钮完成审核工作，如图 8-55 所示。

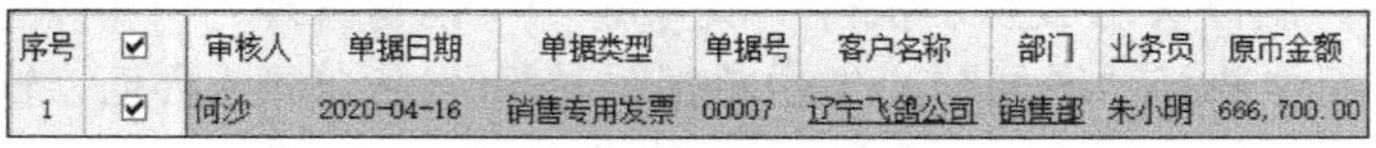

序号	☑	审核人	单据日期	单据类型	单据号	客户名称	部门	业务员	原币金额
1	☑	何沙	2020-04-16	销售专用发票	00007	辽宁飞鸽公司	销售部	朱小明	666,700.00

图 8–55　审核发票

（2）执行“财务会计”|“应收款管理”|“凭证处理”|“生成凭证”命令，打开“制单查询”对话框。勾选“发票”，单击“确定”按钮打开“生成凭证”窗口，将凭证类别改为“转账凭证”，如图 8-56 所示。

凭证类别　转账凭证　　　制单日期　2020-04-16

选择标志	凭证类别	单据类型	单据号	日期	客户编码	客户名称	部门	业务员	金额
	转账凭证	销售专用发票	00007	2020-04-16	04	辽宁飞鸽公司	销售部	朱小明	666,700.00

图 8-56　发票制单

（3）单击“全选”按钮，再单击“制单”按钮，打开“填制凭证”窗口，生成凭证。凭证分录如下。

借：应收账款——飞鸽　　666 700

　　贷：主营业务收入　　590 000

　　　　应交税费——应交增值税（销项税额）　　76 700

4. 销售出库单记账

执行“供应链”|“存货核算”|“记账”|“正常单据记账”命令，在打开的界面中进行参数设置。此处按照默认查询条件设置，打开正常单据记账列表，如图 8-57 所示。选择发票后单击“记账”按钮完成记账。

☐	日期	单据号	存货编码	存货名称	收发类别	单据类型	仓库名称	数量	单价	金额
☐	2020-04-16	00007	015	创智X号	销售出库	专用发票	成品库	50.00		
☐	2020-04-16	00007	020	HP打印机	销售出库	专用发票	配套用品库	50.00		

图 8-57　正常单据记账列表

八、分次开票

业务描述

（1）4 月 16 日，销售部向重庆嘉陵公司出售 HP 打印机 60 台，无税报价为 2 300 元/台（含税价为 2 599 元/台），货物从配套用品库发出。

（2）4 月 17 日，应客户要求，销售部对上述所发出的商品开具两张销售专用发票：第一张发票中列示的数量为 40 台，第二张发票中列示的数量为 20 台。

操作指导

1. 填制并审核发货单

执行“供应链”|“销售管理”|“销售发货”|“发货单”命令，在打开的界面中选择“增加”|“空白单据”，打开发货单录入界面。根据业务描述输入相关信息，如图 8-58 所示。单击“保存”按钮后再单击“审核”按钮完成操作。

分次开票

2. 分两次填制销售专用发票

（1）执行“供应链”|“销售管理”|“销售开票”|“销售专用发票”命令，在打开的界面中选择“增加”|“发货单”进行查询条件设置。客户选择“重庆嘉陵公司”，单击“确定”按钮，打开“参照生单”窗口。选择要开发票的发货单，单击“确定”按钮后发货单数据将被复制到销售专用发票中，将数量修改为“40”，如图 8-59 所示。单击“保存”和“复核”按钮后完成发票复核。

发货单

发货单号 * 00009　发货日期 * 2020-04-16　业务类型 * 普通销售
销售类型 * 经销　订单号　发票号
客户简称 * 嘉陵　销售部门 * 销售部　业务员 刘一江
发货地址 重庆市沙坪坝区双碑路9号　发运方式　付款条件
税率 13.00　币种 人民币　汇率 1.00000000
备注

	仓库名称	存货编码	存货名称	主计量	数量	报价	含税单价	无税单价	无税金额	税额	价税合计
1	配套用品库	020	HP打印机	台	60.00	2300.00	2599.00	2300.00	138000.00	17940.00	155940.00

图 8–58　发货单

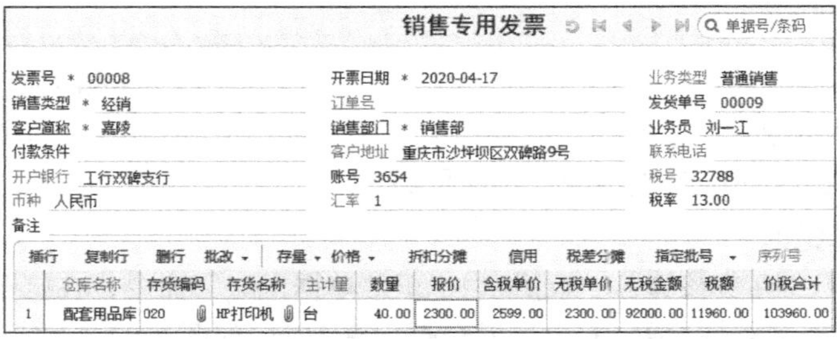

销售专用发票

发票号 * 00008　开票日期 * 2020-04-17　业务类型 普通销售
销售类型 * 经销　订单号　发货单号 00009
客户简称 * 嘉陵　销售部门 * 销售部　业务员 刘一江
付款条件　客户地址 重庆市沙坪坝区双碑路9号　联系电话
开户银行 工行双碑支行　账号 3654　税号 32788
币种 人民币　汇率 1　税率 13.00
备注

	仓库名称	存货编码	存货名称	主计量	数量	报价	含税单价	无税单价	无税金额	税额	价税合计
1	配套用品库	020	HP打印机	台	40.00	2300.00	2599.00	2300.00	92000.00	11960.00	103960.00

图 8–59　开具销售专用发票（1）

（2）执行“供应链”|“销售管理”|“销售开票”|“销售专用发票”命令，在打开的界面中选择“增加”|“发货单”进行查询条件设置。客户选择“重庆嘉陵公司”，单击“确定”按钮，打开“参照生单”窗口。选择要开发票的发货单，这时未开票数量已经变为“20”，单击“确定”按钮后发货单数据将被复制到销售专用发票中，如图 8-60 所示。单击“保存”和“复核”按钮后完成发票复核。

销售专用发票

发票号 * 00009　开票日期 * 2020-04-17　业务类型 普通销售
销售类型 * 经销　订单号　发货单号 00009
客户简称 * 嘉陵　销售部门 * 销售部　业务员 刘一江
付款条件　客户地址 重庆市沙坪坝区双碑路9号　联系电话
开户银行 工行双碑支行　账号 3654　税号 32788
币种 人民币　汇率 1　税率 13.00
备注

	仓库名称	存货编码	存货名称	主计量	数量	报价	含税单价	无税单价	无税金额	税额	价税合计
1	配套用品库	020	HP打印机	台	20.00	2300.00	2599.00	2300.00	46000.00	5980.00	51980.00

图 8–60　开具销售专用发票（2）

3. 审核发票并生成销售收入凭证

（1）执行“财务会计”|“应收款管理”|“应收处理”|“销售发票”|“销售发票审核”命令，在打开的界面中进行查询条件设置。发票类型选择“销售专用发票”，单击“确定”按钮后打开销售发票列表。选择要审核的发票，单击“审核”按钮完成审核工作，如图 8-61 所示。

序号	☑	审核人	单据日期	单据类型	单据号	客户名称	部门	业务员	原币金额
1	☑		2020-04-17	销售专用发票	00008	重庆嘉陵公司	销售部	刘一江	103,960.00
2	☑		2020-04-17	销售专用发票	00009	重庆嘉陵公司	销售部	刘一江	51,980.00

图 8–61　销售发票列表

（2）执行“财务会计”|“应收款管理”|“凭证处理”|“生成凭证”命令，打开“制单查询”对话框。勾选“发票”，单击“确定”按钮打开“生成凭证”窗口，将凭证类别改为“转账凭证”，如图 8-62 所示。

凭证类别	转账凭证				制单日期	2020-04-17			
选择标志	凭证类别	单据类型	单据号	日期	客户编码	客户名称	部门	业务员	金额
	转账凭证	销售专用发票	00008	2020-04-17	01	重庆嘉陵公司	销售部	刘一江	103,960.00
	转账凭证	销售专用发票	00009	2020-04-17	01	重庆嘉陵公司	销售部	刘一江	51,980.00

图 8-62　发票制单

（3）单击“全选”按钮，然后单击“合并”按钮（两张发票制作一张凭证），再单击“制单”按钮，打开“填制凭证”窗口，生成凭证。凭证分录如下。

借：应收账款——嘉陵　　155 940

　　贷：主营业务收入　　138 000

　　　　应交税费——应交增值税（销项税额）　　17 940

4. 对销售出库单记账

执行“供应链”|“存货核算”|“记账”|“正常单据记账”命令，在打开的界面中进行查询条件设置，此处保持默认条件设置，打开正常单据记账列表，如图 8-63 所示。选择两张未记账的单据，然后单击“记账”按钮完成操作。

□	日期	单据号	存货编码	存货名称	收发类别	单据类型	仓库名称	数量	单价	金额
□	2020-04-17	00008	020	HP打印机	销售出库	专用发票	配套用品库	40.00		
□	2020-04-17	00009	020	HP打印机	销售出库	专用发票	配套用品库	20.00		

图 8-63　正常单据记账列表

九、开票直接发货

业务描述

4 月 17 日，销售部向上海长江公司出售 HP 打印机 50 台，无税报价为 2 300 元/台（含税价为 2 599 元/台），物品从配套用品库发出，并据此开具专用销售发票一张。

操作指导

开票直接发货

1. 填制并复核销售专用发票

执行“供应链”|“销售管理”|“销售开票”|“销售专用发票”命令，在打开的界面中选择“增加”|“空白单据”，录入销售专用发票的相关信息，如图 8-64 所示。单击“保存”按钮，再单击“复核”按钮完成复核。

销售专用发票

发票号 * 00010	开票日期 * 2020-04-17	业务类型 普通销售
销售类型 * 经销	订单号	发货单号
客户简称 * 长江	销售部门 * 销售部	业务员 朱小明
付款条件	客户地址 上海市徐汇区海东路1号	联系电话
开户银行 工行海东支行	账号 2234	税号 65432
币种 人民币	汇率 1.00000000	税率 13.00
备注		

	仓库名称	存货编码	存货名称	主计量	数量	报价	含税单价	无税单价	无税金额	税额	价税合计
1	配套用品库	020	HP打印机	台	50.00	2300.00	2599.00	2300.00	115000.00	14950.00	129950.00

图 8-64　销售专用发票

2. 查询销售发货单

输入销售专用发票信息后，系统将自动生成销售发货单。执行“供应链”|“销售管理”|“销

售发货”|“发货单列表”命令，在打开的界面中进行查询条件设置，客户选择“上海长江公司”，查询结果如图 8-65 所示。

□	发货单号	发货日期	业务类型	销售类型	客户简称	仓库	存货名称	数量	报价	含税单价	价税合计
□	00010	2020-04-17	普通销售	经销	长江	配套用品库	HP打印机	50.00	2,300.00	2,599.00	129,950.00

图 8–65　发货单列表

3. 查询销售出库单

（1）执行“供应链”|“库存管理”|“销售出库”|“销售出库单列表”命令，在打开的界面中进行查询条件设置。仓库选择“配套用品库”，客户选择“上海长江公司”，查询结果如图 8-66 所示。

序号	□	仓库编码	仓库	出库日期	出库单号	客户	存货名称	数量	单价	金额
1	□	3	配套用品库	2020-04-17	00010	长江	HP打印机	50.00		

图 8–66　销售出库单列表

（2）双击打开要查看的销售出库单，单击“审核”按钮进行审核。这里的审核，在实际业务中表示已经完成出库事项。

4. 审核发票并生成销售收入凭证

（1）执行“财务会计”|“应收款管理”|“应收处理”|“销售发票”|“销售发票审核”命令，在打开的界面中进行查询条件设置。发票类型选择“销售专用发票”，单击“查询”按钮打开销售发票列表，选择要审核的发票，如图 8-67 所示。单击“审核”按钮完成审核工作。

序号	☑	审核人	单据日期	单据类型	单据号	客户名称	部门	业务员	原币金额
1	☑		2020-04-17	销售专用发票	00010	上海长江公司	销售部	朱小明	129,950.00

图 8–67　销售发票列表

（2）执行“财务会计”|“应收款管理”|“凭证处理”|“生成凭证”命令，打开“制单查询”对话框。勾选“发票”，单击“确定”按钮后打开发票列表，将凭证类别改为“转账凭证”，如图 8-68 所示。

凭证类别　转账凭证　　　　制单日期　2020-04-17

选择标志	凭证类别	单据类型	单据号	日期	客户编码	客户名称	部门	业务员	金额
	转账凭证	销售专用发票	00010	2020-04-17	03	上海长江公司	销售部	朱小明	129,950.00

图 8–68　发票制单

（3）单击“全选”按钮，再单击“制单”按钮，打开“填制凭证”窗口，生成凭证。凭证分录如下。

借：应收账款——长江　　129 950

　贷：主营业务收入　　115 000

　　应交税费——应交增值税（销项税额）　　14 950

5. 对销售出库单记账

执行“供应链”|“存货核算”|“记账”|“正常单据记账”命令，在打开的界面中进行查询条件设置。此处按照默认设置，打开正常单据记账列表，如图 8-69 所示。选择需要记账的销售出库单，单击“记账”按钮即可。

□	日期	单据号	存货编码	存货名称	收发类别	单据类型	仓库名称	数量	单价	金额
□	2020-04-17	00010	020	HP打印机	销售出库	专用发票	配套用品库	50.00		

图 8-69　正常单据记账列表

十、设置价格策略

业务描述

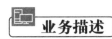

4 月 17 日，公司根据制订的新价格策略，对公司主力产品创智 X 号按不同客户设定不同销售价格，如表 8-1 所示。

表 8-1　　　　　　　　　　　　销售价格策略

客户等级	客户简称	数量下限	批发单价/元	折扣率	成交价/元	批量下限	批量折扣率
一级	大华	200	9 000	90%	8 100	500	85%
二级	长江	150	9 000	95%	8 550	300	90%

操作指导

设置价格策略

1. 设置销售选项

执行“供应链”|“销售管理”|“设置”|“选项”命令，在“销售选项”对话框中打开“价格管理”选项卡，勾选“使用批量打折”，如图 8-70 所示。

图 8-70　设置销售选项

2. 设置客户调价单

（1）执行“供应链”|“销售管理”|“价格管理”|“客户价格”|“客户调价单”命令，在打开的界面中选择“增加”|“空白单据”，按照业务描述录入信息，如图 8-71 所示。单击“保存”和“审核”按钮后完成审核。

图 8-71　客户调价单

（2）执行“供应链”|“销售管理”|“价格管理”|“客户价格”|“客户价格列表”命令，可以查看具体客户的价格情况。

3. 批量折扣设置

执行“供应链”|“销售管理”|“价格管理”|“批量折扣”命令，在打开的界面中按照业务描述录入信息，如图 8-72 所示。

客户编码	客户简称	存货大类名称	存货编码	存货名称	主计量单位名称	数量	扣率
02	大华	创智一体机	015	创智X号	台	500.00	85.00
03	长江	创智一体机	015	创智X号	台	300.00	90.00

图 8–72　批量折扣表

在后续业务中，如果执行“供应链”|“销售管理”|“销售订货”|“销售订单”命令，系统就会按照新的价格策略计价。

十一、分期收款发出商品

业务描述

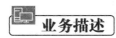

4 月 17 日，销售部向上海长江公司出售创智 X 号 180 台，由成品库发货，按照新的价格策略计价。由于金额较大，客户要求以分期付款形式购买该商品。经协商，客户分 3 次付款，销售部据此开具相应的销售专用发票。第一次开具专用发票时数量为 80 台。业务部将该业务所涉及的出库单及销售发票交给财务部，财务部据此制作凭证。

操作指导

分期收款发出商品

1. 调整相关选项设置

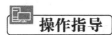

执行“供应链”|“销售管理”|“设置”|“选项”命令，在“销售选项”对话框中打开“业务控制”选项卡，勾选“有分期收款业务”和“销售生成出库单”，如图 8-73 所示。

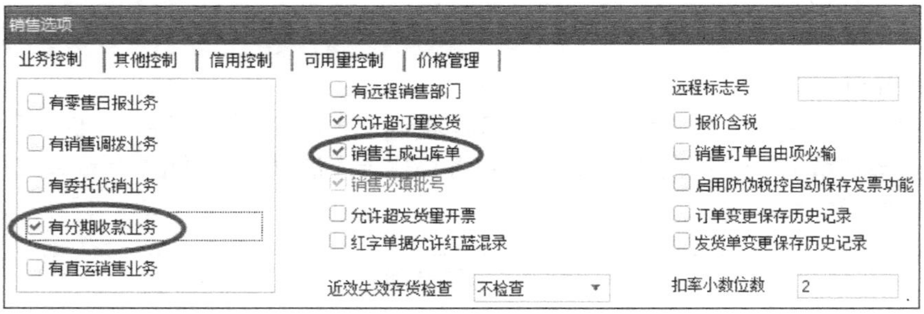

图 8–73　销售选项设置

2. 填制并审核销售订单

执行“供应链”|“销售管理”|“销售订货”|“销售订单”命令，在打开的界面中选择“增加”|“空白单据”，输入业务描述数据，业务类型选择“分期收款”。输入数量后，价格会按照前面设置的价格策略自动填入（也可直接输入），如图 8-74 所示。单击“保存”和“审核”按钮后完成审核。

如果发现价格并未调整，就要检查客户调价单中的相关数据是否输入正确，是否进行了审核。

图 8-74　销售订单

3. 填制并审核发货单

执行“供应链”|“销售管理”|“销售发货”|“发货单”命令，在打开的界面中选择“增加”|“订单”，进行查询条件设置。客户选择“上海长江公司”，业务类型选择“分期收款”，单击“确定”按钮打开“参照生单”窗口。选择订单后返回发货单，相关数据将被自动填入，补充仓库信息，如图 8-75 所示。单击“保存”和“审核”按钮完成审核。

图 8-75　发货单

4. 发出商品记账（发货单）

执行“供应链”|“存货核算”|“记账”|“发出商品记账”命令，在打开的界面中进行查询条件设置。仓库选择“成品库”，单击“确定”按钮，打开“发出商品记账”窗口，如图 8-76 所示。先选择单据，然后记账。

□	日期	单据号	仓库名称	收发类别	存货编码	存货名称	单据类型	计量单位	数量	单价	金额
□	2020-04-17	00011	成品库	销售出库	015	创智X号	发货单	台	180.00		

图 8-76　发出商品记账

5. 根据发货单填制并复核销售专用发票

执行“供应链”|“销售管理”|“销售开票”|“销售专用发票”命令，在打开的界面中选择“增加”|“发货单”，进行查询条件设置。客户选择“上海长江公司”，业务类型选择“分期收款”，单击“确定”按钮，打开“参照生单”窗口。选择要参照的发货单，单击“确定”按钮，返回销售专用发票，发货单的数据已被复制到销售专用发票中，将数量改为本次开票的数量“80”，如图 8-77 所示。单击“保存”按钮，然后单击“复核”按钮完成复核。

图 8-77　销售专用发票

6. 审核销售专用发票及生成应收凭证

（1）执行“财务会计”|“应收款管理”|“应收处理”|“销售发票”|“销售发票审核”命令，在打开的界面中进行查询条件设置，客户选择“上海长江公司”，单击“确定”按钮打开销售发票列表，如图 8-78 所示。先选择发票，再单击“审核”按钮。

序号	☐	审核人	单据日期	单据类型	单据号	客户名称	部门	业务员	原币金额
1	☐		2020-04-17	销售专用发票	00011	上海长江公司	销售部	朱小明	772,920.00

图 8-78　销售发票列表

（2）执行“财务会计”|“应收款管理”|“凭证处理”|“生成凭证”命令，打开“制单查询”对话框。勾选“发票”，单击“确定”按钮打开发票列表，凭证类别选择“转账凭证”，如图 8-79 所示。

凭证类别　转账凭证　　　　制单日期　2020-04-17

选择标志	凭证类别	单据类型	单据号	日期	客户编码	客户名称	部门	业务员	金额
	转账凭证	销售专用发票	00011	2020-04-17	03	上海长江公司	销售部	朱小明	772,920.00

图 8-79　发票制单

（3）先选择发票，然后单击“制单”按钮，打开“填制凭证”窗口，生成凭证。凭证分录如下。

借：应收账款——长江　　772 920

　　贷：主营业务收入　　684 000

　　　　应交税费——应交增值税（销项税额）　　88 920

7. 发出商品记账（专用发票）

执行“供应链”|“存货核算”|“记账”|“发出商品记账”命令，在打开的界面中进行查询条件设置，单据类型选择“销售发票”，业务类型选择“分期收款”，单击“确定”按钮，打开“发出商品记账”窗口，如图 8-80 所示。先选择发票，然后完成记账。

☐	日期	单据号	仓库名称	收发类别	存货编码	存货名称	单据类型	计量单位	数量	单价	金额
☐	2020-04-17	00011	成品库	销售出库	015	创智X号	专用发票	台	80.00		

图 8-80　发出商品记账

8. 查询分期收款相关账表

执行“供应链”|“存货核算”|“账簿”|“发出商品明细账”命令，在打开的界面中输入查询条件，仓库选择“成品库”，存货选择“创智 X 号”。单击“确定”按钮后，显示的发出商品明细账如图 8-81 所示。

记账日期	2020年		凭证号	摘要		收入			发出			结存		
	月	日		凭证摘要	收发类别	数量	单价	金额	数量	单价	金额	数量	单价	金额
				期初结存								0.00	0.00	0.00
2020-04-20	04	20			销售出库	180.00						180.00	0.00	0.00
2020-04-20	04	20			销售出库				80.00			100.00	0.00	0.00
				4月合计		180.00		0.00	80.00		0.00	100.00	0.00	0.00
				本年累计		180.00		0.00	80.00		0.00			

图 8-81　发出商品明细账

十二、代垫费用处理

业务描述

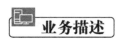

4 月 17 日，销售部在向上海长江公司销售商品过程中，发生了一笔设备服务费 800 元。客户

尚未支付该笔款项。

费用项目分类信息：分类编码为 1；分类名称为代垫费用；费用项目为设备服务费。

操作指导

1. 设置费用项目

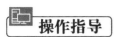

执行“基础设置”|“基础档案”|“业务”|“费用项目分类”命令，在打开的界面中单击“增加”按钮，增加项目分类，如图 8-82 所示。执行“基础设置”|“基础档案”|“业务”|“费用项目”命令，在打开的界面中单击“增加”按钮，输入费用项目，如图 8-83 所示。

代垫费用处理

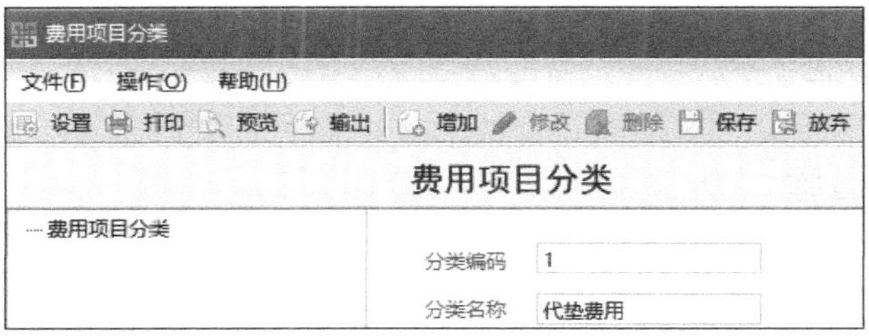

图 8-82　费用项目分类

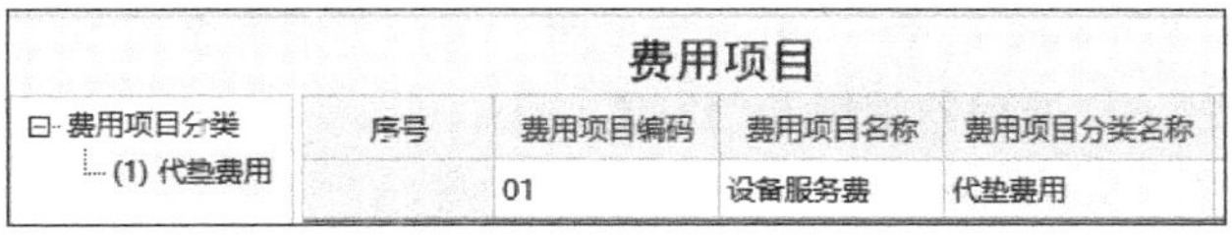

图 8-83　费用项目

2. 填制并复核代垫费用单

执行“供应链”|“销售管理”|“代垫费用”|“代垫费用单”命令，在打开的界面中单击“增加”按钮，输入业务描述资料，如图 8-84 所示。单击“保存”按钮，然后单击“复核”按钮完成复核。

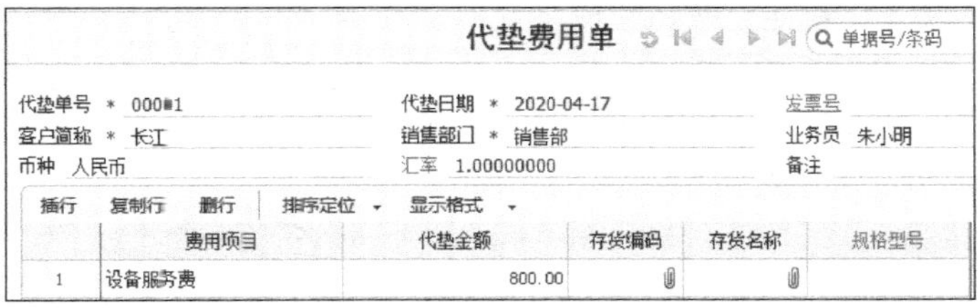

图 8-84　代垫费用单

3. 审核代垫费用单并确认应收

（1）执行“财务会计”|“应收款管理”|“应收处理”|“应收单审核”命令，在打开的界面中进行查询条件设置，单据类型选择“其他应收单”，单击“确定”按钮打开应收单列表，如图 8-85 所示。选择要审核的单据，单击“审核”按钮完成操作。

序号	☐	审核人	单据日期	单据类型	单据号	客户名称	部门	业务员	原币金额
1	☐		2020-04-17	其他应收单	003	上海长江公司	销售部	朱小明	800.00

图 8-85　应收单列表（1）

（2）执行“财务会计”|“应收款管理”|“凭证处理”|“生成凭证”命令，打开“制单查询”对话框。勾选“应收单”，单击“确定”按钮打开应收单列表，将凭证类别改为“转账凭证”，如图 8-86 所示。

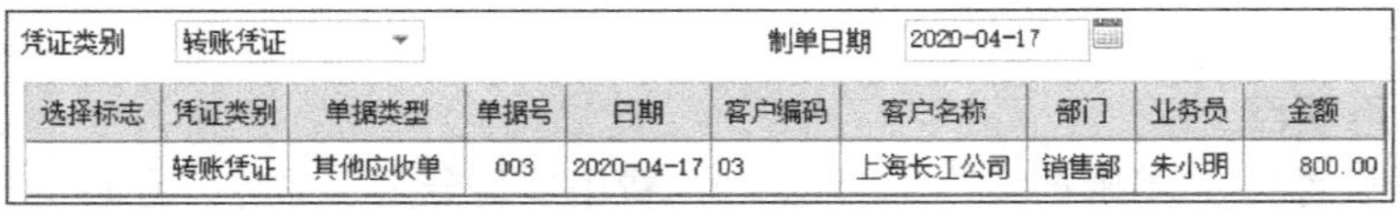
凭证类别 转账凭证　　制单日期 2020-04-17

选择标志	凭证类别	单据类型	单据号	日期	客户编码	客户名称	部门	业务员	金额
	转账凭证	其他应收单	003	2020-04-17	03	上海长江公司	销售部	朱小明	800.00

图 8-86　应收单列表（2）

（3）选择指定单据，然后单击“制单”按钮打开“填制凭证”窗口。输入借方科目编码“122101”、贷方科目编码“6051”，单击“保存“按钮，生成凭证分录如下。

借：其他应收款——应收单位款（长江）　　800

　　贷：其他业务收入　　800

十三、超发货单出库

业务描述

（1）4 月 17 日，销售部向湖北朝华公司出售 CN 处理器 30 盒，由原料库发货，不含税报价为 1 500 元/盒（含税价为 1 695 元/盒）。开具发票时，客户要求再多买 10 盒，销售部根据客户要求开具了数量为 40 盒的 CN 处理器销售专用发票一张。

（2）4 月 18 日，客户从原料库领出 CN 处理器 40 盒。

操作指导

超发货单出库

1. 设置参数

（1）修改相关选项设置。执行“供应链”|“库存管理”|“设置”|“选项”命令，打开“专用设置”选项卡，勾选“超发货单出库”，如图 8-87 所示。单击“应用”按钮，再单击“确定”按钮完成设置。

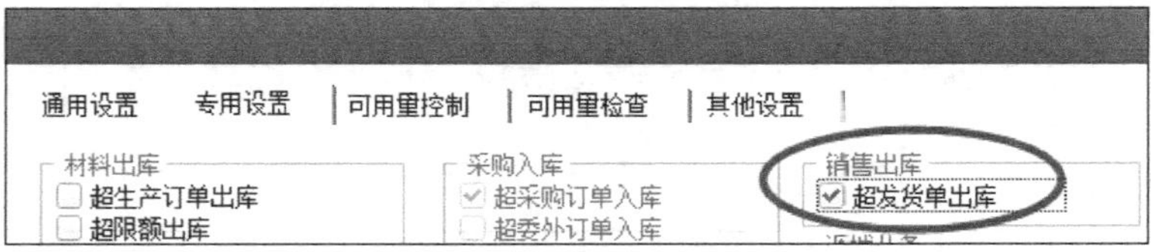

图 8-87　库存选项设置（专用设置）

（2）修改存货档案并设置出库超额上限。执行“基础设置”|“基础档案”|“存货”|“存货档案”命令，打开“存货档案”窗口，选择“1CN 处理器”。修改该存货档案，打开“控制”选项卡，将出库超额上限设为 0.4（表示 40%），如图 8-88 所示。单击“保存”按钮完成设置。

（3）修改销售选项参数。执行“供应链”|“销售管理”|“设置”|“选项”命令，勾选“业务控制”选项卡中的“允许超发货量开票”，取消勾选“销售生成出库单”，如图 8-89 所示。

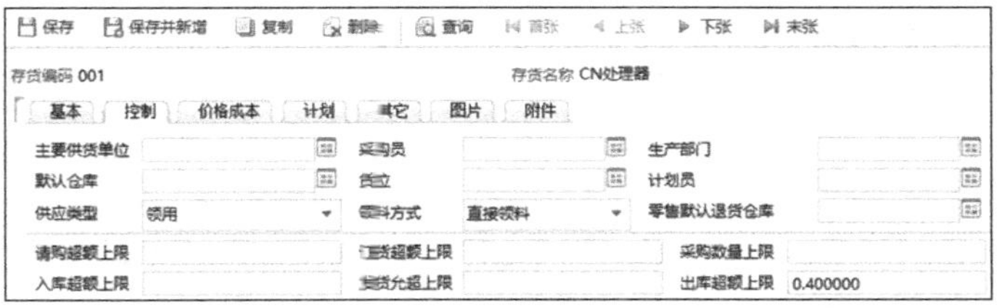

图 8–88　修改存货档案

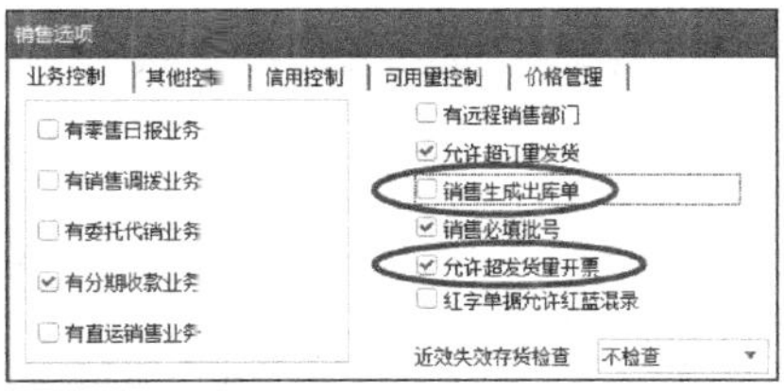

图 8–89　修改销售选项参数（业务控制）

2. 填制并审核发货单

执行“供应链”|“销售管理”|“销售发货”|“发货单”命令，在打开的界面中选择“增加”|“空白单据”，输入业务描述数据，如图 8-90 所示。单击“保存”按钮，然后进行审核。

图 8–90　发货单

3. 填制并复核销售专用发票

执行“供应链”|“销售管理”|“销售开票”|“销售专用发票”命令，在打开的界面中选择“增加”|“发货单”，进行查询条件设置。客户选择“湖北朝华公司”，单击“确定”按钮，打开“参照生单”窗口。选择要参照的发货单，单击“确定”按钮返回销售专用发票，发货单的数据即可自动复制到销售专用发票中，将数量改为“40”，如图 8-91 所示。单击“保存”按钮，如果系统提示“发票上货物累计开票数量已大于发货数量”，说明控制参数未设置好，需要设置好控制参数后再开票。单击“复核”按钮完成发票填制工作。

图 8–91　销售专用发票

4. 根据发货单生成销售出库单

4月18日客户取货。执行“供应链”|“库存管理”|“销售出库”|“销售出库单”命令，在打开的界面中选择“增加”|“销售发货单”，进行查询条件设置。客户选择“湖北朝华公司”，单击“确定”按钮，在打开的“销售生单”窗口中选择相应的发货单，勾选“根据累计出库数更新发货单”，结果如图8-92所示。单击“确定”按钮，将销售出库单中的数量改为“40”，如图8-93所示。单击“保存”按钮，再单击“审核”按钮。

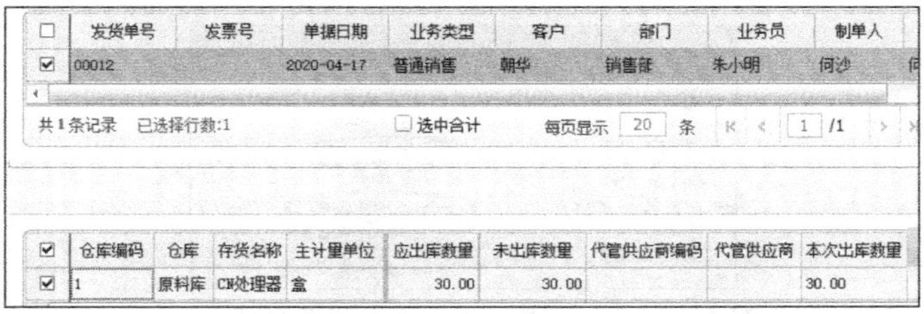

☐	发货单号	发票号	单据日期	业务类型	客户	部门	业务员	制单人
☑	00012		2020-04-17	普通销售	朝华	销售部	朱小明	何沙

☑	仓库编码	仓库	存货名称	主计量单位	应出库数量	未出库数量	代管供应商编码	代管供应商	本次出库数量
☑	1	原料库	CN处理器	盒	30.00	30.00			30.00

图8-92　销售发货单生单

	存货编码	存货名称	规格型号	主计量单位	数量	单价	金额
1	001	CN处理器		盒	40.00		

图8-93　销售出库单

操作提示

如果在保存的时候，出现“单据保存失败，修改或稍后再试”的提示，则说明前面的超发货比例没有设置好，应进行检查并重新设置。

执行“供应链”|“销售管理”|“销售发货”|“发货单列表”命令，查看该笔业务的发货单，可看到数量已经由30变为40。

5. 审核销售专用发票并生成销售收入凭证

（1）执行“财务会计”|“应收款管理”|“应收处理”|“销售发票”|“销售发票审核”命令，在打开的界面中进行查询条件设置。发票类型选择“销售专用发票”，单击“确定”按钮打开销售发票列表。选择需要审核的发票，如图8-94所示，然后单击“审核”按钮。

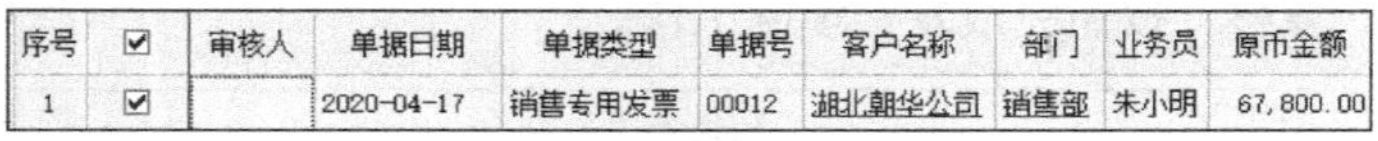

序号	☑	审核人	单据日期	单据类型	单据号	客户名称	部门	业务员	原币金额
1	☑		2020-04-17	销售专用发票	00012	湖北朝华公司	销售部	朱小明	67,800.00

图8-94　审核销售专用发票

（2）执行“财务会计”|“应收款管理”|“凭证处理”|“生成凭证”命令，打开“制单查询”对话框。勾选“发票”，单击“确定”按钮打开发票列表，将凭证类别改为“转账凭证”，如图8-95所示。

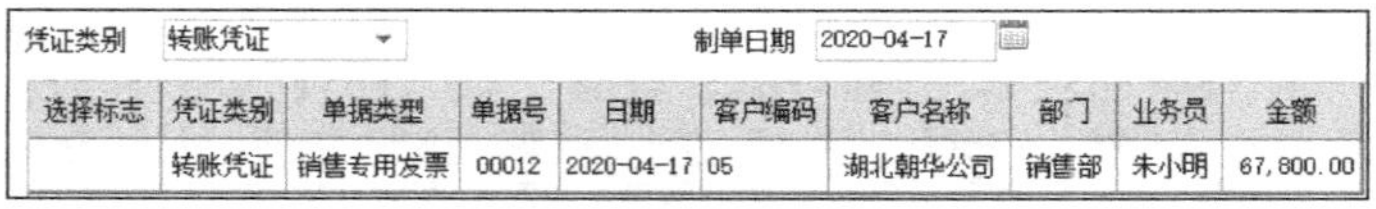

选择标志	凭证类别	单据类型	单据号	日期	客户编码	客户名称	部门	业务员	金额
	转账凭证	销售专用发票	00012	2020-04-17	05	湖北朝华公司	销售部	朱小明	67,800.00

图8-95　发票制单

（3）单击“全选”按钮，再单击“制单”按钮，打开“填制凭证”窗口，生成凭证。凭证分录如下。

借：应收账款——朝华　　67 800

　　贷：主营业务收入　　60 000

　　　　应交税费——应交增值税（销项税额）　　7 800

6. 对销售出库单记账并生成凭证

（1）执行“供应链”|“存货核算”|“记账”|“正常单据记账”命令，在打开的界面中将查询条件设为“原料库”，打开正常单据记账列表，如图 8-96 所示。先选择单据，然后单击“记账”按钮完成操作。

□	日期	单据号	存货编码	存货名称	收发类别	单据类型	仓库名称	数量	单价	金额
□	2020-04-17	00012	001	CN处理器	销售出库	专用发票	原料库	40.00		

图 8–96　正常单据记账列表

（2）执行“供应链”|“存货核算”|“凭证处理”|“生成凭证”命令，单击工具栏中的“选单”按钮进行查询条件设置。单据类型选择“专用发票”，再设置客户为“湖北朝华公司”，单击“确定”按钮后将显示未生成凭证单据一览表。选择要生成凭证的单据，然后单击“确定”按钮返回“生成凭证”窗口，将凭证类别改为“转 转账凭证”，如图 8-97 所示。

打印 · 输出 | 选单 | 删除 | 制单 | 合并制单 | 联查单据

凭证类别 转 转账凭证

选择	单据类型	业务类型	单据号	科目类型	科目编码	科目名称	借方金额	贷方金额
1	专用发票	普通销售	00012	对方	6401	主营业务成本	48,000.00	
				存货	140301	生产用原材料		48,000.00

图 3–97　生成凭证

（3）单击“制单”按钮，打开“填制凭证”窗口，单击“保存”按钮完成凭证编制。凭证分录如下。

借：主营业务成本　　48 000

　　贷：原材料——生产用原材料　　48 000

十四、零售日报

业务描述

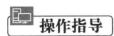

4 月 18 日，销售部零星销售 HP 打印机 3 台，无税报价为 2 500 元/台（含税价为 2 825 元/台），全部用现金结算。现采用零售日报业务对该事项进行处理。

零售日报

操作指导

1. 零售选项设置

执行“供应链”|“销售管理”|“设置”|“选项”命令，在打开的界面中勾选“有零售日报业务”。

2. 录入零售日报和收款

（1）执行“供应链”|“销售管理”|“零售日报”|“零售日报”命令，在打开的界面中单击“增加”按钮后输入业务描述信息，如图 8-98 所示。操作完成后单击“保存”按钮。

图 8–98　零售日报业务设置

（2）单击“现结”按钮，结算方式选择“现金”，如图 8-99 所示。单击“确定”按钮后返回零售日报界面。复核零售日报后，系统会生成销售发货单。

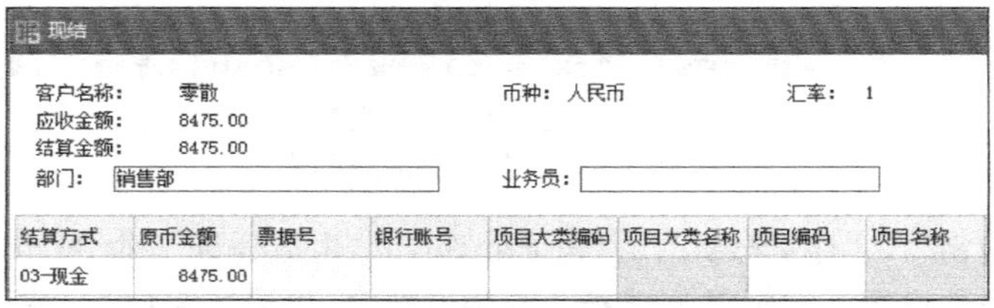

图 8–99　设置结算方式

（3）执行“供应链”|“销售管理”|“销售发货”|“发货单列表”命令，在打开的界面中设置查询条件，客户选择“零散客户”，如图 8-100 所示。

序号	☐	发货单号	发货日期	业务类型	销售类型	客户简称	仓库	存货名称	数量	报价	含税单价	价税合计
1	☐	00013	2020-04-18	普通销售	经销	零散客户	配套用品库	HP打印机	3.00	2,500.00	2,825.00	8,475.00

图 8–100　发货单

3. 填制销售出库单

执行“供应链”|“库存管理”|“销售出库”|“销售出库单”命令，在打开的界面中选择“增加”|“销售发货单”，进行查询条件设置。客户选择“零散客户”，单击“确定”按钮，在打开的“销售生单”窗口中取消勾选“根据累计出库数更新发货单”，选择要参照的销售发货单后返回，结果如图 8-101 所示。单击“保存”按钮，再单击“审核”按钮完成审核工作。

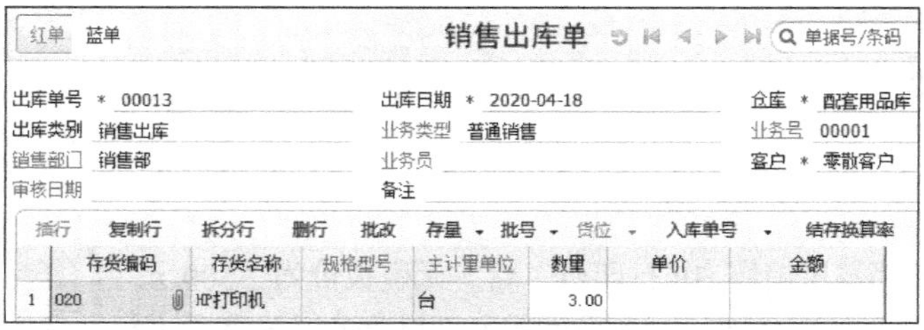

图 8–101　销售出库单

4. 审核零售日报并生成收入凭证

（1）执行“财务会计”|“应收款管理”|“应收处理”|“销售发票”|“销售发票审核”命令，进行查询条件设置。客户选择“零散客户”，单击“确定”按钮打开销售发票列表，如图 8-102 所示。选择指定发票后完成审核工作。

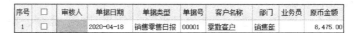

序号	☐	审核人	单据日期	单据类型	单据号	客户名称	部门	业务员	原币金额
1	☐		2020-04-18	销售零售日报	00001	零散客户	销售部		8,475.00

图 8–102　销售发票列表

（2）执行“财务会计”|“应收款管理”|“凭证处理”|“生成凭证”命令，打开“制单查询”对话框。勾选“现结”，单击“确定”按钮打开“生成凭证”窗口，凭证类别选择“收款凭证”，如图 8-103 所示。

凭证类别　收款凭证　　　　制单日期　2020-04-18

选择标志	凭证类别	单据类型	单据号	日期	客户编码	客户名称	部门	业务员	金额
	收款凭证	现结	006	2020-04-18	99	零散客户	销售部		8,475.00

图 8–103　现结制单

（3）单击“全选”按钮，再单击“制单”按钮，打开“填制凭证”窗口，补充借方科目后单击“保存”按钮。生成的收款凭证分录如下。

借：库存现金　　8 475

　　贷：主营业务收入　　7 500

　　　　应交税费——应交增值税（销项税额）　　975

十五、委托代销

业务描述

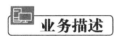

（1）4 月 18 日，销售部委托辽宁飞鸽公司代为销售创智 X 号 30 台，售价为 9 500 元/台（含税价为 10 735 元/台），货物从成品库发出。

（2）4 月 20 日，销售部收到辽宁飞鸽公司的委托代销清单一张，结算创智 X 号 20 台，售价为 9 500 元/台，立即开具销售专用发票给辽宁飞鸽公司。

业务部将该业务所涉及的出库单及销售发票交给财务部，财务部据此完成结转收入等业务。

操作指导

1. 初始设置调整

（1）执行“供应链”|“存货核算”|“设置”|“选项”命令，在打开的“选项查询”对话框中打开“核算方式”选项卡，将委托代销成本核算方式设为“按发出商品核算”。

（2）执行“供应链”|“销售管理”|“设置”|“选项”命令，在打开的“选项查询”对话框中打开“业务控制”选项卡，勾选“有委托代销业务”。

委托代销

2. 委托代销发货处理

（1）执行“供应链”|“销售管理”|“委托代销”|“委托代销发货单”命令，在打开的界面中选择“增加”|“空白单据”，根据业务描述录入委托代销发货单，如图 8-104 所示。单击“保存”按钮，再单击“审核”按钮完成操作。

委托代销发货单　　单据号/条码

发货单号 * 00001　　发货日期 * 2020-04-18　　业务类型 * 委托代销
销售类型 * 经销　　订单号　　税率 13.00
客户简称 * 飞鸽　　销售部门 * 销售部　　业务员 朱小明
发货地址 沈阳和平区三好路88号　　发运方式　　付款条件
币种 人民币　　汇率 1.00000000　　备注

插行　复制行　拆分行　删行　批改　存量　价格　折扣分摊　信用　税差分摊　指定批号

	仓库名称	存货编码	存货名称	主计量	数量	报价	含税单价	无税单价	无税金额	税额	价税合计
1	成品库	015	创智X号	台	30.00	9500.00	10735.00	9500.00	285000.00	37050.00	322050.00

图 8–104　委托代销发货单

（2）执行“供应链”|“库存管理”|“销售出库”|“销售出库单”命令，在打开的界面中选择“增加”|“销售发货单”，进行查询条件设置，业务类型选择“委托代销”，单击“确定”按钮，打开“销售生单”窗口。选择发货单后返回，数据即可被复制到销售出库单中，如图8-105所示。先保存销售出库单，然后审核。

图8-105 销售出库单列表

（3）执行“供应链”|“存货核算”|“记账”|“发出商品记账”命令，在打开的界面中进行查询条件设置，业务类型选择“委托代销”，可以看到发出商品记账信息，如图8-106所示。先选择发票，然后记账。

□	日期	单据号	仓库名称	收发类别	存货编码	存货名称	单据类型	计量单位	数量	单价	金额
□	2020-04-18	00001	成品库	销售出库	015	创智X号	委托代销发货单	台	30.00		

图8-106 发出商品记账（1）

3. 委托代销结算处理

（1）执行“供应链”|“销售管理”|“委托代销”|“委托代销结算单”命令，在打开的界面中单击“增加”按钮，进行查询条件设置。业务类型选择“委托代销”，单击“确定”按钮，打开“参照生单”窗口。选择要参照的单据，单击“确定”按钮，参照的数据即可传到委托代销结算单中，将销售类型改为“代销”，数量改为要结算的“20”，如图8-107所示。先保存后审核，系统提示选择发票类型，这里选择“专用发票”，即可生成销售专用发票。

图8-107 委托代销结算单

（2）执行“供应链”|“销售管理”|“销售开票”|“销售发票列表”命令，在打开的界面中进行查询条件设置，业务类型选择“委托”，打开销售发票列表，如图8-108所示。先选择该发票，然后单击“复核”按钮完成操作。

序号	□	业务类型	销售类型	发票号	客户简称	仓库	存货名称	数量	含税单价	无税单价	价税合计
1	□	委托	代销	00013	飞鸽	成品库	创智X号	20.00	10,735.00	9,500.00	214,700.00

图8-108 销售发票列表

操作提示

① 委托代销结算单审核后，系统将自动生成相应的销售发票。系统可根据委托代销结算单按照需要生成销售普通发票或专用发票。

② 委托代销结算单审核后，系统将自动生成相应的销售出库单，并将其传送到库存管理系统。

（3）执行“财务会计”|“应收款管理”|“应收处理”|“销售发票”|“销售发票审核”命令，在打开的界面中进行查询条件设置。发票类型选择“销售专用发票”，客户选择“辽宁飞鸽公司”，单击“确定”按钮后进行发票审核，如图 8-109 所示。先选择发票，然后审核。

序号	☐	审核人	单据日期	单据类型	单据号	客户名称	制...	原币金额
1	☐		2020-04-20	销售专用发票	00013	辽宁飞鸽公司	何沙	214,700.00

图 8-109　审核销售专用发票

（4）执行“财务会计”|“应收款管理”|“凭证处理”|“生成凭证”命令，在打开的界面中打开“制单查询”对话框。勾选“发票”，单击“确定”按钮打开“生成凭证”窗口，将凭证类别改为“转账凭证”，如图 8-110 所示。

凭证类别　转账凭证　　　制单日期　2020-04-20

选择标志	凭证类别	单据类型	单据号	日期	客户编码	客户名称	金额
	转账凭证	销售专用发票	00013	2020-04-20	04	辽宁飞鸽公司	214,700.00

图 8-110　发票制单

（5）选择指定发票，然后单击“制单”按钮，生成凭证。凭证分录如下。

借：应收账款——飞鸽　　214 700

　　贷：主营业务收入　　190 000

　　　　应交税费——应交增值税（销项税额）　　24 700

（6）执行“供应链”|“存货核算”|“记账”|“发出商品记账”命令，在打开的界面中进行查询条件设置。仓库选择“成品库”，打开“发出商品记账”窗口，如图 8-111 所示。先选择发票，然后记账。

☐	日期	单据号	仓库名称	收发类别	存货编码	存货名称	单据类型	计量单位	数量	单价	金额
☐	2020-04-20	00013	成品库	销售出库	015	创智X号	专用发票	台	20.00		

图 8-111　发出商品记账（2）

4. 委托代销相关账表查询

（1）执行“供应链”|“销售管理”|“报表”|“统计表”|“委托代销统计表”命令，在打开的界面中保持默认查询条件设置，即可看到委托代销统计表。

（2）执行“供应链”|“库存管理”|“业务报表”|“库存账”|“委托代销备查簿”命令，在打开的界面中设置查询条件，存货选择“创智 X 号”，单击“确定”按钮，即可看到委托代销备查簿。

十六、一次销售、分次出库

业务描述

（1）4 月 18 日，销售部向上海长江公司出售 CN 处理器 100 盒，由原料库发货，报价为 1 500

元/盒（含税价为 1 695 元/盒），同时开具专用发票一张。客户根据发货单从原料库先领出 CN 处理器 80 盒。

（2）4 月 20 日，客户根据发货单从原料库领出余下的 20 盒 CN 处理器。

操作指导

1. 设置有关选项

执行"供应链"|"销售管理"|"设置"|"选项"命令，在"销售选项"对话框中打开"业务控制"选项卡，取消勾选"销售生成出库单"，以适应分次发货的出库要求。同时，取消勾选"报价含税"和"普通销售必有订单"。普通销售发货单、普通销售类型的发票不可手工填制，必须参照上游单据生成。原操作模式下的发货单、发票必须已全部完成审核，然后才能修改本设置。

一次销售、分次出库

2. 填制并审核发货单

执行"供应链"|"销售管理"|"销售发货"|"发货单"命令，在打开的界面中选择"增加"|"空白单据"，输入业务描述数据，如图 8-112 所示。单击"保存"按钮，然后进行审核。

发货单

发货单号 * 00014　发货日期 * 2020-04-18　业务类型 * 普通销售
销售类型 * 经销　订单号　发票号
客户简称 * 长江　销售部门 * 销售部　业务员 朱小明
发货地址 上海市徐汇区海东路1号　发运方式　付款条件
税率 13.00　币种 人民币　汇率 1.00000000
备注

	仓库名称	存货编码	存货名称	主计量	数量	报价	含税单价	无税单价	无税金额	税额	价税合计
1	原料库	001	CN处理器	盒	100.00	1500.00	1695.00	1500.00	150000.00	19500.00	169500.00

图 8–112　发货单

3. 根据发货单填制销售专用发票并进行复核

执行"供应链"|"销售管理"|"销售开票"|"销售专用发票"命令，在打开的界面中选择"增加"|"发货单"，进行查询条件设置，客户选择"上海长江公司"，单击"确定"按钮，打开"参照生单"窗口。选择要参照的发货单，单击"确定"按钮，返回销售专用发票，发货单的数据将被自动复制到销售专用发票中，如图 8-113 所示。单击"保存"按钮，然后单击"复核"按钮进行复核。

销售专用发票

发票号 * 00014　开票日期 * 2020-04-18　业务类型 普通销售
销售类型 * 经销　订单号　发货单号 00014
客户简称 * 长江　销售部门 * 销售部　业务员 朱小明
付款条件　客户地址 上海市徐汇区海东路1号　联系电话
开户银行 工行海东支行　账号 2234　税号 65432
币种 人民币　汇率 1　税率 13.00
备注

	仓库名称	存货编码	存货名称	主计量	数量	含税单价	无税单价	无税金额	税额	价税合计
1	原料库	001	CN处理器	盒	100.00	1695.00	1500.00	150000.00	19500.00	169500.00

图 8–113　销售专用发票

4. 根据发货单开具销售出库单

（1）执行"供应链"|"库存管理"|"销售出库"|"销售出库单"命令，在打开的界面中选择"增加"|"销售发货单"，进行查询条件设置。客户选择"上海长江公司"，单据类型选择"发

货单”，单击“确定”按钮，打开“销售生单”窗口。选择销售发货单，注意不要勾选“根据累计出库数更新发货单”。

（2）单击“确定”按钮，将数据复制到销售出库单中，数量改为“80”，如图 8-114 所示。单击“保存”按钮，然后进行审核。

图 8–114 销售出库单（1）

（3）4 月 20 日，发第二批货。执行“供应链”|“库存管理”|“销售出库”|“销售出库单”命令，在打开的界面中选择“增加”|“销售发货单”，进行查询条件设置。客户选择“上海长江公司”，单击“确定”按钮，打开“销售生单”窗口。选择销售发货单，单击“确定”按钮，数据将被自动复制到销售出库单中，如图 8-115 所示。单击“保存”按钮，然后进行审核。

图 8–115 销售出库单（2）

5. 审核销售专用发票并生成销售收入凭证

（1）执行“财务会计”|“应收款管理”|“应收处理”|“销售发票”|“销售发票审核”命令，在打开的界面中进行查询条件设置。发票类型选择“销售专用发票”，单击“确定”按钮打开“销售发票列表”窗口，如图 8-116 所示。先选择发票，然后单击“审核”按钮完成审核工作。

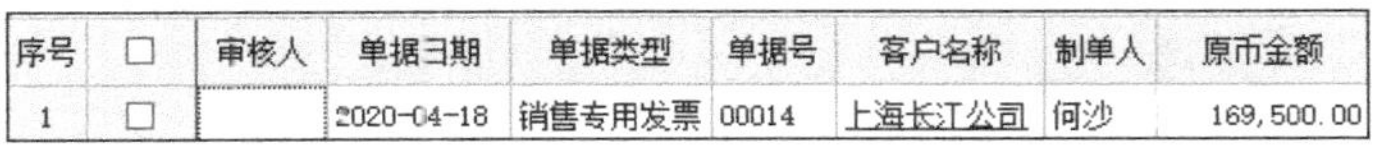

序号	□	审核人	单据日期	单据类型	单据号	客户名称	制单人	原币金额
1	□		2020-04-18	销售专用发票	00014	上海长江公司	何沙	169,500.00

图 8–116 销售发票列表

（2）执行“财务会计”|“应收款管理”|“凭证处理”|“生成凭证”命令，打开“制单查询”对话框。勾选“发票”，单击“确定”按钮后打开“生成凭证”窗口，将凭证类别改为“转账凭证”，如图 8-117 所示。

凭证类别 转账凭证　制单日期 2020-04-20

选择标志	凭证类别	单据类型	单据号	日期	客户编码	客户名称	金额
	转账凭证	销售专用发票	00014	2020-04-20	03	上海长江公司	169,500.00

图 8–117 发票制单

（3）单击“全选”按钮，再单击“制单”按钮，打开“填制凭证”窗口。生成的凭证分录如下。

借：应收账款——/长江　　169 500

　　贷：主营业务收入　　150 000

　　　　应交税费——应交增值税（销项税额）　　19 500

6. 对销售出库单记账并生成凭证

（1）执行“供应链”|“存货核算”|“记账”|“正常单据记账”命令，在打开的界面中进行查询条件设置，此处按照默认设置，单击“确定”按钮，打开正常单据记账列表，如图 8-118 所示。

□	日期	单据号	存货名称	收发类别	单据类型	仓库名称	数量	单价	金额
□	2020-04-18	00001	HP打印机	销售出库	销售日报	配套用品库	3.00		
□	2020-04-18	00014	CN处理器	销售出库	专用发票	原料库	100.00		

图 8-118　正常单据记账列表

（2）选择全部单据（前面没有记账的，这里一并记账），然后单击“记账”按钮完成操作。

（3）执行“供应链”|“存货核算”|“凭证处理”|“生成凭证”命令，单击工具栏中的“选单”按钮进行查询条件设置。单据类型选择“专用发票”，客户选择“上海长江公司”，仓库选择“原料库”，单击“确定”按钮，打开未生成凭证单据一览表。

（4）选择发票，然后单击“确定”按钮，返回“生成凭证”窗口，将凭证类别改为“转 转账凭证”，如图 8-119 所示。

凭证类别　转 转账凭证

选择	单据类型	业务类型	单据号	科目类型	科目编码	科目名称	借方金额	贷方金额
1	专用发票	普通销售	00014	对方	6401	主营业务成本	120,000.00	
				存货	140301	生产用原材料		120,000.00

图 8-119　生成凭证

（5）选择指定的单据，再单击“制单”按钮，打开“填制凭证”窗口。生成的凭证分录如下。

借：主营业务成本　　120 000

　　贷：原材料——生产用原材料　　120 000

十七、开票前退货

业务描述

（1）4 月 20 日，销售部向湖北朝华公司出售创智 X 号 12 台，单价为 9 500 元（含税价为 10 735 元/台），从成品库发出。

（2）4 月 21 日，销售部出售给湖北朝华公司的创智 X 号因质量问题被退回 2 台，单价为 9 500 元，收回成品库待修。开具相应的销售专用发票一张，数量为 10 台。

操作指导

1. 填制并审核发货单

执行“供应链”|“销售管理”|“销售发货”|“发货单”命令，在打开的界面中选择“增加”|“空白单据”，根据业务描述录入发货单，如图 8-120 所示。单击“保存”按钮，然后进行审核。

开票前退货

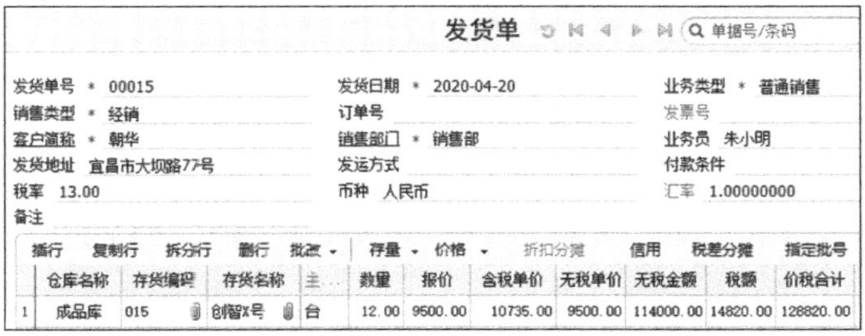

发货单

发货单号 * 00015 发货日期 * 2020-04-20 业务类型 * 普通销售
销售类型 * 经销 订单号 发票号
客户简称 * 朝华 销售部门 * 销售部 业务员 朱小明
发货地址 宜昌市大坝路77号 发运方式 付款条件
税率 13.00 币种 人民币 汇率 1.00000000
备注

插行 复制行 拆分行 删行 批改 存量 价格 折扣分摊 信用 税差分摊 指定批号

	仓库名称	存货编码	存货名称	主…	数量	报价	含税单价	无税单价	无税金额	税额	价税合计
1	成品库	015	创智X号	台	12.00	9500.00	10735.00	9500.00	114000.00	14820.00	128820.00

图 8–120 发货单

2. 填制并审核退货单

执行“供应链”|“销售管理”|“销售发货”|“退货单”命令，在打开的界面中选择“增加”|“发货单”，进行查询条件设置。客户选择“湖北朝华公司”，存货选择“创智 X 号”，退货类型选择“未开发票退货”，单击“确定”按钮打开“参照生单”窗口。选择发货单，单击“确定”按钮后数据将被复制到退货单中，将数量改为-2，如图 8-121 所示。单击“保存”按钮，然后进行审核。

退货单

退货单号 * 00016 退货日期 * 2020-04-21 业务类型 * 普通销售
销售类型 * 经销 订单号 发票号
客户简称 * 朝华 销售部门 * 销售部 业务员 朱小明
发运方式 币种 人民币 汇率 1
税率 13.00 备注

插行 复制行 拆分行 删行 批改 存量 价格 折扣分摊 信用 税差分摊 组合套件 序列号

	仓库名称	货物编码	存货名称	主计量	数量	报价	含税单价	无税单价	无税金额	税额	价税合计
1	成品库	015	创智X号	台	-2.00	9500.00	10735.00	9500.00	-19000.00	-2470.00	-21470.00

图 8–121 退货单

3. 填制并复核销售专用发票

（1）执行“供应链”|“销售管理”|“销售开票”|“销售专用发票”命令，在打开的界面中选择“增加”|“发货单”，进行查询条件设置。客户选择“湖北朝华公司”，单击“确定”按钮打开“参照生单”窗口，选择要参照的发货单。

（2）单击“确定”按钮，返回销售专用发票，发货单的数据将被自动复制到销售专用发票中，数量为 10，如图 8-122 所示。单击“保存”按钮，然后单击“复核”按钮进行复核。

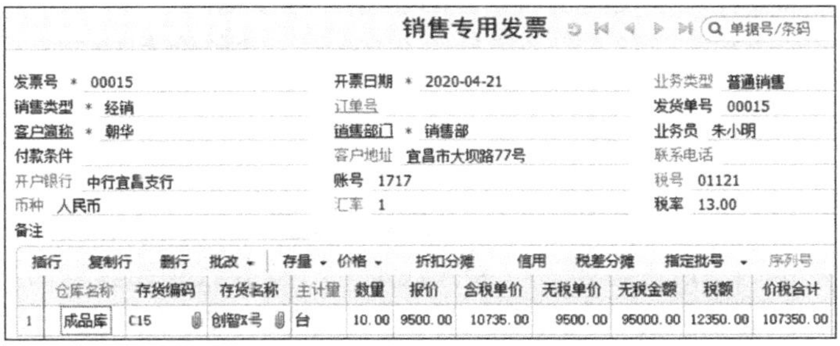

销售专用发票

发票号 * 00015 开票日期 * 2020-04-21 业务类型 普通销售
销售类型 * 经销 订单号 发货单号 00015
客户简称 * 朝华 销售部门 * 销售部 业务员 朱小明
付款条件 客户地址 宜昌市大坝路77号 联系电话
开户银行 中行宜昌支行 账号 1717 税号 01121
币种 人民币 汇率 1 税率 13.00
备注

插行 复制行 删行 批改 存量 价格 折扣分摊 信用 税差分摊 指定批号 序列号

	仓库名称	存货编码	存货名称	主计量	数量	报价	含税单价	无税单价	无税金额	税额	价税合计
1	成品库	015	创智X号	台	10.00	9500.00	10735.00	9500.00	95000.00	12350.00	107350.00

图 8–122 销售专用发票

4. 审核销售专用发票并生成销售收入凭证

（1）执行“财务会计”|“应收款管理”|“应收处理”|“销售发票”|“销售发票审核”命令，在打开的界面中设置查询条件。发票类型选择“销售专用发票”，单击“确定”按钮打开销售发票列表，如图 8-123 所示。先选择发票，然后完成审核工作。

序号	☐	审核人	单据日期	单据类型	单据号	客户名称	制单人	原币金额
1	☐		2020-04-21	销售专用发票	00015	湖北朝华公司	何沙	107,350.00

图 8-123　销售发票列表

（2）执行“财务会计”|“应收款管理”|“凭证处理”|“生成凭证”命令，打开“制单查询”对话框。勾选“发票”，单击“确定”按钮后打开“生成凭证”窗口，将凭证类别改为“转账凭证”，如图 8-124 所示。

凭证类别　转账凭证　　　　制单日期　2020-04-21

选择标志	凭证类别	单据类型	单据号	日期	客户编码	客户名称	金额
	转账凭证	销售专用发票	00015	2020-04-21	05	湖北朝华公司	107,350.00

图 8-124　发票制单

（3）单击“全选”按钮，再单击“制单”按钮打开“填制凭证”窗口。生成的凭证分录如下。

借：应收账款——朝华　　107 350

　　贷：主营业务收入　　95 000

　　　　应交税费——应交增值税（销项税额）　　12 350

5. 销售出库单记账

执行“供应链”|“存货核算”|“记账”|“正常单据记账”命令，在打开的界面中进行查询条件设置，此处按照默认条件，单击“确定”按钮，打开正常单据记账列表，如图 8-125 所示。选择发票，然后进行记账。

☐	日期	单据号	存货名称	收发类别	单据类型	仓库名称	数量	单价	金额
☐	2020-04-21	00015	创智X号	销售出库	专用发票	成品库	10.00		

图 8-125　正常单据记账列表

十八、委托代销退货

业务描述

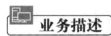

4 月 21 日，销售部委托辽宁飞鸽公司销售的创智 X 号被退回 3 台，入成品库。由于已经开具发票，现应开具红字专用发票一张，产品单价为 9 500 元（含税价为 10 735 元）。

操作指导

1. 参照委托代销发货单填制委托代销结算退回单据

（1）执行“供应链”|“销售管理”|“委托代销”|“委托代销结算退回”命令，在打开的界面中单击“增加”按钮，再单击“参照”按钮进行查询条件设置。客户选择“辽宁飞鸽公司”，单击“确定”按钮，打开“参照生单”窗口。

委托代销退货

（2）选择要参照的发货单，单击“确定”按钮后数据将被复制到委托代销结算退回单据中，数量改为“-3”，销售类型设为“代销”，如图 8-126 所示。

（3）单击“保存”按钮，再单击“审核”按钮，发票类型选择“专用发票”，系统将自动生成销售专用发票。

委托代销结算退回

单据号 *	00002	单据日期 *	2020-04-21	销售类型	代销
客户简称 *	飞鸽	销售部门 *	销售部	业务员	朱小明
币种	人民币	汇率	1	税率	13.00
发票号		备注			

复制行　删行　批改　查看现存量　价格　折扣分摊　税差分摊　信用　排序定位

	仓库名称	存货编码	存货名称	主计量	数量	报价	含税单价	金额	税额	价税合计
1	成品库	015	创智X号	台	-3.00	9500.00	10735.00	-28500.00	-3705.00	-32205.00

图 8–126　委托代销结算退回

2. 查看并复核红字销售专用发票

（1）执行“供应链”|“销售管理”|“销售开票”|“销售发票列表”命令，在打开的界面中进行查询条件设置。客户选择“辽宁飞鸽公司”，业务类型为“委托”，打开销售发票列表，如图 8-127 所示。

序号	□	业务类型	销售类型	发票号	客户简称	仓库	存货名称	数量	含税单价	无税单价	价税合计
1	□	委托	代销	00013	飞鸽	成品库	创智X号	20.00	10,735.00	9,500.00	214,700.00
2	□	委托	代销	00016	飞鸽	成品库	创智X号	-3.00	10,735.00	9,500.00	-32,205.00

图 8–127　销售发票列表

（2）选择退货的红字专用发票，再单击“复核”按钮完成复核工作。

3. 退回后的业务处理

（1）执行“财务会计”|“应收款管理”|“应收处理”|“销售发票”|“销售发票审核”命令，在打开的界面中进行查询条件设置。发票类型选择“销售专用发票”，客户选择“辽宁飞鸽公司”，如图 8-128 所示。先选择发票，然后单击“审核”按钮完成操作。

序号	□	审核人	单据日期	单据类型	单据号	客户名称	制单人	原币金额
1	□		2020-04-21	销售专用发票	00016	辽宁飞鸽公司	何沙	-32,205.00

图 8–128　审核销售专用发票

（2）执行“财务会计”|“应收款管理”|“凭证处理”|“生成凭证”，打开“制单查询”对话框。勾选“发票”，单击“确定”按钮打开“生成凭证”窗口，将凭证类别改为“转账凭证”，如图 8-129 所示。

凭证类别　转账凭证　　　　制单日期　2020-04-21

选择标志	凭证类别	单据类型	单据号	日期	客户编码	客户名称	金额
	转账凭证	销售专用发票	00016	2020-04-21	04	辽宁飞鸽公司	-32,205.00

图 8–129　发票制单

（3）选择指定单据，然后单击“制单”按钮，补充贷方科目，生成的凭证分录如下。

借：应收账款——飞鸽　　　　　　　　　　　　-32 205

　　贷：主营业务收入　　　　　　　　　　　　　　-28 500

　　　　应交税费——应交增值税（销项税额）　　　　-3 705

（4）执行“供应链”|“存货核算”|“记账”|“发出商品记账”命令，进行查询条件设置。业务类型选择“委托代销”，打开“发出商品记账”窗口，如图 8-130 所示。先选择发票，然后进行记账。

□	日期	单据号	仓库名称	收发类别	存货名称	单据类型	计量单位	数量	单价	金额
□	2020-04-21	00016	成品库	销售出库	创智X号	专用发票	台	-3.00		

图 8–130　发出商品记账

十九、直运销售

业务描述

（1）4 月 21 日，销售部接到业务信息，上海长江公司欲购买联想服务器 2 台。经协商，以每台单价 30 000 元成交，增值税税率为 13%，含税价为 33 900 元。销售部填制相应销售订单。

（2）销售部以每台 20 000 元（不含税单价）的价格向上海大坤公司发出联想服务器采购订单，并要求对方直接将货物送到上海长江公司。

（3）4 月 22 日，销售部根据销售订单给上海长江公司开具销售专用发票一张。

（4）货物送至上海长江公司，上海大坤公司凭送货签收单和订单开具了一张销售专用发票给销售部。销售部将此业务的采购、销售专用发票交给财务部，财务部制作应收应付凭证，并结转收入和成本。

操作指导

1. 设置直运业务相关选项

执行“供应链”|“销售管理”|“设置”|“选项”命令，在打开界面的“业务控制”选项卡中勾选“有直运销售业务”。

直运销售

2. 填制并审核直运销售订单

执行“供应链”|“销售管理”|“销售订货”|“销售订单”命令，在打开的界面中选择“增加”|“空白单据”，业务类型选择“直运销售”，输入业务数据，如图 8-131 所示。单击“保存”按钮，然后进行审核。

销售订单

订单号 * 00004　订单日期 * 2020-04-21　业务类型 * 直运销售
销售类型 * 经销　客户简称 * 长江　付款条件
销售部门 * 销售部　业务员 朱小明　税率 13.00
币种 人民币　汇率 1.00000000　备注

	存货编码	存货名称	主计量	数量	报价	含税单价	无税单价	无税金额	税额	价税合计
1	021	联想服务器	台	2.00	30000.00	33900.00	30000.00	60000.00	7800.00	67800.00

图 8–131　销售订单

3. 填制并审核直运采购订单

（1）执行“供应链”|“采购管理”|“采购订货”|“采购订单”命令，在打开的界面中选择“增加”|“销售订单”，进行查询条件设置。客户选择“上海长江公司”，单击“确定”按钮，打开订单拷贝销售订单列表。

（2）选择要复制的销售订单，单击“确定”按钮，将数据复制到采购订单，再补充输入有关信息，如图 8-132 所示。单击“保存”按钮，再单击“审核”按钮完成操作。

图 8–132　采购订单

4. 填制并复核直运销售发票

（1）执行“供应链”|“销售管理”|“销售开票”|“销售专用发票”命令，在打开的界面中选择“增加”|“空白单据”，业务类型选择“直运销售”，客户选择“上海长江公司”。

（2）选择“参照”|“订单”，客户选择“上海长江公司”，打开“参照生单”窗口，选择需要参照的订单。单击“确定”按钮后数据将被复制到销售专用发票中。输入相关数据后的发票如图 8-133 所示。单击“保存”按钮，然后单击“复核”按钮进行复核。

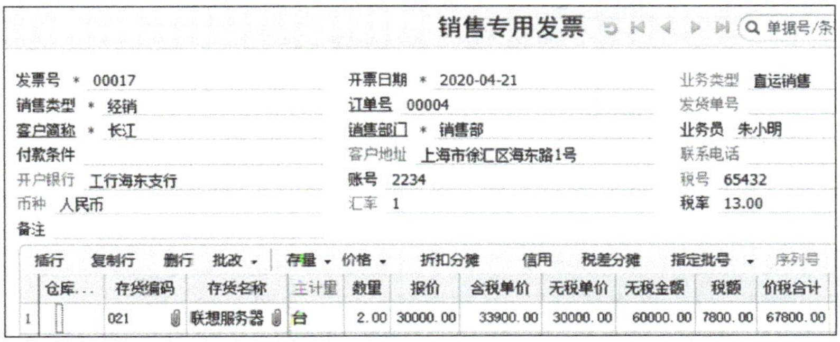

图 8–133　销售专用发票

5. 填制并复核直运采购专用发票

（1）执行“供应链”|“采购管理”|“采购发票”|“专用采购发票”命令，在打开的界面中单击“增加”按钮，业务类型设置为“直运采购”，供应商为“上海大坤公司”。

（2）选择“参照”|“采购订单”，进行查询条件设置。供应商设置为“上海大坤公司”，打开发票拷贝订单列表。选择要复制的订单，单击“确定”按钮，订单数据将被复制到采购专用发票中，如图 8-134 所示。单击“保存”按钮，然后单击“复核”按钮进行复核。

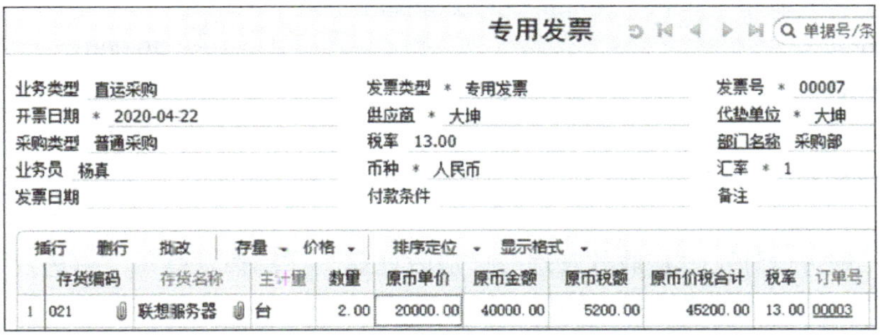

图 8–134　采购专用发票

6. 审核直运采购专用发票

执行“财务会计”|“应付款管理”|“应付处理”|“采购发票”|“采购发票审核”命令，在打开的界面中进行查询条件设置。发票类型选择“采购专用发票”，供应商选择“上海大坤公司”，业务类型为“直运采购”，结算状态为“全部”，单击“确定”按钮打开采购专用发票列表，如图 8-135 所示。先选择发票，然后进行审核。

序号	☐	审核人	单据日期	单据类型	单据号	供应商名称	部门	原币金额
1	☐		2020-04-22	采购专用发票	00007	上海大坤公司	采购部	45,200.00

图 8–135　采购专用发票列表

7. 直运销售记账

执行“供应链”|“存货核算”|“记账”|“直运销售记账”命令，进行直运采购专用发票核算查询条件设置。单据类型选择“采购发票”和“销售发票”，打开“直运销售记账”窗口，如图 8-136 所示。选择采购发票和专用发票进行记账。

☐	日期	单据号	存货编码	存货名称	收发类别	单据类型	数量	单价	金额
☐	2020-04-22	00007	021	联想服务器	采购入库	采购发票	2.00	20,000.00	40,000.00
☐	2020-04-21	00017	021	联想服务器	销售出库	专用发票	2.00		

图 8–136　直运销售记账

8. 结转直运业务的收入及成本

（1）执行“供应链”|“存货核算”|“凭证处理”|“生成凭证”命令，单击工具栏中的“选单”按钮进行查询条件设置。业务类型选择“直运采购”和“直运销售”，打开未生成凭证单据一览表。

（2）选择要生成凭证的单据（采购发票和专用发票），单击“确定”按钮返回“生成凭证”窗口，将凭证类别设置为“转 转账凭证”，补充存货科目，如图 8-137 所示。

凭证类别　转 转账凭证

选择	单据类型	业务类型	单据号	科目类型	科目编码	科目名称	借方金额	贷方金额
1	采购发票	直运采购	00007	存货	1405	库存商品	40,000.00	
				税金	22210101	进项税额	5,200.00	
				应付	2202	应付账款		45,200.00
	专用发票	直运销售	00017	对方	6401	主营业务成本	40,000.00	
				存货	1405	库存商品		40,000.00

图 8–137　生成凭证

（3）单击“合并制单”按钮，生成的凭证分录如下。

借：库存商品　　40 000
　　应交税费——应交增值税（进项税额）　　5 200
　　主营业务成本　　40 000
　　贷：库存商品　　40 000
　　　　应付账款——大坤　　45 200

（4）执行“财务会计”|“应收款管理”|“应收处理”|“销售发票”|“销售发票审核”命令，进行查询条件设置。发票类型选择“销售专用发票”，客户选择“上海长江公司”，单击“确定”按钮，打开销售发票列表，如图 8-138 所示。选择要审核的发票，单击“审核”按钮完成操作。

序号	☐	审核人	单据日期	单据类型	单据号	客户名称	制单人	原币金额
1	☐		2020-04-21	销售专用发票	00017	上海长江公司	何沙	67,800.00

图 8–138　销售发票列表

（5）执行“财务会计”|“应收款管理”|“凭证处理”|“生成凭证”命令，在打开的“制单查询”对话框中勾选“发票”，单击“确定”按钮，打开“制单”窗口，将凭证类别设置为“转账凭证”，如图 8-139 所示。

凭证类别 转账凭证　　制单日期 2020-04-22

选择标志	凭证类别	单据类型	单据号	日期	客户编码	客户名称	金额
	转账凭证	销售专用发票	00017	2020-04-22	03	上海长江公司	67,800.00

图 8–139　发票制单

（6）先选择发票，然后单击“制单”按钮，生成凭证。凭证分录如下。

借：应收账款——长江　　67 800

　　贷：主营业务收入　　60 000

　　　　应交税费——应交增值税（销项税额）　　7 800

二十、收取定金

业务描述

（1）4 月 21 日，销售部与湖北朝华公司签订购销协议，下月销售 100 台创智 X 号，每台无税价格为 9 500 元，增值税税率为 13%。

（2）4 月 22 日，湖北朝华公司按照协议支付 10%的销售订金 107 350 元，转账支票号为 CH5656。

操作指导

收取定金及销售查询

1. 销售订单格式修改

（1）执行“供应链”|“销售管理”|“销售订货”|“销售订单”命令，单击工具栏中的“格式设置”按钮，打开“单据格式设置”窗口，如图 8-140 所示。

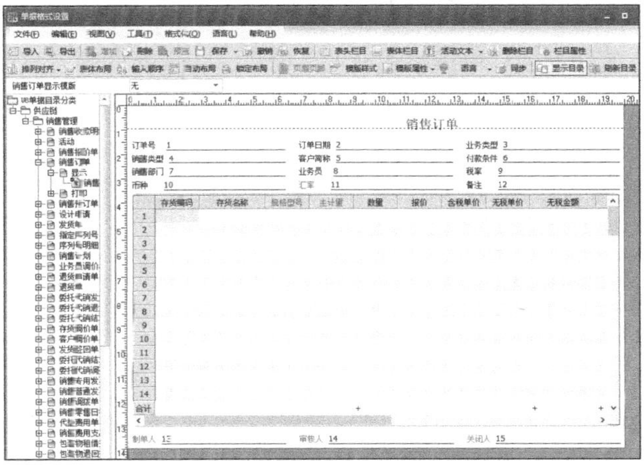

图 8–140　销售订单表头项目

📖操作提示

① 缩小表体。单击表体，将鼠标指针移动到表格最下方中间小黑方块（■）上，鼠标指针变为上下双箭头形状（↕），按住鼠标左键向上拖动表体，将其缩小到大致 12 行处。

② 移动表体。单击表体，然后按住鼠标左键向下拖动表体，表体和表头之间留下 2 行左右的距离，留着新项目用，如图 8-141 所示。

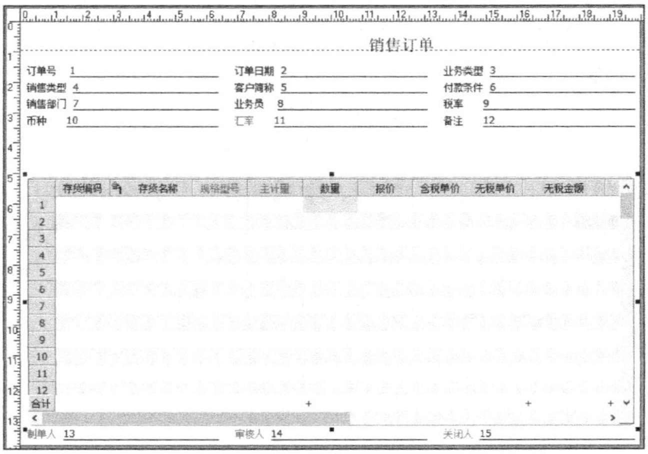

图 8-141　表体调整

（2）单击工具栏中的“表头栏目”按钮，打开“表头:”对话框。勾选“必有定金”“定金比例（%）”“定金原币金额”“定金累计实收原币金额”（可通过单击“上移”或“下移”按钮调整顺序），如图 8-142 所示。

图 8-142　表头项目选择

（3）单击“确定”按钮返回“单据格式设置”窗口，将选择的项目放在表头上，然后单击工具栏中的“自动布局”按钮，再单击“确定”按钮返回，项目将自动进行排列，结果如图 8-143 所示。根据需要可拖动项目进行调整。

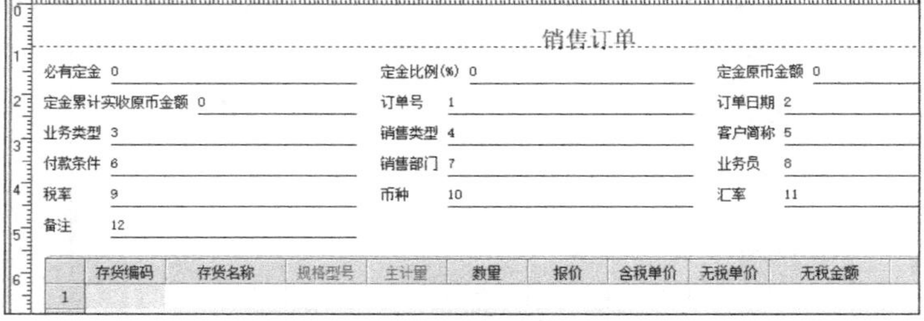

图 8-143　表头增加项目

（4）单击“保存”按钮，再选择“文件”|“退出”返回销售订单。系统提示需要更新模板时，可进行更新。

2. 填制销售订单

（1）执行“供应链”|“销售管理”|“销售订货”|“销售订单”命令，在打开的界面中选择“增加”|“空白单据”，输入业务数据。注意：表头中必有定金应设置为“是”，定金比例输入“10”，如图 8-144 所示。

销售订单　单据号/条码

必有定金 是　定金比例(%) 10.0000　定金原币金额

定金累计实收原币金额　订单号 * 00005　订单日期 * 2020-04-21

业务类型 * 普通销售　销售类型 * 经销　客户简称 * 朝华

付款条件　销售部门 * 销售部　业务员 朱小明

税率 13.00　币种 人民币　汇率 1.00000000

备注

插行　复制行　拆分行　删行　批改　存量　价格　折扣分摊　信用　税差分摊　需求分类号　组合套件

	存货编码	存货名称	主计量	数量	报价	含税单价	无税单价	无税金额	税额	价税合计	税率(%)
1	015	创智X号	台	100.00	9500.00	10735.00	9500.00	950000.00	123500.00	1073500.00	13.00

图 8–144　销售订单

（2）单击“保存”按钮后，定金原币金额会自动计算（107 350 元）。这里不审核销售订单，待收到定金后再审核。

3. 收取定金

（1）执行“财务会计”|“应收款管理”|“收款处理”|“收款单据录入”命令，在打开的界面中选择“增加”|“销售定金”，进行查询条件设置，客户选择“湖北朝华公司”，打开销售定金列表，如图 8-145 所示。

选择	业务类型	销售类型	订单号	订单日期	客户简称	销售部门	价税合计	定金比例(%)	定金原币金额	定
□	普通销售	经销	00005	2020-04-21	朝华	销售部	1,073,500.00	10	107,350.00	

图 8–145　销售定金列表

（2）先选择单据，然后单击“确定”按钮，数据将被复制到收款单中，补充结算方式等信息，如图 8-146 所示。

收款单　单据号/条码

单据编号 007　日期 * 2020-04-22　客户 * 朝华

结算方式 * 转账支票　结算科目 100201　币种 * 人民币

汇率 1　金额 * 107350.00　本币金额 107350.00

客户银行 中行宜昌支行　客户账号 1717　票据号 CH5656

部门 销售部　业务员 朱小明　项目

摘要 收取定金

插行　删行　批改　显示格式　排序定位　关联单据

	款项类型	客户	部门	业务员	金额	本币金额	科目	项目
1	销售定金	朝华	销售部	朱小明	107350.00	107350.00		

图 8–146　定金收款单

（3）先保存收款单，然后单击“审核”按钮，系统询问“是否立即制单？”，单击“是”按钮，补充贷方科目为“合同负债”，生成的凭证分录如下。

借：银行存款——工行　　107 350

　　贷：合同负债　　107 350

4. 审核销售订单

执行“供应链”|“销售管理”|“销售订货”|“销售订单列表”命令，在打开的界面中设置查询条件。客户选择“湖北朝华公司”，单击“确定”按钮，打开销售订单列表。双击打开需要审核的销售订单，定金累计实收原币金额显示为 107 350 元，表示实际收到的定金。单击“审核”按钮完成该订单的审核。

二十一、销售查询

1. 查询销售明细表

执行“供应链”|“销售管理”|“报表”|“明细表”|“销售明细表”命令，在打开的界面中设置查询条件，存货选择“创智 X 号”，查询结果如图 8-147 所示。

客户	业务员	日期	数量	本币税额	本币无税金额	本币价税合计
湖北朝华公司	朱小明	2020/4/21	10.00	12,350.00	95,000.00	107,350.00
(小计)湖北朝华公司			10.00	12,350.00	95,000.00	107,350.00
辽宁飞鸽公司	朱小明	2020/4/16	50.00	61,750.00	475,000.00	536,750.00
辽宁飞鸽公司	朱小明	2020/4/20	20.00	24,700.00	190,000.00	214,700.00
辽宁飞鸽公司	朱小明	2020/4/21	-3.00	-3,705.00	-28,500.00	-32,205.00
(小计)辽宁飞鸽公司			67.00	82,745.00	636,500.00	719,245.00
上海长江公司	朱小明	2020/4/17	80.00	88,920.00	684,000.00	772,920.00
(小计)上海长江公司			80.00	88,920.00	684,000.00	772,920.00
天津大华公司	刘一江	2020/4/3	20.00	24,700.00	190,000.00	214,700.00
天津大华公司	刘一江	2020/4/15	10.00	10,400.00	80,000.00	90,400.00
(小计)天津大华公司			30.00	35,100.00	270,000.00	305,100.00
			187.00	219,115.00	1,685,500.00	1,904,615.00

图 8-147 销售明细表（创智 X 号）

2. 查询销售统计表

执行“供应链”|“销售管理”|“报表”|“统计表”|“销售统计表”命令，在打开的界面中设置查询条件，按照默认查询条件设置，查询结果如图 8-148 所示。由于成本还没有结转，毛利要月终才能正式体现。

存货名称	数量	单价	金额	税额	价税合计	成本	毛利
CN处理器	40.00	1,500.00	60,000.00	7,800.00	67,800.00	48,000.00	12,000.00
创智X号	10.00	9,500.00	95,000.00	12,350.00	107,350.00		95,000.00
手持扫描器	90.00	400.00	36,000.00	4,680.00	40,680.00		36,000.00
桌面扫描器	5.00	500.00	2,500.00	325.00	2,825.00		2,500.00
HP打印机	50.00	2,300.00	115,000.00	14,950.00	129,950.00		115,000.00
创智X号	67.00	9,500.00	636,500.00	82,745.00	719,245.00		636,500.00
HP打印机	3.00	2,500.00	7,500.00	975.00	8,475.00		7,500.00
CN处理器	100.00	1,500.00	150,000.00	19,500.00	169,500.00	120,000.00	30,000.00
HP打印机	50.00	2,300.00	115,000.00	14,950.00	129,950.00		115,000.00
创智X号	80.00	8,550.00	684,000.00	88,920.00	772,920.00		684,000.00
联想服务器	2.00	30,000…	60,000.00	7,800.00	67,800.00	40,000.00	20,000.00
HP打印机	10.00	2,160.00	21,600.00	2,808.00	24,408.00		21,600.00
创智X号	30.00	9,000.00	270,000.00	35,100.00	305,100.00		270,000.00
手持扫描器	100.00	900.00	90,000.00	11,700.00	101,700.00		90,000.00
桌面扫描器	50.00	700.00	35,000.00	4,550.00	39,550.00		35,000.00
HP打印机	60.00	2,300.00	138,000.00	17,940.00	155,940.00		138,000.00
	747.00	3,368.27	2,516,100.00	327,093.00	2,843,193.00	208,000.00	2,308,100.00

图 8-148 销售统计表

二十二、月末结账

月末处理一般在本月报表编制完成后进行。确认当期业务完成，才能进行相关的月末结账等处理。执行“供应链”|“销售管理”|“月末结账”命令即可进行月结。

任务二　了解应收款管理业务

一、应收款管理功能概述

赊销或其他方面的原因，形成了企业往来款项，利用应收应付系统可以分别对客户及供应商进行账表查询和往来款项的清理工作。应收业务处理流程如图 8-149 所示。

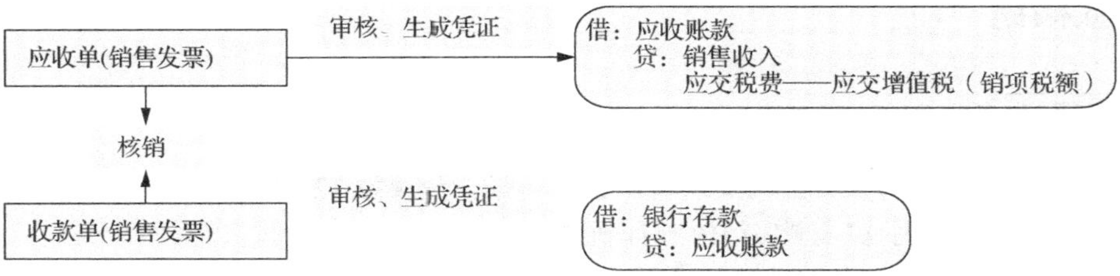

图 8-149　应收业务处理流程

二、预收款处理

业务描述

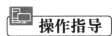

4 月 5 日，重庆嘉陵公司交来转账支票一张，金额为 15 000 元，支票号为 ZZ002，作为预购货物的订金。

操作指导

1. 填制收款单

（1）执行“财务会计”|“应收款管理”|“收款处理”|“收款单据录入”命令，在打开的界面中选择“增加”|“空白单据”，录入收款单的相关信息，款项类型选择“预收款”，如图 8-150 所示。

应收款管理

图 8-150　收款单（预收款）

（2）单击“保存”按钮，然后进行审核。系统询问“是否立即制单？”，单击“是”按钮，生成的凭证分录如下。

借：银行存款——工行　　15 000

　　贷：预收账款——嘉陵　　15 000

如果生成凭证后发现收款单有误，可通过执行“财务会计”|“应收款管理”|“凭证处理”|“查询凭证”命令，在打开的界面中选择本次生成的凭证并将其删除。待收款单修改正确后，再重新生成凭证。

2. 查询预收款

执行“财务会计”|“应收款管理”|“账表管理”|“科目账查询”|“科目明细账”命令，在打开的界面中选择“预收账款”科目，即可显示相应明细情况。

三、收款核销

业务描述

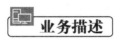

4 月 20 日，收到上海长江公司交来转账支票一张，金额为 129 950 元，支票号为 CJ099。该款项为上海长江公司 4 月 17 日购买 HP 打印机 50 台应支付的货款。

操作指导

1. 填制收款单

（1）执行“财务会计”|“应收款管理”|“收款处理”|“收款单据录入”命令，在打开的界面中选择“增加”|“空白单据”，录入相关信息，如图 8-151 所示。

收款单　单据号/条码

单据编号 009　日期 * 2020-04-20　客户 * 长江
结算方式 * 转账支票　结算科目 100201　币种 * 人民币
汇率 1.00000000　金额 * 129950.00　本币金额 129950.00
客户银行 工行海东支行　客户账号 2234　票据号 CJ099
部门 销售部　业务员 朱小明　项目
摘要 收4月17日销售货款

插行　删行　批改　显示格式　排序定位　关联单据

	款项类型	客户...	部门...	业务员	金额	本币金额	科目	项目...	本币余额	余额
1	应收款	长江	销售部	朱小明	129950.00	129950.00	1122		129950.00	129950.00

图 8–151　收款单

（2）单击“保存”按钮，再单击“审核”按钮。系统询问“是否立即制单？”，单击“否”按钮返回收款单。

（3）单击工具栏中的“核销”按钮进行核销条件设置。单据名称选择“销售发票”，单击“确定”按钮打开“手工核销”窗口，选择要结算的销售发票，输入本次结算金额“129 950”元，如图 8-152 所示。单击“确认”按钮后，已经核销的单据将不再显示。

（4）执行“财务会计”|“应收款管理”|“凭证处理”|“生成凭证”命令，打开“制单查询”对话框。勾选“收付款单”，单击“确定”按钮打开收付款单列表，单击“全选”按钮，结果如图 8-153 所示。

查询　刷新　全选　全消　分摊　预收　确认　汇总　联查

单据日期	单据类型	单据编号	客户	款项类型	结算方式	原币金额	原币余额	本次结算金额
2020-04-20	收款单	009	长江	应收款	转账支票	129,950.00	129,950.00	129,950.00

单据日期	单据类型	单据编号	到期日	客户	原币金额	原币余额	本次结算	订单号	凭证号
2020-04-17	销售专用发票	00010	2020-04-17	长江	129,950.00	129,950.00	129,950.00		转-0029
2020-04-17	销售专用发票	00011	2020-04-17	长江	772,920.00	772,920.00		00003	转-0030
2020-04-18	销售专用发票	00014	2020-04-18	长江	169,500.00	169,500.00			转-0035
合计					1,072,370.00	1,072,370.00	129,950.00		

图 8-152　手工结算

凭证类别　收款凭证　　制单日期　2020-04-20

选择标志	凭证类别	单据类型	单据号	日期	客户编码	客户名称	金额
1	收款凭证	收款单	009	2020-04-20	03	上海长江公司	129,950.00

图 8-153　收付款单列表

（5）单击“制单”按钮生成凭证。凭证分录如下。

借：银行存款——工行　　129 950

　　贷：应收账款——长江　　129 950

（6）执行“财务会计”|“应收款管理”|“凭证处理”|“生成凭证”命令，在打开的界面中勾选“核销”，单击“确定”按钮打开核销列表，凭证类别选择“转账凭证”，结果如图 8-154 所示。

凭证类别　转账凭证　　制单日期　2020-04-20

选择标志	凭证类别	单据类型	单据号	日期	客户编码	客户名称	金额
	转账凭证	核销	009	2020-04-20	03	上海长江公司	129,950.00

图 8-154　核销列表

（7）选择指定单据，单击“制单”按钮生成凭证，系统提示“有效凭证分录数为 0，不能生成凭证”。

操作提示

同一单位应收账款或应付账款核销通常不生成凭证。如果要生成凭证，需要执行“财务会计”|“应收款管理”|“设置”|“选项”命令，在“账套参数设置”对话框中打开“凭证”选项卡，确认“核销生成凭证”处于勾选状态，且将“受控科目制单方式”和“非控科目制单方式”均设为“明细到单据”，如图 8-155 所示。

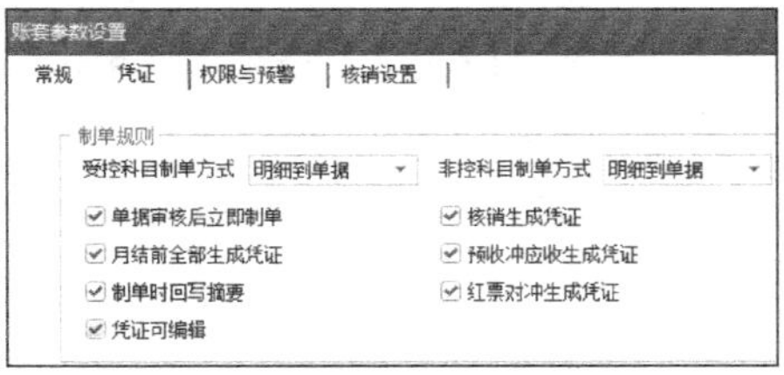

图 8-155　账套参数设置

（8）再次执行“财务会计”|“应收款管理”|“凭证处理”|“生成凭证”命令，在打开的界面中选择“核销”，凭证类别选择“转账凭证”，生成的凭证分录如下。这就是同方向核销，生成凭证没有实际意义，可以不保存，即不生成凭证。

借：应收账款——长江　　129 950

　　贷：应收账款——长江　　129 950

将前面的设置改回，执行“财务会计”|“应收款管理”|“设置”|“选项”命令，在“凭证”选项卡中取消勾选“核销生成凭证”，且将制单规则中受控科目制单方式设为“明细到客户”，

将非控科目制单方式设为“汇总方式”。这样又改为同一单位应收账款或应付账款核销不再生成凭证。

2. 查询应收款

执行“财务会计”|“应收款管理”|“账表管理”|“业务账表”|“业务明细账”命令，在打开的界面中选择具体的单位即可查询其应收款。

四、预收冲应收

业务描述

4月20日，经过与重庆嘉陵公司商定，前付15 000元订金用于冲销其应收款项。

操作指导

1. 填制预收冲应收单据

（1）执行“财务会计”|“应收款管理”|“转账”|“预收冲应收”命令，打开“预收冲应收”窗口。选择客户为“重庆嘉陵公司”，然后单击“过滤”按钮，输入转账总金额为“15000”元和转账金额为“15000”元，如图8-156所示。

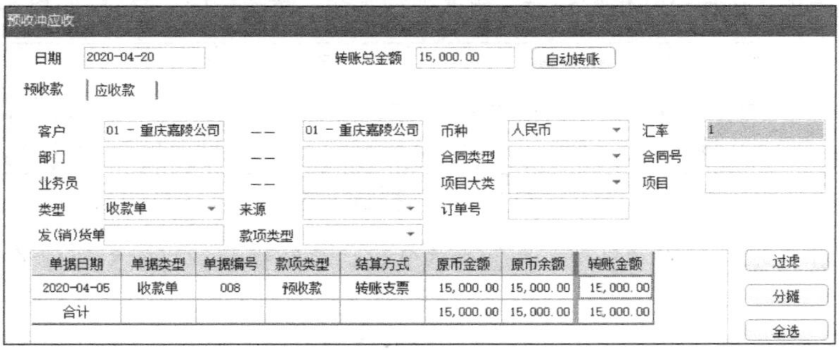

图8-156　预收冲应收（预收款）

（2）打开“应收款”选项卡，单击“过滤”按钮，输入转账金额“15000”元，如图8-157所示。单击“确定”按钮，系统提示“是否立即制单”。单击“是”按钮，将凭证类型改为“转账凭证”，单击“保存”按钮，生成凭证。

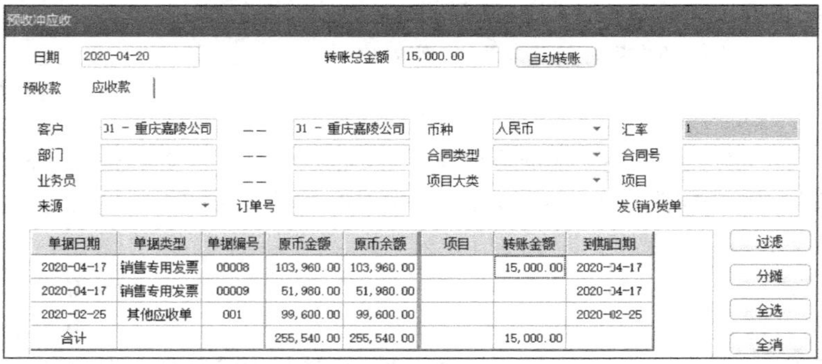

图8-157　预收冲应收（应收款）

2. 查询应收款

执行“财务会计”|“应收款管理”|“账表管理”|“业务报表”|“业务明细账”命令，在打开的界面中选择要查询的单位，即可查看其应收款。

五、计提坏账准备

业务描述

4 月底计提坏账准备。

操作指导

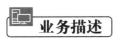

（1）执行“财务会计”|“应收款管理”|“坏账处理”|“计提坏账准备”命令，结果如图 8-158 所示。

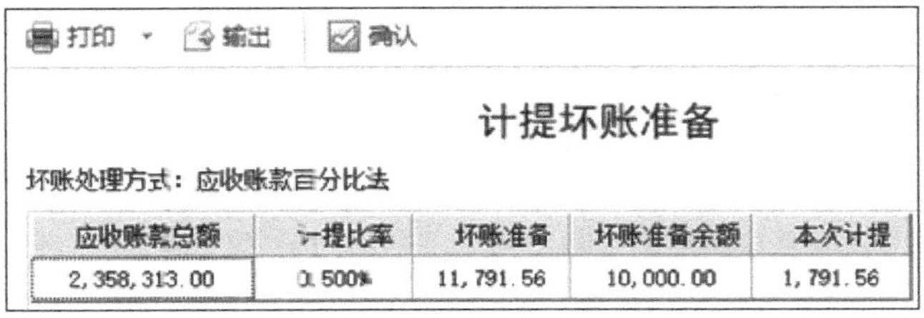

应收账款总额	计提比率	坏账准备	坏账准备余额	本次计提
2,358,313.00	0.500%	11,791.56	10,000.00	1,791.56

图 8-158　计提坏账准备

（2）单击“确认”按钮，系统询问“是否立即制单”，单击“是”按钮，凭证类别选择“转账凭证”，生成的凭证分录如下。

借：资产减值损失　　　　1 791.56

　　贷：坏账准备　　　　1 791.56

操作提示

① 如果系统提示先进行期初设置，这时需要执行“财务会计”|“应收款管理”|“初始设置”命令，对坏账准备进行设置。

② 若之前已经生成了计提坏账准备的相应凭证，要想取消计提坏账准备，则要先执行“财务会计”|“应收款管理”|“凭证处理”|“查询凭证”命令，将计提坏账处理的凭证删除。再执行“财务会计”|“应收款管理”|“其他处理”|“取消操作”命令，操作类型选择“坏账处理”，选择要取消的具体业务，单击“确认”按钮，取消计提坏账准备。

六、往来核销

对已达往来账应该及时做往来账的两清工作，以便及时了解往来账的真实情况。往来账两清的处理方式有计算机自动勾对和手工勾对两种。

（1）自动勾对。系统自动将所有两清的往来业务打上勾对标志。两清依据包括按部门两清、按项目两清和票号两清。

（2）手工勾对。无法自动勾对的，通过手工勾对方式将往来业务人为地打上勾对标记，它是自动勾对的补充。

收付款单列表显示收付款单的明细记录，包括款项类型为应收款和预收款的记录，而款项类型为其他费用的记录不允许在此作为核销记录，核销时可以选择其中一条记录进行。余额已经为 0 的记录不用在此列表中显示。

执行“财务会计”|“应收款管理”|“核销处理”|“手工核销”命令，在核销条件中选择客户，这里选择“天津大华公司”，单击“确定”按钮进行单据核销。

📖操作提示

① 核销时，收款单列表中款项类型为“应收款”的记录，其默认的本次结算金额为空；款项类型为“预收款”的记录，其默认的本次结算金额为空。

② 核销时可以修改本次结算金额，但是本次结算金额不能大于该记录的原币余额。

用户手工输入本次结算金额，上下列表中的结算金额合计必须保持一致，如图 8-159 所示。单击“确认”按钮，完成核销。在打开的界面中会继续显示未核销的部分。

查询 刷新 全选 全消 分摊 预收 确认 汇率 联查

单据日期	单据类型	单据编号	客户	款项...	结算方式	原币金额	原币余额	本次结算金额	订单号
2020-04-05	收款单	001	大华	应收款	转账支票	214,700.00	214,700.00	214,700.00	
2020-04-08	收款单	002	大华	应收款	转账支票	90,400.00	90,400.00	90,400.00	
2020-04-12	收款单	003	大华	应收款	转账支票	50,850.00	50,850.00	50,850.00	
合计						355,950.00	355,950.00	355,950.00	

单据日期	单据类型	单据编号	到期日	客户	原币金额	原币余额	本次结算	订单号	凭证号
2020-03-31	其他应收单	002	2020-03-31	大华	58,000.00	58,000.00			
2020-04-03	销售专用发票	00001	2020-04-03	大华	214,700.00	214,700.00	214,700.00	00001	转-0023
2020-04-08	销售专用发票	00002	2020-04-08	大华	90,400.00	90,400.00	90,400.00	00002	转-0024
2020-04-12	销售专用发票	00003	2020-04-12	大华	50,850.00	50,850.00	50,850.00	00002	转-0025
2020-04-12	销售专用发票	00004	2020-04-12	大华	24,408.00	24,408.00			转-0026
合计					438,358.00	438,358.00	355,950.00		

图 8-159 往来核销

七、往来账的查询

1. 应收余额管理

对客户/供应商的往来余额管理包括科目余额表、余额表、三栏余额表、部门余额表、项目余额表、业务员余额表、分类余额表、地区分类余额表的查询。

执行“财务会计”|“应收款管理”|“账表管理”|“业务账表”|“业务余额表”命令，按照默认条件设置，打开的应收余额表如图 8-160 所示。

客户名称	期初	本期应收	本期收回	余额	周转率	周转天数
	本币	本币	本币	本币	本币	本币
重庆嘉陵公司	99,600.00	155,940.00	15,000.00	240,540.00	0.92	32.72
天津大华公司	58,000.00	380,358.00	355,950.00	82,408.00	5.42	5.54
上海长江公司	0.00	1,140,970.00	129,950.00	1,011,020.00	2.26	13.29
辽宁飞鸽公司	0.00	849,195.00	0.00	849,195.00	2.00	15.00
湖北朝华公司	0.00	175,150.00	0.00	175,150.00	2.00	15.00
	157,600.00	2,701,613.00	500,900.00	2,358,313.00	2.15	13.97

图 8-160 应收余额表

2. 往来明细账管理

对客户的往来明细账管理包括科目明细账、明细账、三栏明细账、部门明细账、项目明细账、业务员明细账、分类明细账、地区分类明细账、多栏明细账的查询。

3. 应收账龄分析

账龄是指某一往来业务从发生之日起到结算之日止的时间期限。通过账龄分析表，可以对应收账款的拖欠时间进行整理归类和分析，了解管理人员收款工作的效率，以便制订今后的收款策略，并能根据各种应收账款的时间和历史资料，估计坏账损失。

执行“财务会计”|“应收款管理”|“收款处理”|“收款账龄分析”命令，可设置查询条件，查看应收账龄分析。

执行“财务会计”|“应收款管理”|“账表管理”|“统计分析”|“欠款分析”命令，可查看欠款情况。

八、期末处理

在本月报表编制完成后，才能进行月末结账等期末处理。

结账前，应把当月单据全部审核完。执行“财务会计”|“应收款管理”|“期末处理”|“月末结账”命令，即可进行月结处理。

课后习题

项目九

库存管理与存货核算业务

学习目标

知识目标： 了解库存管理业务的处理方法；理解售后服务管理、网上银行业务处理的流程；理解存货核算相关业务及其与采购管理、销售管理、库存管理的关系。

技能目标： 熟练掌握库存管理、售后服务管理、网上银行、存货核算的业务处理方法，并能核对、核算出入库成本和销售收入，同时熟练掌握相关凭证的生成方法。

素质目标： 存货是企业正常运营的基本条件，能够科学合理地提高存货周转率、减少损耗，树立责任意识。

任务一　了解库存管理

一、库存管理功能概述

1. 库存管理日常业务

在制造业、商业企业的经营中，存货在资产总额中占有很大比重，存货流动构成企业经营活动的主要内容，因此库存管理模块也成了一个重要的子系统。

一般而言，库存管理模块的业务处理流程如图 9-1 所示。

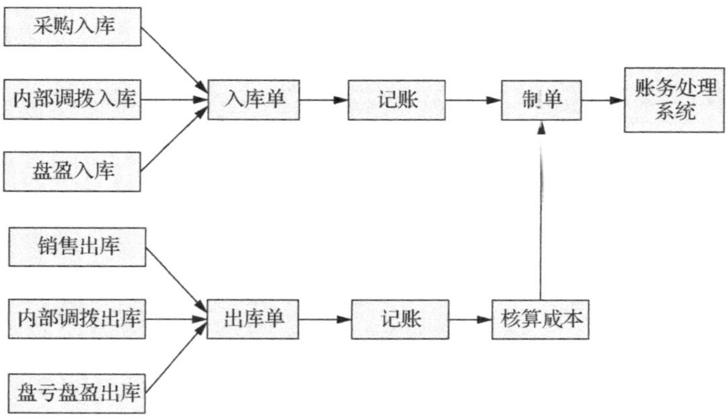

图 9-1　库存管理模块的业务处理流程

库存管理中通常包括采购、验收、仓储、拣货与发运、存货交易记录和计价 5 个重要环节。

（1）采购。库存管理业务通常起源于向供应商采购所需的物品，一般由企业的采购部门处理。为了保持合理的库存，采购部门必须制订精确的采购计划，明确采购时间、采购数量，以及采购价格和供应商。采购时间根据存货物品的耗用或销售状况而定。倘若过早采购，将导致存货过量，延迟采购则会导致存货不足，这些均不利于存货业务流程的正常运行。

（2）验收。购入物品运抵时，必须经由验收部门清点与检查，其目的在于确认购入物品符合经审批授权的采购单的规定，数额不存在短缺，有关物品的规格、品种符合要求，性能良好；及时发现供应商错发、漏发物品的情况；对不符合规格或质量要求的物品及时办理退货，并要求供应商更改应付货款。在验收过程中，验收部门还应注意是否存在因运输机构造成物品短缺与毁损的情况，如有，则应根据采购合同明确责任。

（3）仓储。购入物品经验收后需转送仓储部门。入库时，仓库保管人员须再次清点、检查并验收物品，以确定其保管责任。存货仓储需要考虑不同物品的特性、种类、价值、保存方式、拣货便利性等因素，合理安排物品的存放位置。全部存货物品都应加注清楚的标志，避免混淆或出货差错。易损或价值高的物品需要设置特殊保护措施。仓库保管人员应定期巡视各个存放区，检查存货物品的状态，防止或及时发现可能发生的自然损耗或短缺。

（4）拣货与发运。这一环节旨在依据存货出仓请求，从不同存放区挑拣所需的存货物品，并且将其从货架搬到电动拖车或传送带上，分别送至出货区准备出货。在出货前，仓储部门管理人员必须核对有关物品是否符合客户订单或生产调拨单的要求，然后装运，填制装运单；运输机构经办人核点签收，负责把物品送往客户指定的交货地点。

（5）存货交易记录和计价。存货业务流程中需要有多种交易记录，如采购时涉及发出采购单资料、验收入库物品、应付账款、发出物品、库存材料和销货成本等，亦可能涉及多个职能部门，如采购、仓储、财务等部门。仓储部门应及时更新存货进、销及库存量变动的明细记录。

2. 库存账簿及统计分析

库存管理系统提供了多种库存账簿报表，有出入库流水账、库存台账、收发存汇总表、货位汇总表等，方便进行统计分析。

二、物料领用

业务描述

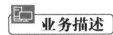

4月10日，一车间向原料库领用CN处理器100盒、2TSSD硬盘100盒，用于生产创智X号。

操作指导

物料领用

1. 填制材料出库单

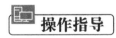

执行“供应链”|“库存管理”|“材料出库”|“材料出库单”命令，在打开的界面中选择“增加”|“空白单据”，根据业务描述录入相关信息，如图9-2所示。单击“保存”按钮，然后进行审核。

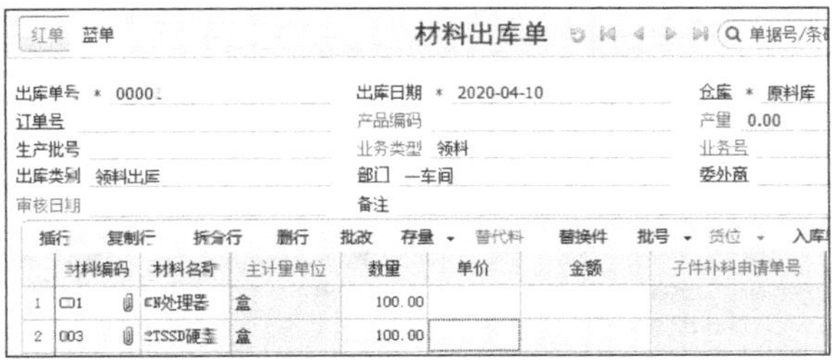

图9-2　填制材料出库单

2. 材料出库单记账并生成凭证

（1）执行“供应链”|“存货核算”|“记账”|“正常单据记账”命令，在打开的界面中进行查询条件设置。仓库选择“原料库”，单击“确定”按钮，打开正常单据记账列表，如图 9-3 所示。先选择单据，然后进行记账。

☐	日期	单据号	存货编码	存货名称	收发类别	单据类型	仓库名称	数量	单价	金额
☐	2020-04-10	00001	001	CN处理器	领料出库	材料出库单	原料库	100.00		
☐	2020-04-10	00001	003	2TSSD硬盘	领料出库	材料出库单	原料库	100.00		

图 9–3　正常单据记账列表

（2）执行“供应链”|“存货核算”|“凭证处理”|“生成凭证”命令，单击工具栏中的“选单”按钮进行查询条件设置。单据类型选择“材料出库单”，单击“确定”按钮打开“选择单据”窗口。选择要生成凭证的材料出库单，然后单击“确定”按钮返回“生成凭证”窗口，将凭证类别改为“转 转账凭证”，如图 9-4 所示。

凭证类别 转 转账凭证

选择	单据类型	业务类型	单据号	科目类型	科目编码	科目名称	借方金额	贷方金额	借方数量	贷方数量
1	材料出库单	领料	00001	对方	500101	直接材料	120,000.00		100.00	
				存货	140301	生产用原材料		120,000.00		100.00
				对方	500101	直接材料	80,888.00		100.00	
				存货	140301	生产用原材料		80,888.00		100.00

图 9–4　生成凭证

（3）单击“合并制单”按钮，合并生成凭证。凭证分录如下。

借：生产成本——直接材料　　　　200 888

　　贷：原材料——生产用原材料　　　　200 888

三、调拨

业务描述

4 月 15 日，将原料库中的 50 盒 CN 处理器调拨到配套用品库。

操作指导

调拨

1. 填制调拨单

执行“供应链”|“库存管理”|“调拨业务”|“调拨单”命令，在打开的界面中选择“增加”|“空白单据”，输入调拨的有关信息，如图 9-5 所示。单击“保存”按钮，然后进行审核。调拨单保存后，会自动生成其他入库单和其他出库单。这里的其他入库单和其他出库单均不能修改和删除。

图 9–5　填制调拨单

2. 其他入库、出库单审核

（1）执行“供应链”|“库存管理”|“其他入库”|“其他入库单列表”命令，在打开的界面中进行查询条件设置，此处保持默认值，打开其他入库单列表，如图 9-6 所示。先选择入库单，然后进行审核。

序号	☐	记账人	仓库编码	仓库	入库日期	入库单号	入库类别	存货名称	主计量单位	数量	单价	金额
1	☐		3	配套用品库	2020-04-15	00001	调拨入库	CN处理器	盒	50.00		

图 9-6　其他入库单列表

（2）执行“供应链”|“库存管理”|“其他出库”|“其他出库单列表”命令，在打开的界面中进行查询条件设置，此处保持默认值，打开其他出库单列表。先选择出库单，然后进行审核。

3. 调拨单记账

（1）执行“供应链”|“存货核算”|“记账”|“特殊单据记账”命令，在打开的界面中进行查询条件设置。单据类型选择“调拨单”，打开特殊单据记账列表，如图 9-7 所示。先选择调拨单，然后进行记账。

☐	单据号	单据日期	转入仓库	转出仓库	转入部门	转出部门	经手人
☐	00001	2020-04-15	配套用品库	原料库			

图 9-7　特殊单据记账列表

（2）执行“供应链”|“存货核算”|“凭证处理”|“生成凭证”命令，单击工具栏中的“选单”按钮，在查询条件中设置单据类型为“调拨单”，单击“确定”按钮，打开未生成凭证单据一览表。选择要记账的单据（其他出库单和其他入库单），然后单击“确定”按钮返回“生成凭证”窗口，将凭证类别设为“转 转账凭证”，如图 9-8 所示。

凭证类别　转 转账凭证

选择	单据类型	业务类型	单据号	科目类型	科目编码	科目名称	借方金额	贷方金额	借方数量	贷方数量
1	调拨单	调拨出库	00001	存货	140301	生产用原材料		60,000.00		50.00
		调拨入库		存货	1405	库存商品	60,000.00		50.00	

图 9-8　生成凭证

（3）单击“合并制单”按钮，合并生成凭证。凭证分录如下。

借：库存商品　　60 000

　　贷：原材料——生产用原材料　　60 000

4. 相关账表查询

（1）执行“供应链”|“库存管理”|“业务报表”|“库存账”|“库存台账”命令，在查询条件中选择具体的存货（如 CN 处理器），单击“确定”按钮，打开库存台账，可以查看存货的调拨情况。

（2）执行“供应链”|“存货核算”|“账簿”|“明细账”命令，在查询条件中选择具体的存货（如 CN 处理器）和配套用品库，打开明细账，可以查看调拨入库情况。

四、产成品入库

业务描述

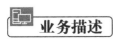

（1）4 月 20 日，成品库收到二车间加工的手持扫描器 75 个、桌面扫描器 64 个，均入成品库；

收到当月一车间加工的30台创智X号产成品，已入库。

（2）同日，成品库收到财务部门提供的完工产品成本数据。其中，创智X号的成本是每台3 000元，共计90 000元；手持扫描器的成本是每个200元，共计15 000元；桌面扫描器的成本是每个250元，共计16 000元。随即做成本分配，生成记账凭证。

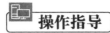

操作指导

产成品入库

1. 填制并审核产品入库单

（1）执行“供应链”|“库存管理”|“生产入库”|“产成品入库单”命令，在打开的界面中选择“增加”|“空白单据”，根据业务描述录入相关信息，如图9-9所示。单击“保存”按钮，然后进行审核。

图9-9 产成品入库单（1）

（2）采用同样的方法，输入创智X号产成品入库单，如图9-10所示。单击“保存”按钮，然后进行审核。在产成品入库单中不用填写单价，当产成品成本分配后系统会自动写入。

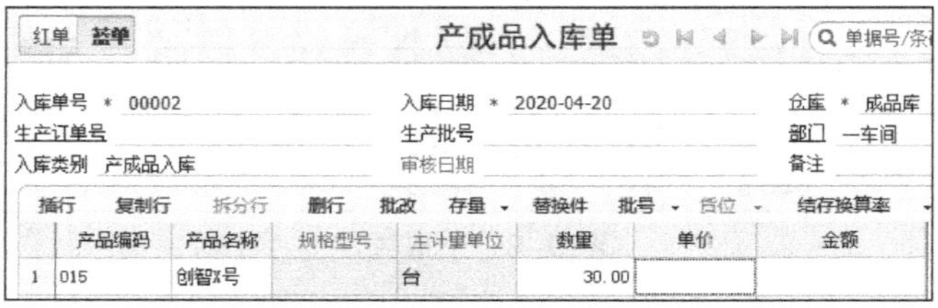

图9-10 产品入库单（2）

2. 录入生产总成本并对产成品成本进行分配

（1）执行“供应链”|“存货核算”|“记账”|“产成品成本分配”命令，进行产成品成本分配。单击“查询”按钮，选择“成品库”，然后单击“确定”按钮，系统将符合条件的产品自动填入产成品成本分配表中。按照业务描述输入创智X号、手持扫描器、桌面扫描器等存货的成本，如图9-11所示。单击工具栏中的“分配”按钮，系统提示分配操作完成。

存货/分类编码	存货/分类名称	计量单位	数量	金额	单价
	存货 合计		169.00	121,000.00	715.98
2	产成品小计		169.00	121,000.00	715.98
201	创智一体机小计		30.00	90,000.00	3000.00
015	创智X号	台	30.00	90,000.00	3000.00
202	扫描器小计		139.00	31,000.00	223.02
017	手持扫描器	个	75.00	15,000.00	200.00
018	桌面扫描器	个	64.00	16,000.00	250.00

图9-11 产成品成本分配

（2）执行“供应链”|“存货核算”|“入库单”|“产成品入库单列表”命令，在打开的界面中单击“查询”按钮，如选择创智 X 号的入库单，这时可以看出单价已经填入，并计算了金额，如图 9-12 所示。

已审核　　产成品入库单

入库单号 * 00002　　入库日期 * 2020-04-20　　仓库 * 成品库
生产订单号　　生产批号　　部门 一车间
入库类别 产成品入库　　审核日期 2020-04-20　　备注

	产品编码	产品名称	规格型号	主计量单位	数量	单价	金额
1	015	创智X号		台	30.00	3000.00	90000.00

图 9-12　产成品入库单（3）

3. 对产成品入库单记账并生成凭证

（1）执行“供应链”|“存货核算”|“记账”|“正常单据记账”命令，进行查询条件设置。仓库选择“成品库”，单击“查询”按钮，打开正常单据记账列表，如图 9-13 所示。选择要记账的单据（此处全选），单击“记账”按钮完成记账工作。

□	日期	单据号	存货编码	存货名称	收发类别	单据类型	仓库名称	数量	单价	金额
□	2020-04-20	00001	017	手持扫描器	产成品入库	产成品入库单	成品库	75.00	200.00	15,000.00
□	2020-04-20	00001	013	桌面扫描器	产成品入库	产成品入库单	成品库	64.00	250.00	16,000.00
□	2020-04-20	00002	015	创智X号	产成品入库	产成品入库单	成品库	30.00	3,000.00	90,000.00

图 9-13　正常单据记账列表

（2）执行“供应链”|“存货核算”|“凭证处理”|“生成凭证”命令，打开“生成凭证”窗口。单击工具栏中的“选单”按钮，进行查询条件设置。单据类型选择“产成品入库单”，单击“确定”按钮，打开“选择单据”窗口。选择要生成凭证的单据，然后单击“确定”按钮，返回“生成凭证”窗口，将凭证类别改为“转 转账凭证”，如图 9-14 所示。

凭证类别 转 转账凭证

选择	单据类型	业务类型	单据号	科目类型	科目编码	科目名称	借方金额	贷方金额	借方数量	贷方数量
1	产成品入库单	成品入库	0000…	存货	1405	库存商品	15,000.00		75.00	
				对方	500101	直接材料		15,000.00		75.00
				存货	1405	库存商品	16,000.00		64.00	
				对方	500101	直接材料		16,000.00		64.00
			00002	存货	1405	库存商品	90,000.00		30.00	
				对方	500101	直接材料		90,000.00		30.00
合计							121,000.00	121,000.00		

图 9-14　生成凭证

（3）单击“制单”按钮，然后单击“保存”按钮生成第一张凭证。按照同样的方法，继续生成下一张凭证的操作。在实际业务中，成本计算是比较复杂的，结转也需要综合考虑（不仅仅是直接材料）。

五、借入借出

业务描述

本业务以借出操作为例介绍借入借出功能。

（1）4 月 20 日，重庆嘉陵公司借用创智 X 号 2 台，作为样品参加展览会，预计 4 月 22 日归还。

（2）4 月 22 日，重庆嘉陵公司希望购买之前借用的 2 台产品。销售部经研究后同意，产品无税价格为 9 000 元/台。

操作指导

1. 更改设置

执行“供应链”|“库存管理”|“设置”|“选项”命令，打开“通用设置”选项卡，勾选“有无借入借出业务”；打开“专用设置”选项卡，勾选“借出借用单审核自动出库”。

借出及产品形态转换

2. 填制借出借用单

执行“供应链”|“库存管理”|“借出业务”|“借出借用单”命令，在打开的界面中选择“增加”|“空白单据”，根据业务描述录入相关信息，如图9-15所示。单击“保存”按钮，然后进行审核。

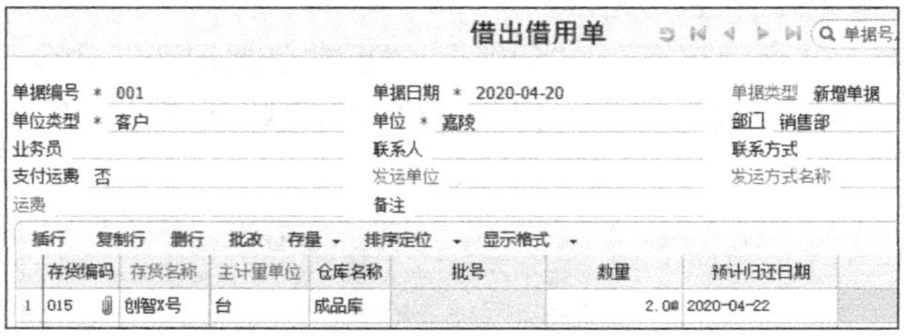

图9–15 借出借用单

3. 填制借出转换单

（1）执行“供应链”|“库存管理”|“借出业务”|“借出转换单”命令，在打开的界面中选择“增加”|“借出转销售”，进行查询条件设置。单位选择“重庆嘉陵公司”，单击“确定”按钮，打开“参照生单”窗口。选择要参照的单据，单击“确定”按钮，返回借出转换单，补充价格信息，结果如图9-16所示。

图9–16 借出转换单

（2）单击“保存”按钮，审核后系统提示已经生成其他入库单和发货单。业务类型根据需要可选择“借出转赠品”“借出转耗用”等。执行“供应链”|“销售管理”|“销售发货”|“发货单列表”命令，可以查看生成的发货单信息。执行“供应链”|“库存管理”|“其他入库”|“其他入库单列表”命令，可查看生成的其他入库单信息。

六、产品形态转换

业务描述

4月22日，仓库保管人员发现因为外力挤压，有2个手持扫描器发生变形，但可以使用。报经领导批准，将其作为次品处理，存放到备用仓位。备用仓位采用个别计价法。

操作指导

1. 更改设置

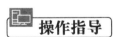

执行“供应链”|“库存管理”|“设置”|“选项”命令，打开“通用设置”选项卡，勾选“有无形态转换业务”。

2. 填制形态转换单

执行“供应链”|“库存管理”|“形态转换”|“形态转换”命令，在打开的界面中选择“增加”|“空白单据”，输入业务描述信息，如图 9-17 所示。先保存形态转换单，然后进行审核。

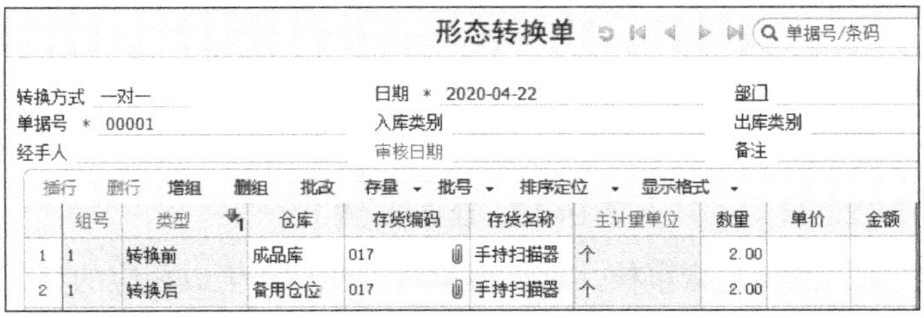

形态转换单

转换方式 一对一　日期 * 2020-04-22　部门
单据号 * 00001　入库类别　出库类别
经手人　审核日期　备注

插行 删行 增组 删组 批改 存量 批号 排序定位 显示格式

	组号	类型	仓库	存货编码	存货名称	主计量单位	数量	单价	金额
1	1	转换前	成品库	017	手持扫描器	个	2.00		
2	1	转换后	备用仓位	017	手持扫描器	个	2.00		

图 9–17　形态转换单

3. 查询单据

（1）执行“供应链”|“库存管理”|“其他出库”|“其他出库单列表”命令，在打开的界面中进行查询条件设置。仓库选择“成品库”，可以看到生成的其他出库单。

（2）执行“供应链”|“库存管理”|“其他入库”|“其他入库单列表”命令，在打开的界面中进行查询条件设置。仓库选择“备用仓位”，可以看到生成的其他入库单。

七、盘点

业务描述

4 月 25 日，对原料库的有线键盘进行盘点，发现有线键盘多出 1 个。经确认，该有线键盘的成本为 95 元/个。经批准，这笔费用确认为因管理不善而冲减管理费用。

操作指导

盘点

1. 输入盘点单

（1）执行“供应链”|“库存管理”|“盘点业务”|“盘点单”命令，在打开的界面中选择“增加”|“普通仓库盘点”，根据业务描述输入单据的部分信息，如图 9-18 所示。

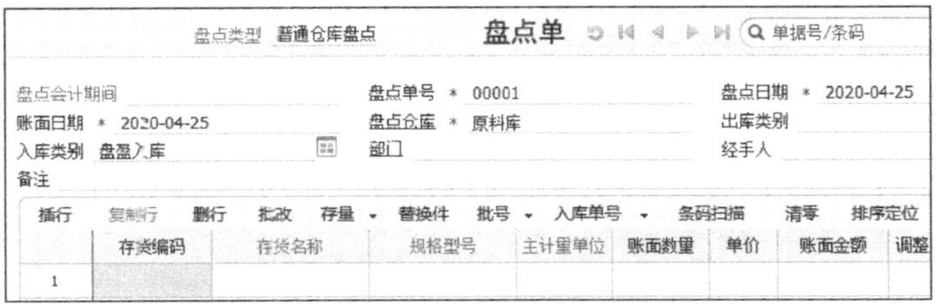

盘点类型 普通仓库盘点　盘点单

盘点会计期间　盘点单号 * 00001　盘点日期 * 2020-04-25
账面日期 * 2020-04-25　盘点仓库 * 原料库　出库类别
入库类别 盘盈入库　部门　经手人
备注

插行 复制行 删行 批改 存量 替换件 批号 入库单号 条码扫描 清零 排序定位

	存货编码	存货名称	规格型号	主计量单位	账面数量	单价	账面金额	调整
1								

图 9–18　盘点单（1）

（2）单击工具栏中的“盘库”按钮，系统询问“盘库将删除未保存的所有记录，是否继续？”，单击“是”按钮，打开“盘点处理”窗口。选择“按仓库盘点”，单击“确认”按钮，系统将账面盘点结果自动填入盘点单，输入新的盘点数（正数表示盘盈，负数表示盘亏），如图 9-19 所示。

盘点类型 普通仓库盘点 **盘点单** 单据号/条码

盘点会计期间　　盘点单号 * 00001　　盘点日期 * 2020-04-25
账面日期 * 2020-04-25　　盘点仓库 * 原料库　　出库类别
入库类别 盘盈入库　　部门　　经手人
备注

插行　复制行　删行　批改　存量　替换件　批号　入库单号　条码扫描　清零　排序定位

	存货编码	存货名称	主计量单位	账面数量	单价	账面金额	账面调节数量	盘点数量	盘点金额	盈亏数量	盈亏金额
1	001	CN处理器	盒	410.00			410.00	410.00			
2	003	2TSSD硬盘	盒	300.00			300.00	300.00			
3	006	LED显示屏	块	50.00			50.00	50.00			
4	011	有线键盘	个	296.00	95.00	28120.00	296.00	297.00	28215.00	1.00	95.00
5	013	有线鼠标	只	60.00			60.00	60.00			
6	014	无线鼠标	只	360.00			360.00	360.00			

图 9-19　盘点单（2）

单击“保存”按钮，然后进行审核。盘点单审核后会自动生成相应的其他入库单或其他出库单。盘点单记账后，不能取消记账。

2. 审核其他出（入）库单

以入库单为例，执行“供应链”|“库存管理”|“其他入库”|“其他入库单列表”命令，进行查询条件设置。仓库选择“原料库”，打开其他入库单列表，如图 9-20 所示。选择要审核的入库单，然后单击“审核”按钮完成操作。

序号	□	记账人	仓库	入库日期	入库单号	入库类别	入库类别编码	存货名称	主计量单位	数量	单价	金额
1	□		原料库	2020-04-25	00004	盘盈入库	201	有线键盘	个	1.00	95.00	95.00

图 9-20　其他入库单列表

如果是盘亏，要执行“供应链”|“库存管理”|“其他出库”|“其他出库单列表”命令进行审核。

3. 对其他入库单记账并生成凭证

（1）执行“供应链”|“存货核算”|“记账”|“正常单据记账”命令，在打开的界面中进行查询条件设置。仓库选择“原料库”，打开正常单据记账列表，如图 9-21 所示。先选择入库单，然后进行记账。

□	日期	单据号	存货编码	存货名称	收发类别	单据类型	仓库名称	数量	单价	金额
□	2020-04-25	00004	011	有线键盘	盘盈入库	其他入库单	原料库	1.00	95.00	95.00

图 9-21　正常单据记账列表

（2）执行“供应链”|“存货核算”|“凭证处理”|“生成凭证”命令，在工具栏中单击“选单”按钮，进行查询条件设置。单据类型选择“其他入库单”，打开“选择单据”窗口。

（3）选择盘盈入库的单据，单击“确定”按钮，其他入库单的数据被复制到凭证中。将凭证类别改为“转 转账凭证”，如图 9-22 所示。

凭证类别 转 转账凭证

选择	单据类型	业务类型	单据号	科目类型	科目编码	科目名称	借方金额	贷方金额
1	其他入库单	盘盈入库	00004	存货	140301	生产用原材料	95.00	
				对方	190101	待处理流动资产损溢		95.00

图 9-22　生成凭证

（4）单击“制单”按钮，生成凭证。凭证分录如下。

借：原材料——生产用原材料　　95

　　贷：待处理财产损溢——待处理流动资产损溢　　95

4. 进入总账系统填制盘盈批准处理的记账凭证

执行“财务会计”|“总账”|“凭证”|“填制凭证”命令，在打开的界面中单击“增加”按钮，输入以下凭证内容。

借：待处理财产损溢——待处理流动资产损溢　　95

　　贷：管理费用——其他（财务部）　　95

八、其他出库

业务描述

4 月 25 日，销售部从成品库领取 5 台创智 X 号样品，捐助西部山区。

操作指导

其他出库及假退料

1. 填制其他出库单

执行“供应链”|“库存管理”|“其他出库”|“其他出库单”命令，在打开的界面中选择“增加”|“空白单据”，根据业务描述输入出库资料，如图 9-23 所示。先保存其他出库单，然后进行审核。

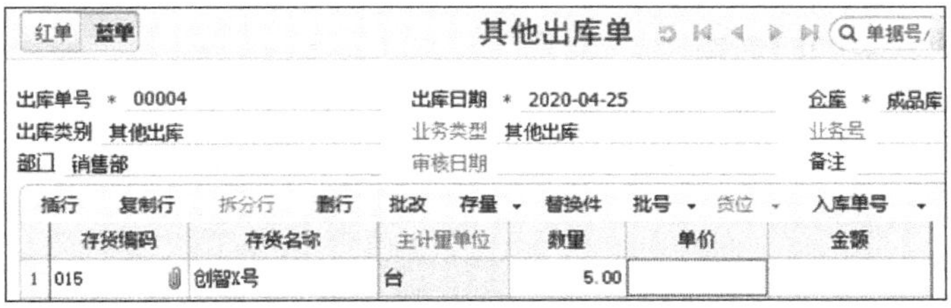

图 9-23　其他出库单

2. 对其他出库单记账

执行“供应链”|“存货核算”|“记账”|“正常单据记账”命令，在打开的界面中进行查询条件设置。仓库选择“成品库”，存货名称为“创智 X 号”，结果如图 9-24 所示。先选择指定的其他出库单，然后单击“记账”按钮完成记账操作。

□	日期	单据号	存货编码	存货名称	收发类别	单据类型	仓库名称	数量	单价	金额
□	2020-04-25	00004	015	创智X号	其他出库	其他出库单	成品库	5.00		

图 9-24　正常单据记账列表

九、假退料

业务描述

4 月 25 日，根据生产部门的统计，一车间本月生产任务完成，还有 10 个 CN 处理器当月未用完。先做假退料处理，下个月继续使用。

操作指导

1. 填制假退料单

执行“供应链”|“存货核算”|“出库单”|“假退料单”命令，在打开的界面中选择“增加”|“空白单据”，根据业务描述输入假退料资料，如图 9-25 所示，单击“保存”按钮完成操作。

红单 蓝单 假退料单 单据号/条码

出库单号 * 00002	出库日期 * 2020-04-25	仓库 * 原料库
订单号	产品编码	产量 0.00
生产批号	业务类型 假退料	业务号
出库类别 其他出库	部门 一车间	委外商
审核日期	备注	

删行 显示格式 排序定位

	材料编码	材料名称	规格型号	主计量单位	数量	单价	金额
1	001	CN处理器		盒	-10.00		

图 9-25　假退料单

2. 对假退料单进行记账

执行“供应链”|“存货核算”|“记账”|“正常单据记账”命令，在打开的界面中进行查询条件设置。仓库选择“原料库”，存货名称为“CN 处理器”，结果如图 9-26 所示。选择办理假退料的单据，然后单击“记账”按钮完成记账操作。

☐	日期	单据号	存货编码	存货名称	收发类别	单据类型	仓库名称	数量	单价	金额
☐	2020-04-25	00002	001	CN处理器	其他出库	材料出库单	原料库	-10.00		

图 9-26　正常单据记账列表

3. 查询假退料相关的明细账

执行“供应链”|“存货核算”|“账簿”|“明细账”命令，在打开的界面中进行查询条件设置。仓库选择“原料库”，存货名称选择“CN 处理器”，结果如图 9-27 所示。可以看到，在明细账中已经出现了假退料数据。

2020年		凭证号	摘要		收入			发出			结存		
月	日		凭证摘要	收发类别	数量	单价	金额	数量	单价	金额	数量	单价	金额
			期初结存								700.00	1,200.00	840,000.00
4	20	转 33	专用发票	销售出库				40.00	1,200.00	48,000.00	660.00	1,200.00	792,000.00
4	20	转 36	专用发票	销售出库				100.00	1,200.00	120,000.00	560.00	1,200.00	672,000.00
4	22	转 43	材料出库单	领料出库				100.00	1,200.00	120,000.00	450.00	1,200.00	552,000.00
4	22	转 44	调拔单	调拨出库				50.00	1,200.00	60,000.00	410.00	1,200.00	492,000.00
4	25			其他出库				-10.00	1,200.00	-12,000.00	420.00	1,200.00	504,000.00
			4月合计		0.00		0.00	280.00		336,000.00	420.00	1,200.00	504,000.00

图 9-27　明细账

4. 生成假退料凭证

执行“供应链”|“存货核算”|“凭证处理”|“生成凭证”命令，单击工具栏中的“选单”按钮，在查询条件中设置业务类型为“假退料”，选择单据后单击“确定”按钮，打开“生成凭证”窗口。将凭证类别设置为“转 转账凭证”，补充借方科目名称“直接材料”，如图 9-28 所示。单击“合并制单”按钮，生成凭证，保存后退出。

凭证类别 转 转账凭证

选择	单据类型	业务类型	单据号	科目类型	科目编码	科目名称	借方金额	贷方金额	借方数量	贷方数量
1	假退料单	假退料	00002	对方	500101	直接材料	-12,000.00		-10.00	
				存货	140301	生产用原材料		-12,000.00		-10.00

图 9-28　生成凭证

十、计提存货跌价准备

业务描述

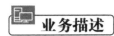

4 月 25 日，根据市场反馈情况，发现桌面扫描器的用户采用度较低，销量大幅减少。经研究决定，下月将以 110 元/个（无税价格）的价格销售（含税价格为 124.3 元/个），以减少库存。

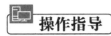

操作指导

计提存货跌价准备及月末结账

1. 跌价准备设置

执行“供应链”|“存货核算”|“跌价准备”|“跌价准备设置”命令，单击“增加”按钮，根据业务描述输入相关资料，如图 9-29 所示。

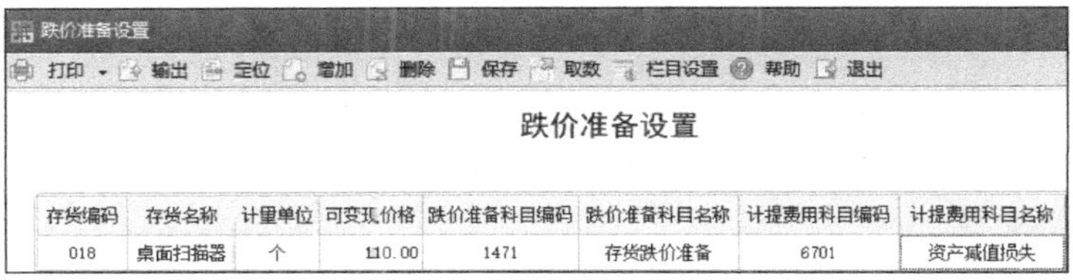
跌价准备设置

打印 输出 定位 增加 删除 保存 取数 栏目设置 帮助 退出

跌价准备设置

存货编码	存货名称	计量单位	可变现价格	跌价准备科目编码	跌价准备科目名称	计提费用科目编码	计提费用科目名称
018	桌面扫描器	个	110.00	1471	存货跌价准备	6701	资产减值损失

图 9–29　跌价准备设置

2. 计提存货跌价准备

执行“供应链”|“存货核算”|“跌价准备”|“计提跌价准备”命令，在打开的界面中单击“增加”按钮，根据业务描述输入相关资料，如图 9-30 所示。先保存计提跌价处理单，然后进行审核。

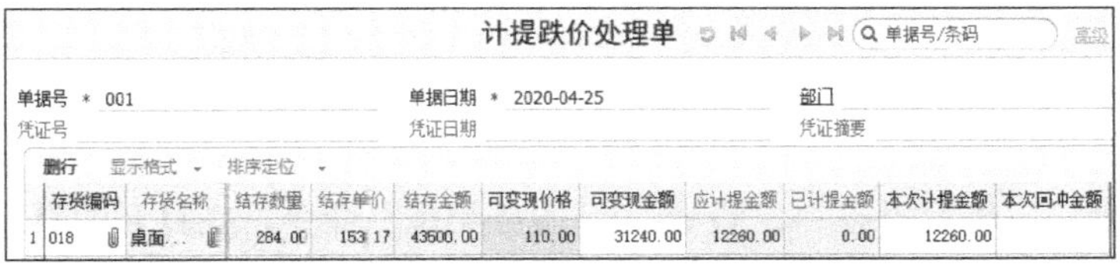
计提跌价处理单

单据号 * 001　单据日期 * 2020-04-25　部门
凭证号　凭证日期　凭证摘要

删行　显示格式　排序定位

	存货编码	存货名称	结存数量	结存单价	结存金额	可变现价格	可变现金额	应计提金额	已计提金额	本次计提金额	本次回冲金额
1	018	桌面...	284.00	153.17	43500.00	110.00	31240.00	12260.00	0.00	12260.00	

图 9–30　计提跌价处理单

3. 生成凭证

（1）执行“供应链”|“存货核算”|“跌价准备”|“跌价准备制单”命令，在打开的界面中单击“选单”按钮，打开“选择单据”窗口。先选择要生成凭证的跌价准备单据，然后单击“确定”按钮返回，凭证类别选择“转 转账凭证”，如图 9-31 所示。

打印 输出 选单 删除 制单 合并制单 联查单据 摘要设

凭证类别 转 转账凭证

选择	单据类型	业务类型	单据号	科目类型	科目编码	科目名称	借方金额	贷方金额
1	跌价准备		001	对方	6701	资产减值损失	12,260.00	
				计提	1471	存货跌价准备		12,260.00

图 9–31　生成凭证

（2）单击“制单”按钮，打开“填制凭证”窗口，单击“保存”按钮生成凭证。凭证分录如下。

借：资产减值损失　　12 260

　　贷：存货跌价准备　　12 260

十一、月末结账

一般在本月报表编制完成，确认当期业务完成后，才进行相关的月末结账等处理。

（1）月末结账前，先要对出库、入库的单据进行审核，全部业务完成后才能结账。

（2）在进行月末结账处理之前，应先对库存数据进行备份。

（3）执行“供应链”|“库存管理”|“月末结账”命令，在打开的“结账处理”窗口中选择要结账的月份，单击“结账”按钮，即可完成月末结账。

任务二　了解售后服务管理业务

一、服务请求

业务描述

4 月 15 日，服务部收到某超市请求（可用零散客户代替），创智 X 号发生故障，需要安排技术人员上门维修。公司可提供的服务信息如表 9-1 所示。

表 9-1　服务信息

服务类型编码	服务类型名称	付款属性
01	上门维修	收费
02	返厂维修	收费
03	普通维修	免费

操作指导

1. 服务设置

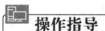

执行“供应链”|“售后服务”|“设置”|“服务类型”命令，在打开的界面中单击“增加”按钮，根据表 9-1 录入服务类型信息，如图 9-32 所示。

服务类型编码	服务类型名称	付款属性	说明
01	上门维修	收费	
02	返厂维修	收费	
03	普通维修	免费	

图 9-32　设置服务类型

售后服务管理

2. 填制服务请求单

执行“供应链”|“售后服务”|“服务请求”|“服务请求”命令，在打开的界面中单击“增加”按钮，录入业务描述内容，如图 9-33 所示。单击“保存”按钮，完成服务请求单的填制。

操作提示

选择故障产品时，如果系统没有显示相关产品，可能是在设置存货档案属性时没有将相关产品设置为“服务产品”，需要在存货档案中补充设置。

图 9–33　服务请求

3. 服务请求转服务单

单击“转服务单”按钮（或执行“供应链”|“售后服务”|“服务请求”|“服务请求列表”命令），将表头服务类型设为“上门维修”，如图 9-34 所示。单击“保存”按钮完成操作。

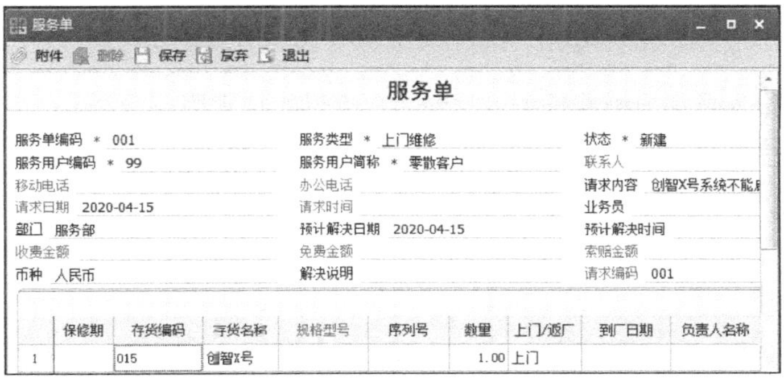

图 9–34　服务单

二、服务单管理

业务描述

4 月 15 日，与用户沟通，上门维修需收取 800 元（无税价格，增值税税率为 6%）技术服务费。

操作指导

（1）执行“供应链”|“售后服务”|“服务执行”|“服务单管理”命令，在打开的界面中单击“查询”按钮进行查询条件设置，此处保持默认条件，单击“确认”按钮，打开服务单列表，如图 9-35 所示。

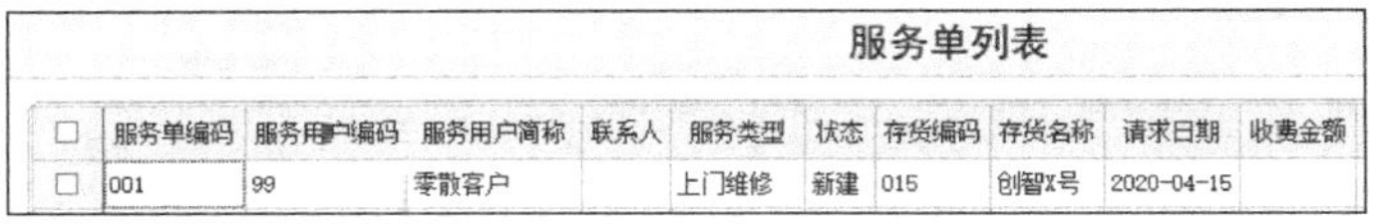
服务单列表
服务单编码 服务用户编码 服务用户简称 联系人 服务类型 状态 存货编码 存货名称 请求日期 收费金额
001 99 零散客户 上门维修 新建 015 创智X号 2020-04-15

图 9–35　服务单列表

（2）选中服务单，双击打开。单击“修改”按钮，将付款属性设为“收费”，项目/配件编码设为“801”，如图 9-36 所示。单击“保存”按钮，然后进行审核。

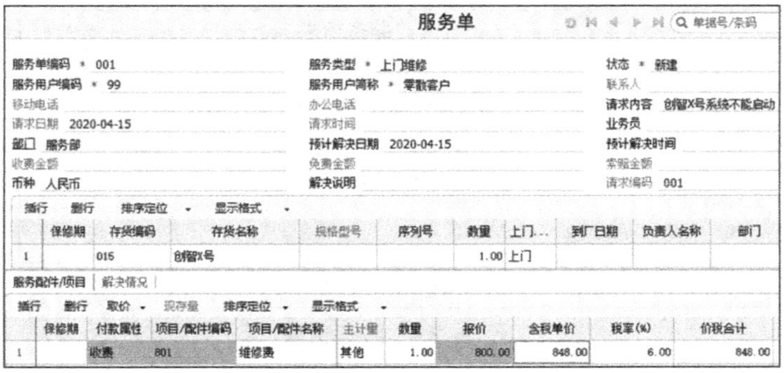

图 9–36　服务单

三、服务结算

业务描述

4 月 20 日，维修人员完成维修任务，收到客户支付的技术服务费 848 元，转账方式为网银转账，电子转账票据号为 WY789。

操作指导

1. 服务费现结

（1）执行“供应链”|“售后服务”|“服务结算”|“服务结算单”，在打开的界面中选择“增加”|“服务单”，按照默认条件打开服务单管理列表，选择该笔业务的服务单，如图 9-37 所示。

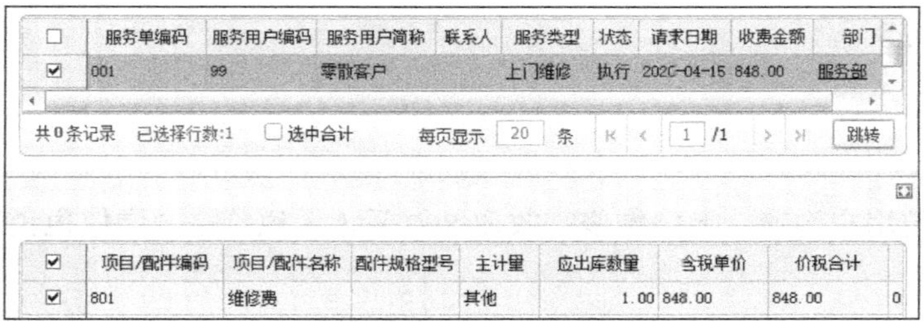

图 9–37　服务单管理列表

（2）单击“确定”按钮，数据被复制到服务结算单中，补充结算方式为“网银转账”，如图 9-38 所示。单击“保存”按钮保存信息，注意不要复核。

图 9–38　服务结算（1）

（3）单击“现结”按钮打开现结单，输入结算方式等信息，如图 9-39 所示。单击“确定”按钮，系统自动生成现结收款单。

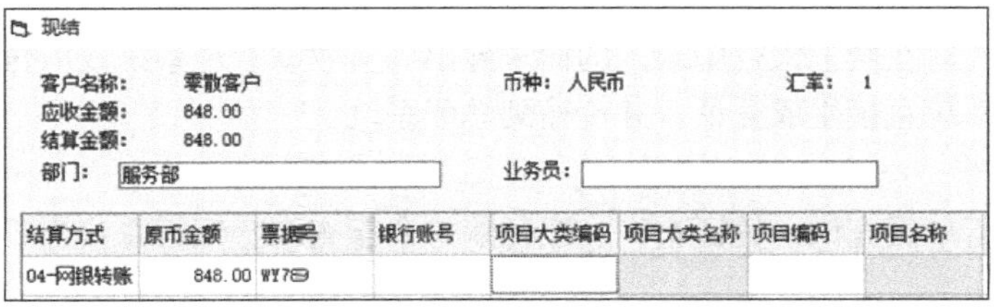

现结

客户名称：零散客户　币种：人民币　汇率：1
应收金额：848.00
结算金额：848.00
部门：服务部　业务员：

结算方式	原币金额	票据号	银行账号	项目大类编码	项目大类名称	项目编码	项目名称
04-网银转账	848.00	WY789					

图 9-39　现结

2. **生成服务结算凭证**

（1）执行“财务会计”|“应收款管理”|“应收处理”|“服务结算单”|“服务结算单审核”命令，在打开的界面中单击“查询”按钮，此处保持默认查询条件，单击“确认”按钮，打开服务结算单列表。双击打开服务单，如图 9-40 所示。

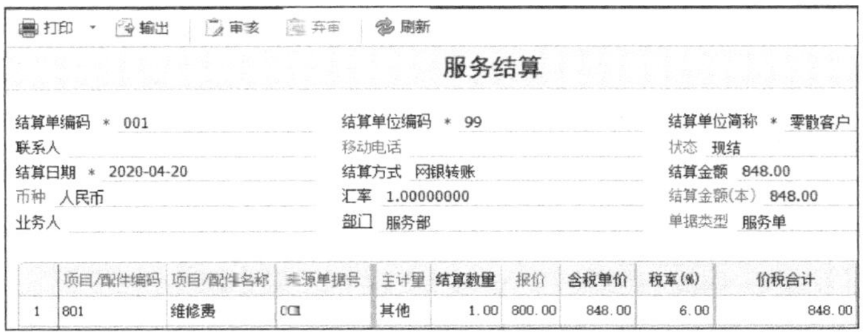

打印　输出　审核　弃审　刷新

服务结算

结算单编码 * 001　结算单位编码 * 99　结算单位简称 * 零散客户
联系人　移动电话　状态 现结
结算日期 * 2020-04-20　结算方式 网银转账　结算金额 848.00
币种 人民币　汇率 1.00000000　结算金额(本) 848.00
业务人　部门 服务部　单据类型 服务单

	项目/配件编码	项目/配件名称	来源单据号	主计量	结算数量	报价	含税单价	税率(%)	价税合计
1	801	维修费	001	其他	1.00	800.00	848.00	6.00	848.00

图 9-40　服务结算（2）

（2）单击“审核”按钮，系统询问“是否立即制单？”，单击“是”按钮，打开“填制凭证”窗口。补充“其他业务收入”科目，单击“保存”按钮，生成凭证。凭证分录如下。

借：银行存款——工行　848
　　贷：其他业务收入　800
　　　　应交税费——应交增值税（销项税额）　48

任务三　了解网上银行业务

一、网上银行业务概述

企业办理网上银行业务时通常涉及以下内容。

1. **基础设置**

网上银行业务的基础设置如下。

（1）银行账户设置：设定开户银行名称、银行账号、属性、账号对应科目等。

（2）操作员权限设置：设置操作员对账号的使用权限及其他权限。

2. **日常操作**

网上银行业务的日常操作如下。

（1）填制单据：录入付款单的信息。

（2）复核单据：由专人对付款单的合规性、正确性等进行审核。

（3）审批单据：由专人对付款单的合规性、正确性等进行再次审核。

（4）网上支付：通过网络向银行提交付款单，并通过银行在线实时查询单据的支付状态。

（5）生成凭证：对在网上银行中录入的而未导出到应收款管理系统或应付款管理系统的付款单，可由网上银行系统直接生成凭证，并传输到总账系统。

3. 统计查询

操作员可以进行单据查询、凭证查询、银行账户余额查询、银行账户当日交易明细查询等。

二、业务处理

业务描述

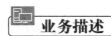

4 月 20 日，财务部支付重庆大江公司 4 月 9 日采购发票应付款 89 270 元，通过网银支付，支付票据号为 WY8989。

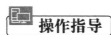

操作指导

网上银行业务处理

1. 填制普通支付单

执行“财务会计”|“网上银行”|“普通支付”|“单据录入”命令，在打开的界面中单击“增加”按钮，打开普通支付单，根据业务描述输入相关信息，如图 9-41 所示。

普通支付单

单据号 *	001	单据日期 *	2020-04-20	支付账号 *	787978797879
结算方式 *	网银转账	收方账号 *	3367	收方单位	重庆大江公司
原币金额 *	89270.00	汇率 *	1.000000	本位币金额	89270.00
币种	人民币	汇款速度 *	普通	用途	
部门	采购部	业务员		转账线索号	210613144353683
项目大类		项目		支付状态	
备注		附言		错误信息	
未通过原因		付款方式		同城 *	是
支付类型	3	代理付款账号		条形码	UNB021001
手续费账号		手续费来源		二级账户	
变更原因				费用项目编码	
制单人 *	何沙	修改人		复核人	
审批人		支付人		费用项目名称	

图 9–41　普通支付单（1）

2. 复核普通支付单

执行“财务会计”|“网上银行”|“普通支付”|“单据复核”命令，在打开的界面中单击“查询”按钮进行查询条件设置。此处按照默认条件，单据“确认”按钮，打开普通支付单列表，如图 9-42 所示。双击打开要复核的单据，仔细核对无误后，单击“复核通过”按钮完成操作。

单据日期	支付账号	收方账号	原币金额	是否审批	是否对账	是否复核	是否制单	收款银行	支付日期	收方单位	支付状态
2020-04-20	787978797879	3367	89270.00	否	否	否	否	中行		重庆大江公司	未提交

图 9–42　普通支付单列表

3. 审批普通支付单

执行“财务会计”|“网上银行”|“普通支付”|“单据审批”命令，在打开的界面中单击“查询”按钮进行查询条件设置。此处保持默认条件，单击“确认”按钮，打开普通支付单列表。双击打开要审批的单据，仔细审查后，单击“审批通过”按钮完成操作。

4. 支付款项

（1）执行“财务会计”|“网上银行”|“普通支付”|“单据支付”命令，在打开的界面中单击“查询”按钮进行查询条件设置。此处按照默认条件，单击“确认”按钮，打开普通支付单列表。双击打开要支付的单据，单击“支付”按钮，此时单据左上角会显示“提交成功”标志，如图 9-43 所示。

图 9-43　普通支付单（2）

（2）单击“支付确认”按钮，支付状态会显示为“支付成功”。

（3）执行“财务会计”|“网上银行”|“普通支付”|“单据查询”命令，可以查询支付单的相关信息。

三、生成凭证

（1）执行“财务会计”|“网上银行”|“凭证处理”|“生成凭证”命令，在打开的界面中进行查询条件设置。单据类型选择“普通支付单”，单击“确定”按钮打开“生成凭证”窗口，凭证类别选择“付款凭证”，将制单日期改为“2020-04-20”，如图 9-44 所示。

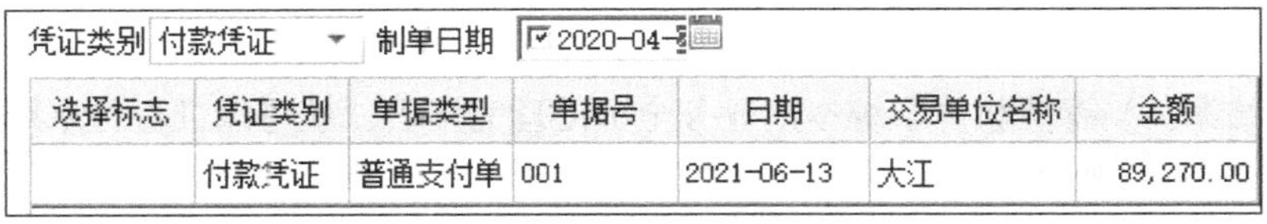

凭证类别 付款凭证　制单日期 2020-04-

选择标志	凭证类别	单据类型	单据号	日期	交易单位名称	金额
	付款凭证	普通支付单	001	2021-06-13	大江	89,270.00

图 9-44　生成凭证

（2）选择该笔业务的单据，然后单击“制单”按钮，补充相关的科目、对方单位等信息，生成凭证。凭证分录如下。

借：应付账款——大江　　89 270

　　贷：银行存款——工行　　89 270

在实际工作中进行网银转账支付时，每个环节都要严格控制，防止发生错误，同时要防止各种诈骗。

任务四　了解存货核算业务

一、存货核算业务概述

存货核算系统是新道 U8+系统供应链管理中的一个重要组成部分，主要针对企业收、发业务，核算企业存货的入库成本、出库成本和结存成本，反映和监督存货的收发、领退、保管情况，以及存货资金的占用情况。

存货核算系统的操作主要分为两个部分：一是针对各种出入库单据进行记账、制单，生成存货出入库的记账凭证；二是对已复核的客户、供应商单据，如采购发票、销售发票、核销单据等进行制单，生成有关的往来业务记账凭证。

1. 初始设置

存货核算系统是供应链管理系统与总账系统联系的桥梁，各种存货的购进、销售及其他出入库业务，都要在存货核算系统中生成凭证，并传递到总账系统。为了快速、准确地完成存货核算操作，应事先定义核算参数及相关的会计科目。

2. 日常业务处理

存货核算系统的日常业务处理包括出入库单据记账、暂估成本处理、客户/供应商往来制单、月末处理和月末结账。

（1）出入库单据记账。出入库单据记账包括正常单据记账和特殊单据记账两种，其作用是将各种出入库单据记入存货明细账、差异明细账等。记账时应注意，各种单据要按业务发生的时间顺序记账；记账后的单据不能修改和删除。若记账后发现单据有误，在本月未结账状态下，可以取消记账后进行修改。但若是已记账单据，并已生成凭证，那么只能先删除凭证，然后才能取消记账。

（2）暂估成本处理。存货核算系统对货到发票未到的采购暂估入库业务提供了月初回冲、单到回冲、单到补差等处理方式，需要在启用存货核算系统时在基础设置中进行设定，一旦选择就不能修改。无论采用哪种暂估方式，在操作过程中都要遵循以下步骤：①收到采购发票后，在采购管理系统填制发票并进行采购结算；②进入存货核算系统，完成暂估入库业务的成本处理。

（3）客户/供应商往来制单。客户/供应商往来制单是指针对采购、销售管理系统中已复核的采购发票与销售发票，生成相应的往来款项记账凭证。

（4）月末处理。当存货核算系统的日常业务全部完成后，系统会自动计算本期存货的平均单价及出库成本，并分摊差异。

（5）月末结账。当存货核算系统本期业务全部处理完毕后，就可以进行月末结账，进入下一个会计期间。如果存货核算系统与采购、销售、库存管理系统集成使用，那么必须在上述三个系统都完成月末结账后，存货核算系统才能结账。

3. 综合查询

存货核算系统也提供了账表查询功能。相关人员可以通过该系统进行多角度的查询和统计分析。

二、调整存货入库成本

业务描述

4 月 25 日，财务部将 4 月 4 日发生的向成都大成公司采购无线鼠标的入库成本增加 720 元。

操作指导

存货核算

1. 录入调整单据

执行“供应链”|“存货核算”|“调整单”|“入库调整单”命令，在打开的界面中单击“增加”按钮，输入业务描述资料，如图 9-45 所示。单击“保存”按钮，然后单击“记账”按钮完成操作。入库调整单可以针对单据调整，也可针对存货调整。

图 9-45　入库调整单

2. 生成入库调整凭证

（1）执行“供应链”|“存货核算”|“凭证处理”|“生成凭证”命令，单击工具栏中的“选单”按钮，在查询条件中设置单据类型为“入库调整单”，单击“确定”按钮，打开未生成凭证一览表。选择未生成凭证的单据，单击“确定”按钮返回“生成凭证”窗口。将凭证类别设置为“转转账凭证”，结果如图 9-46 所示。

选择	单据类型	业务类型	单据号	科目类型	科目编码	科目名称	借方金额	贷方金额
1	入库调整单		001	存货	140301	生产用原材料	720.00	
				对方	1402	在途物资		720.00

图 9-46　生成凭证

（2）单击“制单”按钮生成凭证。凭证分录如下。

借：原材料——生产用原材料　　720

　　贷：在途物资　　720

3. 查询账簿

执行“供应链”|“存货核算”|“账簿”|“明细账”命令，打开“明细账”窗口。单击“查询”按钮，在打开的“明细账查询”对话框中进行查询条件设置，仓库选择“原料库”，存货名称选择“无线鼠标”，单击“确定”按钮，得到明细账如图 9-47 所示。从明细账中可以看出，调整数据已经入账，并影响单价。

2020年		凭证号	摘要		收入			发出			结存		
月	日		凭证摘要	收发类别	数量	单价	金额	数量	单价	金额	数量	单价	金额
			期初结存								0.00		0.00
4	4	转 11	采购入库单	采购入库	360.00	50.00	18,000.00				360.00	50.00	18,000.00
4	25	转 51	入库调整单	采购入库			720.00				360.00	52.00	18,720.00
			4月合计		360.00		18,720.00	0.00		0.00	360.00	52.00	18,720.00

图 9-47　明细账

4. 逆向纠错法

在实际业务处理中，有多种因素可能导致数据出错，而且往往在最后阶段才发现错误。出现问题后的纠错措施，也是必须掌握的。逆向纠错法就是按照前面的操作顺序，从后面一步步往前取消操作，一直到出现错误的那一步，纠正后再向后一步步完成操作。

以本业务为例，如在查询账簿时才发现没有入库调整单，仔细查阅前面的单据后才发现将无线鼠标误输入为无线键盘了。逆向纠错法的操作过程如下。

（1）执行“供应链”|“存货核算”|“凭证处理”|“查询凭证”命令，删除本次生成的凭证。再执行“财务会计”|“总账”|“凭证”|“填制凭证”命令，在打开的界面中单击“整理”按钮，将已经删除的凭证彻底清除。

（2）执行“供应链”|“存货核算”|“记账”|“恢复记账”命令，在打开的界面中选择本次的入库调整单，取消记账。

（3）执行“供应链”|“存货核算”|“调整单”|“入库调整单”命令，在打开的界面中将错误输入的无线键盘改为无线鼠标，然后一步步往后完成操作。

三、调整存货出库成本

业务描述

4月25日，财务部调整出售给天津大华公司的创智X号的出库成本，使成本增加1 000元。

操作指导

1. 录入调整单据

执行“供应链”|“存货核算”|“调整单”|“出库调整单”命令，在打开的界面中单击“增加”按钮，输入业务描述资料，如图9-48所示。单击“保存”按钮，再单击“记账”按钮完成操作。

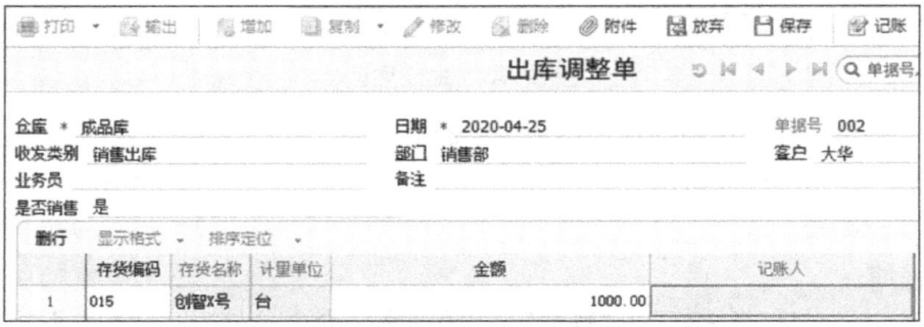

图9-48 出库调整单

2. 生成出库调整凭证

（1）执行“供应链”|“存货核算”|“凭证处理”|“生成凭证”命令，单击工具栏中的“选单”按钮，在查询条件中将单据类型设置为“出库调整单”，打开未生成凭证单据一览表。选择单据，然后单击“确定”按钮返回“生成凭证”窗口，将凭证类别设为“转 转账凭证”，如图9-49所示。

凭证类别 转 转账凭证

选择	单据类型	业务类型	单据号	科目类型	科目编码	科目名称	借方金额	贷方金额
1	出库调整单		002	对方	6401	主营业务成本	1,000.00	
				存货	1405	库存商品		1,000.00

图9-49 生成凭证

（2）单击“制单”按钮生成凭证。凭证分录如下。

借：主营业务成本　　1 000

　　贷：库存商品　　1 000

3．查询账簿

执行“供应链”|“存货核算”|“账簿”|“明细账”命令，在打开的界面中进行查询条件设置，仓库选择“成品库”，存货名称选择“创智 X 号”，从明细账中可以看出调整数据已经入账。

四、核算资料查询

1．收发存汇总表

执行“供应链”|“存货核算”|“汇总表”|“收发存汇总表”命令，在打开的界面中进行查询条件设置，此处按照默认设置进行查询，结果如图 9-50 所示。

		期初			收入			发出			结存		
名称	单位	数量	单价	金额	数量	单价	金额	数量	单价	金额	数量	单价	金额
CN处理器	盒	700.00	1,200.00	840,000.00	50.00	1,200.00	60,000.00	280.00	1,200.00	336,000.00	470.00	1,200.00	564,000.00
2TSSD硬盘	盒	200.00	820.00	164,000.00	200.00	797.77	159,553.62	100.00	808.88	80,888.00	300.00	808.89	242,665.62
LED显示屏	块				50.00	1,200.00	60,000.00				50.00	1,200.00	60,000.00
有线键盘	个				297.00	95.00	28,215.00				297.00	95.00	28,215.00
有线鼠标	只				60.00	50.17	3,010.38				60.00	50.17	3,010.38
无线鼠标	只				360.00	52.00	18,720.00				360.00	52.00	18,720.00
创智X号	台	580.00	4,800.00	2,784,000.00	30.00	3,000.00	90,000.00	305.00	3.28	1,000.00	305.00	9,419.67	2,873,000.00
手持扫描器	个	250.00	150.00	37,500.00	75.00	200.00	15,000.00	190.00			135.00	388.89	52,500.00
桌面扫描器	个	275.00	100.00	27,500.00	64.00	250.00	16,000.00	55.00			284.00	153.17	43,500.00
HP打印机	台	400.00	1,800.00	720,000.00	50.00	1,500.00	75,000.00	173.00			277.00	2,870.04	795,000.00

图 9–50　收发存汇总表

2．暂估材料余额表

执行“供应链”|“存货核算”|“汇总表”|“暂估材料余额表”命令，在打开的界面中进行查询条件设置，此处按照默认设置进行查询，结果如图 9-51 所示。

供应商	存货编码	存货名称	存货代码	规格型号	主计量单位	期初		本期暂估		本期报销		结存	
						数量	金额	数量	金额	数量	金额	数量	金额
重庆大江公司	003	2TSSD硬盘			0300	100.00	80,000.00			100.00	80,000.00		
上海大坤公司	020	HP打印机			0102			50.00	75,000.00			50.00	75,000.00

图 9–51　暂估材料余额表

五、期末处理

1．期末处理

在前面的业务处理中，为了节省篇幅，没有将涉及的业务处理完，期末首先要将未处理的业务处理完。

（1）在存货核算系统中，对未记账的单据进行记账。执行“供应链”|“存货核算”|“记账”|“正常单据记账”命令，在打开的界面中进行查询条件设置，此处按照默认查询条件进行查询，分别选择“特殊单据记账”“发出商品记账”“直运销售记账”，完成未记账单据的记账操作。

（2）执行“供应链”|“存货核算”|“记账”|“期末处理”命令，在打开的界面中选择全部仓库，单击“处理”按钮打开仓库平均单价计算表，如图 9-52 所示。

存货名称	期初数量	期初金额	入库数量	入库金额	有金额出库成本	平均单价	无金额出库成本	出库合计数量	出库合计成本
桌面扫描器	275.00	27,500.00	64.00	16,000.00	0.00	128.32	7,057.52	55.00	7,057.52
手持扫描器	250.00	37,500.00	75.00	15,000.00	0.00	161.54	31,015.38	192.00	31,015.38
HP打印机	400.00	720,000.00	50.00	75,000.00	0.00	1,766.67	305,633.33	173.00	305,633.33
创智X号	580.00	2,784,000.00	30.00	90,000.00	1,000.00	4,709.84	1,436,500.00	305.00	1,437,500.00
小计	1,505.00	3,569,000.00	219.00	196,000.00	1,000.00		1,780,206.23	725.00	1,781,206.23

图 9–52　仓库平均单价计算表

操作提示

由于原料库使用的是移动平均法，已经在业务处理过程中计算了单价，所以表中没有这一部分。单击工具栏中的“确定”按钮，系统会提示期末处理完毕。

（3）期末处理后，以全月平均法计价的物料，其发出价格将确定，系统会进行相应的计算。执行“供应链”|“存货核算”|“账簿”|“明细账”命令，仓库选择“成品库”，存货名称选择“手持扫描器”，其明细账如图 9-53 所示。从明细账中可以看出，平均单价已经填入，并完成了相关计算。

2020年		凭证号	摘要		收入			发出			结存		
月	日		凭证摘要	收发类别	数量	单价	金额	数量	单价	金额	数量	单价	金额
			期初结存								250.00	150.00	37,500.00
4	20			销售出库				50.00	161.54	8,077.00	200.00	147.12	29,423.00
4	20			销售出库				50.00	161.54	8,077.00	150.00	142.31	21,346.00
4	20			销售出库				90.00	161.54	14,538.60	60.00	113.46	6,807.40
4	22	转 45	产成品入库单	产成品入库	75.00	200.00	15,000.00				135.00	161.54	21,807.40
4	25							2.00	161.54	323.08	133.00	161.54	21,484.32
			4月合计		75.00		15,000.00	192.00		31,015.68	133.00	161.54	21,484.32

图 9–53　明细账（手持扫描器）

（4）结转销售出库成本。

① 执行“供应链”|“存货核算”|“凭证处理”|“生成凭证”命令，单击工具栏中的“选单”按钮，进行查询条件设置。单据类型选择“专用发票”，单击“确定”按钮，打开未生成凭证单据一览表，如图 9-54 所示。

单据日期	单据类型	单据号	仓库	收发类别	业务类型	计价方式	客户
2020-04-03	专用发票	00001	成品库	销售出库	普通销售	全月平均法	天津大华公司
2020-04-08	专用发票	00002	成品库	销售出库	普通销售	全月平均法	天津大华公司
2020-04-12	专用发票	00003	成品库	销售出库	普通销售	全月平均法	天津大华公司
2020-04-12	专用发票	00004	配套用品库	销售出库	普通销售	全月平均法	天津大华公司
2020-04-15	专用发票	00005	成品库	销售出库	普通销售	全月平均法	湖北朝华公司
2020-04-15	专用发票	00006	成品库	销售出库	普通销售	全月平均法	天津大华公司
2020-04-16	专用发票	00007	成品库	销售出库	普通销售	全月平均法	辽宁飞鸽公司
2020-04-16	专用发票	00007	配套用品库	销售出库	普通销售	全月平均法	辽宁飞鸽公司
2020-04-17	专用发票	00008	配套用品库	销售出库	普通销售	全月平均法	重庆嘉陵公司
2020-04-17	专用发票	00009	配套用品库	销售出库	普通销售	全月平均法	重庆嘉陵公司
2020-04-17	专用发票	00010	配套用品库	销售出库	普通销售	全月平均法	上海长江公司
2020-04-17	专用发票	00011	成品库	销售出库	分期收款	全月平均法	上海长江公司
2020-04-20	专用发票	00013	成品库	销售出库	委托	全月平均法	辽宁飞鸽公司
2020-04-21	专用发票	00015	成品库	销售出库	普通销售	全月平均法	湖北朝华公司
2020-04-21	专用发票	00016	成品库	销售出库	委托	全月平均法	辽宁飞鸽公司

图 9–54　未生成凭证单据一览表（1）

② 单击“全选”按钮，然后单击“确定”按钮，返回“生成凭证”窗口。将凭证类别改为“转 转账凭证”，结果如图 9-55 所示。单击“合并制单”按钮，生成凭证（生成一张凭证）。凭证分录如下。

借：主营业务成本　　1 218 824.18

　　贷：库存商品　　761 969.70

　　　　发出商品　　456 854.48

业务类型	单据号	科目类型	科目编码	科目名称	借方金额	贷方金额	借方数量	贷方数量	存货名称
普通销售	00001	对方	6401	主营业务成本	94,196.80		20.00		创智X号
		存货	1405	库存商品		94,196.80		20.00	创智X号
	00002	对方	6401	主营业务成本	8,077.00		50.00		手持扫描器
		存货	1405	库存商品		8,077.00		50.00	手持扫描器
		对方	6401	主营业务成本	6,416.00		50.00		桌面扫描器
		存货	1405	库存商品		6,416.00		50.00	桌面扫描器
	00003	对方	6401	主营业务成本	8,077.00		50.00		手持扫描器
		存货	1405	库存商品		8,077.00		50.00	手持扫描器
	00004	对方	6401	主营业务成本	17,666.70		10.00		HP打印机
		存货	1405	库存商品		17,666.70		10.00	HP打印机
	00005	对方	6401	主营业务成本	14,538.60		90.00		手持扫描器
		存货	1405	库存商品		14,538.60		90.00	手持扫描器
		对方	6401	主营业务成本	641.60		5.00		桌面扫描器
		存货	1405	库存商品		641.60		5.00	桌面扫描器
	00006	对方	6401	主营业务成本	47,098.40		10.00		创智X号
		存货	1405	库存商品		47,098.40		10.00	创智X号
	00007	对方	6401	主营业务成本	235,492.00		50.00		创智X号
		存货	1405	库存商品		235,492.00		50.00	创智X号
		对方	6401	主营业务成本	88,333.50		50.00		HP打印机
		存货	1405	库存商品		88,333.50		50.00	HP打印机
	00008	对方	6401	主营业务成本	70,666.80		40.00		HP打印机
		存货	1405	库存商品		70,666.80		40.00	HP打印机
	00009	对方	6401	主营业务成本	35,333.40		20.00		HP打印机
		存货	1405	库存商品		35,333.40		20.00	HP打印机
	00010	对方	6401	主营业务成本	88,333.50		50.00		HP打印机
		存货	1405	库存商品		88,333.50		50.00	HP打印机
分期收款	00011	对方	6401	主营业务成本	376,787.20		80.00		创智X号
		发出商品	1406	发出商品		376,787.20		80.00	创智X号
委托	00013	对方	6401	主营业务成本	94,196.80		20.00		创智X号
		发出商品	1406	发出商品		94,196.80		20.00	创智X号
普通销售	00015	对方	6401	主营业务成本	47,098.40		10.00		创智X号
		存货	1405	库存商品		47,098.40		10.00	创智X号
委托	00016	对方	6401	主营业务成本	-14,129.52		-3.00		创智X号
		发出商品	1406	发出商品		-14,129.52		-3.00	创智X号
					1,218,824.18	1,218,824.18			

图 9-55　生成凭证（1）

（5）结转分期收款委托代销发出商品。

① 执行“供应链”|“存货核算”|“凭证处理”|“生成凭证”命令，单击工具栏中的“选单”按钮，在查询条件中设置单据类型为“发货单”，打开未生成凭证单据一览表，如图 9-56 所示。

单据日期	单据类型	单据号	仓库	收发类别	业务类型	计价方式	摘要	客户
2020-04-17	发货单	00011	成品库	销售出库	分期收款	全月平均法	发货单	上海长江公司
2020-04-18	委托代销发货	00001	成品库	销售出库	委托代销	全月平均法	委托代销发货单	辽宁飞鸽公司

图 9-56　未生成凭证单据一览表（2）

② 选择全部单据，单击“确定”按钮返回“生成凭证”窗口，将凭证类别设为“转 转账凭证”，结果如图 9-57 所示。单击“制单”按钮生成凭证。生成的两张凭证分录如下。

借：发出商品　　141 295.20

　　贷：库存商品　　141 295.20

借：发出商品　　847 771.20

　　贷：库存商品　　847 771.20

选择	单据类型	业务类型	单据号	科目类型	科目编码	科目名称	借方金额	贷方金额	借方数量	贷方数量	存货名称
1	委托代销发货单	委托代销	00001	发出商品	1406	发出商品	141, 295. 20		30. 00		创智X号
				存货	1405	库存商品		141, 295. 20		30. 00	创智X号
	发货单	分期收款	00011	发出商品	1406	发出商品	847, 771. 20		180. 00		创智X号
				存货	1405	库存商品		847, 771. 20		180. 00	创智X号

图 9–57　生成凭证（2）

（6）其他未生成凭证的业务生成凭证。

① 执行“供应链”|“存货核算”|“凭证处理”|“生成凭证”命令，单击工具栏中的“选单”按钮进行查询条件设置，选择全部单据，单击“确定”按钮打开“选择单据”窗口，如图 9-58 所示。

选择	单据日期	单据类型	单据号	仓库	收发类别	业务类型	计价方式	摘要	客户
	2020-04-18	销售日报	00001	配套用品库	销售出库	普通销售	全月平均法	销售日报	零散客户
	2020-04-25	其他出库单	00004	成品库	其他出库	其他出库	全月平均法	其他出库单	

图 9–58　“选择单据”窗口

② 选择全部单据，然后单击“确定”按钮打开“生成凭证”窗口，将凭证类别设为“转 转账凭证”，补充科目信息，结果如图 9-59 所示。单击“合并制单”按钮生成凭证。凭证分录如下。

借：主营业务成本　　5 300.01

　　营业外支出　　23 549.20

　　贷：库存商品　　28 849.21

选择	单据类型	业务类型	单据号	科目类型	科目编码	科目名称	借方金额	贷方金额	借方数量	贷方数量	存货名称
1	销售日报	普通销售	00001	对方	6401	主营业务成本	5, 300. 01		3. 00		HP打印机
				存货	1405	库存商品		5, 300. 01		3. 00	HP打印机
	其他出库单	其他出库	00004	对方	6711	营业外支出	23, 549. 20		5. 00		创智X号
				存货	1405	库存商品		23, 549. 20		5. 00	创智X号
合计							28, 849. 21	28, 849. 21			

图 9–59　生成凭证（3）

2. 与总账系统对账

执行“供应链”|“存货核算”|“对账”|“存货与总账对账”命令，打开“对账”窗口，可查看相关数据。对账之前，应将凭证进行记账，然后将发出商品、暂估科目与总账系统对账。

3. 月末结账

执行“供应链”|“存货核算”|“记账”|“月末结账”命令，打开“结账”窗口，选择要结账的月份，单击“结账”按钮进行结账。

课后习题

项目十

期末业务与报表编制

学习目标

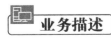

知识目标： 了解期末业务处理的具体内容和方法；掌握报表编制的方法；理解总账系统与其他业务系统的关系；理解期末结账处理的内容和作用。

技能目标： 熟练掌握期末各类业务的处理方法；熟练掌握自定义报表和预置报表的编制方法。

素质目标： 通过报表结果来评价经济过程和社会绩效，需要很高的综合素质才能实现。完成每一个阶段的任务，并分析其得失，不断提升，才能向社会贡献价值。

任务一　了解期末业务

一、期末业务概述

期末业务是指将企业本月所发生的日常业务处理全部记账后，在每个会计期末都需要执行的一些特定的会计工作，如期末转账、对账、结账等。期末的主要业务如下。

1. 凭证处理

期末在做有关凭证结转之前，由于生成结转类凭证的依据主要是其他凭证或业务数据，因此需要对未审核的凭证进行审核，对未记账的凭证进行记账，完成采购管理、销售管理、库存管理、存货核算、薪资管理、固定资产管理等各种业务。

2. 定义和生成转账凭证

每期期末都有需要结转的业务，通用转账凭证可以通过自定义实现对有规律凭证数据的结转。在定义完转账凭证后，并没有生成凭证，所以每月月末需要利用此功能快速生成转账凭证。

3. 月末对账与结转

（1）对账。对账就是对账簿数据进行核对。一般来说，只要记账凭证录入正确，计算机自动记账后各种账簿数据都应是正确、平衡的，但由于业务模式选择不当或非法操作等，有可能导致部分数据错误或被破坏。为了保证账证相符、账账相符，企业在结账之前都需要执行对账功能，以检查记账的正确性和账簿数据是否平衡。

（2）结账。结账工作通常由系统自动完成。结账之前，会计信息化人员应进行数据备份。结账后，只能进行相关账簿的查询和打印，当期不能再进行日常账务处理工作。

二、处理未复核和未记账凭证

业务描述

期末，财务部对所有未复核和未记账的凭证进行处理。

操作指导

（1）以出纳员赵小兵的身份登录新道 U8+，执行“财务会计”|“总账”|“凭证”|“出纳签字”命令，按照默认查询条件，单击“确定”按钮，打开出纳签字表，如图 10-1 所示。单击“全选”按钮，然后单击“签字”按钮，对收、付款凭证进行签字。

（2）以审核员孙胜业的身份登录新道 U8+，执行“财务会计”|“总账”|“凭证”|“审核凭证”命令，按照默认查询条件，单击“确定”按钮，打开凭证审核列表，如图 10-2 所示。选中所有凭证，然后单击“审核”按钮，对凭证进行审核。然后执行“财务会计”|“总账”|“凭证”|“记账”命令，在打开的“记账”对话框，单击“全选”按钮，然后单击“记账”按钮，对凭证进行记账。

期末业务

☐	制单日期	凭证编号	摘要	借方金额合计	贷方金额合计	系统名
☐	2020-04-05	收 - 0004	收款单	214, 700. 00	214, 700. 00	应收系统
☐	2020-04-08	收 - 0005	收货款	90, 400. 00	90, 400. 00	应收系统
☐	2020-04-12	收 - 0006	收款单	50, 850. 00	50, 850. 00	应收系统
☐	2020-04-15	收 - 0007	现结	43, 505. 00	43, 505. 00	应收系统
☐	2020-04-15	收 - 0008	现结	90, 400. 00	90, 400. 00	应收系统
☐	2020-04-18	收 - 0009	现结	8, 475. 00	8, 475. 00	应收系统
☐	2020-04-22	收 - 0010	收取定金	107, 350. 00	107, 350. 00	应收系统
☐	2020-04-05	收 - 0011	收取货物订金	15, 000. 00	15, 000. 00	应收系统
☐	2020-04-20	收 - 0012	收4月17日销售货款	129, 950. 00	129, 950. 00	应收系统
☐	2020-04-20	收 - 0013	现结	848. 00	848. 00	应收系统
☐	2020-04-10	付 - 0008	直接购入资产.	22, 600. 00	22, 600. 00	固定资产系统
☐	2020-04-15	付 - 0009	原值增加	10, 000. 00	10, 000. 00	固定资产系统
☐	2020-04-25	付 - 0010	资产减少 - 清...	15, 050. 00	15, 050. 00	固定资产系统
☐	2020-04-04	付 - 0011	付款单	32, 205. 00	32, 205. 00	应付系统
☐	2020-04-04	付 - 0012	现结	20, 340. 00	20, 340. 00	应付系统
☐	2020-04-17	付 - 0013	支付前欠货款	12, 000. 00	12, 000. 00	应付系统
☐	2020-04-25	付 - 0014	支付技术咨询费	50, 000. 00	50, 000. 00	应付系统
☐	2020-04-20	付 - 0015	凭证摘要没有设置	89, 270. 00	89, 270. 00	网上银行系统
合计				1, 002, 943. 00	1, 002, 943. 00	

图 10–1　出纳签字表

☐	制单日期	凭证编号	摘要	借方金额合计	贷方金额合计
☐	2020-04-25	转 - 0047	其他入库单	95. 00	95. 00
☐	2020-04-25	转 - 0048	盘盈有线键盘一个	95. 00	95. 00
☐	2020-04-25	转 - 0049	假退料单	-12, 000. 00	-12, 000. 00
☐	2020-04-25	转 - 0050	跌价准备	12, 260. 00	12, 260. 00
☐	2020-04-25	转 - 0051	入库调整单	720. 00	720. 00
☐	2020-04-25	转 - 0052	出库调整单	1, 000. 00	1, 000. 00
☐	2020-04-25	转 - 0053	专用发票	1, 218, 824. 18	1, 218, 824. 18
☐	2020-04-25	转 - 0054	发货单	847, 771. 20	847, 771. 20
☐	2020-04-25	转 - 0055	委托代销发货单	141, 295. 20	141, 295. 20
☐	2020-04-25	转 - 0056	销售日报	28, 849. 21	28, 849. 21
合计				7, 666, 790. 72	7, 666, 790. 72

图 10–2　凭证审核列表（部分列示）

三、制造费用自动转账

业务描述

期末，分配结转本月的制造费用，即从制造费用（5101）结转到生产成本/制造费用（500103），使用自动转账凭证完成。

操作指导

1. 定义转账凭证模板

以账套主管何沙的身份登录新道 U8+。

（1）执行“财务会计”|“总账”|“期末”|“转账定义”|“自定义转账”命令，打开“自定义转账设置”窗口。单击“增加”按钮，在打开的“转账目录”对话框中添加转账目录，将凭证类别改为“转 转账凭证”，如图 10-3 所示。单击“确定”按钮后继续定义转账凭证的分录信息。

（2）设置公式。

① 单击“增行”按钮，在“科目编码”栏输入“500103”（生产成本/制造费用），这是费用的转入科目，方向为“借”，如图 10-4 所示。

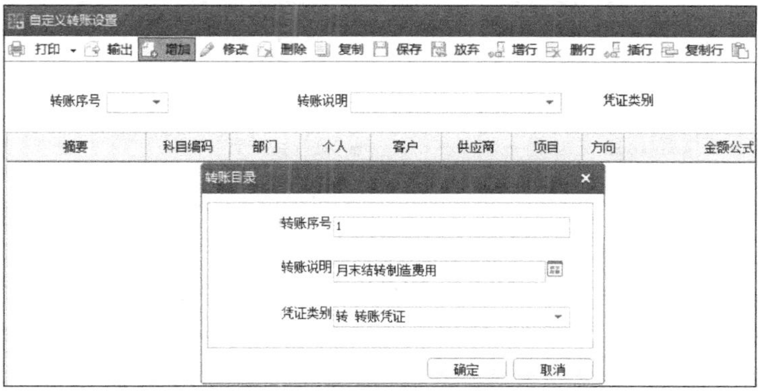

图 10–3　转账目录定义

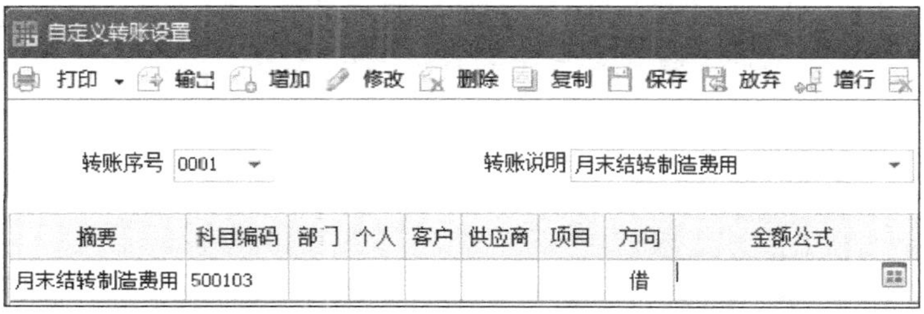

图 10–4　转入科目

② 将光标移到“金额公式”栏下，按“F2”键打开“公式向导”对话框（或单击单元格后的图标），选择 “期末余额”和“QM( )”，如图 10-5 所示。

③ 单击“下一步”按钮，科目输入“5101”（制造费用），勾选“按科目（辅助项）总数取数”，如图 10-6 所示。

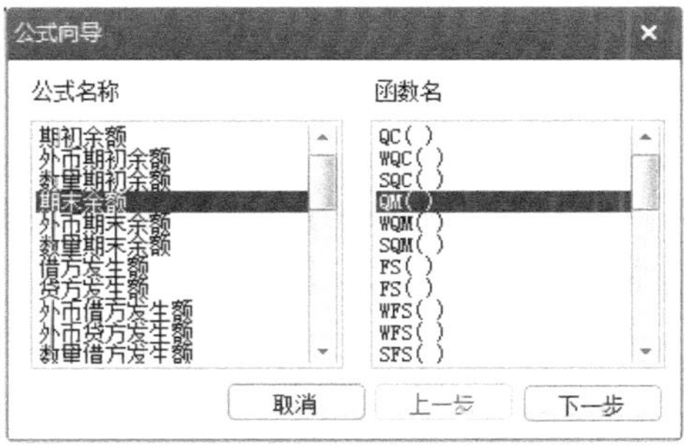

图 10–5　公式向导

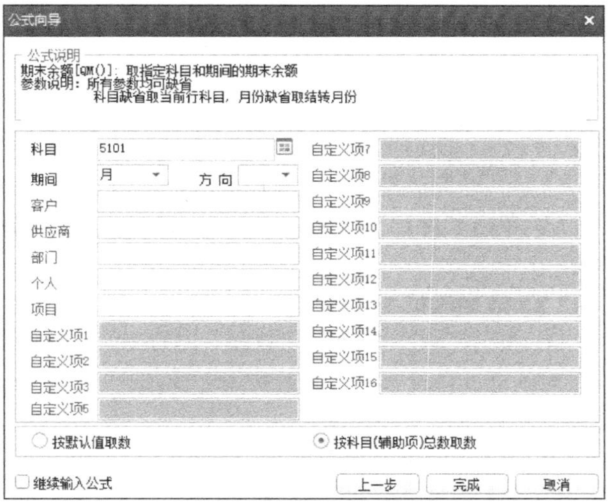

图 10–6　公式定义

④ 单击“完成”按钮返回“金额公式”栏，完成本公式定义“QM(5101,月)”。这个公式的含义是取 5101 科目的期末余额。单击“增行”按钮，按照同样的方法定义贷方科目，如图 10-7 所示。单击“保存”按钮完成公式定义，然后退出。

图 10-7　自动转账凭证模板

2. 生成转账凭证

（1）生成凭证。

① 执行“财务会计”|“总账”|“期末”|“转账生成”命令，打开“转账生成”对话框，选中“自定义转账”，双击“是否结转”栏下空白处，使该栏显示为“Y”，如图 10-8 所示。

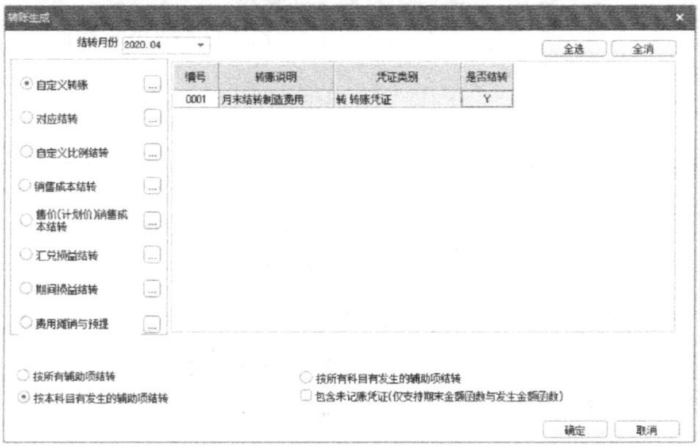

图 10-8　转账凭证生成选择

② 单击“确定”按钮，系统根据定义的转账公式生成凭证。凭证分录如下。

借：生产成本——制造费用　　76 168.14

　　贷：制造费用——工资　　43 454.55

　　　　制造费用——折旧费　　12 713.59

　　　　制造费用——租赁费用　　20 000.00

③ 单击“保存”按钮生成凭证。结转并完成凭证审核、记账之后，“制造费用”科目的余额为 0。

（2）数据验证和凭证审核、记账。

① 执行“财务会计”|“总账”|“账表”|“科目账”|“余额表”命令，打开“发生额及余额表”对话框，科目选择“制造费用”，勾选“包含未记账凭证”，单击“确定”按钮即可查看数据，可验证转账数据是否正确。

② 执行“业务工作”|“财务会计”|“总账”|“凭证”|“审核凭证”命令，审核该凭证。

③ 执行“业务工作”|“财务会计”|“总账”|“凭证”|“记账”命令，对该凭证记账。

操作提示

凡是有规律的转账凭证，都可以制作自动转账凭证模板，在需要的时候生成转账凭证。本案例仅仅是展现了制作的方法，还有哪些凭证需要定义自动转账凭证并生成凭证，读者可根据需要制作。掌握了方法，就可以结合具体需求实现业务的处理。

四、汇兑损益

业务描述

4 月末，期末汇率调整为 1 美元 = 6.95 元人民币。结算方式为“其他”，票号自定。

借：财务费用——汇兑损益　　4 300

　　贷：银行存款——中行存款　　4 300

操作指导

1. 汇兑损益凭证设置

执行“财务会计”|“总账”|“期末”|“转账定义”|“汇兑损益”命令，打开“汇兑损益结转设置”对话框。汇兑损益入账科目选择“660303”，凭证类别选择“付 付款凭证”，然后双击中行对应的“是否计算汇兑损益”栏，使该栏显示为“Y”，如图 10-9 所示，单击“确定”按钮。

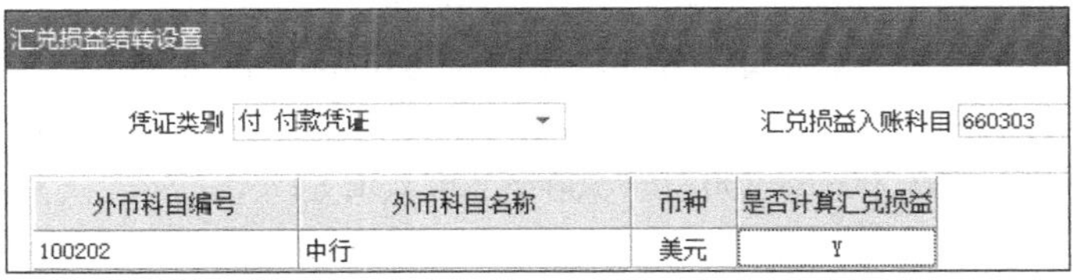

图 10-9　汇兑损益凭证设置

2. 月末汇率设置

执行“基础设置”|“基础档案”|“财务”|“外币设置”命令，打开“外币设置”对话框。选中外币“美元”，在月份“2020.04”对应的“调整汇率”栏中输入 6.95，如图 10-10 所示，单击“确认”按钮后退出。

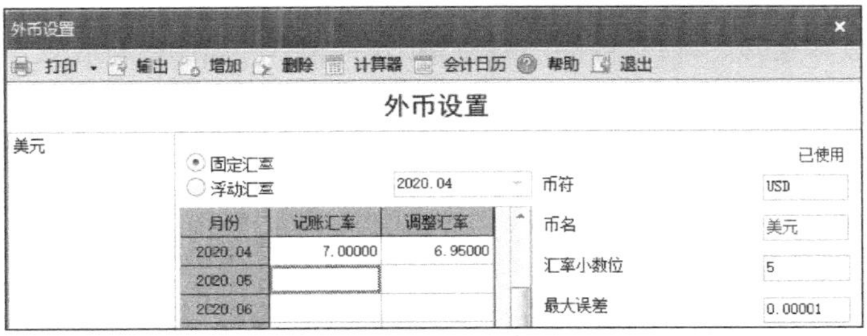

图 10-10　输入期末调整汇率

3. 汇兑损益凭证生成

（1）执行“财务会计”|“总账”|“期末”|“转账生成”命令，选中“汇兑损益结转”，币种选择“美元”，再双击“是否结转”栏，使该栏显示为“Y”，如图 10-11 所示。

（2）单击“确定”按钮，系统打开“汇兑损益试算表”对话框，显示外币余额、本币余额等信息，如图 10-12 所示。单击“确定”按钮生成凭证。凭证分录如下。

借：财务费用——汇兑损益　　4 300

　　贷：银行存款——中行　　4 300

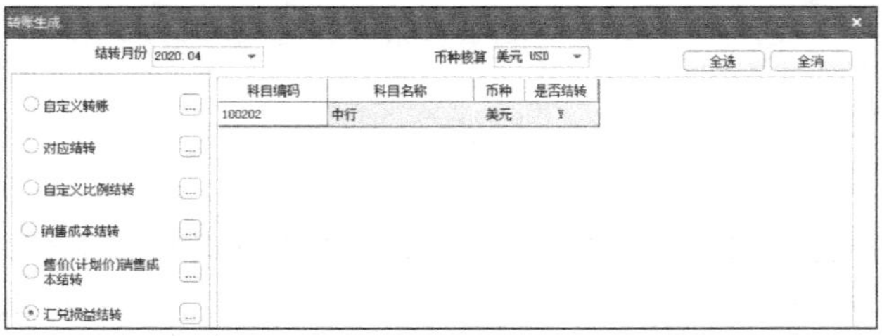

图 10–11　汇兑损益凭证生成设置

图 10–12　“汇兑损益试算表”对话框

数据正确性验证方法如下。

- 期初：100 000 美元。汇率：7.00。金额：100 000×7=700 000（元）。
- 收到投资：10 000 美元。汇率：6.88。金额：10 000×6.88=68 800（元）。
- 期末余额：110 000 美元。汇率：6.95。金额：110 000×6.95=764 500（元）。
- 合计汇兑损失：700 000+68 800−764 500=4 300（元）。

操作提示

汇兑损益结转生成的凭证，涉及银行科目，因此记账前仍然需要出纳签字。

五、销售成本结转

业务描述

月末进行销售成本结转。“库存商品”科目编码：1405。“商品销售收入”科目编码：6001。“商品销售成本”科目编码：6401。

操作指导

1. 销售成本结转设置

销售成本结转是将月末商品（或产成品）销售数量乘以库存商品（或产成品）的平均单价，计算各类商品销售成本并进行结转。如果在存货核算时已经结转，这里就不用结转。本业务不用结转，以下步骤仅供参考。

执行“财务会计”|“总账”|“期末”|“转账定义”|“销售成本结转”命令，打开“销售成本结转设置”对话框。输入“库存商品”科目编码“1405”，“商品销售收入”科目编码“6001”，“商品销售成本”科目编码“6401”，单击“确定”按钮完成设置。

2. 销售成本凭证结转生成

执行“财务会计”|“总账”|“期末”|“转账生成”命令，选中“销售成本结转”即可完成销售成本凭证结转。

六、损益结转

业务描述

月末，结转损益。

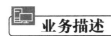

> **注意**
> 在采购管理、销售管理、存货核算、薪资管理、固定资产管理系统生成的凭证及在总账系统中手工填制的凭证，均应在记账完成后再进行损益结转。

操作指导

1. 期间损益结转设置

（1）先对未记账的凭证完成出纳签字、审核、记账。

（2）执行“财务会计”|“总账”|“期末”|“转账定义”|“期间损益”命令，打开“期间损益结转设置”对话框。选择本年利润科目编码“4103”（本年利润），凭证类别选择“转 转账凭证”，相关科目和名称就会显示出来，如图 10-13 所示。单击“确定”按钮完成操作。

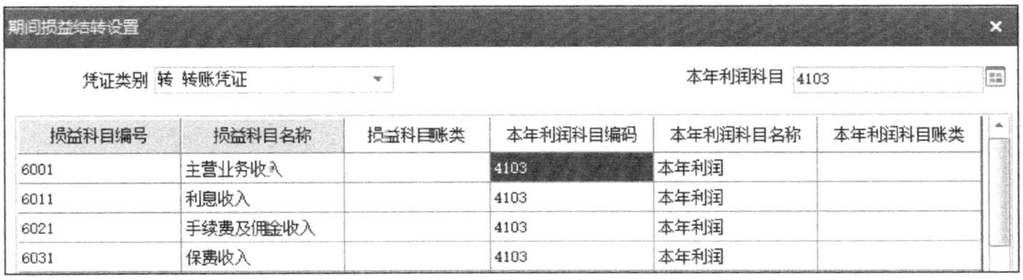
期间损益结转设置
凭证类别 转 转账凭证
本年利润科目 4103
损益科目编号 | 损益科目名称 | 损益科目账类 | 本年利润科目编码 | 本年利润科目名称 | 本年利润科目账类
6001 | 主营业务收入 | | 4103 | 本年利润
6011 | 利息收入 | | 4103 | 本年利润
6021 | 手续费及佣金收入 | | 4103 | 本年利润
6031 | 保费收入 | | 4103 | 本年利润

图 10-13　期间损益结转设置

2. 期间损益结转

（1）执行“业务工作”|“财务会计”|“总账”|“期末”|“转账生成”命令，在打开的“转账生成”对话框中选中“期间损益结转”，再单击“全选”按钮，如图 10-14 所示。

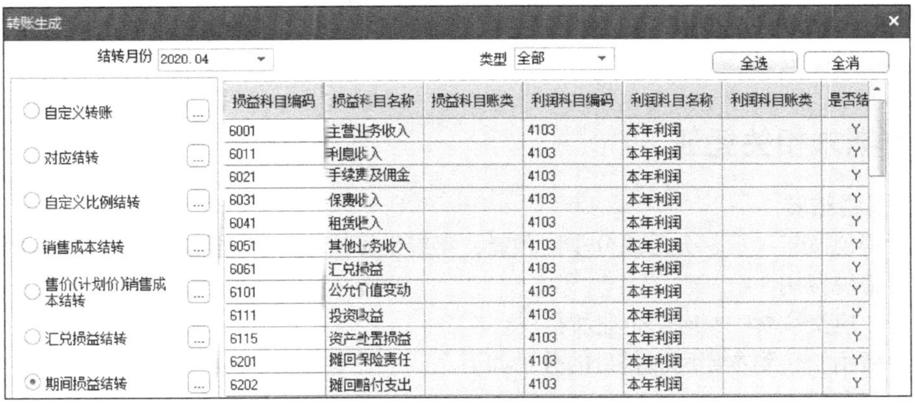
转账生成
结转月份 2020.04
类型 全部
全选
全消
自定义转账
对应结转
自定义比例结转
销售成本结转
售价(计划价)销售成本结转
汇兑损益结转
期间损益结转
损益科目编码 | 损益科目名称 | 损益科目账类 | 利润科目编码 | 利润科目名称 | 利润科目账类 | 是否结
6001 | 主营业务收入 | | 4103 | 本年利润 | | Y
6011 | 利息收入 | | 4103 | 本年利润 | | Y
6021 | 手续费及佣金 | | 4103 | 本年利润 | | Y
6031 | 保费收入 | | 4103 | 本年利润 | | Y
6041 | 租赁收入 | | 4103 | 本年利润 | | Y
6051 | 其他业务收入 | | 4103 | 本年利润 | | Y
6061 | 汇兑损益 | | 4103 | 本年利润 | | Y
6101 | 公允价值变动 | | 4103 | 本年利润 | | Y
6111 | 投资收益 | | 4103 | 本年利润 | | Y
6115 | 资产处置损益 | | 4103 | 本年利润 | | Y
6201 | 摊回保险责任 | | 4103 | 本年利润 | | Y
6202 | 摊回赔付支出 | | 4103 | 本年利润 | | Y

图 10-14　转账生成

（2）单击“确定”按钮，生成转账凭证，然后单击“保存”按钮。

（3）执行“财务会计”|“总账”|“账表”|“科目账”|“序时账”命令，勾选“包含未记账凭证”，显示的期间损益结转凭证如图 10-15 所示。

科目编码	科目名称	摘要	币种	方向	数量	原币	金额
6001	主营业务收入	*期间损益结转		借			2,516,100.00
6051	其他业务收入	*期间损益结转		借			1,600.00
660302	利息收入	*期间损益结转		借			3,000.00
6401	主营业务成本	*期间损益结转		贷			1,433,124.19
660101	工资	*期间损益结转_销售部		贷			21,100.00
660101	工资	*期间损益结转_服务部		贷			10,550.00
660106	折旧费	*期间损益结转_销售部		贷			1,200.00
660106	折旧费	*期间损益结转_服务部		贷			4,028.50
660201	工资	*期间损益结转_行政部		贷			26,854.55
660201	工资	*期间损益结转_财务部		贷			30,600.00
660201	工资	*期间损益结转_仓储部		贷			10,600.00
660201	工资	*期间损益结转_采购部		贷			20,727.27
660203	办公费	*期间损益结转_采购部		贷			350.00
660204	差旅费	*期间损益结转_行政部		贷			1,800.00
660205	招待费	*期间损益结转_行政部		贷			1,500.00
660206	折旧费	*期间损益结转_行政部		贷			7,802.40
660206	折旧费	*期间损益结转_财务部		贷			1,603.50
660206	折旧费	*期间损益结转_仓储部		贷			1,200.00
660206	折旧费	*期间损益结转_采购部		贷			1,361.40
660299	其他	*期间损益结转_财务部		贷			155.00
660299	其他	*期间损益结转_采购部		贷			47,169.81
660301	利息支出	*期间损益结转		贷			2,000.00
660303	汇兑损益	*期间损益结转		贷			4,300.00
6701	资产减值损失	*期间损益结转		贷			16,551.56
6711	营业外支出	*期间损益结转		贷			35,770.68
6901	以前年度损益调整	*期间损益结转		贷			-10,000.00
4103	本年利润	*期间损益结转		贷			850,351.14
		合计		借			2,520,700.00
				贷			2,520,700.00

图 10-15　期间损益结转凭证

操作提示

① 期间损益结转前，系统内所有凭证都必须记账完毕。通过期间损益结转生成的凭证，也要进行审核、记账。

② 如果凭证出现错误，可执行“财务会计”|“总账”|“凭证”|“查询凭证”命令，选择要删除的凭证，利用“作废/恢复”功能作废凭证。然后单击“填制凭证”按钮，打开相应界面后单击“整理凭证”按钮，将凭证彻底清除。

七、制作期末相关凭证

1. 所得税结转

企业所得税按年计征，分月或分季度预缴，年终汇算清缴。计提所得税的会计分录如下。

借：所得税费用

　　贷：应交税费——应交企业所得税

所得税费用结转到本年利润科目的分录如下。

借：本年利润

　　贷：所得税费用

本类凭证可以通过自定义转账功能完成。

2. 计提法定盈余公积

计提盈余公积一般在年末进行，按照全年利润为基数进行计算。会计分录如下。

借：利润分配——提取法定盈余公积

　　贷：盈余公积——法定盈余公积

3. 其他相关凭证

月末或年末，要检查相关的业务是否已经制作凭证。计提企业应承担的各种税费，各种应当在期末结转的凭证，需要进行调整的有关凭证，这些业务要按照相关规定完成，并进行复核。期末要编制相关报表，如果没有制作相关业务凭证，就会影响报表数据。

任务二　报表编制

一、报表系统的基础知识

1. 报表的基本功能

在新道 U8+系统中，财务报表模块叫作“UFO 报表”。利用 UFO 报表系统既可以编制各种对外报表，也可以编制内部报表。

报表系统主要用于对报表文件进行管理，设计报表格式，定义报表公式，从总账系统和其他业务系统中取得有关数据，自动编制会计报表；对报表数据进行审核、汇总，生成各种分析图，并按预定格式输出各种报表。

2. 一般报表制作流程

一般的报表处理流程是：第一步，启动 UFO 报表系统，建立报表；第二步，设计报表的格式；第三步，定义各类公式；第四步，处理报表数据；第五步，处理报表图形；第六步，打印报表；第七步，退出报表系统。实际应用时，具体的操作步骤应视情况而定，但以上步骤中的第一、二、四、七步是必需的。

制作报表的关键之一就是要明确数据的来源。实际上，报表系统就是将各种来源的数据采集到所需的报表中，然后进行计算、汇总等，以达到既定的目的。报表数据的来源如图 10-16 所示。

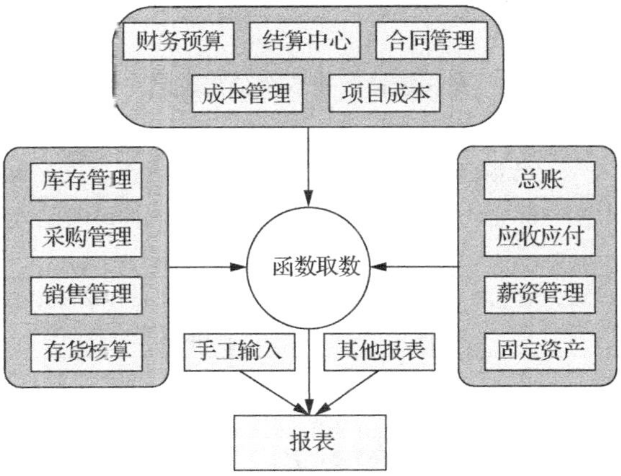

图 10–16　报表数据来源

3. 定义报表公式

（1）公式定义类型。财务报表有三类公式：计算公式（单元公式）、审核公式、舍位平衡公式。

公式的定义在格式状态下进行。

计算公式定义了报表数据之间的运算关系，在报表数值单元中键入“=”就可直接定义计算公式，所以又称为单元公式。

审核公式用于审核报表内或报表之间的钩稽关系是否正确，需要通过“审核公式”命令定义。

舍位平衡公式一般用于将报表数据的计量单位从元改为千元、万元、亿元等的时候使用，因为舍位后会引起报表内部的关系和表外关系不平。

（2）财务函数基本说明。会计报表数据一般来自总账系统，而财务函数则是总账系统与财务报表之间的联系桥梁。可通过定义财务函数，将总账系统数据转入所定义的报表单元中，生成报表。财务函数的基本格式是：

函数名（"科目编码",会计期间,["方向"],[账套号],[会计年度],[编码 1],[编码 2]）

式中，科目编码可以是科目名称，并且使用英文字符的双引号括起来。会计期间可以是“年”“月”等变量，也可以是用整数表示的年、季、月。方向指借或贷，可以省略。账套号指取数账套的代号，如果省略，表示从默认账套中取数，可以利用“数据”菜单的“计算时提示选择账套”功能指定账套。会计年度即数据取数时的年度，可以省略；编码 1、编码 2 是可以取科目的相关辅助项，如部门、个人等，如果科目没有辅助核算项，可以省略。

在公式定义中，如果省略的参数后面没有内容，则可以不写逗号；如果省略的参数后面还有内容，则必须写逗号，把它们的占位留出来。其目的是让报表程序知道这个参数的位置，以识别参数。

具体函数内容和使用见系统中的帮助说明。

4. 报表模板

在 UFO 报表系统中，除了可以自定义报表格式外，系统还提供了多个行业的标准财务报表模板。用户可以根据报表模板快速建立标准财务报表，或以此为基础进行调整。

二、自定义报表

业务描述

自定义费用统计表，按照销售费用和管理费用对应二级科目进行合计，报表格式及单元公式如表 10-1 所示。

表 10-1 费用统计表格式及公式定义

单位名称： 年 月

项目	行次	本期金额	本年累计金额
工资	1	FS("660201",月,"借",,,"",,)+FS("660101",月,"借",,,"",,)	LFS("660101",月,"借",,,"",,)+ LFS("660201",月,"借",,,"",,)
福利费	2	FS("660202",月,"借",,,"",,)+FS("660102",月,"借",,,"",,)	LFS("660102",月,"借",,,"",,)+ LFS("660202",月,"借",,,"",,)
办公费	3	FS("660203",月,"借",,,"",,)+FS("660103",月,"借",,,"",,)	LFS("660103",月,"借",,,"",,)+ LFS("660203",月,"借",,,"",,)
差旅费	4	FS("660204",月,"借",,,"",,)+FS("660104",月,"借",,,"",,)	LFS("660104",月,"借",,,"",,)+ LFS("660204",月,"借",,,"",,)
招待费	5	FS("660205",月,"借",,,"",,)+FS("660105",月,"借",,,"",,)	LFS("660105",月,"借",,,"",,)+ LFS("660205",月,"借",,,"",,)

续表

项目	行次	本期金额	本年累计金额
折旧费	6	FS("660206",月, "借",,,"",,)+FS("660106",月, "借",,,"",,)	LFS("660106",月,"借",,,"",,)+ LFS("660206",月, "借",,,"",,)
保险费	7	FS("660207",月, "借",,,"",,)+FS("660107",月, "借",,,"",,)	LFS("660107",月,"借",,,"",,)+ LFS("660207",月, "借",,,"",,)
其他	8	FS("660299",月, "借",,,"",,)+FS("660199",月, "借",,,"",,)	LFS("660199",月,"借",,,"",,)+ LFS("660299",月, "借",,,"",,)
合计	9	PTOTAL(C4:C11)	PTOTAL(D4:D11)

操作指导

1. 格式定义

自定义报表

（1）创建新表。执行“财务会计”|“UFO 报表”命令，在打开的“UFO 报表”窗口选择“文件”|“新建”，创建一张空白的报表。

（2）令报表处于格式状态。单击报表左下角的“格式”或“数据”按钮（显示为红色），将报表切换至格式状态。在格式状态下，可以进行报表的格式设计，如设置表尺寸、行高列宽、单元格属性、关键字、公式定义等，但不能进行数据输入和计算操作。

（3）设定表格行列。执行“格式”|“表尺寸”命令，设置报表的行列数（12 行，4 列），如图 10-17 所示。

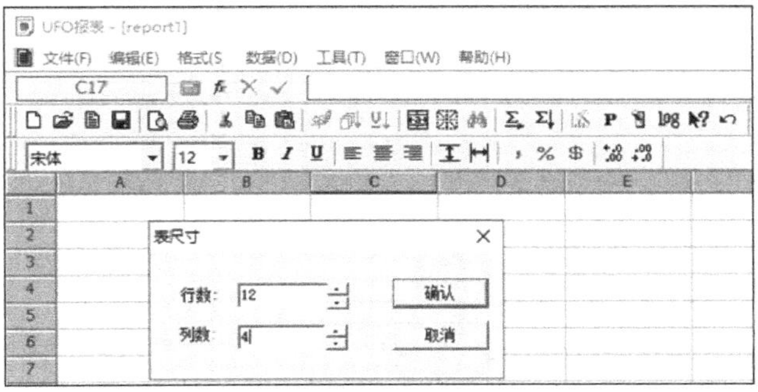

图 10-17　建立空表

（4）输入表名称。选择单元格区域 A1:D1，执行“格式”|“组合单元”命令，在“组合单元”窗口中单击“整体组合”按钮，将所选的单元格组合成一个单元格，然后在单元格中输入“费用统计表”。执行“格式”|“单元属性”命令，在“单元格属性”对话框中将组合单元格设为“字符型”，字体为“宋体”，字号设为“18”，对齐设置中水平方向为“居中”、垂直方向为“居中”，如图 10-18 所示。

（5）设置关键字单位名称和年月。选择单元格 A2，执行“数据”|“关键字”|“设置”命令，在“设置关键字”对话框中勾选“单位名称”，单击“确定”按钮完成设置，如图 10-19 所示。适当调整各列的宽度，选择单元格 C2，执行“数据”|“关键字”|“设置”命令，选择关键字“年”，单击“确定”按钮完成操作。按照同样的方法，在单元格 D2 中设置关键字“月”，结果如图 10-20 所示。

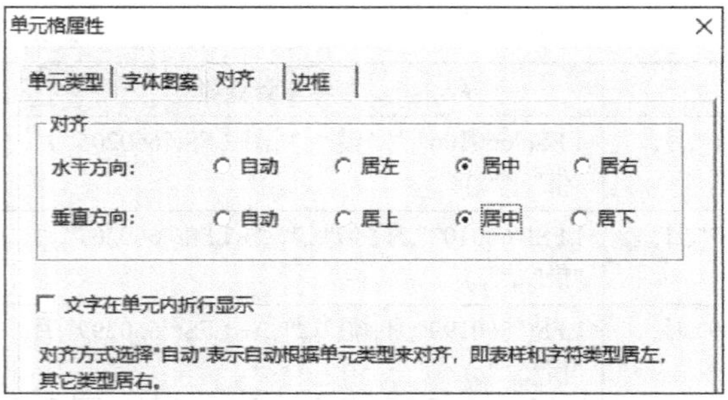

图 10-18　单元格属性设置

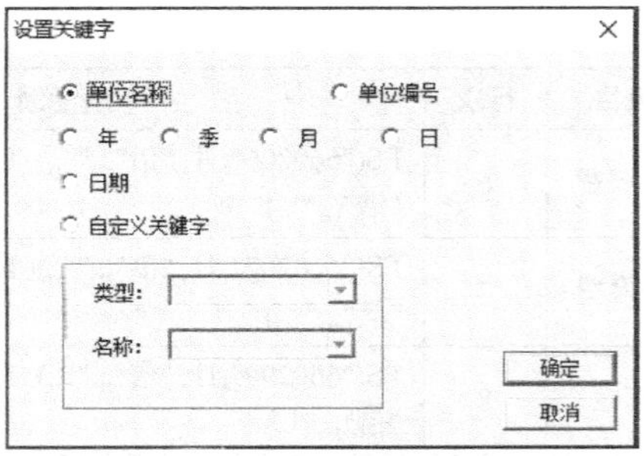

图 10-19　设置关键字

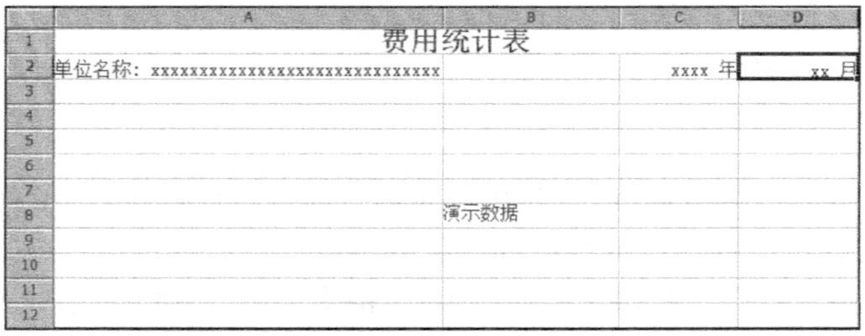

图 10-20　设置表头

UFO 报表的关键字是游离于单元之外的特殊数据单元，可以唯一标识一个表页，用于在大量表页中快速选择表页。

（6）设置报表行列名称。选中单元格区域 A3:D12，执行“格式”|“区域画线”命令，在打开的“区域画线”对话框中选中“网线”，如图 10-21 所示。单击“确定”按钮，根据表 10-1 输入相关内容，结果如图 10-22 所示。

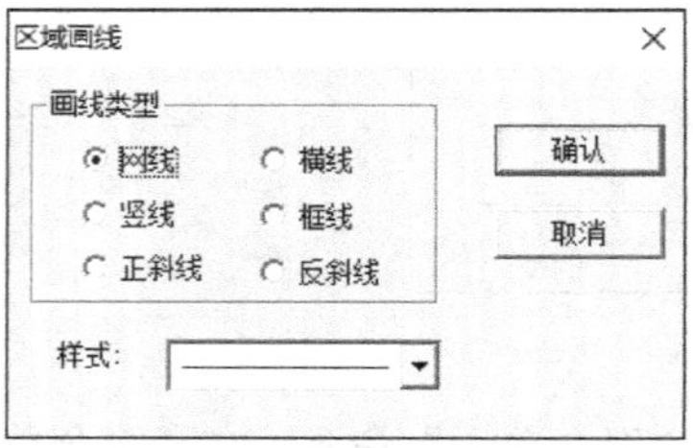

图 10-21　区域画线

图 10-22　费用统计表

2. 公式定义

（1）定义工资本期金额单元公式。选中单元格 C4，单击工具栏中的 fx 按钮，打开“定义公式”对话框，如图 10-23 所示。

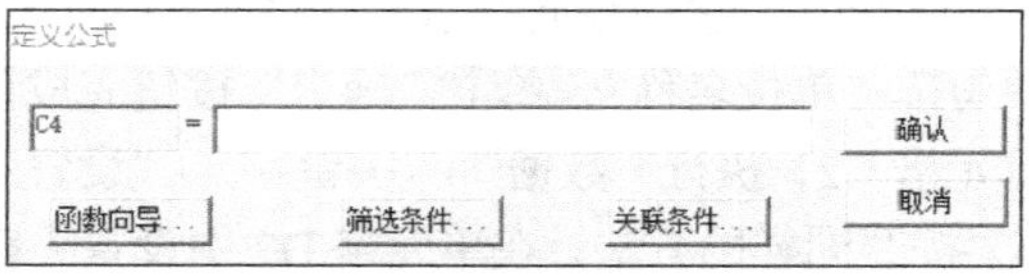

图 10-23　“定义公式”对话框

（2）使用函数定义公式。

① 单击“函数向导”按钮，打开“函数向导”对话框，选择“用友账务函数”，再选择“发生（FS）”函数，如图 10-24 所示。FS()函数的含义是取科目的本期发生额。单击“下一步”按钮，在“用友账务函数”对话框中单击“参照”按钮，打开“账务函数”对话框，选择科目代码“660101”，其他参数按默认设置，如图 10-25 所示。

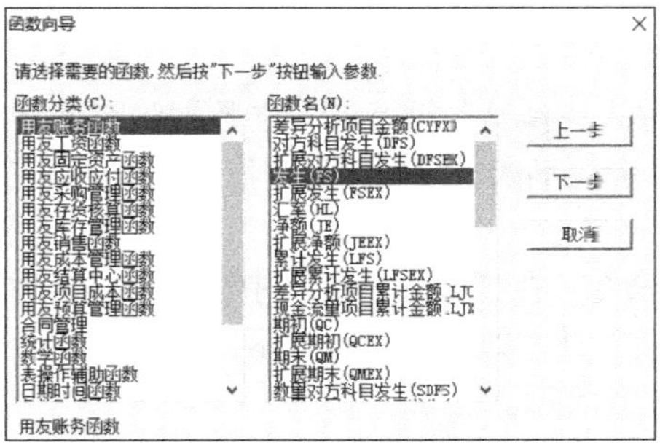

图 10-24　函数向导

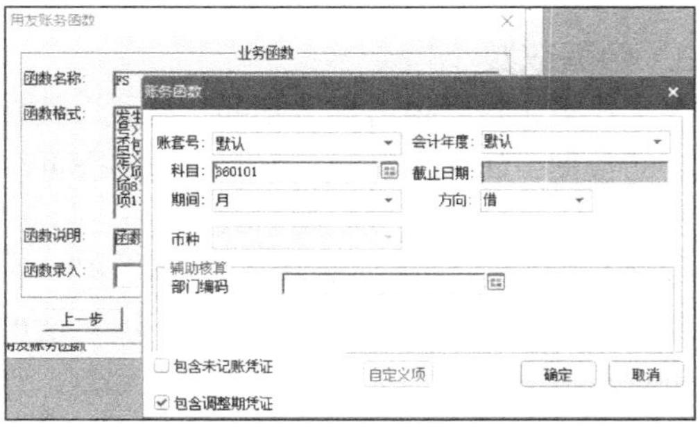

图 10-25　账务函数定义

② 单击“确定”按钮返回“用友账务函数”对话框，结果如图 10-26 所示。单击“确定”按钮返回“定义公式”对话框，然后在公式后输入“+”，如图 10-27 所示。单击“函数向导”按钮，用同样的方法，添加“FS("660201"，月，"借",,,"",,)”，如图 10-28 所示。此时，C4 单元格的公式是：FS("660101",月,"借",,,"",,)+FS("660201"，月,"借",,,"",,)。单击“确认”按钮完成操作。

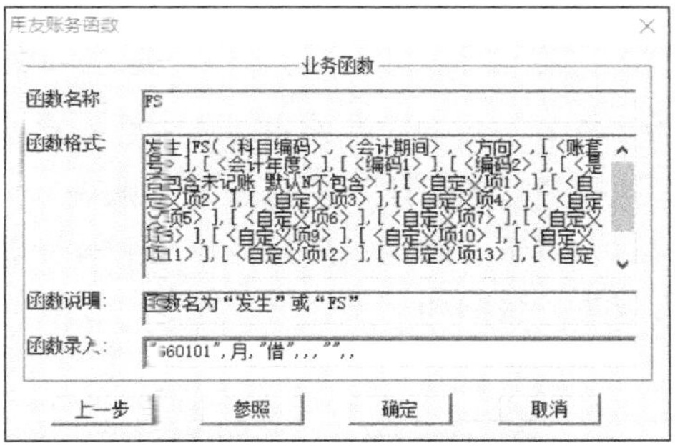

图 10-26　发生额取数函数

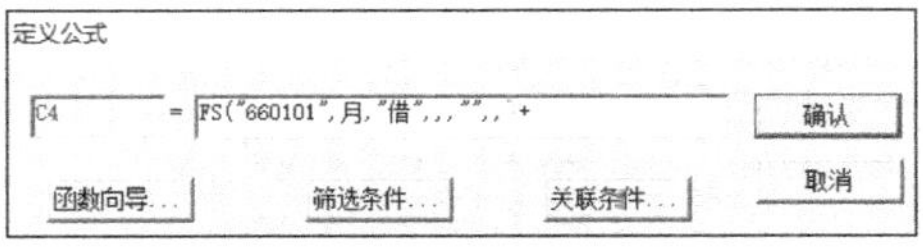

图 10-27　定义公式

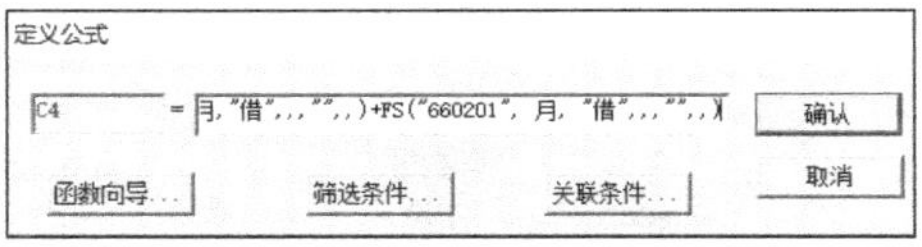

图 10-28　取数公式

（3）定义其他单元格公式。下一单元格的公式若与 C4 单元格的相似，可以通过复制 C4 单元格的公式进行修改完成。具体方法是先选择要定义公式的单元格，然后单击工具栏中的 fx 按钮，在“定义公式”对话框中粘贴公式，修改取数的科目即可。

按照同样的方法设置本年累计金额，使用 LFS()函数实现。LFS()函数的含义是取科目当年的累计发生额。

（4）定义合计公式。合计公式使用 PTOTAL()函数定义。其格式为：PTOTAL(<区域>[,<区域筛选条件>])。该函数的作用是指定区域内所有满足区域筛选条件的固定区单元的合计。

选中单元格C12，单击工具栏中的 fx 按钮，打开“定义公式”对话框，通过函数向导完成定义公式。单元格D12的公式也按照同样方法输入。

操作提示

函数是设定公式的关键。读者需要熟悉各个函数的功能，才能自如地定义公式，具体可参考新道U8+的产品手册。

3. 数据取数

（1）状态转换。单击左下角的“格式”按钮，将报表切换至数据状态。在数据状态下可以管理报表的数据，如输入数据、增加或删除表页、审核、舍位平衡、制作图形、汇总、合并报表等。在数据状态下不能修改报表的格式。

（2）生成报表。执行“数据”|“关键字”|“录入”命令，在打开的对话框中输入单位名称“重庆两江科技有限公司”，设定报表时间为“2020”年“4”月，如图10-29所示。单击“确认”按钮后进行报表的取数和计算，完成报表编制，如图10-30所示。

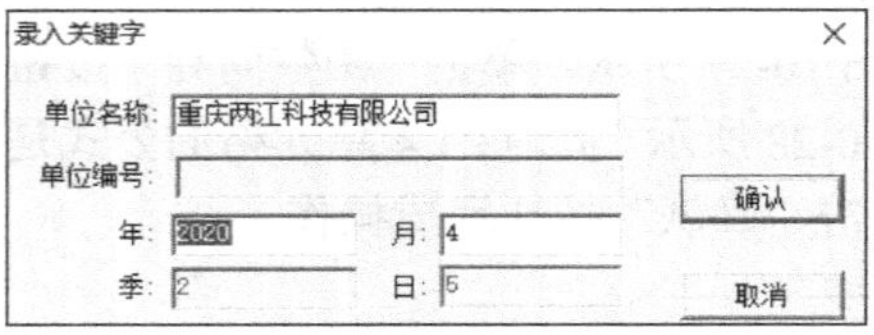

图10-29　录入关键字

	A	B	C	D
1	费用统计表			
2	单位名称：重庆两江科技有限公司		2020 年	4 月
3	项目	行次	本期金额	本年累计金额
4	工资	1	120431.82	308782.82
5	福利费	2		1100.00
6	办公费	3	350.00	27585.00
7	差旅费	4	1800.00	7400.00
8	招待费	5	1500.00	6100.00
9	折旧费	6	17195.80	53835.85
10	保险费	7		
11	其他	8	47419.81	47469.81
12	合计	9	188697.43	452273.48

图10-30　生成报表

（3）执行“文件”|“保存”命令，以“两江费用统计表”为名保存报表。报表编制后，要与有关的数据源进行数据核对。执行“财务会计”|“总账”|“账表”|“科目账”|“余额表”命令，过滤条件设置为需要显示的科目，单击“确定”按钮打开发生额及余额表，单击工具栏中的“栏目”按钮，再选择“累计借方发生”金额和“累计贷方发生”金额，通过这些数据可进行验证，如图10-31所示。

科目		期初余额		本期借方发生	本期贷方发生	累计借方发生	累计贷方发生
编码	名称	借方	贷方	金额	金额	金额	金额
6601	销售费用			36,878.50	36,878.50	95,883.01	95,883.01
660101	工资			31,650.00	31,650.00	76,497.00	76,497.00
660106	折旧费			5,228.50	5,228.50	19,386.01	19,386.01
6602	管理费用			151,818.93	151,818.93	356,390.47	356,390.47
660201	工资			88,781.82	88,781.82	232,285.82	232,285.82
660202	福利费					1,100.00	1,100.00
660203	办公费			350.00	350.00	27,585.00	27,585.00
660204	差旅费			1,800.00	1,800.00	7,400.00	7,400.00
660205	招待费			1,500.00	1,500.00	6,100.00	6,100.00
660206	折旧费			11,967.30	11,967.30	34,449.84	34,449.84
660299	其他			47,419.81	47,419.81	47,469.81	47,469.81

图10-31　发生额及余额表

4. 报表公式

创建报表公式是编制报表的关键一步，需要非常熟悉系统提供的公式语法。使用UFO报表可以从各个产品模块中提取数据，包括账务处理、应收应付、薪资管理、固定资产、财务分析、采购管理、存货核算、库存管理、销售管理、成本管理、资金管理等。

（1）财务取数公式。财务取数是会计报表数据的主要来源，财务取数公式也是报表系统中使用非常频繁的一类公式。

财务取数函数的基本格式为：

<函数名>(<科目编码>,<会计期间>,[<方向>],[<账套号>],[<会计年度>],[<编码 1>],[<编码 2>])

常用财务取数公式如表 10-2 所示。

表 10-2　　常用财务取数公式

函数名	金额式	数量式	外币式
期初额函数	QC	SQC	WQC
期末额函数	QM	SQM	WQM
发生额函数	FS	SFS	WFS
累计发生额函数	LFS	SLFS	WLFS
条件发生额函数	TFS	STFS	WTFS
对方科目发生额函数	DFS	SDFS	WDFS
净额函数	JE	SJE	WJE
汇率函数	HL		

（2）本表统计公式。本表统计公式用于在本表页对指定区域内的相关数据进行计算、统计，具体公式如表 10-3 所示。

表 10-3　　本表统计公式

函数名	举例
求和（PTOTAL）	PTOTAL(B3:F10)
平均值（PAVG）	PAVG(B3:F10)
计数（PCOUNT）	PCOUNT(B3:F10)
最大值（PMAX）	PMAX(B3:F10)
最小值（PMIN）	PMIN(B3:F10)
方差（PVAR）	
偏方差（PSTD）	

其他公式可参考产品手册和软件帮助信息。

三、通过预置模板制作资产负债表

通过预置模板制作资产负债表

业务描述

根据模板制作 2020 年 4 月的资产负债表。

操作指导

1. 生成预置报表格式

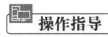

（1）执行“财务会计”|“UFO 报表”命令，打开“报表”窗口。

（2）执行“文件”|“新建”命令，打开“新建”窗口。选择“格式”|“报表模板”，打开“报表模板”对话框，行业选择“2007 年新会计制度科目”，财务报表选择“资产负债表（已执行新金融准则、新收入准则和新租赁准则的企业）”，如图 10-32 所示。单击“确认”按钮，生成资产负债表。报表的左下角显示“格式”字样（红色），表示此时报表处于格式状态，如图 10-33 所示。

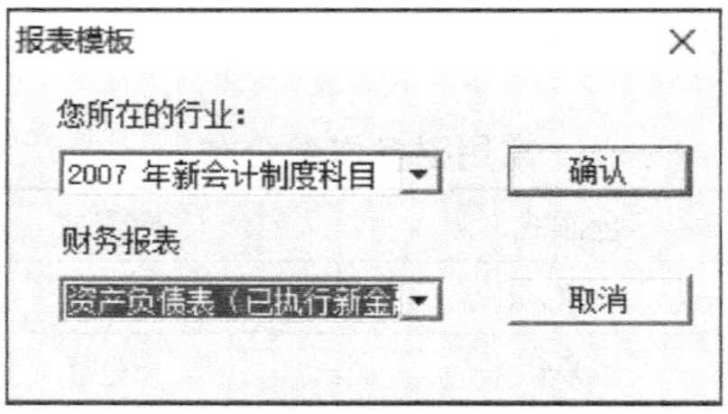

图 10–32　报表模板选择

图 10–33　报表的格式状态

2. 确认和调整公式、格式

单击显示有“公式单元”的单元格，在窗口上部的编辑框中会显示出当前单元格的公式。如果要修改公式，可以单击工具栏中的 fx 按钮或双击单元格，在打开的“定义公式”对话框中，单击“函数向导”按钮进行函数定义，或者直接手工输入公式，如图 10-34 所示。

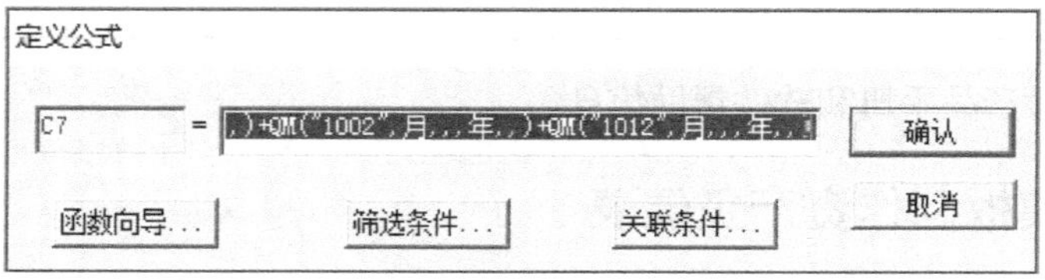

图 10–34　定义公式

根据企业的实际情况，调整资产负债表的公式定义。如果生成的报表格式与实际需求有差异，可以根据需要调整格式。

3. 设置报表关键字

在格式状态下，执行“数据”|“关键字”|“设置”命令，除了系统预置的关键字外，还可以自定义关键字。单击左下角的“格式”按钮，系统询问“是否确定全表重算？”，单击“是”按钮，则报表变为数据状态。

4. 数据计算

执行“数据”|“关键字”|“录入”命令，输入单位名称、年、月、日等关键字，如图 10-35 所示。单击“确认”按钮，系统询问“是否重算第 1 页？”，单击“是”按钮，系统自动根据单元公式计算报表数据，结果如图 10-36 所示。单击“保存”按钮，以“两江资产负债表”为名保存文件。

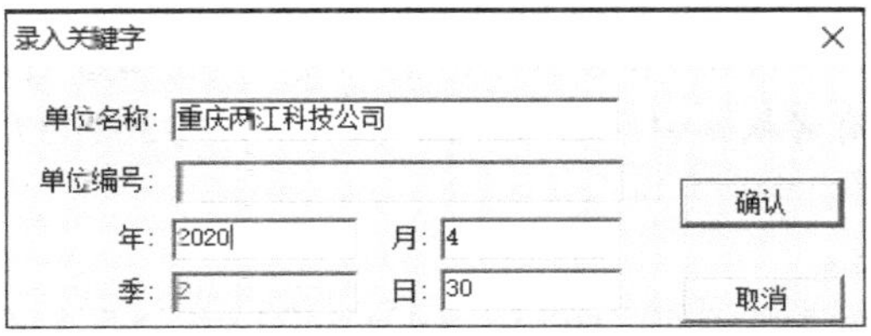

图 10-35 输入关键字

	A	B	C	D	E	F	G	H
4/5	资 产	行次	期末余额	年初余额	负债和所有者权益（或股东权益）	行次	期末余额	年初余额
6	流动资产：				流动负债：			
7	货币资金	1	1,746,455.00	1,150,542.00	短期借款	35	200,000.00	
8	交易性金融资产	2			交易性金融负债	36		
9	衍生金融资产	3			衍生金融负债	37		
10	应收票据	4			应付票据	38		
11	应收账款	5	2,345,721.44	290,600.00	应付账款	39	562,210.60	367,407.00
12	应收款项融资	6			预收款项	40		
13	预付款项	7			合同负债	41		
14	其他应收款	8	2,600.00	2,100.00	应付职工薪酬	42	181,249.84	8,200.00
15	存货	9	3,424,957.61	4,309,678.00	应交税费	43	276,219.21	
16	合同资产	10			其他应付款	44	40,086.53	
17	持有待售资产	11			持有待售负债	45		
18	一年内到期的非流动资产	12			一年内到期的非流动负债	46		
19	其他流动资产	13			其他流动负债	47		
20	流动资产合计	14	7,519,734.05	5,752,920.00	流动负债合计	48	1,259,766.18	375,607.00
21	非流动资产：				非流动负债：			
22	债权投资	15			长期借款	49		
23	其他债权投资	16			应付债券	50		
24	长期应收款	17			其中：优先股	51		
25	长期股权投资	18			永续债	52		
26	其他权益工具投资	19			租赁负债	53		
27	其他非流动金融资产	20			长期应付款	54		
28	投资性房地产	21			预计负债	55		
29	固定资产	22	3,478,834.32	3,541,625.18	递延收益	56		
30	在建工程	23			递延所得税负债	57		
31	生产性生物资产	24			其他非流动负债	58		
32	油气资产	25			非流动负债合计	59		
33	使用权资产	26			负债合计	60	1,259,766.18	375,607.00
34	无形资产	27	58,500.00	111,320.00	所有者权益（或股东权益）：	61		
35	开发支出	28	30,000.00		实收资本（或股本）	62	9,031,702.73	8,962,902.73
36	商誉	29			其他权益工具	63		
37	长期待摊费用	30			其中：优先股	64		
38	递延所得税资产	31			永续股	65		
39	其他非流动资产	32			资本公积	66	172,291.46	208,110.45
40	非流动资产合计	33	3,567 334.32	3,652,945.18	减：库存股	67		
41					其他综合收益	68		
42					专项储备	69		
43					盈余公积	70		
44					未分配利润	71	731,329.14	-115,180.00
45					所有者权益（或股东权益）合计	72	9,935,323.33	9,055,833.18
46	资产总计	34	11,087,068.37	9,405,865.18	负债和所有者权益（或股东权益）总计	73	11,195,089.51	9,431,440.18

图 10-36 资产负债表

5. 平衡检查和调整

（1）期末余额平衡调整。

期末余额差额=11 087 068.37−11 195 089.51=−108 021.14（元）

查看科目期末余额，可执行“财务会计”|“总账”|“账表”|“科目账”|“余额表”命令。通过数据取数计算分析，此时发现“生产成本”（5001）科目的期末余额 215 371.14 元未计入存货项目，存货项目“期末余额”单元的公式要加上 QM("5001",月,,,年,,)，其含义是取 5001 科目的当月余额。

“合同负债”（2204）科目的期末余额 107 350 元未计入预收款项项目，预收款项项目“期末余额”单元的公式要加上 QM("2204",月,,,年,,)，其含义是取 2204 科目的当月余额。

资产总计=11 087 068.37+215 371.14=11 302 439.51（元）

负债和所有者权益=11 195 089.51+107 350=11 302 439.51（元）

调整后的期末余额相等。

（2）年初余额平衡调整。

年初余额差额=9 405 865.18−9 431 440.18=−25 575.00（元）

查看科目年初余额，可执行“财务会计”|“总账”|“期初”|“期初余额”命令，发现“生产成本”（5001）科目的年初余额为 25 575 元，这是因为“生产成本”科目年初余额未计入存货项目，存货项目“年初余额”单元的公式要加上 QC("5001",全年,,,年,,)，其含义是取 5001 科目的年初余额。调整后的年初余额为 9 431 440.18 元，如图 10-37 所示。

	A	B	C	D	E	F	G	H
4–5	资　产	行次	期末余额	年初余额	负债和所有者权益（或股东权益）	行次	期末余额	年初余额
6	流动资产：				流动负债：			
7	货币资金	1	1,746,455.00	1,150,542.00	短期借款	35	200,000.00	
8	交易性金融资产	2			交易性金融负债	36		
9	衍生金融资产	3			衍生金融负债	37		
10	应收票据	4			应付票据	38		
11	应收账款	5	2,345,721.44	290,600.00	应付账款	39	562,210.60	367,407.00
12	应收款项融资	6			预收款项	40	107,350.00	
13	预付款项	7			合同负债	41		
14	其他应收款	8	2,600.00	2,100.00	应付职工薪酬	42	181,249.84	8,200.00
15	存货	9	3,640,328.75	4,335,253.00	应交税费	43	276,219.21	
16	合同资产	10			其他应付款	44	40,086.53	
17	持有待售资产	11			持有待售负债	45		
18	一年内到期的非流动资产	12			一年内到期的非流动负债	46		
19	其他流动资产	13			其他流动负债	47		
20	流动资产合计	14	7,735,105.19	5,778,495.00	流动负债合计	48	1,367,116.18	375,607.00
21	非流动资产：				非流动负债：			
22	债权投资	15			长期借款	49		
23	其他债权投资	16			应付债券	50		
24	长期应收款	17			其中：优先股	51		
25	长期股权投资	18			永续债	52		
26	其他权益工具投资	19		演示数据	租赁负债	53		
27	其他非流动金融资产	20			长期应付款	54		
28	投资性房地产	21			预计负债	55		
29	固定资产	22	3,478,834.32	3,541,625.18	递延收益	56		
30	在建工程	23			递延所得税负债	57		
31	生产性生物资产	24			其他非流动负债	58		
32	油气资产	25			非流动负债合计	59		
33	使用权资产	26			负债合计	60	1,367,116.18	375,607.00
34	无形资产	27	58,500.00	111,320.00	所有者权益（或股东权益）：	61		
35	开发支出	28	30,000.00		实收资本（或股本）	62	9,031,702.73	8,962,902.73
36	商誉	29			其他权益工具	63		
37	长期待摊费用	30			其中：优先股	64		
38	递延所得税资产	31			永续股	65		
39	其他非流动资产	32			资本公积	66	172,291.46	208,110.45
40	非流动资产合计	33	3,567,334.32	3,652,945.18	减：库存股	67		
41					其他综合收益	68		
42					专项储备	69		
43					盈余公积	70		
44					未分配利润	71	731,329.14	-115,180.00
45					所有者权益（或股东权益）合计	72	9,935,323.33	9,055,833.18
46	资产总计	34	11,302,439.51	9,431,440.18	负债和所有者权益(或股东权益)总计	73	11,302,439.51	9,431,440.18

图 10-37　调整后的资产负债表

四、通过预置模板制作利润表

业务描述

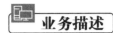

根据模板制作 2020 年 4 月的利润表。

操作指导

1. 生成预置报表格式

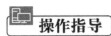

执行“财务会计”|“UFO 报表”命令，打开“报表”窗口。选择“文件”|“新建”，打开“新建”窗口。选择“格式”|“报表模板”，打开“报表模板”对话框，行业选择“2007 年新会计制度科目”，财务报表选择“利润表（已执行新金融准则、新收入准则和新租赁准则的企业）”，单击“确认”按钮，生成利润表。报表的左下角显示“格式”字样（红色），表示此时报表处于格式状态。

2. 数据计算

（1）单击左下角的“格式”按钮，系统转换为数据状态。

（2）执行“数据”|“关键字”|“录入”命令，输入关键字“2020”年“4”月，单击“确认”按钮，生成的利润表如图 10-38 所示。

4	项　　目	行数	本期金额	上期金额
5	一、营业收入	1	2,517,700.00	
6	减：营业成本	2	1,433,124.19	
7	税金及附加	3		
8	销售费用	4	36,878.50	
9	管理费用	5	151,818.93	
10	研发费用	6		
11	财务费用	7	9,300.00	
12	其中：利息费用	8		
13	利息收入	9		
14	加：其他收益	10		
15	投资收益（损失以“-”号填列）	11		
16	其中：对联营企业和合营企业的投资收益	12		
17	以摊余成本计量的金融资产终止确认收益（损失以“-”号填列）	13		
18	净敞口套期收益（损失以“-”号填列）	14		
19	公允价值变动收益（损失以“-”号填列）	15		
20	信用减值损失（损失以“-”号填列）	16		
21	资产减值损失（损失以“-”号填列）	17	16,551.56	
22	资产处置收益（损失以“-”号填列）	18		
23	二、营业利润（亏损以“-”号填列）	19	903,129.94	
24	加：营业外收入	20		
25	减：营业外支出	21	35,770.68	
26	三、利润总额（亏损总额以“-”号填列）	22	867,359.26	
27	减：所得税费用	23		
28	四、净利润（净亏损以“-”号填列）	24	867,359.26	

图 10-38　利润表

（3）执行“文件”|“保存”命令，将文件命名为“两江利润表”并保存。报表生成后，需要进行验证，并根据账务处理的情况进行调整。

五、期末调账

在编制报表过程中，可能会发现少数凭证需要调整或补做漏掉的业务凭证。基本方法是：根据出错凭证的情况，编制更正凭证，然后再审核、记账，并结转损益等。根据已经定义好的报表，逐一重新取数，生成新的报表。

任务三　期末结账

一、期末结账流程

本期业务完成，报表制作完毕后，在开始下月业务前，需要结账。期末结账相关业务的处理流程如图 10-39 所示。

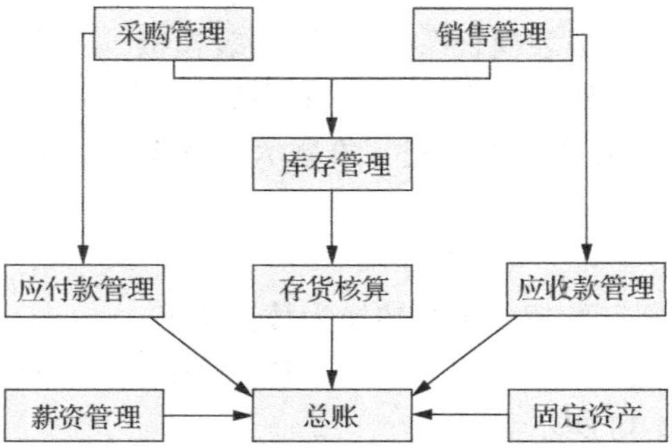

图 10-39　期末结账流程

二、期末对账

期末结账

执行“财务会计”|“总账”|“期末”|“对账”命令，打开“对账”窗口。选择对账月份，单击“试算”按钮，可查看本期的试算平衡结果。

操作提示

对账是对账簿数据进行核对，以检查记账是否正确，以及账簿数据是否平衡。它主要通过核对总账与明细账、总账与辅助账数据来完成账账核对。为了保证账证相符、账账相符，应经常使用本功能进行对账，一个月至少进行一次对账，一般可在月末结账前完成。

三、期末结账前的检查工作和结账方法

结账是一种批量数据处理工作。每月只结一次账，主要是对当月日常业务处理的终止和对下月账簿的初始化期末结账由系统自动完成。

1. 结账前的检查工作

（1）检查本月业务凭证是否全部记账，若有未记账凭证，则不能结账。

（2）月末结转必须全部生成凭证并记账，否则本月不能结账。

（3）检查上月是否已结账，如果上月未结账，则本月不能结账。

（4）核对总账与明细账、主体账与辅助账、总账系统与其他子系统的数据是否一致。若不一致，则不能结账。

（5）检查损益类账户是否全部结转完毕，如结转未完成，则本月不能结账。

（6）若与其他子系统联合使用，应检查其他子系统是否已结账，若没有，则本月不能结账。

2. 执行结账

（1）执行“财务会计”|“总账”|“期末”|“结账”命令，打开“结账”对话框，如图 10-40 所示。

图 10–40　结账

（2）单击“下一步”按钮，系统进行账簿核对。单击“对账”按钮，完成后单击“下一步”按钮，系统显示本月工作报告。

（3）单击“下一步”按钮，然后单击“结账”按钮，进行结账处理。

课后习题

参考文献

[1] 新道科技股份有限公司. 业财一体信息化应用（中级）[M]. 北京：高等教育出版社，2020.

[2] 毛华扬，刘红梅，王婧婧. 会计信息系统原理与应用——基于用友 ERP-U8V10.1 版[M]. 2 版. 北京：中国人民大学出版社，2020.